KB218133

마조어록 역주

선어록총서 2

운주사

역자 서문

산에 오르는 길이 어디 하나뿐이겠는가! 이 길로도 저 길로도 갈 수 있다. 산을 오르는 데는 정해진 길도, 그렇다고 오르고 내려감을 허락하는 그 어떤 것도 없다. 다만 이 길과 저 길, 오르고 말고는 오직 내 마음일 뿐이고, 내 의지일 뿐이다.

산 정상에 오르면 기쁘다. 그 기쁨은 말로 표현할 수도, 그 누구와 나눌 수도 없다. 체험은 각자 고유의 영역이기 때문이다. 사방이 툭 트여 걸림이 없고 온 천하가 모두 내 발밑에 있는, 이처럼 언어로 표현할 수 있는 일반적인 느낌 외에, 그 어떤 전율같이 다가오는 짜릿한 감동 그것은 함께할 수도 나눌 수도 없는 것이다.

산에 오르면 산에서 내려간다. 왜냐하면 그곳은 함께 살 수 있는 곳이 아니기 때문이다. 산 정상은 분명 경험의 대상이지, 머물 곳이 아니다. 또한 정상이란 말 그대로 정상이기에 더 이상 나아갈 곳도 디딜 곳도 없는 곳이다. 만약 한 발자국 더 디딜 곳이 있고 한 걸음 더 나아갈 것이 있다면 그것은 정상이 아닌 것이다.

그래서 산에 사는 사람, 산 아래 사는 사람은 있어도 산 정상에 사는 사람은 없는 것이다. 그래서일까? 산에 오른 이가 산에 오르는 이에게 산을 대신해 전하는 말, 나옹懶翁 선사가 우리에게 대신 이렇게 전하는 것이 아닌가!

青山兮要我以無語　청산은 나를 보고 말없이 살라 하고
蒼空兮要我以無垢　창공은 나를 보고 티 없이 살라 하네.
聊無愛而無憎兮　사랑도 벗어놓고 미움도 벗어놓고.
如水如風而終我　물같이 바람같이 살다가 가라 하네.

마조도일馬祖道一 선사는 한마디로 말하면 중국 선종사에 "평상심이 도"라는 새로운 꽃씨를 뿌린 위대한 선지식이다. 그래서 그 결실로 백장회해百丈懷海·남전보원南泉普願, 나아가 황벽희운黃檗希運·위산영우潙山靈祐, 조주종심趙州從諗, 그리고 임제의현臨濟義玄·앙산혜적仰山慧寂 등이 있게 되었던 것이니, 법손의 이름만으로도 마조와 그의 어록語錄에 걸맞은 표현을 찾을 수가 없다.

선어록 또한 불경佛經과 마찬가지로 생전에 구전되다가 스승의 입멸과 함께 법손들에 의해 문자화된 것이 일반적이다. 또한 이 선어록들은 스승이 제자들을 정면으로 상대해 준 기연어구(公案, 話頭)로 이루어진 것이 대부분인데, 그 어느 것보다 생동감 있게, 마치 옆에서 직접 보고 있는 것처럼 읽고 전하지 않으면 안 된다. 왜냐하면 이들 둘 앞에는 반야검般若劍이 놓여 있기 때문이다. 더욱이 문자를 달리하는 까닭에 살얼음판을 걷듯 조심에 조심을 더해야 달을 가리키는 손가락의 역할을 그나마 조금이라도 할 수 있기 때문이다. 눈 밝은 이들의 일침을 기대하며 조심스럽게 세상에 내놓는다.

불기 2563(2019)년 5월

삼각산 아래에서 덕우 강승욱 씀

구성과 해제解題

본서는 『사가어록四家語錄』[1] 가운데 제1권 『마조도일선사광록馬祖道一禪師廣錄(이하 마조어록)』을 저본底本[2]으로 하여 「행록行錄」·「시중示衆」·「감변勘辨」으로 나누어 구성하였다. 또한 본 마조어록에서는 전하지 않는 선사와 관련된 기연어구機緣語句를 『경덕전등록景德傳燈錄(이하 전등록)』·『조당집祖堂集』·『선문염송집禪門拈頌集』 등에서 발췌하여 「보유補遺」라는 이름으로 구성하였다.

부록附錄으로는 조당집과 전등록에서 전하는 선사의 기록 일체(조당집 14권: 강서 마조 화상 편, 전등록 6권: 강서 도일 선사 편)와 선사의 제자들 가운데 기연어구가 전해지고 있는 74인의 내용 전부(전등록 6~8권), 그리고 사가어록四家語錄의 서序·인引·발跋[3]을 원문과 함께 번역, 수록하였다. 본서의 구성과 저본 및 대조본을 도식하면 다음과 같다.

---

1 사가어록四家語錄은 마조馬祖·백장百丈·황벽黃檗·임제臨濟 4인의 어록으로 구성되어 있다.

2 『만신찬속장경卍新纂續藏經(이하 속장경이라 칭함)』 제69책冊 No. 1321에 수록되어 있다.

3 속장경 제69책 No. 1320에 수록되어 있다.

	구 성	저본底本	대조본對照本
Ⅰ	행록行錄	마조도일선사광록 (사가어록 권1)	전등록·조당집·선문염송집 과 대조
Ⅱ	시중示衆		
Ⅲ	감변勘辨		
Ⅳ	보유補遺	전등록(권6, 7, 8) 조당집(권3, 4, 14, 15) 선문염송집(권5~9) 기타(사가어록 권2, 연등회요 등)	3서 상호 대조
Ⅴ	부록附錄	조당집(권14) 전등록(권6, 7, 8) 사가어록 서序·인引·발跋	

본서의 저본인 사가어록은 명明 만력萬曆 기축己丑(1587)년에 판각을 시작해 정미丁未(1607)년에 간행된 것으로[4] 마조도일 선사의 생애(709~788)와는 대략 800여 년의 역사적인 간격이 있다. 그래서 선사와 역사적으로 가까운 시기에 간행된 전적典籍 가운데 상기 3서三書와 대조하여 내용의 가감加減과 그 차이점 등을 비교하였다.

대조한 세 책에 대해 간략하게 살펴보면, 먼저 전등록傳燈錄은 선사가 입멸(788년)한 후 대략 200여 년이 지나, 1004년(남송의 황제 진종眞宗에게 바친 경덕 원년, 경덕景德은 진종의 연호) 도원道原에 의해 총 30권으로 편찬된 것으로 1,701인에 이르는 조사와 선사들의 기연어구와 그들의 생애에 대한 간략한 내용들을 수록하고 있다(이 가운데

4 부록에 실려 있는 사가어록 서序·인引·발跋을 참조하기 바란다.

6권에서부터 8권까지가 마조도일과 제자들의 기연어구이다).

조당집祖堂集은 952년 남당南唐의 천주泉州 초경사招慶寺에 머물던 선승 정靜과 균筠(신라 하대에 중국으로 건너가 고려 초기에 돌아온 고려 승려들)이 총 10권으로 편찬한 것인데, 모두 소실되고 1245년에 편찬한 『고려대장경高麗大藏經』(원래 10권이던 것을 20권으로 개편함)에 수록되어 있는 것이 유일한 현존 본本이다. 현존하는 조당집은 대략 300년이 지나서 개편한 것으로서 다른 전적들보다 역사적으로 앞선다고 단정할 수는 없지만, 최초 편찬 연도가 전등록과 비교해 50여 년이나 앞서 편찬된, 선사의 생애와 가정 근접하다는 점에서 그 가치가 있다 할 수 있다.

선문염송집禪門拈頌集은 고려의 혜심慧諶 선사가 1226년 수선사修禪寺에서 총 30권으로 편찬한 것으로(초간 판목은 소실, 현존 본은 1244~1248년에 개판한 것) 1,463칙의 공안公案과 이에 대한 염拈과 송頌이 수록되어 있다(초간 1,125칙에 347칙이 더해진 것이다). 특히 선문염송집은 중국이 아닌 우리나라에서 독자적으로 편찬된 유일한 선적禪籍으로 여타의 전적들과는 달리 지엽적인 내용 없이 오로지 조사와 선사들의 핵심적인 공안, 그리고 그에 대한 법손法孫들의 염송拈頌만을 수록하여 전하고 있다는 데 그 의미가 있다고 할 수 있다.

이와 같이 3서는 모두 본 마조어록보다 역사적으로 앞서 간행된 것으로 후대에 어떤 것들이 가감加減되었고, 그 차이점은 무엇인지 가늠해 볼 수 있는 귀중한 자료가 된다.[5]

---

5 3서 외에 비교해 볼 수 있는 전적으로 다음과 같은 것들이 있다.

①『천성광등록天聖廣燈錄』: 30권. 송宋의 이준욱李遵勖이 천성天聖 7년(1029)에

선사의 입실제자入室弟子(또는 친승제자親承弟子)는 본서와 전등록에서는 139명으로, 조당집에서는 88명으로 전하고 있다. 특히 전등록에서는 139명 가운데 총 74인의 기연어구를 수록하고 있는데, 이것을 기준으로 선사의 제자들을 도식하면 다음과 같다.

전등록	기연어구가 수록된 제자	이름만 전하는 제자
6권	대주大珠 혜해慧海, 늑담泐潭 법회法會, 삼산杉山 지견智堅, 늑담泐潭 유건惟建, 명계茗谿 도행道行, 석공石鞏 혜장慧藏, 자옥紫玉 도통道通, 북란北蘭 양讓선사, 불광佛光 여만如滿, 남원南源 도명道明, 역촌酈村 자만自滿, 중읍中邑 홍은洪恩, 백장百丈 회해懷海 (13인)	호영鎬英, 숭태崇泰, 소연翛然, 책策선사, 지총智聰, 신감神鑒, 지통智通, 지장智藏, 회도懷韜, 법장法藏, 회칙懷則, 명간明幹, 홍담洪潭, 회탄懷坦, 원례元禮, 보경保慶, 지현志賢, 도오道晤, 법유法柔, 각평覺平, 승변勝辯, 경운慶雲, 현허玄虛 (23인)
7권	삼각三角 총인總印, 노조魯祖 보운寶雲, 늑담泐潭 상흥常興, 서당西堂 지장智藏, 장경章敬 회운懷惲, 백암柏巖 명철明哲,	청하淸賀, 유건惟建, 홍준洪濬, 신완神翫, 도원道圓, 유연惟然,

엮음.

②『건중정국속등록建重靖國續燈錄』: 30권. 불국유백佛國惟白이 1101년에 엮음.

③『연등회요聯燈會要』: 30권. 오명悟明이 1183년에 엮음.

④『가태보등록嘉泰普燈錄』: 30권. 정수正受가 1201~1204년에 엮음.

⑤『오등회원五燈會元』: 20권. 혜명慧明 등이 송대에 발간된 다섯 가지 선종사서(禪宗史書, 상기 4서에 경덕전등록을 더한 것)를 1253년에 압축하여 엮음.

	아호鵝湖 대의大義, 복우伏牛 자재自在, 반산盤山 보적寶積, 부용芙蓉 태육太毓, 마곡麻谷 보철寶徹, 염관鹽官 제안齊安, 오설五洩 영묵靈默, 대매大梅 법상法常, 전선典善 유관惟寬, 호남湖南 여회如會, 악주鄂州 무등無等, 귀종歸宗寺지상智常 (이상 18인)	담기曇覬, 보적寶積, 법장法藏, 양진良津, 숭崇선사, 지주智周, 법선法宣, 유직惟直, 상철常徹, 휘暉선사, 도암道巖, 상견常堅, 보정寶貞, 정종靖宗, 영단靈湍, 원창圓暢, 도방道方, 수광修廣, 정경定慶, 유헌惟獻, 보만普滿 (27인)
8권	분주汾州 무업無業, 대동大同 광징廣澄, 남전南泉 보원普願, 등은봉鄧隱峯, 온주溫州 불오佛嶴, 오구烏臼 화상和尙, 석상石霜 대선大善, 석구石臼 화상和尙, 본계本谿 화상和尙, 석림石林 화상和尙, 양亮 좌주坐主, 흑안黑眼 화상和尙, 미령米嶺 화상和尙, 제봉齊峯 화상和尙, 대양大陽 화상和尙, 홍라紅螺 화상和尙, 귀양龜洋 무료無了, 이산利山 화상和尙, 소주韶州 유원乳源, 송산松山 화상和尙, 칙천則川 화상和尙, 서원西園 담장曇藏, 백령百靈 화상和尙, 진주鎭州 금우金牛, 동안洞安 화상和尙, 흔주忻州 타지打地, 담주潭州 수계秀谿, 마두馬頭 신장神藏, 화림華林 선각善覺, 정주汀州 수당水塘, 고사古寺 화상和尙, 비수椑樹 화상和尙, 경조京兆 초당草堂, 양기陽岐 견숙甄叔, 몽계濛谿 화상和尙, 낙경洛京 흑간黑澗, 경조京兆 홍평興平, 소요逍遙 화상和尙,	명각明覺, 행명行明, 지장智藏(京兆), 희정希頂, 정각定覺, 홍산洪山, 원제元堤, 무료無了, 혜충慧忠, 회공懷空, 도행道行, 법장法藏, 영분寧賁, (13인)

	복계福谿 화상和尙, 홍주洪州 수로水老, 부배浮杯 화상和尙, 담주潭州 용산龍山, 양주襄州 방온龐蘊, (이상 43인)	
총	74인	63인

※전등록 제6권에서 마조도일의 입실제자 139명이라고 한 것과 6~8권 각기 서두에서 전하는 제자의 수 137명이 일치하지 않는다. 이는 석두희천의 제자로 알려진 약산유엄과 단하천연, 남양혜충의 제자로 알려진 탐원응진(또는 진응) 등의 가감의 차이로 볼 수도 있다(본문을 참조하기 바란다).

선사의 제자 가운데는 서당지장西堂智藏·백장회해百丈懷海·남전보원南泉普願·대주혜해大珠慧海·분주무업汾州無業·귀종지상歸宗智常·대매법상大梅法常·반산보적盤山寶積·염관제안鹽官齊安·방거사(襄州龐蘊) 등 걸출한 인물들이 다수 배출되었는데, 이후 중국 선종 전반에 걸쳐 지대한 영향을 미쳤다. 또한 이후 이들의 제자와 법손들에 의해 선사의 종지가 선양됨은 물론, 임제종臨濟宗·위앙종潙仰宗 등으로 발전하였고, 조동종曹洞宗·법안종法眼宗·운문종雲門宗 등에도 상당한 영향을 미쳤다. 이들의 사상과 업적은 각기 그들의 제자들이 엮은 각종 어록들을 통해 지금까지도 전해지고 있는데, 그 양이 너무도 방대하여 하나로 엮을 수가 없다. 하지만 다행히도 전등록과 같은 전적典籍에서 선사와의 인연과 기연어구들을 간략하게나마 소개하고 있기에 본서에 마조와 마조 문하의 위대함을 수록할 수 있었다.

마조도일의 생애와 사상

마조도일(馬祖道一, 709~788) 선사禪師는 사천성四川省 한주漢州에서 태어났다. 어려서 고향의 나한사羅漢寺에서 출가, 자주資州 당唐 화상和尙으로부터 머리를 깎고, 유주渝州의 원圓 율사律師에게 구족계具足戒를 받았다.

개원(開元, 현종의 두 번째 연호) 연간(713~741)에 형악衡嶽의 전법원傳法院에서 남악회양南嶽懷讓을 만나 대오大悟하였다.

천보(天寶, 현종의 세 번째 연호) 원년(742년)에 건양建陽의 불적령佛跡嶺에서 처음 개당開堂하였고, 이후 임천臨川으로 옮겼다가, 다음에 남강南康의 공공산龔公山에 이르렀다.

대력(大曆, 대종의 연호) 연간(766~779)에 종릉鍾陵 개원사開元寺에 이름을 올렸고, 만년에 건창建昌의 석문산石門山에 머물다가, 정원(貞元, 덕종의 세 번째 연호) 4년(788)에 입멸하였다.

원화(元和, 헌종의 연호) 10년(815)에 대적 선사大寂禪師라는 시호와 대장엄大莊嚴이라는 탑명이 내려졌다.

선사는 강서江西를 중심으로 교화하여 홍주종洪州宗이라고 칭하기도 하였는데, 당시 호남湖南의 석두희천石頭希遷과 쌍벽을 이루며 천하에 이름을 날렸다. 불적령에서 개당한 이래, 서당지장·백장회해·남전보원·대주혜해·분주무업·귀종지상·대매법상·반산보적·염관제안·방 거사 등을 배출하며 대회상大會上을 이루었다. 또한 제자 가운데 장경회운章敬懷惲·전선유관典善惟寬·아호대의鵝湖大義 등이 입내설법入內說法을 하게 되었는데, 선사가 입멸한 뒤에는 육조혜능보다 먼저 시호諡號가 내려지기도 하였다.

달마로부터 6조에 이르기까지 단전심인單傳心印하였던 중국의 선禪이 한 세대(영가현각·남양혜충·남악회양·청원행사·하택신회 등)를 거치면서 마조도일 선사로부터 새롭게 꽃을 피우고 열매를 맺으며 조사선祖師禪이라는 이름으로 중국불교의 황금기를 맞게 된 이유는 과연 무엇일까? 그것은 아마도 한마디로 말하면 부처님께서 말씀하신 마음을 종지로 하고, 무문으로 법문을 삼았기(佛語心爲宗 無門爲法門) 때문일 것이다.

선사는 남악회양南嶽懷讓과의 만남을 통해 비로소 좌선坐禪이라는 문에서 벗어나 4위의(四威儀, 행주좌와)를 문으로 삼았기에 일상생활 어느 것 하나 문 아닌 것이 없게 되었다. 이것이 바로 무문無門으로 법문으로 삼은 것이다. 깨달음이라는 것이 어느 한 특정한 경우나 상황 속에서 이루어질 수 있는 것이라면, 그것은 인위적이고 조작적일 수밖에 없다. 가령 좌선이라는 하나의 정형화된 틀 속에서 설령 무상삼매無相三昧를 얻을지라도, 그것은 또 다시 좌선이라는 과정을 통하지 않으면 안 되는 것이기 때문이다.

선사는 조작적이지 않고, 옳고 그름도 없으며, 취할 것도 버릴 것도 없으며, 단멸하지도 않고 영원하지도 않으며, 범부凡夫도 없고 성인聖人도 없는 것, 그것을 평상심平常心이라 하였고, 이 평상심이야말로 바로 도道라고 하였다. 평상심은 특별한 시간도 빼어난 장소도 필요가 없다. 일상의 행주좌와行住坐臥 어묵동정語默動靜 간에 지금 내가 있는 바로 그 자리에서 분별·계교가 없는 마음이기 때문이다. 또한 이것이 바로 일심一心이다. 어떤 때는 있다가도 어떤 때는 없는 것이라면, 이것은 일심이 아니다.

대승의 일심(大乘一心)은 구할 것도 없고, 닦을 것도 없다. 왜냐하면 바로 지금 이 순간 마음이 부처이고, 그 마음은 이미 모두가 갖추고 있는 것이기 때문이다. 그래서 마음 밖에 부처가 없고 부처 밖에 마음이 있는 것이 아니다. 이미 내가 부처인데, 어디서 부처를 찾는다는 것인가? 그래서 선사는 도는 닦을 필요가 없다고 한 것이며, 또한 부처님께서 말씀하신 마음을 종지로 삼는다(佛語心爲宗)고 하였던 것이다.

이와 같이 선사는 부처님께서 말씀하신 마음을 종지로 하고, 무문으로 법문을 삼았기(佛語心爲宗 無門爲法門) 때문에 당대의 개성이 풍부한 여러 선객과 각양각층의 재가인들을 자유자재로 제접해 깨달음의 길로 안내하였던 것이다. 또한 당唐과 송宋에 걸쳐 중국 선종의 황금기를 조사선祖師禪이라는 이름으로 그와 함께 맞이하게 되었던 것이다. 그래서 중국 선종에서는 그를 마조馬祖라 칭하고, 마 대사馬大師라 부르며, 만고의 선지식으로 추앙되고 있는 것이다.

일러두기

1. 본서는 중화전자불전협회中華電子佛典協會에서 전산화한 『사가어록四家語錄』 가운데 제1권, 『마조도일선사광록馬祖道一禪師廣錄』을 저본底本으로 삼았다.

2. 『조당집祖堂集』과 『선문염송집禪門拈頌集』은 고려대장경연구소의 전산본을 참고로 하였다.

3. 『경덕전등록景德傳燈錄』은 중화전자불전협회의 전산본을 참고로 하였다.

4. 원문(註에서 인용한 원문 포함)의 단락과 방점, 인용부호는 역자가 편집하였다.

5. 제목과 소제목은 역자가 임의로 정하였다.

6. 원문의 한자(어) 설명은 네이버NAVER와 다음DAUM에서 제공하는 한자사전과 중국어사전을 사용하였으며, 漢韓大字典(민중서림)을 참조하였다.

7. 각주에 페이지 표기가 없이 인용도서명만 있는 것은 포털사이트 네이버와 다음에서 제공하는 '지식백과'의 각종 사전을 참조한 것이다.

8. 도서명에 사용하는 꺽쇠(『 』)는 처음 나올 때만 표시하고 뒤에서는 생략하였다.

9. 각주에 출처를 표시하지 않은 것은 역자의 번역임을 밝혀 둔다.

I. 행록行錄

1. 출생과 출가

江西道一禪師 漢州什方縣人也. 姓馬氏 本邑羅漢寺出家. 容貌奇異 牛行虎視 引舌過鼻 足下有二輪文. 幼歲 依資州唐和尙落髮 受具於渝州圓律師.

※漢州(한주): 사천성泗川省 일대를 말한다.

※資州(자주): 사천성에 속한다.

※渝州(유주): 중경(重慶, 충칭) 지역을 말한다.

강서도일江西道一 선사는 한주漢州 시방현什方縣 사람이다. 성은 마馬씨이고, 고향 나한사羅漢寺에서 출가했다. 용모가 기이하였고, 소처럼 걷고 호랑이처럼 보았으며, 혀를 내밀면 코를 덮었고, 발바닥에는 두 개의 바퀴 무늬가 있었다.[1]

---

1 '容貌奇異 牛行虎視 引舌過鼻 足下有二輪文'는 부처님의 32상을 인용하여 마조의 용모가 기이하고 특출함을 표현한 것이다.

『대지도론大智度論』의 삼십이상호三十二相好와 비교하면 다음과 같다.

① 우행호시牛行虎視는 몸이 사자처럼 엄숙하고 평정한 위의를 갖춘 신여사자상身如獅子相과 눈동자가 짙은 하늘색인 안색여감청상眼色如紺靑相, 또는 목감청상目紺

어린 나이에 자주資州 당唐 화상和尙[2]으로부터 머리를 깎고, 유주渝州의 원圓 율사律師에게[3] 구족계具足戒를 받았다.[4]

靑相, 속눈썹이 소의 눈과 같은 안첩여우왕상眼睫如牛王相과 비교된다.

②인설과비引舌過鼻는 혀가 넓고 길면서도 엷고 유연하여, 길게 펴면 얼굴을 덮고 머리털 부근에까지 이르는 광장설상廣長舌相, 또는 설부면지발제상舌覆面至髮際相과 비교된다.

③족하유이윤문足下有二輪文은 발바닥에 수레바퀴의 표시가 있는 족천폭륜상足千輻輪相, 또는 손과 발에 그것이 있다고 하는 천폭륜상千輻輪相과 비교된다.

2 자주資州 당 화상唐和尙은 처적處寂 스님을 뜻한다.
처적(處寂, 658~734): 당나라 때의 승려. 촉蜀 사람으로 속성은 주周씨다. 일찍이 자주資州에서 출가하여 산북난야山北蘭若에 머물면서 보수 선사寶修禪師를 스승으로 모셨는데, 성실하게 공부하면서 욕심을 줄였다. 무측천武則天 때 황궁에 들어와 마납승가리摩納僧伽黎가 내려졌다. 얼마 뒤 산으로 돌아갈 것을 청하여 40년 동안 산사山寺 밖으로 나가지 않고 관부官府 출입을 금해 사람들의 존경을 받았다. (한보광, 임종욱 편저, 『중국역대불교인명사전』, 2011, 이회문화사)

3 원 율사圓律師에 관해서는 상세히 전하는 바가 없다.

4 『전등록』 제6권, '강서 도일 선사' 편에서도 동일하게 기술하고 있다. 다만 나한사羅漢寺에서 출가한 것에 대한 기술은 없다(부록 V-2-1 참조).
또한 조당집 제14권, '강서 마조 화상' 편에서도 동일하게 기술하고 있다. 다만 은사와 계사에 관한 기술은 없다(부록 V-1-1 참조).

2. 남악회양과의 만남

唐開元中 習定於衡嶽傳法院 遇讓和尙.

※開元(개원): 당 현종(玄宗, 712~756)의 연호는 선천(先天, 712~713), 개원(開元, 713~741), 천보(天寶, 742~756) 세 가지가 있다.

※衡嶽(형악): 남악형산南岳衡山의 약칭으로 현, 호남성湖南省에 위치한다.

당唐 개원開元 연간에 형악衡嶽의 전법원傳法院에서 선정을 익히고 있을 때, 회양 화상(讓和尙, 南嶽懷讓)[5]을 만났다.[6]

---

5 남악회양(南嶽懷讓, 674~744): 당대唐代의 스님. 남악은 주석 산명. 속성은 두杜씨. 15세에 홍경 율사에게 출가하여 율장을 공부하고, 육조혜능에게 5년간 참학하여 그의 법을 이음. 후에 남악의 반야사에 주석하였으며, 청원행사와 더불어 혜능의 2대 제자가 되었고, 후에 마조도일에게 법을 전함. 시호는 대혜大慧 선사.(이철교·일지·신규탁 저, 『선학사전』 p.100, 1995, 불지사)

6 전등록 제6권, '강서 도일 선사' 편에서도 동일하게 기술하고 있다(부록 V-2-1 참조).

『조당집』 제14권, '강서 마조 화상' 편에서는 회양으로부터 마음의 눈이 열렸고, 남창으로 와서 교화했다고 기술하고 있다(부록 V-1 참조). 또한 제3권, '회양 화상' 편에서는 항악의 전법원에서 만났다는 말이 없이, 다음에 이어지는 마전화磨

❀

知是法器 問曰"大德 坐禪圖什麽" 師曰"圖作佛" 讓乃取一磚 於彼菴前磨. 師曰"磨磚作麽" 讓曰"磨作鏡" 師曰"磨磚豈得成鏡" 讓曰"磨磚旣不成鏡 坐禪豈得成佛耶" 師曰"如何卽是" 讓曰"如牛駕車 車不行打車卽是 打牛卽是" 師無對 讓又曰"汝爲學坐禪 爲學坐佛. 若學坐禪禪非坐臥 若學坐佛 佛非定相 於無住法 不應取捨. 汝若坐佛 卽是殺佛若執坐相 非達其理" 師聞示誨 如飮醍醐.

(회양이) 그가 법기法器임을 알고, 물었다.

"대덕大德! 좌선坐禪해서 뭘 하려는가?"

(도일) 선사가 말했다.

"부처가 되려 합니다."

회양이 벽돌 하나를 들고 암자 앞에서 갈았다.

선사가 말했다.

"벽돌을 갈아 뭘 하려는 것입니까?"

회양이 말했다.

"갈아서 거울을 만들려고 하네."

선사가 말했다.

"벽돌을 간다고 어찌 거울이 되겠습니까?"

磚話를 기술하고 있다(아래 註8을 참조하기 바란다).

참고로 교화한 남창南昌 지역은 강서성江西省에 속하며, 홍성洪城·홍도洪都·예장豫章·용흥로龍興路·영웅성英雄城·남도南都·홍주洪州·융흥부隆興府 등으로도 불린다.

회양이 말했다.

"벽돌을 갈아 거울이 될 수 없다면, 좌선으로 어찌 부처가 되겠는가?"

선사가 말했다.

"어떻게 해야 되겠습니까?"

회양이 말했다.

"가령, 소가 수레를 끄는데 수레가 가지 않으면 수레를 쳐야 옳은가, 소를 쳐야 옳은가(打車卽是 打牛卽是)?"[7]

---

7 『대장엄론경大莊嚴論經』(馬鳴菩薩造, 後秦三藏 鳩摩羅什譯) 권제2에 다음과 같이 기술하고 있다.

我昔曾聞. 有比丘尼 至賒伽羅國 於彼國中 有婆羅門 五熱炙身 額上流水 胸腋懷中 悉皆流汗 咽喉乾燥 脣舌燋然 無有涎唾. 四面置火 猶如融金 亦如黃髮 紅赤熾然. 夏日盛熱 以炙其上 展轉反側 無可避處. 身體燋爛 如餅在鏊 此婆羅門 常著縷褐 五熱炙身 時人因名 號縷褐炙. 時比丘尼 見是事已 而語之言 "汝可炙者 而不炙之 不可炙者 而便炙之" 爾時縷褐 聞是語已 極生瞋恚 而作是言 "惡剃髮者 何者可炙" 比丘尼言 "汝若欲知 可炙處者 汝但炙汝 瞋忿之心. 若能炙心 是名眞炙. 如牛駕車 車若不行 乃須策牛 不須打車. 身猶如車 心如彼牛. 以是義故 汝應炙心 云何暴身. 又復身者 如林如牆 雖復燒炙 將何所補"

내가 지난날 들은 적이 있었다.

어떤 비구니가 사가라국賒伽羅國에 갔는데, 그 나라에 어떤 바라문婆羅門이 다섯 가지 열(五熱)로 몸을 구워 이마에서는 물이 흘러내리고, 가슴과 겨드랑이 속에서는 모두 다 땀이 흐르며, 목구멍은 마르고 입술과 혀는 그을리고 타서 침이 없었다. 사방에 불을 놓은 것이 마치 쇠를 녹이는 것 같고, 누런 머리털처럼 붉고 붉게 타올랐다. 여름날 한낮의 무더위가 위에서 굽듯이 내리쬐니, 이리저리 뒤척이면 뒤척일수록 피할 수 있는 곳이 없었다. 몸은 그을리고 익어서 마치 무쇠 솥에 있는 떡과 같았다. 이 바라문은 늘 누더기 옷(縷褐)을 입고 다섯 가지 열로 몸을 굽고 있었기에, 그때 사람들이 누갈자縷褐炙라고 불렀다.

그때 비구니가 이 일을 보고, 말했다.

선사가 대답이 없자, 회양이 말했다.

"그대는 좌선을 배우려는 것인가, 좌불坐佛을 배우려는 것인가? 만약 좌선을 배운다면 선은 앉고 눕는 것이 아니며, 만약 좌불을 배운다면 부처는 정해진 상(定相)이 있는 것이 아니니, 무주법(無住法, 머묾이 없는 법)에 있어서는 마땅히 취하거나 버려서는 안 된다. 그대가 만약 좌불을 한다면 이는 곧 부처를 죽이는 것이고, 만약 앉아 있는 모습(坐相)에 집착한다면 그 이치를 요달하지 못할 것이다."

선사가 가르침을 듣고 마치 제호醍醐를 마신 듯했다.[8]

"그대는 구워도 되는 것은 굽지 않고, 구워서는 안 되는 것은 굽고 있군요."

그때 누갈자가 말을 듣고, 몹시 성을 내면서 말했다.

"추하게 머리나 깎은 자가 무엇을 구울 수 있겠는가?"

비구니가 말했다.

"그대가 만약 구울 수 있는 곳을 알고자 하면 그대는 다만 그대의 성내고 분노하는 마음을 구우시오. 만약 마음을 구울 수 있으면 이를 일러 진실로 굽는다(眞炙)고 하는 것이오. 소가 수레를 끌고 가는데 수레가 가질 않으면 모름지기 소를 채찍질 해야지 수레를 때려서는 안 됩니다(如牛駕車 車若不行 乃須策牛 不須打車). 몸은 수레와 같고 마음은 저 소와 같습니다(身猶如車 心如彼牛). 이런 이치로 그대는 마땅히 마음을 구워야지, 어떻게 몸을 해치는 것입니까? 또 몸이라는 것은 숲과 같고 담장과 같아서 비록 다시 태우고 굽는다지만, 무엇으로 보충할 것이오?"

8 전등록 제5권, '남악 회양 선사' 편에서는 다음과 같이 기술하고 있다.
開元中有 沙門道一(卽馬祖大師也) 住傳法院 常日坐禪 師知是法器 往問曰 "大德坐禪圖什麽" 一曰 "圖作佛" 師乃取一塼 於彼庵前石上磨 一曰 "師作什麽" 師曰 "磨作鏡" 一曰 "磨塼豈得成鏡耶 坐禪豈得成佛耶" 一曰 "如何卽是" 師曰 "如人駕車不行 打車卽是 打牛卽是" 一無對 師又曰 "汝學坐禪 爲學坐佛. 若學坐禪 禪非坐臥 若學坐佛 佛非定相 於無住法 不應取捨. 汝若坐佛 卽是殺佛 若執坐相 非達其理" 一聞示誨 如飮醍醐.(내용 동일, 번역 생략.)

여기서는 마조가 전법원에서 매일 좌선을 하고 있었는데, 회양 선사가 마조가 법기라는 것을 알고 의도적으로 찾아가서(往) 만난 것처럼 기술하고 있다.

조당집 제3권, '회양 화상' 편에서는 다음과 같이 기술하고 있다.
馬和尙在一處坐 讓和尙將塼去 面前石上磨. 馬師問 "作什摩" 師曰 "磨塼作鏡" 馬師曰 "磨塼豈得成鏡" 師曰 "磨塼尙不成鏡 坐禪豈得成佛也" 馬師曰 "如何卽是" 師曰 "如人駕車 車若不行 打車卽是 打牛卽是" 師又曰 "汝爲學坐禪 爲學坐佛. 若學坐禪 禪非坐臥 若學坐佛 佛非定相 於法無住 不可取捨. 何爲之乎 汝若坐佛 卻是殺佛 若執坐相 非解脫理也."(내용 동일, 번역 생략)

여기서는 ① 마조가 한 곳에 앉아 (좌선을 하고) 있는데 회양 화상이 벽돌을 가지고 와서 바로 눈앞 바위에 갈자, 마조가 먼저 지금 무엇을 하고 있는지를 묻는 것으로 문답이 이루어지는 차이점이 있다. ② 마조가 회양 화상의 말을 듣고 제호를 마신 듯했다는 기술은 없다.

『선문염송집』 제4권, 고칙 121에서는 전법원에서 만나 "가령 소가 수레를 끄는데 수레가 가지 않으면 수레를 쳐야 옳은가, 소를 쳐야 옳은가(打車卽是 打牛卽是)?" 까지를 하나의 문답(磨塼話 화두, 공안)으로 기술하고 있다.

좌선(연좌)과 관련하여 『유마경維摩經』 「제자품弟子品」에 다음과 같이 기술하고 있으니 참조하기 바란다.
爾時 長者維摩詰 自念 "寢疾于床 世尊大慈 寧不垂愍" 佛知其意 卽告舍利弗 "汝行詣維摩詰問疾" 舍利弗白佛言 "世尊 我不堪任詣彼問疾. 所以者何 憶念我昔曾於林中宴坐樹下. 時維摩詰來謂我言 '唯舍利弗 不必是坐 爲宴坐也. 夫宴坐者 不於三界現身意 是爲宴坐. 不起滅定 而現諸威儀 是爲宴坐. 不捨道法 而現凡夫事 是爲宴坐. 心不住內 亦不在外 是爲宴坐. 於諸見不動 而修行三十七品 是爲宴坐. 不斷煩惱 而入涅槃 是爲宴坐. 若能如是坐者 佛所印可' 時我世尊 聞說是語 默然而止 不能加報. 故我不任 詣彼問疾"

그때 장자 유마힐이 스스로 생각했다.

❀

禮拜問曰 "如何用心 卽合無相三昧" 讓曰 "汝學心地法門 如下種子 我說法要 譬彼天澤. 汝緣合故 當見其道."

절을 하고 물었다.

"어떻게 마음을 써야 무상삼매無相三昧에 계합할 수 있겠습니까?"

회양이 말했다.

"병으로 침상에 누워 있는데, 대자하신 부처님께서 어찌 가엾이 여기지 않으시겠는가?"
부처님께서 그의 뜻을 아시고, 바로 사리불에게 말씀하셨다.
"그대가 유마힐에게 가서 문병을 하라."
(그러자) 사리불이 부처님께 말씀드렸다.
"세존이시여! 저는 그에게 가서 문병하는 것을 감당할 수 없습니다. 왜냐하면 제가 지난날 숲속 나무 아래에서 연좌宴坐하던 것이 기억났기 때문입니다. 그때 유마힐이 와서 제게 말했습니다.
'사리불이여! 이렇게 앉아 있는 것을 "연좌宴坐"라고 할 필요는 없습니다. 무릇 연좌라는 것은 ①삼계에 몸과 마음(身意)을 드러내지 않는 것, 이것이 연좌입니다. ②멸정(滅定, 멸진정)에서 일어나지(=나오지) 않고도 모든 위의威儀를 드러내는 것, 이것이 연좌입니다. ③도법(道法, 출가자의 일)을 버리지 않으면서도 범부의 일(凡夫事)을 드러내는 것, 이것이 연좌입니다. ④마음이 안에도 머물지 않고 또한 밖에도 머물지 않는 것, 이것이 연좌입니다. ⑤모든 견해에 흔들리지 않고 37품(三十七品, 37조도품)을 수행하는 것, 이것이 연좌입니다. ⑥번뇌를 끊지 않으면서 열반에 들어가는 것, 이것이 연좌입니다. 만약 이와 같이 앉을 수 있다면 부처님께서 인가印可하실 것입니다.'
그때 저는 세존이시여! 이 말을 듣고 말없이 있었을 뿐(默然而止), 보태서 말할 수가 없었습니다. 그렇기 때문에 저는 문병하러 가는 것을 맡을 수가 없습니다."

"그대가 심지법문心地法門을 배우는 것은 마치 씨를 뿌리는 것과 같고, 내가 법요法要를 말하는 것은 비유하자면 하늘에서 비를 내려 적셔주는 것(澤雨)과 같다. 그대는 인연이 맞으니, 마땅히 도道를 보게 될 것이다."[9]

❀

又問曰 "道非色相 云何能見" 讓曰 "心地法眼 能見乎道 無相三昧 亦復然矣" 師曰 "有成壞否" 讓曰 "若以成壞聚散 而見道者 非見道也" 聽吾偈曰 "心地含諸種 遇澤悉皆萌 三昧華無相 何壞復何成" 師蒙開悟 心意超然. 侍奉十秋 日益玄奧.

또 물었다.

"도道는 색상(色相=形相)이 아닌데, 어떻게 해야 볼 수 있습니까?"

회양이 말했다.

"심지법안心地法眼으로 도를 볼 수 있으니, 무상삼매無相三昧 또한 그러하다."

---

9 전등록 제5권, '남악 회양 선사'에서도 다음과 같이 동일하게 기술하고 있다. 禮拜問曰 "如何用心 卽合無相三昧" 師曰 "汝學心地法門 如下種子 我說法要 譬彼天澤 汝緣合故 當見其道"(내용 동일, 번역 생략.)

조당집 제3권, '회양 화상'편에서도 다음과 같이 동일하게 기술하고 있다. 馬師聞師所說 從座而起 禮拜問曰 "如何用心 卽合禪定無相三昧" 師曰 "汝學心地法門 猶如下種 我說法要 譬彼天澤 汝緣合故 當見于道"(내용 동일, 번역 생략)

여기서는 구체적인 방법의 전환, 즉 기존의 선정을 통해 얻으려고 했던 무상상매가 (일상의) 마음 씀으로도 얻을 수 있다는 것을 암시하고 있다.

선사가 말했다.

"이루어짐(成)과 무너짐(壞)이 있습니까?"

회양이 말했다.

"만약 이루어짐과 무너짐·모임(聚)과 흩어짐(散)으로 도道를 본다면, 도를 보는 것이 아니다. 나의 게송을 들어라."

心地含諸種	마음 땅(心地)은 모든 종자를 품어
遇澤悉皆萌	비(澤雨)를 만나면 모두 다 싹(萌)이 트네.
三昧華無相	삼매의 꽃(三昧華)은 모습이 없거늘,
何壞復何成	어찌 무너졌다가 다시 이루어지는 것이 있겠는가!

선사가 이에 깨달음이 열려(開悟) 마음이 초연해졌다(心意超然). 10년(十秋)을 시봉하면서 날이 갈수록 (그 깨달음이) 헤아릴 수 없이 깊어져 갔다.[10]

---

10 전등록 제5권, '남악 회양 선사' 편에서도 동일하게 기술하고 있다.
又問曰 "道非色相 云何能見" 師曰 "心地法眼 能見乎道 無相三昧 亦復然矣" 一曰 "有成壞否" 師曰 "若以成壞聚散 而見道者 非見道也 聽吾偈曰 心地含諸種 遇澤悉皆萌 三昧華無相 何壞復何成" 一蒙開悟 心意超然 侍奉十秋 日益玄奧.(내용 동일, 번역 생략.)

조당집 제3권, '회양 화상' 편에서는 이루어짐과 무너짐이 있는가에 대한 답을 보다 더 자세하게 기술하고 있다.
又問 "和尚見道 當見何道 道非色故 云何能觀" 師曰 "心地法眼 能見于道 無相三昧 亦復然乎" 馬師曰 "可有成壞不" 師曰 "若契於道 無始無終 不成不壞 不聚不散 不長不短 不靜不亂 不急不緩 若如是解 當名爲道 汝受吾教. 聽吾偈曰 心地含諸種

遇澤悉皆萌 三昧花無相 何壞復何成"

또 물었다.

"화상께서는 도를 본다(見道)고 하는데, 어떤 도를 보십니까? 도는 색色이 아닌데, 어떻게 도를 볼 수 있습니까?"

회양이 말했다.

"심지법안心地法眼으로 도를 볼 수 있으니, 무상삼매 無相三昧 또한 그러하다."

마조가 말했다.

"이루어짐과 무너짐이 있습니까?"

회양이 말했다.

"만약 도에 계합하면 시작도 없고 끝도 없으며(無始無終), 이루어짐도 없고 무너짐도 없으며(不成不壞), 모임도 없고 흩어짐도 없으며(不聚不散), 긴 것도 없고 짧은 것도 없으며(不長不短), 고요함도 없고 시끄러움도 없으며(不靜不亂), 급한 것도 없고 느린 것도 없으니(不急不緩), 만약 이와 같이 알면 마땅히 도라고 부를 수 있는 것이다. 너는 내 말을 받아들이고 나의 게송을 들어라.(이하 게송은 상기와 동일하여 번역은 생략한다)"

3. 반야다라般若多羅의 예언

初六祖謂讓和尙云 "西天般若多羅讖 汝足下 出一馬駒 蹋殺天下人" 蓋謂師也.

일찍이 육조(六祖, 혜능)[11]가 회양에게 말했다.

"서천의 반야다라[12]가 예언하기를, '그대의 발아래 망아지 한 마리가 나와 천하 사람들을 다 밟아 죽일 것이다'고 했다."

이는 아마도 마조를 말한 것일 것이다.[13]

---

11 육조혜능(六祖慧能, 638~713): 당대의 스님. 중국 선종의 제6조. 속성은 노盧씨. 광동성 신주 신흥현 출신. 어려운 환경에서 나무를 해서 어머니를 봉양함. 시중에서 금강경 읽는 소리를 듣고 출가, 5조 홍인으로부터 의발을 전수받음. 시기하는 자들을 피해 남쪽으로 가 숨어 있다가 인종에게 구족계를 받음. 이후 조계 보림사로 옮겨 선풍을 크게 선양함. 『육조단경』과 『금강경해』의 2권이 저작으로 전함.(선학사전, p.520)

12 반야다라般若多羅: 서천이십팔조西天二十八祖 가운데 제27조. 동인도 출신의 승려로 불여밀다不如蜜多의 가르침을 받고 남인도 지역을 편력함. 보리달마菩提達摩에게 불법佛法의 유지와 전파를 부탁하고 입적함.(곽철환 지음, 『시공 불교사전』, 2003, 시공사)

13 전등록 제5권, '남악 회양 선사' 편에서는 다음과 같이 기술하고 있다.

時同學坦然 知師志高邁 勸師謁嵩山安和尙. 安啓發之 乃直詣曹谿參六祖. 祖問 "什麽處來" 曰 "嵩山來" 祖曰 "什麽物恁麽來" 曰 "說似一物卽不中" 祖曰 "還可修證否" 曰 "修證卽不無 汚染卽不得" 祖曰 "只此不汚染 諸佛之所護念 汝旣如是吾亦如是西天般若多羅讖 汝足下出一馬駒 蹋殺天下人 並在汝心不須速說" 師豁然契會 執侍左右一十五載. 唐先天二年始往衡嶽居般若寺.

(중략) 이때 동학인 탄연坦然이 선사(남악회양)의 뜻이 고매하다는 것을 알고, 스님에게 숭산의 혜안 화상을 찾아뵙기를 권했다. 혜안이 이끌어주자. 바로 조계로 가서 6조를 참례했다.

육조가 물었다.

"어디서 왔는가?"

회양이 말했다.

"숭산嵩山에서 왔습니다."

육조가 말했다.

"어떤 것이 이렇게 왔는가?"

회양이 말했다.

"한 물건(一物, 어떤 것)이라 해도 맞지 않습니다."

육조가 말했다.

"닦아서 증득할 수 있는가?"

회양이 말했다.

"닦아 증득함이 없는 것은 아니지만, 더러움에 물들지는 않습니다."

육조가 말했다.

"다만 이 더러움에 물들지 않는 이것이 모든 부처가 호념하는 바이다, 그대도 이미 이와 같고 나 또한 이와 같다. 서천의 반야다라般若多羅가 예언하기를 '그대의 발밑에 망아지 하나가 나와 천하 사람을 다 밟아 죽일 것이다'라고 했는데, 모두 그대 마음속에 두고, 모름지기 너무 급히 설하려고 하지 말라."

선사가 활연히 계합하고는 (6조) 곁에서 15년을 시봉하였다.

당 선천(先天, 예종의 말년 연호, 712~713) 2년에야 비로소 형악衡嶽으로 가서 반야사般若寺에 머물렀다.

한편 전등록 제6권, '강서 도일 선사' 편에서는 다음과 같이 기술하고 있다.
讓之一猶思之遷也. 同源而異派 故禪法之盛始于二師. 劉軻云 "江西主大寂 湖南主石頭往來憧憧 不見二大士爲無知矣" 西天般若多羅記達磨云 "震旦雖闊無別路 要假姪孫脚下行 金雞解銜一顆米 供養十方羅漢僧" 又六祖能和尙謂讓曰 "向後佛法從汝邊去 馬駒蹋殺天下人" 厥後江西法嗣布於天下 時號馬祖焉.

회양 밑의 도일은 마치 행사 밑의 희천과 같았다. 같은 근원의 다른 갈래였기 때문에 선법禪法의 성행이 두 선사로부터 시작되었다.
유가劉軻가 말했다.
"(당시 선객들이) 강서江西의 주인 대적大寂과 호남湖南의 주인 석두石頭를 끊임없이 왕래했는데, 두 대사를 친견하지 못한 사람들은 무지하다고 여겼다."
서천西天의 반야다라般若多羅가 달마達磨에게 예언했다.

震旦雖闊無別路　진단(震旦, 중국)이 비록 넓지만 다른 길이 없으니,
要假姪孫脚下行　조카와 손자들의 발을 빌려서 가야 한다.
金雞解銜一顆米　금계金雞가 쌀 한 톨을 입에 물 줄 알아,
供養十方羅漢僧　시방의 나한승羅漢僧에게 공양하는구나.

또 육조혜능 화상이 회양에게 말했다.
"앞으로 불법佛法이 그대 쪽으로 갈 것이니, 망아지 한 마리가 나와서 천하 사람들을 다 밟아 죽일 것이다."
이후 강서江西의 법제자(法嗣)가 천하에 널리 퍼졌다.
그래서 그때 사람들이 마조馬祖라 불렀다.(부록 V-2-1에도 수록되어 있음.)

조당집 제3권, '회양 화상' 편에서는 다음과 같이 기술하고 있다.
自嘆曰 "我受戒今經五夏 廣學威儀 而嚴有表 欲思眞理 而難契焉" 又曰 "夫出家者爲無爲法 天上人間, 無有勝者" 時有坦然禪師 睹讓嗟嘆 乃命雲遊博問 先知至嵩山安和尙處 坦然問西來意話 坦然便悟 事安和尙 師乃往曹溪而依六祖 六祖問 "子近離何方" 對曰 "離嵩山特來 禮拜和尙" 祖曰 "什摩物與摩來?" 對曰 "說似一物卽不中" 在于左右 一十二載 至景雲二年 禮辭祖師 祖師曰 "說似一物卽不中 還假修證不" 對曰 "修證卽不無 不敢汚染" 祖曰 "卽這个不汚染底 是諸佛之所護念 汝亦如是 吾亦如是 西天二十七祖般若多羅記汝 佛法從汝邊去 向後馬駒踏殺天下人. 汝勿速說此法 病在汝身也"

회양이 스스로 한탄하면서 말했다.
"내가 계를 받고 지금까지 5년을 보내면서 널리 위의威儀를 배워 두드러지게 위엄이 있게 되었다. 하지만 진리를 얻고자 생각하자니 계합하기가 어렵구나!"
또 말했다.
"무릇 출가라는 것은 무위법無爲法을 위한 것이니, 천상과 인간에 이보다 뛰어난 것이 없다."
그때 탄연坦然 선사가 회양이 한탄하는 것을 보고, 운수행각하면서(雲遊) 널리 배우고 자세히 묻자(博問, 博學審問)고 다짐을 하고는, 먼저 깨치고자 숭산嵩山의 안 화상(安和尙, 혜안 화상)의 처소에 이르렀다. 탄연이 서쪽에서 온 뜻을 물었는데, 탄연은 바로 깨닫고 안 화상을 섬겼다. 하지만 회양 선사는 조계曹溪로 가서 6조六祖에 의지했다.
육조가 물었다.
"그대는 어디서 왔는가?"
회양이 말했다.
"숭산嵩山을 떠나 특별히 와서 화상께 예배드립니다."
육조가 말했다.
"어떤 것이 이렇게 왔는가?"
회양이 말했다.
"한 물건(一物, 어떤 것)이라 해도 맞지 않습니다."
그리고는 12년을 모셨다.
경운(景雲, 당 예종의 연호) 2년(711)에 조사에게 하직 인사를 하자, 육조가 말했다.
"한 물건이라 해도 맞지 않다고 했는데, 닦아서 증득할 수 있겠는가?"
회양이 말했다.
"닦아 증득함이 없는 것은 아니지만, 더러움에 물들지는 않습니다."

육조가 말했다.

"바로 더러움에 물들지 않는 이것이 모든 부처가 호념하는 바이다. 그대 또한 이와 같고 나 또한 이와 같다. 서천의 27조 반야다라般若多羅가 그대에 대해 수기(=기별)하기를 '불법이 그대(회양)에게로 가는데, 향후 망아지 한 마리가 나와 천하 사람들을 다 밟아 죽일 것이다'고 했다. (그러니) 다만 그대는 급히 설하려 하지 말라. (급히 설하고자 하면) 그대의 몸에 병이 있게 될 것이다."

4. 회양의 인가

讓弟子六人 惟師密受心印.

회양(南嶽懷讓)에게는 제자가 6명 있었는데,[14] 유일하게 선사만 은밀히 심인心印을 받았다.[15]

---

14 전등록 제6권에서는 회양의 법손으로 9명을 소개하고, 그중 마조를 제외한 8명은 기연어구機緣語句가 없어 기록하지 않는다고 기술하고 있다.
회양의 제자 9명은 강서江西 도일道一, 남악南嶽 상호常浩, 지달智達, 탄연坦然, 조주潮州 신조神照, 양주揚州 대명사大明寺 엄준嚴峻, 신라국新羅國 본여本如, 현성玄晟, 동무산東霧山 법공法空이다.
본여, 현성, 법공 3인을 제외하면 아래 註15의 전등록 제5권에서 전하는 입실제자 6인과 같다.

15 전등록 제6권, '강서 도일 선사' 편에서도 동일하게 기술하고 있다(부록 V-2-1 참조). 또한 제5권, '남악 회양 선사' 편에서는 다음과 같이 기술하고 있으니 참조하기 바란다.
師入室弟子 總有六人 師各印可云 "汝等六人同證 吾身各契一路 一人得吾眉善威儀(常浩) 一人得吾眼善顧盼(智達)一人得吾耳善聽理(坦然) 一人得吾鼻善知氣(神照) 一人得吾舌善譚說(嚴峻) 一人得吾心善古今(道一)" 又曰 "一切法 皆從心生 心無所生法無能住 若達心地所作無礙 非遇上根宜愼辭哉"

선사(남악회양)에게 입실제자入室弟子가 모두 6명이 있었는데, 선사가 각각 인가印可하고 말했다.

"그대들 여섯 명은 똑같이 증득해서 나의 몸에 각각 한 가닥씩 계합하였다. 한 사람은 나의 눈썹을 얻어 위의가 뛰어나고(상호常浩), 한 사람은 나의 눈을 얻어 돌아봄에 뛰어나며(지달智達), 한 사람은 나의 귀를 얻어 이치를 듣는 것이 뛰어나고(탄연坦然), 한 사람은 나의 코를 얻어 기를 아는 것이 뛰어나며(신조神照), 한 사람은 나의 혀를 얻어 말을 하는 것에 뛰어나고(엄준嚴峻), 한 사람은 나의 마음을 얻어 고금에 뛰어나다(도일道一)."

또 말했다.

"일체법은 모두 마음으로부터 생겨나지만, 마음은 생하는 바가 없어 법이 머물 수 없다. 만약 마음(心地)을 알면 하는 바에 걸림이 없게 되겠지만, 상근기(上根)을 만나지 못했다면 마땅히 말을 삼가야 할 것이다."

조당집에서는 이와 관련해서 전하는 것이 없다.

5. 개당開堂

始自建陽佛跡嶺 遷至臨川 次至南康龔公山. 大曆中 隸名於鍾陵開元寺. 時連帥路嗣恭 聆風景慕 親受宗旨. 由是四方學者 雲集座下.

※建陽(건양): 북건성福建省에 위치한다.

※臨川(임천): 강서성에 위치한다.

※南康(남강): 강서성에 위치한다.

※大曆(대력): 당唐 대종代宗의 재위시절(762~779) 중, 766년부터 797년까지 사용하던 연호다.

※鍾陵(종릉): 강서성 홍주에 위치한다.

※連帥(연수): 고대 10국의 제후의 장수. 관찰사, 안찰사.

처음에 건양의 불적령에서 임천으로 옮겼다가, 다음에 남강의 공공산에 이르렀다. 당 대력(大曆, 766~779) 연간에 종릉 개원사開元寺에 이름을 올렸다.

그때 연수連帥 노사공路嗣恭[16]이 풍문을 듣고 우러러 사모하다가

---

16 노사공(路嗣恭, 약 710~780): 자字는 의범懿范. 당唐의 조정 대신. 경조군京兆郡 삼원현三原縣(현재 삼원현 동북 3,000리를 관리) 사람. 처음에 이름 난 검객劍客으로

친히 종지宗旨를 받았다. 이로부터 사방에서 학인들이 선사의 법석(座下)에 구름처럼 모여들었다.[17]

집안을 일으켜 구현鄚縣(현재 하북성 임장현 서남의 구전을 관리)의 관리(尉)가 됨. 뛰어난 능력으로 명성을 얻어 소관蕭關(현재 닝샤 회족 자치구 고원현 동남쪽에 위치)의 영슈이 되는데 오래 걸리지 않음. 그 후 잇달아 관직이 고장현姑臧縣(현재 감숙성 무위현을 관리)의 영슈까지 이름. 정사에 대한 공적의 평가가 천하의 제일로 여겨져, 현종玄宗이 한대漢代의 양사(良吏, 어진 관리) 노공魯恭을 이을 만한 사람으로 그를 인정하여 사공嗣恭이라는 시호를 하사했다.〔字懿范 唐朝大臣 京兆郡三原縣(治今三原縣東北三十里)人. 初名劍客 起家爲鄚 縣(治今河北省臨漳縣西南鄚鎭)尉. 因其有賢能的名聲 不久升任爲蕭關(在今宁夏回族自治區固原縣東南)令 其后累官至姑臧縣(治今甘肅省武威縣)令. 政績考核爲天下第一. 玄宗認爲他可以嗣漢代良吏魯恭因賜名嗣恭〕.(『百度百科』)

17 전등록 제6권, '강서 도일 선사' 편에서도 동일하게 기술하고 있다. 다만 개원사를 개원정사開元精舍로 기술하는 차이가 있다(부록 V-2-1 참조).

조당집에서는 상기 본문 또는 전등록처럼 전하는 것이 없다.

6. 회양의 점검

讓和尙聞 師闡化江西 問衆曰 “道一爲衆說法否” 衆曰 “已爲衆說法” 讓曰 “總未見人 持箇消息來” 遂遣一僧往彼 俟伊上堂時 但問 “作麽生” 待渠有語記取來. 僧依敎往問之 師曰 “自從胡亂後三十年 不少鹽醬” 僧回 擧似讓. 讓 “然之”

※闡化(천화): 널리 교화함.

※俟(기다릴 사): 기다리다. 대기하다. 떼 지어 가다. 가는 모양. 서행하는 모양.

※胡亂(호란): 어지럽다. 실없이. 아쉬운 대로 참고 견디다. 그럭저럭 살아가다. 마음대로 하다. 형편 닿는 대로 하다. 좋을 대로 하다. 자유로이. 함부로. 제멋대로. 마구 아무렇게나. 소홀하다. 데면데면하다.

※鹽醬(염장): 소금과 장.

회양 화상이 선사가 강서에서 널리 교화한다는 소식을 듣고, 대중에게 물었다.

“도일道一이 대중을 위해 법을 설하는가?”

대중이 말했다.

"이미 대중을 위해 법을 설하고 있습니다."

회양이 말했다.

"소식을 가져오는 이를 도무지 보지 못했다."

마침내 한 스님을 그곳으로 보내, 그가 상당할 때를 기다렸다가 다만 '어떻습니까(作麽生)?' 하고 묻고, 그가 말을 하면 기억해 두었다가 오라고 했다.

그 스님이 가르쳐준 대로 가서 묻자, 선사가 말했다.

"그럭저럭 보낸 세월이 어언 30년, 이제야 소금과 장(鹽醬)[18] 걱정을 덜게 되었다."[19]

그 스님이 돌아와서 회양에게 이 일을 전하자, 회양이 "그랬군!" 하였다.[20]

---

18 개문칠건사開門七件事: (아침에 일어나) 문을 열면 부딪치는 일곱 가지 일. 사람이 살면서 매일 겪게 되는 일곱 가지 문제를 말한다. '개문칠건사'란 말이 언제부터 민간에 전해졌는지는 정확하게 규명되어 있지 않지만, 송宋나라 때 오자목吳自牧이 『몽량록夢梁錄』에서 땔나무(柴)·쌀(米)·기름(油)·소금(鹽)·장醬·식초(醋)·차(茶) 등 생활필수품 7가지(七件事)를 언급한 것으로 보아, 대략 송나라 때 생겨난 말인 것으로 추측된다. 몽량록 「상포鯗鋪」에 "집안에 매일 빠져서는 안 될 것이 있으니 땔나무, 쌀, 기름, 소금, 간장, 식초, 차다(蓋人家每日不可闕者, 柴米油鹽醬醋茶)"라고 기술하고 있다.(김성일 저, 『고사성어 대사전』, 2013, 시대의창)

19 '自從胡亂後三十年 不少鹽醬'을 직역하면, "호란으로부터 30년이 지나서야 소금과 장이 적지 않게 되었다"고 할 것이다. 하지만 여기서는 문맥상 그간 30년 동안은 수행이 철저하지 못했지만, 이제야 철저하게 되었다는 뜻으로 이해하는 것이 맞을 것이다(30년이라는 단위는 선가에서 흔히 수행의 기본 단위로 쓰는 말이다).

20 전등록 제5권, '남악 회양 선사' 편에서는 다음과 같이 기술하고 있다.
後馬大師闡化於江西 師問衆曰 "道一爲衆說法否" 衆曰 "已爲衆說法" 師曰 "總未見人持箇消息來" 衆無對 因遣一僧去云 "待伊上堂時 但問作麽生 伊道底言語記

將來" 僧去一如師旨 迴謂師曰 "馬師云 自從胡亂後三十年 不曾闕鹽醬喫" 師然之.(내용 동일, 번역 생략.)

여기서는 '不少鹽醬(소금과 장 걱정을 덜게 되었다)'를 '不曾闕鹽醬喫(소금과 장 먹는 것을 빠뜨린 적이 없었다)'로 기술하고 있다.

조당집에서는 전하지 않는다.

『선문염송집』 제5권, 고칙 156에서는 다음과 같이 기술하고 있다.
江西馬祖因讓師云 "道一在江西 爲人說法 摠不見寄个消息來" 遂遣一僧 往馬祖處 侯見伊上堂但出問云 "作麼生" 待渠有語 記取來. 其僧依教往問之 祖曰 "自從胡亂後三十年 不曾小鹽醬"(내용 동일, 번역 생략.)

여기서는 마조가 "이제야 소금과 장(鹽醬) 걱정을 덜게 되었다"고 한 것에 대해 회양이 "그랬군(然之)!" 하고 인정하는 부분은 기술하지 않고 있다.

7. 천화遷化

師入室弟子 一百三十九人 各爲一方宗主 轉化無窮. 師於貞元四年正月中 登建昌石門山 於林中經行 見洞壑平坦 謂侍者曰 "吾之朽質 當於來月 歸茲地矣" 言訖而回 旣而示疾. 院主問 "和尙近日 尊候如何" 師曰 "日面佛 月面佛" 二月一日沐浴 跏趺入滅. 元和中 謚大寂禪師 塔曰大莊嚴.

※貞元(정원): 당唐 덕종德宗의 연호로 785~805년까지를 이른다.

※洞壑(동학): 동천洞天. 깊고 큰 골짜기. 동혈洞穴. 산천으로 둘러싸인 경치 좋은 곳.(한) / 동굴과 골짜기.(중)

※元和(원화): 당唐 헌종憲宗의 연호로 806~820년까지를 이른다.

선사의 입실제자 139명[21]은 각각 한 지역의 종주宗主가 되어 교화에 다함이 없었다.

선사는 정원 4년(788년) 정월, 건창의 석문산石門山에 올라 숲에서

---

21 전등록 6권과 7권에서는 전기 또는 기연어구가 수록된 선사의 법사法嗣 74인과 이름만 기록되어 있는 법사 63인, 총 137인으로 기술하고 있다.

경행經行을 하다가 산골짜기의 평평한 곳을 보고, 시자에게 말했다.

"나의 썩을 몸, 마땅히 다음 달에 이 땅으로 돌아가리라."

말씀을 마치고 돌아와, 바로 병색을 보였다.

원주院主가 물었다.

"화상께선 요즘 건강(尊候)이 어떠십니까?"

스님이 말했다.

"일면불日面佛·월면불月面佛."

2월 1일, 목욕을 하고 가부좌한 채 입멸入滅했다. 원화(元和, 806~820) 연간에 대적 선사大寂禪師라는 시호와 대장엄大莊嚴이라는 탑명이 내려졌다.[22]

---

22 마조의 입실제자, 그리고 천화와 관련하여 전등록 제6권, '강서 도일 선사' 편(부록 V-2-16)과 조당집 제14권, '강서 마조 화상' 편(부록 V-1-15와 18)을 참조하기 바란다. 다만 전등록에서는 상기 본문의 "화상께선 요즘 건강(尊候)이 어떠십니까?"라는 물음에 "일면불日面佛·월면불月面佛"이라고 답한 것은 기술하고 있지 않으며, 조당집에서는 천화와 관련된 내용과 구별해서 기술하는 차이가 있다.

선문염송집 제5권, 고칙 169에서는 다음과 같이 기술하고 있다.

馬大師不安 院主問 "和尙近日尊位如何" 師云 "日面佛月面佛"

마 대사가 몸이 편치 않자, 원주院主가 물었다.

"화상께서는 요즘 존위(尊位, 법체)가 어떠하신지요?"

마 대사가 말했다.

"일면불日面佛·월면불月面佛"

II. 시중示衆

1. 상승의 일심법(上乘一心之法)

祖示衆云"汝等諸人 各信自心是佛 此心卽佛. 達磨大師 從南天竺國 來至中華 傳上乘一心之法 令汝等開悟. 又引楞伽經 以印衆生心地 恐汝顚倒不信. 此一心之法 各各有之. 故楞伽經 以佛語心爲宗 無門爲法門.

마조가 대중에게 말했다.

"그대들 모두는 각자 자기 마음이 부처임(自心是佛)을 믿어라. 이 마음이 바로 부처다(此心卽佛). 달마達磨[1]는 남천축국(南天竺國, 남인

---

1 보리달마(菩提達磨, ?~495, ?~436, 346~495, ?~528, 여러 설이 있음): 산스크리트어 bodhi-dharma의 음사. 선종禪宗 제1조. 남인도 향지국왕香至國王의 셋째 아들로서, 출가하여 반야다라般若多羅의 법法을 이어받고 6세기 초에 바닷길로 광동성廣東省 광주廣州에 이르고, 남경南京에 가서 양梁의 무제武帝를 뵙고 문답한 후, 양자강을 건너 북위北魏의 숭산崇山 소림사少林寺에 가서 9년 동안 벽관壁觀하였다고 함(달마의 전기에 대해서는 여러 설이 있음).
그는 마음을 집중함으로써 번뇌가 들어오지 못하도록 벽壁과 같이 하여, 여러 망상을 쉬고 심신心身을 탈락시켜 자신의 청정한 본심을 보는 안심安心을 가르침. 달마는 혜가(慧可, 487~593)에게 4권 능가경楞伽經과 가사袈裟를 주면서 그의 법法

도)으로부터 중화(中華, 중국)에 와서 상승(上乘, 대승)의 일심법(一心之法)을 전하고, 그대들로 하여금 깨닫도록 하였다. 또한 『능가경』[2]을 인용하여 중생의 마음(心地)에 각인刻印시켜 주었던 것은 그대들이 전도顚倒되어 믿지 않을까 염려하였기 때문이다. 이 일심법은 각자에게 있는 것이다. 그래서 능가경은 부처님께서 말씀하신 마음을 종지로 하고, 무문으로 법문을 삼은 것이다(佛語心爲宗 無門爲法門).[3]

을 전하고, 536년에 입적함. 전등록傳燈錄 30권에 수록되어 있는 『보리달마약변대승입도사행菩提達摩略辨大乘入道四行』은 달마의 사상을 알 수 있는 문헌임.(시공불교사전)

2 능가경楞伽經: 능가산에서 대혜大慧와 세존이 질문하고 응답하는 형식을 취하고 있는데, 일관된 사상의 전개가 아니라 대승의 여러 가르침의 요지를 두루 모은 듯하여 경 전체의 흐름이 불연속적이다. 먼저 식識·삼자성三自性·이무아二無我에 대해 설하고, 여래장如來藏과 아뢰야식阿賴耶識을 동일시하여 청정한 여래장이 과거의 행위에 의해 물들어가는 측면이 아뢰야식이라고 한다. 또 수행을 우부소행선愚夫所行禪·관찰의선觀察義禪·반연진여선攀緣眞如禪·여래선如來禪으로 나누어 설하고, 세존은 깨달음을 성취하여 반열반般涅槃에 들 때까지 그 중간에 한 자字도 설하지 않았다는 일자불설一字不說을 선언하여 문자에 집착하지 말고 유심唯心을 체득할 것을 강조한다. 세 가지 번역이 있다.

①능가아발다라보경楞伽阿跋多羅寶經: 4권. 유송劉宋의 구나발타라求那跋陀羅 번역.

②입능가경入楞伽經: 10권. 북위北魏의 보리류지菩提流支 번역.

③대승입능가경大乘入楞伽經: 7권. 당唐의 실차난타實叉難陀 번역.(전게서)

3 전등록 제6권, '강서 도일 선사' 편(부록 V-2-2)과 조당집 제14권, '강서 마조화상' 편(부록 V-1-2)에서도 기술하고 있는데, 본서와 차이점을 살펴보면 다음과 같다.

①본문의 "이 마음이 바로 부처다(此心卽佛)"고 한 것이 전등록과 조당집에서는 "이 마음이 바로 부처의 마음이다(此心卽是佛心)"라고 기술하고 있다.

②전등록과 조당집 모두 '佛語心爲宗 無門爲法門'을 능가경에서 말씀한 것(故楞伽

❀

夫求法者 應無所求. 心外無別佛 佛外無別心. 不取善不捨惡. 淨穢兩邊 俱不依怙. 達罪性空 念念不可得 無自性故. 故三界唯心 森羅及萬象 一法之所印.

※依怙(의호): 의지하다.

무릇 법을 구하는 사람은 마땅히 구하는 바가 없어야 한다.[4] 마음

經云)으로 기술하고 있는데, 능가경을 인용하여 마조가 말한 것으로 이해해야 한다(능가경에 상기와 같은 경문이 없다).

③조당집에서는 중화中華라는 표현을 쓰지 않고 있다.

④조당집을 근거로 하면 본 시중示衆은 한 번만 한 것이 아니라, 자주한 것으로 추정해 볼 수 있다(每謂衆曰).

4 유마경 제6, 「부사의품不思義品」에 다음과 같이 기술하고 있다.

爾時 舍利弗見 此室中無有床座 作是念. 斯諸菩薩 大弟子衆 當於何坐. 長者維摩詰知其意 語舍利弗言 "云何仁者 爲法來耶 求床座耶" 舍利弗言 "我爲法來 非爲床座"

그때 사리불이 이 방안에 앉을 자리(床座)가 없는 것을 보고, 이와 같이 생각을 했다.

"이 여러 보살들과 대제자들은 어디에 앉아야 하는가?"

장자 유마힐이 그의 뜻을 알고, 사리불에게 말했다.

"인자(仁者, 어진 분=그대)는 법法을 위해서 온 것입니까, 앉을 자리를 구하러 온 것입니까?"

사리불이 말했다.

"나는 법을 위해서 온 것이지, 앉을 자리를 위해서 온 것이 아닙니다."

維摩詰言 "唯舍利弗 夫求法者 不貪軀命 何況床座. 夫求法者 非有色受想行識之求

非有界入之求 非有欲色無色之求. 唯舍利弗 夫求法者 不著佛求 不著法求 不著衆求. 夫求法者 無見苦求 無斷集求 無造盡證 修道之求. 所以者何 法無戲論 若言我當見 苦斷集證滅修道 是則戲論 非求法也.

유마힐이 말했다.

"사리불이여! 무릇 법을 구하는 사람은 몸과 목숨(軀命, 身命)을 탐하지 않는데, 어찌 하물며 앉을 자리이겠습니까! 무릇 법을 구하는 사람은 색·수·상·행·식을 구하지 않고, 계(界, 18계)와 입(入, 12처)을 구하지 않으며, 욕계(欲)·색계(色)·무색계(無色)를 구하지 않습니다.

사리불이여! 무릇 법을 구하는 사람은 부처에 집착해서 구하지도 않고, 법에 집착해서 구하지도 않으며, 승가(衆, 僧伽)에 집착해서 구하지도 않습니다. 무릇 법을 구하는 사람은 고苦를 봄이 없이 구하고, 집(集, 고의 원인)을 끊음이 없이 구하며, 다함없이 증득하고 도를 닦음에 구함이 없습니다. 왜냐하면 법에는 희론戲論이 없기 때문입니다. 만약 내가 마땅히 고를 보고(見苦) 집을 끊으며(斷集) 멸을 증득하고(證滅) 도를 닦아야 한다(修道)고 말한다면, 이것은 곧 희론이지 법을 구하는 것이 아닙니다.

唯舍利弗 法名寂滅 若行生滅 是求生滅非求法也. 法名無染 若染於法 乃至涅槃 是則染著 非求法也. 法無行處 若行於法 是則行處 非求法也. 法無取捨 若取捨法 是則取捨 非求法也. 法無處所 若著處所 是則著處 非求法也. 法名無相 若隨相識 是則求相 非求法也. 法不可住 若住於法 是則住法 非求法也. 法不可見聞覺知 若行見聞覺知 是則見聞覺知 非求法也. 法名無爲 若行有爲 是求有爲 非求法也 是故 舍利弗 若求法者 於一切法 應無所求"

사리불이여! 법法은 적멸寂滅을 이름하는 것인데, 만약 생멸生滅을 행한다면 이는 생멸을 구하는 것이지 법을 구하는 것이 아닙니다. 법은 물듦이 없음(無染)을 이름하는 것인데, 만약 법에 물들고 나아가 열반에까지도 물든다면 이는 물듦을 구하는 것이지 법을 구하는 것이 아닙니다. 법에는 행처(行處, 대상)가 없는데, 만약 대상을 좇아다닌다면 이는 대상을 구하는 것이지 법을 구하는 것이 아닙니다. 법에는 취하고 버림(取捨)이 없는데, 만약 취하거나 버린다면 이는 곧 취하고 밖에 따로 부처가 없고, 부처 밖에 따로 마음이 없다(心外無別佛 佛外無別心).[5] 선도 취하지 말고 악도 버리지 말며, 깨끗함과 더러움의 양변에도

버리는 것을 구하는 것이지 법을 구하는 것이 아닙니다. 법에는 처소(處所, 머물 곳)가 없는데, 만약 처소에 집착한다면 이는 처소의 집착을 구하는 것이지 법을 구하는 것이 아닙니다. 법은 무상無相을 이름하는 것인데, 만약 상을 따라서 분별하면 이는 곧 상을 구하는 것이지 법을 구하는 것이 아닙니다. 법은 머무는 것(可住)이 아닌데, 만약 법에 머문다면 이는 머무는 것을 구하는 것이지 법을 구하는 것이 아닙니다. 법은 견문각지見聞覺知 할 수 있는 것이 아닌데, 만약 견문각지 한다면 이는 곧 견문각지를 구하는 것이지 법을 구하는 것이 아닙니다. 법은 무위無爲를 이름하는 것인데, 만약 유위有爲를 행하면 이는 유위를 구하는 것이지 법을 구하는 것이 아닙니다. 이런 까닭에 사리불이여! 만약 법을 구하는 사람이라면 일체법에 마땅히 구하는 바가 없어야 하는 것입니다(於一切法 應無所求)."

5 부 대사(傅大士, 497~569)의 『심왕명心王銘』(출처, 전등록 제30권)에 다음과 같이 기술하고 있으니 참조하기 바란다.

觀心空王　마음으로 공왕(空王, 부처)을 관하면
玄妙難測　현묘해서 헤아리기 어렵지만,
無形無相　형체도 없고 모양도 없는
有大神力　대신력大神力으로
能滅千災　능히 온갖 재앙을 없애고
成就萬德　온갖 덕을 성취하네.

體性雖空　체성(體性, 본체의 성품)은 비록 공해도
能施法則　능히 법칙을 시설하니,
觀之無形　관해도 형체는 없지만
呼之有聲　부르면 소리가 있나니,
爲大法將　대법大法의 장수가 되어
心戒傳經　마음을 삼가고 경을 전하네.

水中鹽味　물속의 짠맛과

色裏膠淸 색 속의 아교는 분명해서
決定是有 결정코 있어도
不見其形 그 형체를 보지 못하니,
心王亦爾 마음(心王) 또한 그러해서
身內居停 몸 안에 머물러 있네.

面門出入 얼굴로 드나들면서
應物隨情 대상(物)에 응하고 마음(情)을 따라
自在無礙 자재하고 걸림이 없어
所作皆成 짓는 것 모두 성취하며
了本識心 본래의 마음(識心)을 알아
識心見佛 마음으로 부처를 보네.

是心是佛 이 마음이 부처고
是佛是心 이 부처가 마음이네.
念念佛心 생각생각 부처의 마음이니
佛心念佛 부처의 마음으로 부처를 생각하며
欲得早成 빨리 이루고자 하거든
戒心自律 마음을 삼가고 스스로를 다스려라.

淨律淨心 청정한 계율로 마음을 청정하게 하면
心卽是佛 마음이 바로 부처이니
除此心王 이 마음(心王)을 제외하고는
更無別佛 결코 다른 부처가 없으니
欲求成佛 부처가 되기를 바라면
莫染一物 한 물건(=어떤 것)에도 물들지 말라.

心性雖空 마음의 성품이 비록 공해도
貪瞋體實 탐·진·치의 근본은 자라니

入此法門　이 법문에 들어와서는
端坐成佛　단정히 앉아 부처를 이루어야
到彼岸已　저 언덕에 이르러
得波羅蜜　바라밀을 얻는 것이네.

慕道眞士　도를 흠모하는 참된 이는
自觀自心　스스로 자기의 마음을 관하고
知佛在內　부처가 (자기) 안에 있음을 알아
不向外尋　밖으로 찾지 않나니.
卽心卽佛　바로 마음이 곧 부처요
卽佛卽心　바로 부처가 곧 마음이네.

心明識佛　마음으로 부처를 분명히 알고
曉了識心　환히 마음을 알면
離心非佛　마음을 떠나서는 부처가 아니고
離佛非心　부처를 떠나서는 마음이 아니니,
非佛莫測　부처가 아니면 헤아리지 못해
無所堪任　감당할 수가 없네.

執空滯寂　공에 집착해서 고요함에 막히면
於此漂沈　여기에 떠다니고 잠기게 되니
諸佛菩薩　제불과 보살들은
非此安心　여기에 마음을 두지 않나니
明心大士　마음을 밝힌 대사大士는
悟此玄音　이 현묘한 소리를 깨닫네.

身心性妙　몸과 마음의 성품은 오묘해서
用無更改　쓰면서 다시 고치지 못하니
是故智者　이런 까닭에 지혜로운 이는

모두 의지하지 말라![6] 죄의 성품이 공空함을 통달하면 생각생각 얻을

放心自在　마음을 (내려)놓아 자재하면서도
莫言心王　마음(心王)이라 말하지 않나니
空無體性　공은 체성이 없기 때문이네.

能使色身　능히 색신을 부려
作邪作正　삿됨을 짓고 바름을 지어도
非有非無　있는 것도 아니고 없는 것도 아니어서
隱顯不定　숨었다 드러났다 하는 것은 정해진 것이 없으니
心性離空　마음의 성품이 공함을 떠나면
能凡能聖　능히 범부도 되고 능히 성인도 되는 것이네.

是故相勸　이런 까닭에 서로 권하고
好自防慎　스스로를 지키고 삼가야지,
剎那造作　찰나라도 (멋대로) 조작을 하면
還復漂沈　다시 떠다니고 가라앉게 되네.

清淨心智　청정한 마음의 지혜
如世黃金　세간의 황금과 같고
般若法藏　반야의 법장
並在身心　모두 몸과 마음에 있으며
無爲法寶　무위법보는
非淺非深　얕지도 않고 깊지도 않네.

諸佛菩薩　제불과 보살들
了此本心　이 본래의 마음을 알아
有緣遇者　인연으로 만나는 것이니
非去來今　과거도 마래도 현재도 아니네.

6 '不取善不捨惡'과 관련하여 전등록 제4권, '원주 몽산 도명 선사' 편에 다음과

것이 없으니, 자성이 없기(無自性) 때문이다.[7] 그래서 삼계는 오직

같이 기술하고 있다.

少於永昌寺出家 慕道頗切. 往依五祖法會 極意研尋 初無解悟. 及聞五祖 密付衣法與盧行者 卽率同意數十人 躡迹追 逐至大庾嶺. 師最先見 餘輩未及 盧行者見 師奔至 卽擲衣鉢 於盤石曰 "此衣表信 可力爭耶 任君將去" 師遂擧之 如山不動. 踟躇悚慄乃曰 "我來求法非爲衣也 願行者 開示於我" 祖曰 "不思善不思惡 正恁麽時 阿那箇是明上坐本來面目" 師當下大悟 遍體汗流 泣禮數拜.

도명 선사는 어려서 영창사永昌寺에서 출가했는데, 도를 흠모하는 것이 자못 간절하였다. 5조五祖의 법회法會에 가서 의지하며 지극한 뜻(極意)을 깊이 연구하였으나 처음에는 깨닫지(解悟) 못했다. 5조가 노 행자(盧行者, 육조혜능)에게 은밀히 가사와 법을 전했다는 이야기를 듣고, 바로 같은 뜻을 가진 수십 명을 데리고 행적을 뒤좇아 마침내 대유령大庾嶺에 이르렀다. 선사가 가장 먼저 보고, 나머지 무리들은 이르지 못했는데, 노 행자가 달려온 선사를 보고 바로 의발衣鉢을 반석盤石에 던져놓고 말했다.

"이 옷은 믿음의 표시이거늘, 어찌 힘으로 다툴 수 있겠소? 그대 마음대로 가져가시오."

선사가 들려고 했지만 산처럼 움직이질 않았다. 머뭇머뭇하다가 두렵고 떨려서 말했다.

"저는 법을 구하러 왔지 옷 때문이 아닙니다. 원컨대 행자는 저에게 (법을) 열어 보여주십시오."

육조가 말했다.

"선도 생각하지 말고 악도 생각하지 말라. 바로 이럴 때 어떤 것이 명 상좌의 본래면목인가(不思善不思惡 正恁麽時 阿那箇是明上坐本來面目)?"

선사가 바로 그 자리에서 대오하고(當下大悟), 온몸에서 땀이 나고 눈물을 흘리며 감사의 절을 수없이 했다.

7 유마경 제3, 「제자품弟子品」에 다음과 같이 기술하고 있다.

佛告優波離 "汝行詣維摩詰問疾" 優波離白佛言 "世尊 我不堪任詣彼問疾. 所以者何 憶念昔者 有二比丘犯律行 以爲恥不敢問佛 來問我言 '唯 優波離 我等犯律 誠以爲恥 不敢問佛 願解疑悔 得免斯咎' 我卽爲其如法解說. 時維摩詰來謂我言 '唯

마음일 뿐이고(三界唯心),[8] 삼라만상森羅萬象은 일법一法이라는 도장

優波離 無重增此二比丘罪. 當直除滅 勿擾其心. 所以者何 彼罪性不在內 不在外 不在中間. 如佛所說 心垢故衆生垢 心淨故衆生淨. 心亦不在 內不在外 不在中間 如其心然 罪垢亦然 諸法亦然 不出於如如. 優波離 以心相得解脫時 寧有垢不' 我言 '不也' 維摩詰言 '一切衆生心相無垢 亦復如是. 唯 優波離妄想 垢 無妄想是淨 顚倒是垢 無顚倒是淨 取我是垢 不取我是淨. 優波離 一切法 生滅不住 如幻如電 諸法不相待 乃至一念不住 諸法皆妄見 如夢 如炎 如水中月 如鏡中像 以妄想生. 其知此者 是名奉律 其知此者 是名善解'(이하 생략)."

부처님께서 우바리優波離에게 말씀하셨다.
"그대가 유마힐에게 가서 문병을 하라!"
우바리가 부처님께 말씀드렸다.
"세존이시여! 저는 그에게 가서 문병하는 일을 감당할 수 없습니다. 왜냐하면 지난날의 일이 기억났기 때문입니다. 어떤 두 비구가 율행律行을 범하고는 부끄러워 감히 부처님께 묻지 못하고, 제게 와서 말했습니다.
'바라건대, 우바리여! 저희들이 율律을 범해서 정말로 부끄러워 감히 부처님께 여쭙지 못하겠으니, 의심과 후회(疑悔)를 풀어 이 허물을 면하게 해주십시오.'
(그래서) 저는 바로 그들을 위해 여법如法하게 해설해 주었습니다.
그때 유마힐이 제게 와서 말했습니다.
'우바리여! 이 두 비구의 죄를 더 무겁게 하지 마시오. 바로 제거해서 없애야지, 그들의 마음을 어지럽게 하지 마시오. 왜냐하면 그 죄의 성품은 안에 있는 것도 아니고, 밖에 있는 것도 아니며, 중간에 있는 것도 아닙니다. 부처님께서 말씀하신 것처럼 마음이 더럽기 때문에 중생이 더러운 것이고, 마음이 청정하기 때문에 중생이 청정한 것입니다(心垢故衆生垢 心淨故衆生淨).
마음 또한 안에 있지도 않고 밖에 있지도 않으며 중간에 있지도 않으니, 그 마음이 그러한 것처럼 죄의 더러움 또한 그러하고, 제법 또한 그러해서 여여如如함에서 벗어나지 않는 것입니다. 우바리여! 마음의 상(心相)이 해탈을 얻을 때, 어찌 더러움이 있겠습니까?'
제가 말했습니다.
'아닙니다(不也, 더러움이 없습니다).'

으로 찍어낸 것이다.[9]

(그러자) 유마힐이 말했습니다.

'일체중생이 마음의 상에 때가 없는 것 또한 다시 이와 같습니다. 그렇습니다, 우바리여! 망상妄想이 더러움이고, 무망상無妄想이 깨끗함입니다. 전도顚倒가 더러움이고, 무전도無顚倒가 깨끗함입니다. 아我를 취하는 것이 더러움이고, 아를 취하지 않는 것이 깨끗함입니다. 우바리여! 일체법은 생멸해서 머물지 않으니, 마치 환幻과 같고 번개(電)와 같고, 제법은 상대相待가 아니기에(=상대가 없기에) 나아가 한 생각에도 머물지 않으며, 제법은 모두 허망한 견해(妄見)로 마치 꿈과 같고 아지랑이와 같으며 물속의 달(水中月)과 같고 거울에 비친 모습(鏡中像)과 같아서 망상妄想으로 나오는 것입니다. 그러므로 그것을 이렇게 알면 이것을 일러 율을 받든다(奉律)고 하는 것이고, 그것을 이렇게 알면 이것을 일러 잘 안다(善解)고 하는 것입니다'라고 했습니다."

8 '三界唯心'과 관련하여 『대승입능가경』 제5권, 「무상품無常品」에 다음과 같이 기술하고 있다.

大慧 我說諸法 非常無常. 何以故 不取外法故 三界唯心故 不說諸相故 大種性處種種差別 不生不滅故 非能造所造故 能取所取 二種體性 一切皆從分別起故 如實而知 二取性故 了達惟是 自心現故 離外有無 二種見故 離有無見 則不分別 能所造故.

대혜여! 내가 말하는 제법諸法은 상常·무상無常이 아니니라. 왜냐하면 외법(外法, 마음 밖의 법)을 취하지 않기 때문이고, 삼계는 오직 마음일 뿐(三界唯心)이기 때문이며, 모든 상을 말하지 않기 때문이고, 대종성처大種性處의 갖가지 차별은 불생불멸不生不滅이기 때문이며, 능조能造와 소조所造가 아니기 때문이고, 능취能取와 소취所取의 두 가지 체성體性은 일체가 모두 분별에서 일어나기 때문이며, 여실하게 2취의 성품을 알기 때문이고, 오직 자기 마음이 드러난 것(自心現)일 뿐임을 요달하기 때문이며, 밖의 유와 무의 두 가지 견해를 여의었기 때문이고, 유와 무의 견해를 여의었으므로 능조와 소조를 분별하지 않기 때문이니라.

9 '森羅及萬象 一法之所印'은 『법구경法句經』에 다음과 같이 기술하고 있다.

森羅及萬像　삼라만상은
一法之所印　일법一法이라는 도장으로 찍은 것이고,

❀

凡所見色 皆是見心. 心不自心 因色故有 汝但隨時言說 卽事卽理 都無所礙 菩提道果 亦復如是. 於心所生 卽名爲色 知色空故 生卽不生. 若了此意 乃可隨時 著衣喫飯 長養聖胎 任運過時 更有何事. 汝受吾教 聽吾偈曰. 心地隨時說 菩提亦只寧 事理俱無礙 當生卽不生"

※只寧(지녕): 여시如是의 속언(方言).

무릇 보이는 색色은 모두 마음으로 보는 것이다. 마음은 스스로 마음이 아니고 색으로 인해 있는 것이기 때문에 그대들이 다만 때에 따라 말을 하더라도 사(事, 현상)에도 맞고 이(理, 이치)에도 맞아서 모두 걸릴 것이 없고, 보리도과菩提道果 또한 이와 같은 것이다. 마음에서 일어나는 것을 색色이라고 이름 하는 것이니, 색이 공하다는 것을 알기 때문에 생한다고 해도 생하는 바가 없는 것이다. 만약 이 뜻(意)을 깨달으면 때때로 옷 입고 밥 먹으면서도 성인의 태를 기르고(長養聖胎) 일이 되어가는 대로 맡겨 세월을 보내게 될 것이니(任運過時), 그밖에 다시 무슨 일이 있겠는가. 그대들은 나의 교지(教旨, 宗旨)를 받아들이

一亦不爲一　하나 역시 하나가 아닌 것은
爲欲破諸數　모든 수를 타파코자 함이네.

夫求法者에서 一法之所印까지 전등록 제6권, '강서 도일 선사' 편(부록 V-2-2)과 조당집 제14권, '강서 마조 화상' 편(부록 V-1-2)에서도 상기 원문과 동일하게 기술하고 있다.

고, 나의 게송을 들어라."

心地隨時說　　마음(心地)이 때에 따라 말을 하나니
菩提亦只寧　　보리菩提 역시 다만 이와 같을 뿐이네.
事理俱無礙　　사事와 이理에 모두 걸림이 없으니
當生卽不生　　생한다 해도 생하는 바가 없는 것이네.[10]

❀

僧問"如何是脩道" 曰"道不屬脩 若言脩得 脩成還壞 卽同聲聞 若言不脩 卽同凡夫"

※'脩'는 '修'와 동자同字다.

---

10 전등록 제6권, '강서 도일 선사' 편(부록 V-2-2)과 조당집 제14권, '강서 마조화상' 편(부록 V-1-2)에서도 거의 동일하게 기술하고 있다. 다만 약간의 기술의 차이가 아래와 같이 있으니 참조하기 바란다.
①'心不自心 因色故有'를 조당집에서는 '心不自心 因色故有心'으로 기술하고 있다(전등록은 같다). ②'若了此意'를 전등록에서는 '若了此心'으로, 조당집에서는 '若體此意'로 기술하고 있다.
또한 앞의 註3의 ④에서 밝힌 것처럼 여기까지가 마조가 수시로 대중에게 법문을 한 것이고, 이하 어떤 스님의 물음과 마조의 답 그리고 이어지는 법문은 어느 특정한 날 상기의 법문을 시중하는 가운데 개별적 상황으로 이루어진 것임을 추정해 볼 수 있다(전등록과 조당집에서는 여기까지를 한 편의 시중示衆으로 기술하고 있으며, 이어지는 물음과 답은 사가어록에서만 전한다).
한편 선문염송집 제5권, 고칙 158에서는 상기 본문의 게송偈頌만으로 화두를 삼아 전하고 있다.

(그때) 어떤 스님이 물었다.[11]

"어떤 것이 도道를 닦는 것입니까?"

말했다.

"도는 닦는 데 속하지 않는다. 만약 닦아서 얻는다고 하면 닦아서 이루어진 것은 도리어 무너지게 되어 성문聲聞과 같게 되고, (그렇다고 해서) 닦지 않는다고 하면 범부와凡夫와 같게 될 것이다."

❀

又問"作何見解 卽得達道" 祖曰"自性本來具足 但於善惡事中不滯 喚作脩道人. 取善捨惡 觀空入定 卽屬造作 更若向外馳求 轉疎轉遠 但盡三界心量. 一念妄心 卽是三界生死根本. 但無一念 卽除生死根本 卽得法王無上珍寶.

※心量(심량): 산스크리트어 citta-mātra. 오직 마음이 작용하여 대상을 분별하고 차별한다는 뜻.(시공 불교사전)

또 물었다.

"어떤 견해見解를 지어야, 바로 도를 통달하게 됩니까?"

마조가 말했다.

"자성自性은 본래 갖춰져 있으니, 다만 선악사善惡事에 얽매이지 않아야 수도인脩道人이라 부를 수 있다. 선은 취하고 악은 버리며(取善捨惡) 공을 관해 정에 들어가는 것(觀空入定)은 꾸며서 만든 것(造作, 有爲)에 속하게 되고, 또한 만약 밖으로 치달려 구하면 점점 더 멀어지게

11 앞에서 기술한 것처럼, 여기서부터는 전등록과 조당집에서는 전하지 않는다.

될 것이니, 다만 삼계에 대해 헤아리는 마음(三界心量)이 없도록 해야 한다. 한 생각 허망한 마음(一念妄心)이 바로 삼계생사三界生死의 근본이다. 그러므로 다만 한 생각도 없으면 바로 생사의 근본이 없어지고 법왕法王의 위없는 진귀한 보배(無上珍寶)를 얻게 될 것이다.

❀

無量劫來 凡夫妄想 諂曲邪僞 我慢貢高 合爲一體. 故經云 但以衆法合成此身 起時唯法起 滅時唯法滅 此法起時 不言我起 滅時不言我滅.

※ 諂曲(첨곡): 자기의 지조를 굽히어 아첨함.

무량겁 이래로 범부는 망상과 아첨, 삿됨과 거짓, 아만과 뽐냄이 합해서 한 몸(一體)이 되었다. 그렇기 때문에 경(經, 유마경)에 이르기를 '다만 여러 법이 합해서 이 몸이 이루어진 것이기에, 일어나더라도(=이 몸이 생겨나더라도) 오직 법이 일어날 뿐이고, 멸하더라도 오직 법이 멸할 뿐이다. 그러므로 이 법이 일어날 때 내가 일어난다고 말하지 않고, 이 법이 멸할 때 내가 멸한다고 말하지 않는다'[12]고 하였던 것이다.

---

12 유마경 제5, 「문수사리문질품文殊師利問疾品」에 다음과 같이 기술하고 있다. 文殊師利言 "居士 有疾菩薩 云何調伏其心" 維摩詰言 "有疾菩薩應作是念 '今我此病 皆從前世妄想顚倒諸煩惱生. 無有實法 誰受病者. 所以者何 四大合故 假名爲身 四大無主 身亦無我. 又此病起 皆由著我 是故於我 不應生著旣知病本 卽除我想及衆生想 當起法想 應作是念 但以衆法 合成此身 起唯法起 滅唯法滅 又此法者各不相知 起時不言 我起滅時不言我滅.

문수사리가 말했다.
"거사시여! 병든 보살은 어떻게 그 마음을 조복해야 합니까?"

❀

前念後念中念 念念不相待 念念寂滅 喚作 海印三昧. 攝一切法 如百千異流 同歸大海 都名海水. 住於一味 卽攝衆味 住於大海 卽混諸流 如人在大海中浴 卽用一切水. 所以 聲聞悟迷 凡夫迷悟. 聲聞不知 聖心本無 地位因果階級 心量妄想 脩因證果. 住於空定 八萬劫二萬劫 雖卽已悟 悟已却迷.

전념前念과 후념後念 그리고 중념中念이 생각생각 서로 상대相待하지 않고 생각생각 적멸寂滅하면, 이를 일러 해인삼매海印三昧[13]라고 부른

유마힐이 말했다.
"병이 든 보살은 이와 같이 생각을 해야 합니다.
'지금 나의 이 병은 모두 전세前世의 허망한 생각과 전도된 모든 번뇌로부터 일어나는 것이다. 실다운 법(實法)이 없는데 누가 병이라는 것을 받는 것인가? 왜냐하면 4대가 모인 것을 잠시 이름을 빌어 몸이라고 하기 때문이니, 4대에는 주인이 없고 몸 또한 무아無我인 것이다. 또한 이 병이 일어난 것은 모두 아我를 집착함으로 말미암은 것이니, 이런 까닭에 나(我)에 대해 집착을 내어서는 안 된다'라고.
이미 병의 근본을 알았다면 바로 아상我想 및 중생상衆生想을 없애고 법상法想을 일으켜야 합니다. 그리고는 이와 같이 생각을 해야 합니다.
'다만 여러 법이 합해서 이 몸이 이루어진 것이니, 일어나더라도 오직 법이 일어나는 것일 뿐이고, 멸하더라도 오직 법이 멸하는 것일 뿐이다. 또한 이 법이라는 것은 각각 서로 알지 못하니, 일어날 때에도 내가 일어난다고 말하지 않고, 멸할 때는 내가 멸한다고 말하지 않는다'라고 해야 합니다."

13 해인삼매(海印三昧): 고요한 바다에 온갖 형상이 비치고, 온갖 물이 모두 바다로 흘러가고, 온갖 것이 바다에 갈무리되어 있듯, 일체의 안팎을 두루 명료하게 파악하는 부처의 삼매.(시공 불교사전)

다. (이는) 일체법을 거두어들이는 것이 마치 백천 가지 다른 물결이 함께 바다로 돌아가면(百千異流 同歸大海)[14] 모두 바닷물이라고 부르는 것과 같다. (또한) 한 맛에 머물면 여러 맛을 포섭하고 대해에 머물면 모든 물줄기가 섞이게 되니, 마치 사람이 대해에서 목욕을 하면 일체의 물을 다 쓰는 것과 같다. 그래서 성문은 깨달은 가운데 미혹해지고(聲聞悟迷), 범부는 미혹한 가운데 깨닫는 것이다(凡夫迷悟).

성문은 성스러운 마음(聖心)에는 본래 지위·인과·계급이 없다는 것을 모르고 마음으로 헤아리고 허망하게 생각하면서(心量妄想) 인을 닦아 과를 증득하려고(脩因證果) 한다. 그러므로 공정(空定, 공허한 적정처)[15]에 8만 겁, 2만 겁을 머물러 비록 깨달았다 하더라도, 그 깨달은 것이 도리어 미혹하게 되는 것이다(悟已却迷).

---

14 『회남자淮南子』 「범론훈氾論訓」에 다음과 같이 기술하고 있다.

百川異源 而皆歸於海 百家殊業 而皆務於治.

온갖 시냇물이 원천을 달리 하지만 모두 바다로 돌아가듯, 제자백가들이 업業을 달리 하지만 모두 다스림(治)에 힘쓴다.

15 공정(空定): ①모든 현상은 인연 따라 모이고 흩어지므로 거기에 불변하는 실체가 없다고 주시하는 선정. ②분별과 망상이 끊어진 선정. 분별과 차별을 일으키는 마음 작용이 소멸된 선정.(전게서)

사공정四空定=사무색정四無色定: 무색계의 네 가지 선정.

①공무변처정(空無邊處定): 허공은 무한하다고 주시하는 선정.

②식무변처정(識無邊處定): 마음의 작용은 무한하다고 주시하는 선정.

③무소유처정(無所有處定): 존재하는 것은 없다고 주시하는 선정.

④비상비비상처정(非想非非想處定): 생각이 있는 것도 아니고 생각이 없는 것도 아닌 경지의 선정. 욕계·색계의 거친 생각은 없지만 미세한 생각이 없지 않은 경지의 선정.(전게서)

❀

諸菩薩觀如地獄苦 沈空滯寂 不見佛性. 若是上根衆生 忽爾遇善知識 指示 言下領會 更不歷於階級地位 頓悟本性. 故經云 "凡夫有反覆心 而聲聞無也" 對迷說悟 本旣無迷 悟亦不立. 一切衆生 從無量劫來 不出法性三昧 長在法性三昧中 著衣喫飯 言談祗對 六根運用 一切施爲 盡是法性. 不解返源 隨名逐相 迷情妄起 造種種業. 若能一念返照 全體聖心.

(하지만) 모든 보살은 공에 가라앉고 적멸에 막혀(沈空滯寂) 불성을 보지 못하는 것을 지옥의 고통처럼 본다. (그러므로) 만약 이와 같이 상근기의 중생은 홀연히 선지식이 가리켜 보이는 것을 만나게 되면 말끝에 바로 깨달아서(言下領會), 다시는 계급이나 지위를 거치지 않고 단박에 본래의 성품을 깨닫게(頓悟本性) 될 것이다. 그렇기 때문에 경전에 이르기를 '범부에게는 되돌리려는 마음(反覆心)이 있지만, 성문에게는 없다(凡夫有反覆心 而聲聞無也)'[16]고 하였던 것이다.

---

16 유마경 제2권, 「불도품佛道品」에 다음과 같이 기술하고 있다.

爾時 大迦葉歎言 "善哉善哉 文殊師利 快說此語. 誠如所言 塵勞之疇爲如來種. 我等今者 不復堪任發阿耨多羅三藐三菩提心 乃至五無間罪 猶能發意生於佛法 而今我等永不能發. 譬如 根敗之士 其於五欲 不能復利. 如是聲聞 諸結斷者 於佛法中 無所復益 永不志願. 是故 文殊師利 凡夫於佛法有返復 而聲聞無也. 所以者何 凡夫聞佛法 能起無上道心 不斷三寶 正使聲聞 終身聞佛法力無畏等 永不能發無上道意"

그때 대가섭이 찬탄하며 말했다.

"훌륭하고 훌륭합니다. 문수사리여! 이 말을 명쾌히 말씀하십니다. 진실로 말씀하

미혹함을 상대하여 깨달음을 말하지만, 본래 미혹함도 없고 깨달음 또한 세우지 않는다. 일체중생은 무량겁 이래로 법성삼매法性三昧를 벗어나지 않았으며, 오래도록 법성삼매에 있으면서 옷 입고 밥 먹으며 상대에 따라 말을 하며 6근을 써왔던 것이니, 일체의 하는 것 모두가 모두 법성이다(一切施爲 盡是法性).

근원으로 돌아갈 줄 모르고 이름을 따르고 모양을 좇으면 미혹한 생각(迷情)이 허망하게 일어나 갖가지 업業을 짓게 되는 것이다. 그러나 만약 한 생각을 돌이켜 비출 수 있으면 모두가 성스러운 마음인 것이다(一念返照 全體聖心).

❀

汝等諸人 各達自心 莫記吾語. 縱饒說得河沙道理 其心亦不增 縱說不得 其心亦不減. 說得亦是汝心 說不得亦是汝心. 乃至分身放光 現十八變 不如還我死灰來. 淋過死灰無力 喩聲聞妄脩因證果 未淋過死灰

신 것과 같이 번뇌(塵勞)의 무리들이 여래의 종자(如來種, 여래의 씨앗)입니다. 저희들은 지금 다시는 아뇩다라삼먁삼보리심을 일으키는 것을 감당할 수가 없습니다. 5무간죄五無間罪를 지음에 이르러야 도리어 뜻을 일으켜서 불법에 날 수 있을 것입니다. 비유하면 근이 썩은 사람(根敗之士)이 저 5욕五欲을 다시 이롭게 할 수 있겠습니까? 이와 같이 모든 번뇌를 끊은 성문은 불법에 다시는 이익 되는 것이 없기에 영원히 뜻을 세워 발원하지 못하는 것입니다. 이런 까닭에 문수사리여! 범부는 불법에 되돌아 올 수 있지만, 성문은 그럴 수 없는 것입니다(凡夫於佛法有返復 而聲聞無也). 왜냐하면 범부는 불법을 듣고 능히 무상도심無上道心을 일으키면서도 삼보三寶를 끊지 않지만, 바로 성문은 종신토록 불법佛法과 부처님의 힘(力)과 무외(無畏, 두려움 없음) 등을 듣더라도, 영원히 무상도의(無上道意, 위없는 도에 대한 마음)를 일으키지 못하기 때문입니다."

有力 喻菩薩道業純熟 諸惡不染. 若說如來權教三藏 河沙劫說不盡 猶如鉤鎖亦不斷絶. 若悟聖心 總無餘事. 久立珍重.

※淋(임질 임): 임질. 장마. 긴 모양. 물을 뿌리다. 물방울 떨어지다.
※餘事(여사): 그다지 요긴하지 않은 일.

그대들 모두는 각자 자기의 마음(自心)을 깨달아야지, 나의 말(吾語)을 기억하지 말라. 설사 항하의 모래만큼 많은 도리를 말한다 할지라도 그 마음이 늘어나는 것도 아니고, 설사 말하지 않는다 하더라도 그 마음이 줄어드는 것도 아니다. 말을 하는 것 또한 그대의 마음이고, 말하지 않는 것 역시 그대의 마음이다. 나아가 (중생제도를 위해) 분신分身하고 방광放光하며 18변(十八變, 18 신통술)을 나툰다 해도, 내게 불 꺼진 재(死灰)를 돌려주는 것만 못한 것이다. 물을 뿌린 꺼진 재에 힘이 없는 것은 비유하면 성문이 허망하게 인因을 닦아 과果를 증득하려는 것과 같고, 물을 뿌리지 않은 꺼진 재에 힘이 있는 것은 비유하면 보살의 도업道業이 순일하게 익어 모든 악에도 물들지 않는 것과 같다. 만약 여래가 방편으로 가르친 삼장三藏을 말한다면 항사겁河沙劫만큼 말을 해도 다하지 못할 것이니, 마치 갈고리나 쇠사슬이 끊어지지 않은 것과 같다. 그러나 만약 성스러운 마음(聖心)을 깨달으면, 이 밖에 또 다른 일(餘事)이 도무지 없게 될 것이다.[17]

---

17 전등록 제5권, '제33조 혜능 대사' 편에 다음과 같이 기술하고 있다..
師新州舊居爲國恩寺 一日師謂衆曰 "諸善知識 汝等各各淨心 聽吾說法. 汝等諸人自心是佛 更莫狐疑. 外無一物而能建立. 皆是本心生萬種法 故經云 心生種種

오랫동안 서서 듣느라 수고했다(久立珍重).”

法生 心滅種種法滅. 若欲成就種智 須達一相三昧一行三昧. 若於一切處而不住相 彼相中不生憎愛亦無取捨 不念利益成壞等事 安閑恬靜虛融澹泊 此名一相三昧. 若於一切處 行住坐臥 純一直心 不動道場 眞成淨土 名一行三昧. 若人具二三昧 如地有種 能含藏長養 成就其實 一相一行 亦復如是. 我今說法 猶如時雨 溥潤大地 汝等佛性 譬諸種子 遇玆霑洽 悉得發生. 承吾旨者 決獲菩提 依吾行者 定證妙果”

혜능 대사가 신주新州의 옛날에 거처하던 곳을 국은사國恩寺로 삼고, 하루는 대중에게 말했다.

“여러 선지식들이여! 그대들 각각은 마음을 청정히 하고 나의 설법을 들어라. 그대들 모두는 자신의 마음이 부처이니(自心是佛), 결코 여우같은 의심을 하지 말라. 마음 밖에 한 물건(一物, 어떠한 것)도 건립할 수 있는 것이 없다. 모든 것은 본래의 마음(本心)이 온갖 법을 생하는 것이니, 그래서 경經에 이르기를 ‘마음이 생하면 갖가지 법이 생하고, 마음이 멸하면 갖가지 법이 멸한다(心生種種法生 心滅種種法滅)’고 하였던 것이다. 그러므로 종지(種智, 부처의 지혜)를 성취하고자 하면 모름지기 일상삼매一相三昧와 일행삼매一行三昧를 통달해야 한다. 만약 일체처에서 상相에 머물지 않고, 그 상에서 미움과 사랑을 내지 않고 취하고 버림도 없으며, 이익과 성괴成壞 등의 일에 마음을 두지 않아 평안하고 한가로우며 담담하고 고요하며(安閑恬靜) 텅 빔에 녹아들어 담박하게 머물면(虛融澹泊), 이것을 일러 ‘일상삼매一相三昧’라고 하는 것이다. 만약 일체처에서 행주좌와行住坐臥가 순일純해서 직심直心이 되면 도량道場을 움직이지 않고 진실로 정토淨土를 이루게 될 것이니, 이를 일러 ‘일행삼매一行三昧’라고 하는 것이다.

만약 사람이 이 두 삼매를 갖추면 마치 땅이 종자를 품고 간직해서 오래도록 기르면 그 열매가 여는 것과 같으니, 일상一相과 일행一行 또한 역시 이와 같은 것이다. 나의 지금 설법은 마치 때 맞춰 내리는 비가 대지를 두루 적시는 것과 같으니, 그대들의 불성佛性은 비유컨대 모든 종자種子와 같아서 적셔지면 모두 싹이 나게 될 것이다. 그러므로 나의 종지를 받아 지니는 자는 결정코 보리菩提를 얻을 것이고, 나의 행을 의지하는 자는 결정코 묘과妙果를 증득할 것이다.”

2. 평상심이 도다(平常心是道)

示衆云"道不用脩 但莫汙染. 何爲汙染. 但有生死心 造作趣向 皆是汙染. 若欲直會其道 平常心是道. 何謂平常心. 無造作 無是非 無取捨 無斷常 無凡無聖. 經云'非凡夫行 非聖賢行 是菩薩行.' 只如今 行住坐臥 應機接物 盡是道. 道卽是法界 乃至河沙妙用 不出法界. 若不然者 云何言心地法門 云何言無盡燈.

※趣向(추향): 대세에 쏠리어 좇아 따라감. 마음에 쏠리어 따라감. (대세나 판국의) 되어가는 형편.

대중에게 말했다.

"도는 닦을 필요가 없으니, 다만 오염되지만 말라(道不用脩 但莫汙染)![18] 무엇을 오염이라 하는가? 다만 생사심生死心으로 조작하거나 추향趣向하는 바가 있으면 모두가 오염이다. 만약 곧바로 이 도를 알고자 한다면, 평상심이 도다(平常心是道).[19]

---

18 '道不用脩 但莫汙染'과 관련해서는 'I-2. 남악회양과의 만남' 편의 본문과 그에 따른 註10을 참조하기 바란다.

무엇을 평상심이라고 하는가? 조작이 없고 시비是非가 없으며, 취사取捨가 없고 단상斷常이 없으며, 범부도 없고 성인도 없는 것이다. 경(經, 유마경)에 이르기를 '범부의 행도 아니고 성현의 행도 아닌 것이 보살의 행이다(非凡夫行 非聖賢行 是菩薩行)'[20]고 했다. 다만 지금

---

19 '平常心是道'는 이후 조주趙州의 물음에 남전南泉이 답한 것으로 유명하다. 『조주록趙州錄』에 다음과 같이 기술하고 있다.

師問南泉 "如何是道" 泉云 "平常心是" 師云 "還可趣向不" 泉云 "擬卽乖" 師云 "不擬知是道" 泉云 "道不屬知不知. 知是妄覺 不知是無記. 若眞達不疑之道 猶如太虛 廓然蕩豁 豈可强是非也" 師於言下頓悟玄旨 心如朗月.

선사(師, 조주)가 남전에게 물었다.
"어떤 것이 도입니까?"
남전이 말했다.
"평상심이다."
스님이 말했다.
"그것을 향해 나아갈 수 있습니까?"
남전이 말했다.
"그것을 향해 나아가고자 하면 어긋난다."
스님이 말했다.
"그것을 향해 나아가고자 하지 않으면 어찌 도인 줄 알겠습니까?"
남전이 말했다.
"도는 알고 모르는 것에 속하지 않는다. 안다는 것은 허망한 깨달음(妄覺)이요, 모른다는 것은 무기無記다. 만약 의심함이 없는 도(不疑之道)를 진실로 통달하면 마치 태허와 같이 확연탕활(廓然蕩豁=넓고 커서 헤아릴 수 없음)할 것인데, 어찌 억지로 옳다 그르다 하겠는가."
선사가 말끝에 단박에 현묘한 종지를 깨닫고, 마음이 맑고 밝은 달과 같았다.

20 유마경 제5, 「문수사리문질품」에 다음과 같이 기술하고 있다.

文殊師利 有疾菩薩 應如是調伏其心 不住其中 亦復不住 不調伏心. 所以者何 若住不調伏心 是愚人法 若住調伏心 是聲聞法. 是故 菩薩不當住 於調伏不調伏心.

행주좌와行住坐臥하고 근기에 따라 중생을 제접하는 것(應機接物)이 모두가 도道다. (또한) 도는 곧 법계이니, 항하의 모래알같이 많은 오묘한 작용(河沙妙用)까지도 법계를 벗어나지 못한다. 만약 그렇지 않다면 어떻게 심지법문心地法門[21]을 말하고, 어떻게 무진등無盡燈[22]을

離此二法 是菩薩行. 在於生死 不爲汚行 住於涅槃 不永滅度 是菩薩行. 非凡夫行 非賢聖行 是菩薩行. 非垢行 非淨行 是菩薩行.

문수사리여! 병이 있는 보살은 마땅히 이와 같이 그 마음을 조복하고, 거기에 머물지 않아야 하며, 또한 다시 조복하지 못한 마음(不調伏心)에도 머물지 않아야 합니다. 왜냐하면 조복하지 못한 마음에 머물게 되면 이는 어리석은 사람의 법(愚人法)이고, 만약 조복한 마음에 머물면 성문법聲聞法이기 때문입니다. 이런 까닭에 보살은 마땅히 조복한 마음과 조복하지 못한 마음에 머물러서는 안 됩니다. 이 두 법을 떠나는 것이 보살행菩薩行입니다. 생사生死에 있으면서도 오염된 행위(汚行)를 하지 않고, 열반涅槃에 머물면서도 영원히 멸도滅度하지 않는 것이 보살행입니다. 범부의 행도 아니고 성현의 행도 아닌 것이 보살행입니다(非凡夫行 非賢聖行 是菩薩行). 오염된 행도 아니고, 청정한 행도 아닌 것이 보살행입니다.

21 '심지법문心地法門'과 관련하여 전등록 제3권, '33조 혜능 대사' 편에 다음과 같이 기술하고 있으니 참조하기 바란다.

先天元年 告諸徒衆曰 "吾忝受忍大師衣法 今爲汝等說法 不付其衣 蓋汝等信根淳熟 決定不疑堪任大事. 聽吾偈曰 心地含諸種 普雨悉皆生 頓悟華情已 菩提果自成" 師說偈已復曰 "其法無二 其心亦然. 其道淸淨 亦無諸相 汝等愼勿觀 淨及空其心. 此心本淨無可取捨 各自努力隨緣好去"

혜능 대사가 선천(先天, 당 현종의 연호) 원년(712)에 여러 대중에게 말했다. "나는 외람되이 홍인 대사의 가사와 법(衣法)을 받았는데, 지금 그대들을 위해 법法을 설하면서도 가사를 전하지 않는 것은 그대들의 신근信根이 순박하게 익어 결정코 의심이 없이 대사大事를 감당할 수 있기 때문이다. 나의 게송을 들어라.

말하겠는가![23]

心地含諸種　마음 땅(心地)은 모든 종자를 머금어
普雨悉皆生　두루 내린 비에 모두 다 싹을 내니,
頓悟華情已　번성한 마음(華情)을 단박에 깨달아버리면
菩提果自成　보리과菩提果는 저절로 이루어지리라."

대사가 게송을 마치고 또 말했다.

"그 법에는 둘이 없고, 그 마음 또한 그러하다. 그 도는 청정하고 또한 모든 상相도 없으니 그대들은 삼가 그 마음을 청정하다거나(淨) 공하다(空)고 관하지 말라. 이 마음은 본래 청정해서 취하거나 버릴 것이 없으니 각기 스스로 노력해서 인연을 따르라."

22 '무진등無盡燈'과 관련하여 유마경 제4, 「보살품」에 다음과 같이 기술하고 있다.
維摩詰言 "諸姊 有法門 名無盡燈. 汝等當學. 無盡燈者 譬如一燈 燃百千燈 冥者皆明 明終不盡. 如是諸姊 夫一菩薩開導 百千衆生 令發阿耨多羅三藐三菩提心 於其道意 亦不滅盡 隨所說法 而自增益 一切善法 是名無盡燈也. 汝等雖住魔宮 以是無盡燈 令無數天子天女 發阿耨多羅三藐三菩提心者 爲報佛恩 亦大饒益一切衆生"

유마힐이 말했습니다.

"여러 자매들이여(諸姊)! 어떤 법문이 있는데, 이름이 무진등(無盡燈, 다함이 없는 등=꺼지지 않는 등)이라고 합니다. 그러니 그대들은 이것을 마땅히 배워야 합니다. 무진등이라는 것은 비유하면 하나의 등으로 백천 등을 밝혀서 어두운 것이 모두 밝아져 밝음이 결코 다함이 없는 것과 같습니다. 이와 같이 여러 자매들이여! 무릇 한 명의 보살이 백천 중생을 개도하여 아뇩다라삼먁삼보리심을 일으키도록 하고, 그 도에 대한 생각(道意) 또한 멸해서 없어지지(滅盡) 않고 설법하는 대로 스스로 일체선법을 증익하는 것, 이것을 일러 무진등無盡燈이라고 하는 것입니다. 그대들이 비록 마궁魔宮에 머물지라도 이 무친등으로 헤아릴 수 없이 많은 천자와 천녀들에게 아뇩다라삼먁삼보리심을 일으키게 하면, 이것이 부처님의 은혜에 보답하는 것이고 또한 일체중생을 요익케 하는 것입니다."

23 전등록 제28권, 「제방광어일십이인견록諸方廣語一十二人見錄」 편에 다음과 같이 기술하고 있다.

❀

一切法 皆是心法 一切名 皆是心名. 萬法皆從心生 心爲萬法之根本. 經云 '識心達本源 故號爲沙門' 名等義等 一切諸法皆等 純一無雜. 若於教門中 得隨時自在 建立法界 盡是法界 若立眞如 盡是眞如 若立理 一切法盡是理 若立事 一切法盡是事.

일체법은 모두 마음 법(心法)이고, 일체의 이름은 모두 마음의 이름(心名)이다. 만법은 모두 마음으로부터 나오는 것이니, 마음이 만법의 근본이 되는 것이다. 경(經, 중본기경)에 이르기를 '마음을 알아 본원을 통달하였기 때문에 사문이라 한다(識心達本源 故號爲沙門)'[24]고 했으니,

---

江西大寂道一禪師示衆云 "道不用修 但莫汚染. 何爲汚染. 但有生死心 造作趣向 皆是汚染. 若欲直會其道 平常心是道. 謂平常心. 無造作無是非 無取捨無斷常 無凡無聖. 經云 非凡夫行 非賢聖行 是菩薩行. 只如今行住坐臥 應機接物 盡是道. 道卽是法界 乃至河沙妙用不出法界. 若不然者 云何言心地法門 云何言無盡燈." (내용 동일, 번역 생략.)

여기서는 ①조작추향造作趣向을 조작취향造作趣向으로 기술하는 차이가 있지만, 의미의 차이는 없다. 또한 ②상기 본문과 중본기경에서 息心達本源 故號爲沙門이라고 한 것을 전등록 28권에서는'識心達本 故號沙門'으로 기술하는 차이가 있다(아래 註25 참조).

24 『중본기경中本起經』「사리불목건련내학품舍利弗大目揵連來學品」에 다음과 같이 기술하고 있다.

佛在羅閱祇竹園精舍 與大比丘僧千人俱 皆得應眞 鬱俾羅等. 彼有一卿 名曰那羅陀 故有梵志 字曰沙然. 精修仙行 延納來學. 好仙弟子 凡有二百五十人 門徒之中有二人高足難齊 一名優波替 次曰拘律陀 才明深遠 研精通微. 沙然得病 自知將終 告於二賢 "此諸新學 志存道行 累卿二人 必令全志" 二人敬諾 受教奉行. 是時世尊

이름도 같고 뜻도 같으며 일체제법一切諸法이 모두 같아 순일하고

勅比丘頞陛 "汝行宣化 往必有度 所可見者 其智明遠 自捨如來 無能與論 若與相見 直說法本 勿與酬酢 以致其嗤" 頞陛受勅 整服持鉢 禮佛而行. 時優波替 從諸弟子 相隨遊觀 遙見頞陛 威儀庠雅 未曾聞覩 何所法像. 被服改俗 須至當問 二人俱前 相逢中路. 便問頞陛 "章服反常 何所從出 豈有師宗 可得聞乎" 於時頞陛 以頌答曰 "我年旣幼稚 學日又初淺 豈能宣至眞 如來廣大義 一切諸法 本因緣空無主 息心達本源 故號爲沙門"

부처님께서 나열기(羅閱祇, 왕사성) 죽림정사竹園精舍에서 대비구승大比丘僧 1,000인과 함께 계셨는데, 모두가 아라한(應眞)이 된 울비라鬱俾羅 등이었다. 거기에 한 분이 있었는데 이름이 나라타那羅陀였고, 본디 범지梵志로 있을 때의 이름은 사연沙然이었다. 신선의 행(仙行)을 힘써 닦으면서 와서 배우는 이들을 맞아들였다. 신선을 좋아하는 제자(好仙弟子)가 무릇 이백오십 인이나 있었는데, 문도들 가운데에 나란히 하기 어려운 뛰어난 제자(高足難齊)가 두 사람이 있었다. 한 사람은 우바체優波替이고 다음은 구율타拘律陀였는데, 재주가 밝고 깊숙하고 멀어서 정밀히 궁구하여 미묘한 데까지 통달하였다.

사연은 병이 들어 스스로 장차 죽게 되리라는 것을 알고, 두 어진 이(二賢)에게 말하였다.

"이곳의 여러 새로 배우는 이들이 도행道行에 뜻을 두고 있으니, 두 사람에게 누가 되더라도 반드시 뜻을 온전토록 하라."

두 사람은 공경히 응낙하고 가르침을 받아 받들어 행하였다.

이때 세존은 비구 알폐頞陛에게 명하셨다.

"너는 가서 교화하되, 가서 반드시 제도할 만한 이로서 그 지혜가 밝고 깊숙하여 자연히 여래가 아니고서는 함께 논의할 수 없으면 서로 만나더라도 바로 법의 근본만을 말하고, 말을 서로 주고받고 하지 말라. 웃음거리만 되리라."

알폐는 명을 받아 의복을 정돈하고 발우를 들고 부처님께 예배하고 떠나갔다. 그때 우바체는 제자들을 데리고 서로 유람하다가, 멀리서 알폐의 위의가 차분하며 말쑥함을 보고 일찍이 듣거나 본 일이 없었는지라, '어떤 법의 형상일까? 입은 옷이 속인과 다르니, 가서 물어야겠구나!' 하고, 두 사람은 다 같이 앞으로 오다가 길 중간에서 서로 만났다.

잡됨이 없는 것이다(純一無雜). 만약 교문敎門에서도 시절인연에 따라 자재함(隨時自在)을 얻으면, 법계를 세우면 모두가 법계이고, 진여眞如를 세우면 모두가 진여이며, 이(理, 이치)를 세우면 일체법이 모두 이이고, 사(事, 현상)를 세우면 모두가 사인 것이다.[25]

❀

擧一千從 理事無別 盡是妙用 更無別理 皆由心之迴轉. 譬如 月影有若干 眞月無若干 諸源水有若干 水性無若干 森羅萬象有若干 虛空無若

(그러자) 바로 알폐에게 물었다.

"입은 옷이 보통 것과는 다른데, 어디서 오셨습니까? 아니 스승에게서 들어볼 만한 것이 있었습니까?"

그때 알폐가 게송으로 대답하였다.

我年旣幼稚 나는 나이가 너무 어리고
學日又初淺 배운 날이 얼마 되지 않아서 (아는 것이) 얕은데
豈能宣至眞 어찌 지극히 참된
如來廣大義 여래의 넓고 큰 이치를 말할 수가 있으리오.
一切諸法本 (하지만) 일체 모든 법의 근본은
因緣空無主 인연(법)이고 공空이어서 주인도 없으니,
息心達本源 마음을 쉬고 근원(本源)을 통달해야 합니다.
故號爲沙門 이런 까닭에 사문沙門이라 하는 것입니다.

25 전등록 제28권, '제방광어일십이인견록' 편에 다음과 같이 동일하게 기술하고 있다.

一切法皆是心法 一切名皆是心名. 萬法皆從心生 心爲萬法之根本. 經云 識心達本 故號沙門 名等義等 一切諸法 皆等純一無雜.若於敎門中得隨時自在 建立法界 盡是法界 若立眞如 盡是眞如 若立理 一切法 盡是理 若立事一切法 盡是事.(내용 동일, 번역 생략.)

干 說道理有若干 無礙慧無若干.

하나를 들면 천 가지가 따라서 이理와 사事가 다름이 없고, 모두가 오묘한 작용이어서 결코 다른 이치가 없는 것은 모두가 마음으로 말미암아 움직이기 때문이다. 비유하면 달그림자는 여럿이지만 참된 달(眞月)은 여럿이 없고, 모든 물이 발원하는 곳은 여럿이지만 물의 본성(水性)에는 여럿이 없으며, 삼라만상은 여럿이지만 허공은 여럿이 없는 것처럼, 도리를 말하는 것은 여럿이지만 걸림 없는 지혜(無礙慧)에는 여럿이 없다.[26]

❀

種種成立 皆由一心也 建立亦得 掃蕩亦得. 盡是妙用 盡是自家 非離眞而有立處. 立處卽眞 盡是自家體. 若不然者 更是何人. 一切法皆是佛法 諸法卽是解脫. 解脫者卽是眞如 諸法不出於眞如 行住坐臥 悉是不思議用 不待時節.

갖가지 이루어진 것은 모두가 일심一心으로 말미암은 것이니, 건립建立을 해도 좋고 소탕掃蕩을 해도 좋다. 모두가 오묘한 작용(妙用)이고 모두가 자기(自家)이니, 참됨을 떠나 건립한 곳이 따로 있는 것이

---

26 전등록 제28권, '제방광어일십이인견록' 편에 다음과 같이 동일하게 기술하고 있다.

舉一千從 理事無別 盡是妙用 更無別理 皆由心之迴轉. 譬如月影有若干 眞月無若干 諸源水有若干 水性無若干 森羅萬象有若干 虛空無若干 說道理有若干 無礙慧無若干.(내용 동일, 번역 생략.)

아니다. 그러므로 서 있는 곳마다 바로 참된 곳이요(立處卽眞),[27] 모두가 자기의 체인 것이다(盡是自家體). 만약 그렇지 않다면 또 누구이겠는가! 일체법이 모두 불법佛法이고 제법이 바로 해탈이다. 해탈이라는 것이 바로 진여眞如이고, 제법은 진여에서 벗어나지 않나니, 행주좌와가 모두 부사의不思議한 작용이어서 시절時節을 기다리지 않는다.[28]

---

27 '立處卽眞'은 이후 임제臨濟의 '隨處作主 立處皆眞'으로 유명한데, 『임제록臨濟錄』에 다음과 같이 기술하고 있다.

師示衆云 "道流 佛法無用功處 秖是平常無事 屙屎送尿 著衣喫飯 困來卽臥 愚人笑我 智乃知焉. 古人云 '向外作工夫 總是癡頑漢' 爾且隨處作主 立處皆眞 境來回換不得 縱有從來習氣 五無間業 自爲解脫大海.

선사(師, 임제의현)가 대중에게 말했다.

"도류여! 불법에는 애쓸 곳이 없다. 다만 평상무사平常無事할 뿐이니, 똥 싸고 오줌 누며(屙屎送尿), 옷 입고 밥 먹으며(著衣喫飯), 피곤하면 눕는다(困來卽臥). 어리석은 사람은 나를 비웃겠지만, 지혜로운 사람은 알 것이다.

고인古人이 이르기를 '밖을 향해서 공부하는 사람은 모두가 어리석고 미련한 사람이다(向外作工夫 總是癡頑漢)'라고 했다. 그러므로 그대들은 무엇보다 수처작주 입처개진(隨處作主 立處皆眞, 가는 곳마다 주인이 되고, 서 있는 곳마다 모두 참됨)하게 되면 어떤 경계가 와도 되돌리거나 바꿀 수가 없을 것이고, 설사 예로부터의 습기習氣와 오무간업五無間業이 있을지라도 자연히 해탈의 큰 바다(解脫大海)가 될 것이다."

28 전등록 제28권, '제방광어일십이인견록' 편에 다음과 같이 동일하게 기술하고 있다.

種種成立 皆由一心也 建立亦得 掃蕩亦得 盡是妙用 妙用盡是自家 非離眞而有立處 立處卽眞 盡是自家體 若不然者 更是何人. 一切法皆是佛法 諸法卽解脫. 解脫者卽眞如 諸法不出於眞如 行住坐臥 悉是不思議用 不待時節.(내용 동일, 번역 생략.)

❀

經云 "在在處處 則爲有佛" 佛是能仁 有智慧 善機性 能破一切衆生疑網 出離有無等縛. 凡聖情盡 人法俱空 轉無等倫 超於數量. 所作無礙 事理雙通 如天起雲 忽有還無 不留礙跡. 猶如 畫水成文 不生不滅 是大寂滅.

경(經, 금강경)에 이르기를 '곳곳마다 부처가 계신다(在在處處 則爲有佛)'[29]고 하였다. 부처는 능인能仁[30]이니, 지혜가 있어 중생의 성품(機性)을 잘 알고, 능히 일체중생의 의심의 그물(疑網)을 부숴버리며, 유무有無 등의 속박으로부터 벗어나 범부니 성인이니 하는 생각이 없으며(凡聖情盡), 인(人, 주관)·법(法, 객관 또는 경계)이 모두 공空하고, 비할 바 없는 법륜을 굴리며(轉無等倫), 수효와 분량을 뛰어넘고(超

---

29 『금강반야바라밀경金剛般若波羅密經』 제15, 「지경공덕분持經功德分」에 다음과 같이 기술하고 있다.

須菩提 在在處處 若有此經 一切世間天人阿修羅 所應供養. 當知此處 則爲是塔 皆應恭敬 作禮圍繞 以諸華香 而散其處.

수보리야! 있는 곳마다(在在處處) 만약 이 경전이 있으면 일체세간의 천·인·아수라가 마땅히 공양하는 바가 되느니라. 그러므로 마땅히 알아야 하느니, 이곳은 곧 탑塔이 되어 모두가 마땅히 공경하고 예로써 주위를 돌며 모든 꽃과 향으로써 그곳에 뿌리는 것이니라.

30 능인能仁: 범어梵語인 '석가釋迦'를 번역한 말. '능하고 어짊, 자비'의 뜻임.(조정사원祖庭事苑을 근거로, 『한시어사전』). 능히 인仁을 행하는 사람이라는 뜻으로, 석가모니를 달리 이르는 말. 능인적묵能仁寂默 또는 능적能寂, 능유能儒라고도 한다.(『문화원형 용어사전』)

於數量), 하는 것에 걸림이 없으며(所作無礙), 이와 사가 쌍으로 통하니(事理雙通), 마치 하늘에서 구름이 일어나서 홀연히 있다가도 다시 또 없어져 흔적을 남기지 않는 것과 같다. 또한 마치 물에다 글자를 쓰는 것(畫水成文)처럼 생도 없고 멸도 없으니(不生不滅), 이것이 대적멸大寂滅이다.[31]

❀

在纏名如來藏 出纏名淨法身. 法身無窮 體無增減 能大能小 能方能圓 應物現形 如水中月 滔滔運用 不立根栽. 不盡有爲 不住無爲. 有爲是無爲家用 無爲是有爲家依 不住於依. 故云 如空無所依.

※在纏(재전): 번뇌에 얽매여 아직 깨달은 경계에 이르지 못함을 이르는 말.

※滔滔(도도): 물이 그득 퍼져 흘러가는 모양. 말을 거침없이 잘하는 모양. 감흥 따위가 북받쳐 누를 길이 없음.

번뇌에 얽매여 있으면(在纏) 여래장如來藏[32]이라 하고, 번뇌에서 벗어

---

31 전등록 제28권, '제방광어일십이인견록' 편에 다음과 같이 기술하고 있다. 經云 在在處處 則爲有佛. 佛是能仁. 有智慧 善機情 能破一切衆生疑網 出離有無等縛 凡聖情盡 人法俱空 轉無等輪 超於數量 所作無礙 事理 雙通 如天起雲 忽有還無 不留礙迹 猶如 畫水成文 不生不滅 是大寂滅.(내용 동일, 번역 생략.)

여기서는 ①'善機性(중생의 성품을 잘 알아)'을 '善機情(중생의 생각을 잘 알아)'으로 기술하는 차이가 있다. 또한 ②'不留礙迹'의 '迹'은 '跡'과 의미와 발음이 같으므로 혼용해도 무방하다.

32 여래장如來藏: 여래장은 중생의 번뇌 중에 있지만 그 번뇌에 더럽혀지지 않으며,

본래부터 절대 청정하여 영원히 변함없는 깨달음의 본성이다. 여래장의 산스크리트 tathāgatagarbha는 여래와 태胎의 복합어로서 '여래의 태'를 의미한다. 여기서 태는 모태 또는 태아를 가리키는데, 이로부터 여래장은 성장하여 부처가 될 태아를 뜻하기도 하고, 그 태에 부처의 성품을 간직한 자를 뜻하기도 하며, 중생을 설명하는 말로도 쓰인다. 일반적으로 진여나 불성의 다른 명칭이며, 중생의 번뇌 속에 덮여서 가려진 자성청정심自性淸淨心을 말한다.
여래장사상은 반야경의 공관空觀에 입각하면서도 여래의 지혜는 보편성을 지니고 작용한다고 설하는 화엄경의 주장이나, 삼계의 중생이 모두 부처의 자식이라고 보는 법화경의 일승一乘사상 등을 계승하여 '일체중생은 여래를 태에 간직하고 있다'고 선언한 데서 출발한다.
여래장사상을 설하고 있는 승만경勝鬘經·능가경楞伽經 등에서는 '여래의 태아'라는 의미를 취하여 이론적으로 심화시켰다. 또한 열반경涅槃經에서는 같은 주장을 '일체중생은 모두 불성을 지니고 있다(一切衆生 悉有佛性)'라는 말로 표현했다. 5세기 초엽에는 유가행파瑜伽行派에 의해 『보성론寶性論』이 저술되어 여래장사상이 체계적으로 서술되었다. 보성론에서는 여래장을 3가지 의미로 이해한다.
①여래의 태아인 중생: 이것은 다시 모든 중생이 여래법신으로 감싸여 있다는 의미로 설명된다.
②여래와 같은 본성(진여)을 지닌 중생: 진여가 무차별성인 점에서 보면 중생은 자신 안에 여래와 동일한 진여를 태아로서 지니고 있다.
③여래의 원인(불성)을 지닌 중생: 중생은 여래가 될 종자種子를 태아로서 지니고 있다.
중국에서 번역된 『불성론佛性論』은 이것을 계승하여 다음의 세 가지로 표현한다.
①소섭장所攝藏: 법신은 우주에 상당하고 중생은 그 일부이므로 중생은 법신에 포함된다.
②은복장隱覆藏: 진여법신은 중생 속에 감추어져 있다.
③능섭장能攝藏: 중생은 여래의 덕성을 본성으로서 갖추고 있다.
결국 여래장은 구체적으로 중생의 자성청정심을 가리키고, 그것이 중생에게 보리심菩提心을 일으켜 수행을 통해 깨달음을 얻게 하는 원동력이 된다고 한다. 여래장은 같은 중생의 마음이라는 점에서 아뢰야식阿賴耶識과 동일시되는 경우도

나면(出纏) 정법신(淨法身, 청정법신)이라 한다. 법신은 다함이 없어 그 체體는 늘거나 줄지 않으며, 크게 할 수도 있고 작게 할 수도 있으며(能大能小), 모나게도 하고 둥글게도 할 수 있으며(能方能圓), 대상에 따라 형체를 드러내니(應物現形), 마치 물속의 달처럼(如水中月) 도도

있다. 여래장사상은 유식설唯識說을 주장하는 유가행파 내에서 그 체계가 정비되고, 세계는 이미 원만하게 성취되어 있다는 원성실성圓成實性이나 부처의 3신설三身說의 기본사상으로 자리 잡게 되었다.

부처나 여래장이 실재함을 강조하는 점에서 중관학파中觀學派에서는 방편설方便說로 간주되었다가 후대에는 중관학파 내에서 다시 그 위치를 넓힌다. 한편 중국에서는 열반경과 함께 불성사상으로서 일찍이 중요성이 인정되었으며, 나중에 대승기신론大乘起信論에 입각한 여래장연기종如來藏緣起宗이라는 이름을 얻어 중시되었다.

여래장사상을 기반으로 하여 여래장과 번뇌 또는 미혹의 세계 전체와의 관계를 적극적으로 해석하고자 등장한 것이 여래장연기설如來藏緣起說이다. 여래장연기설에서는 중생의 마음속에 여래장이 존재한다거나 존재의 근거가 있다고 주장하기보다는 오히려 그러한 여래장의 관념을 전제로 하고 이에 근거하여 미혹과 깨달음 또는 더러움과 깨끗함이 초래하는 중생의 세계와 미혹된 마음의 영역을 설명하는 데 주안점을 둔다.

여래장연기如來藏緣起라는 말은 중국 화엄교학의 대성자인 법장法藏의 『대승기신론의기大乘起信論義記』에 최초로 등장한다. 법장은 인도에서 전래된 모든 경전과 논서를 4종宗으로 분류하는 중에 네 번째 것을 '여래장연기종'이라 이름하고, 능가경·밀엄경密嚴經 등의 경전과 대승기신론·보성론 등의 논서를 여기에 포함시켰다.

여래장이 오염과 청정의 근거가 됨은 이미 화엄경이나 초기 여래장 계통의 경전인 승만경에서도 설하고 있으나, 정작 여래장과 무명無明이 결합된 아뢰야식을 세워 현실에서의 중생이 미혹한 존재로 살아가는 심식心識 측면에서의 전개와, 그런 속에서도 무명을 멸해 감을 연기의 이론을 적용하여 조직적으로 제시한 것은 대승기신론이다.(『다음백과』)

하게 작용하면서도(滔滔運用) 뿌리를 내리지 않고(不立根栽), 유위를 다하지 않고 무위에 머물지도 않는다(不盡有爲 不住無爲).[33] 유위는

---

33 '不盡有爲 不住無爲'에 관하여 유마경 제11, 「보살품」에 다음과 같이 기술하고 있다.

佛告諸菩薩 "有盡無盡解脫法門 汝等當學 何謂爲盡 謂有爲法 何謂無盡 謂無爲法. 如菩薩者 不盡有爲 不住無爲.

부처님께서 (중향국)의 모든 보살들에게 말씀하셨다.
"다함이 있고(有盡) 다함이 없는(無盡) 해탈법문解脫法門을 그대들은 마땅히 배워야 하느니라. 어떤 것을 다함(盡)이라고 하고, 유위법有爲法이라고 말하는 것인가? 무엇을 무진無盡이라고 하고, 무위법無爲法이라고 말하는 것인가? 만약 보살이라면 유위를 다해서도 안 되고, 무위에 머물러서도 안 되느니라(不盡有爲 不住無爲).

何謂不盡有爲. 謂不離大慈 不捨大悲. 深發一切智心 而不忽忘. 教化衆生 終不厭倦. 於四攝法 常念順行. 護持正法 不惜軀命. 種諸善根 無有疲厭. 志常安住 方便迴向. 求法不懈 說法無悋 勤供諸佛. 故入生死而無所畏. 於諸榮辱 心無憂喜. 不輕未學 敬學如佛. 墮煩惱者 令發正念 於遠離樂 不以爲貴. 不著己樂 慶於彼樂. 在諸禪定 如地獄想. 於生死中 如園觀想. 見來求者 爲善師想. 捨諸所有 具一切智想. 見毁戒人 起救護想. 諸波羅蜜 爲父母想. 道品之法 爲眷屬想. 發行善根 無有齊限. 以諸淨國嚴飾之事 成己佛土. 行無限施 具足相好. 除一切惡 淨身口意. 生死無數劫 意而有勇. 聞佛無量德 志而不倦. 以智慧劍 破煩惱賊. 出陰界入 荷負衆生 永使解脫. 以大精進 摧伏魔軍 常求無念實相智慧行. 於世間法少欲知足 於出世間求之無厭 而不捨世間法 不壞威儀法而能隨俗. 起神通慧 引導衆生. 得念總持 所聞不忘. 善別諸根 斷衆生疑. 以樂說辯 演法無礙. 淨十善道 受天人福. 修四無量 開梵天道. 勸請說法 隨喜讚善 得佛音聲. 身口意善 得佛威儀 深修善法 所行轉勝. 以大乘教 成菩薩僧 心無放逸 不失衆善. 行如此法 是名菩薩 不盡有爲.

어떤 것을 부진유위(不盡有爲, 다하지 않는 유위)라고 하는가? 말하자면, 대자大慈를 여의지 않고 대비大悲를 버리지 않는 것이니라. 일체의 지혜로운 마음을 깊이 일으키되 소홀하거나 잊지 않는 것이니라. 중생을 교화하되 끝내 싫어하거나

피곤해하지 않는 것이니라. 사섭법四攝法을 항상 생각하고 따르는 것이니라. 정법을 보호하고 지니면서 목숨을 아까워하지 않는 것이니라. 갖가지 모든 선근에 피로하거나 싫어하지 않는 것이니라. 뜻에 항상 안주하고, 방편을 회향하는 것이니라. 법을 구함에 나태하지 않고 법을 설함에 인색하지 않으며 부지런히 모든 부처님께 공양을 하는 것이니라. 일부러 생사에 들어가도 두려워하는 것이 없는 것이니라. 모든 영욕에 대해 마음에 근심하거나 기뻐하지 않는 것이니라. 아직 배우지 못한 사람을 가벼이 여기지 않고 배운 이를 부처처럼 공경하는 것이니라. 번뇌에 떨어진 자들에게 바른 생각이 일어나도록 하는 것이니라. 멀리 여의는 즐거움에 대해 귀하다고 여기지 않는 것이니라. 자기의 즐거움에 집착하지 않고 남의 기쁨을 축하하는 것이니라. 모든 선정禪定에 있으면서도 마치 지옥(에 있는 것)처럼 생각을 하는 것이니라. 생사 속에 있으면서도 마치 동산을 관하는 것처럼 생각하는 것이니라. 와서 구하는 사람을 보면 선사(善師, 훌륭한 스승)라는 생각을 하는 것이니라. 모든 가지고 있는 것을 버리고도 일체의 지혜에 대한 생각을 갖추는 것이니라. 계를 범하는 사람을 보고도 구제하고 보호하겠다는 생각을 일으키는 것이니라. 모든 바라밀을 부모라고 생각하는 것이니라. 도품道品의 법을 권속이라고 생각하는 것이니라. 선근을 일으켜 행하되 제한이 없게 하는 것이니라. 모든 청정국토를 장엄하고 장식하는 일로써 자기의 불국토를 이루는 것이니라. 무한한 보시를 행하면서 상호를 구족하는 것이니라. 일체의 악을 없애고 신身·구口·의意를 깨끗이 하는 것이니라. 생사에 셀 수 없는 겁이 있더라도 생각에 용기가 있어야 하는 것이니라. 부처의 셀 수 없는 공덕을 듣고 뜻에 게으르지 않는 것이니라. 지혜의 칼로 번뇌의 적을 부숴버리는 것이니라. 음(陰, 5온)·계(界, 18계)·입(入, 12처)에서 나오더라도 중생을 책임지고 영원히 해탈케 하는 것이니라. 대정진大精進으로 마군魔軍을 무찔러 항복하고 항상 생각이 없는 실상의 지혜행(無念實相智慧行)을 구하는 것이니라. 세간법에 대해 적은 욕심으로 만족함을 아는 것이니라(少欲知足). 출세간법에 대해 싫어함이 없으면서도 세간법을 버리지 않는 것이니라. 위의법威儀法을 파괴하지도 않으면서 세속을 따르는 것이니라. 신통과 지혜를 일으켜 중생을 인도하는 것이니라. 염 총지念總持를 얻고 들은 바를 잊지 않는 것이니라. 제근을 잘 분별해서 중생의 의심을 끊는 것이니라. 요설변재樂說辯才로 법을 연설하고

무위의 작용이요(有爲是無爲家用), 무위는 유위가 의지하는 것이지만

걸림이 없는 것이니라. 10선도를 깨끗이 하며 천인의 복을 받는 것이니라. 4무량심(四無量)을 닦으며 범천의 길을 여는 것이니라. 설법해 주기를 청하고 기쁨으로 착함을 칭찬하며 부처님의 음성을 얻는 것이니라. 신구의身口意를 잘 해서 부처의 위의를 얻는 것이니라. 선법을 깊게 닦아서 행하는 대로 뛰어난 것이니라. 대승의 가르침으로 보살승菩薩僧을 이루는 것이니라. 마음에 방일함이 없고 여러 선을 잃지 않으면, 이와 같은 법을 행하는 것이 보살의 부진유위不盡有爲인 것이니라.

何謂菩薩不住無爲. 謂 修學空 不以空爲證. 修學無相無作 不以無相 無作爲證. 修學無起 不以無起爲證. 觀於無常 而不厭善本. 觀世間苦 而不惡生死. 觀於無我 而誨人不倦. 觀於寂滅 而不永滅. 觀於遠離 而身心修善. 觀無所歸 而歸趣善法. 觀於無生 而以生法荷負一切. 觀於無漏 而不斷諸漏. 觀無所行 而以行法教化衆生. 觀於空無 而不捨大悲. 觀正法位 而不隨小乘. 觀諸法虛妄 無牢無人 無主無相 本願未滿 而不虛福德禪定智慧. 修如此法 是名菩薩 不住無爲.

어떤 것을 보살의 부주무위(不住無爲, 머묾이 없는 무위)라고 하는 것인가? 말하자면, 공空을 닦고 배워서 공으로 증득하지 않는 것이니라. 무상無相과 무작無作을 닦고 배우지만 무상과 무작으로 증득하지 않는 것이니라. 무기無起를 닦고 배우지만 무기로 증득하지 않는 것이니라. 무상無常을 관하면서도 선의 근본(善本)을 싫어하지 않는 것이니라. 세간의 괴로움을 관하면서도 생사를 싫어하지 않는 것이니라. 무아를 관하면서도 사람들에게 게으르지 않을 것을 가르치는 것이니라. 적멸寂滅을 관하면서도 영원히 멸하지 않는 것이니라. 멀리 여읨을 관하면서도 몸과 마음으로 선을 닦는 것이니라. 돌아갈 곳이 없음을 관하면서도 선법善法에 돌아가는 것이니라. 무생無生을 관하면서도 법을 생하게 함으로써 일체를 짊어지는 것이니라. 무루無漏를 관하면서도 모든 루(諸漏, 번뇌)를 끊지 않는 것이니라. 무소행無所行을 관하면서도 행법行法으로 중생을 교화하는 것이니라. 공의 무(空無)를 관하면서도 대비大悲를 버리지 않는 것이니라. 정법위正法位를 관하면서도 소승을 따르지 않는 것이니라. 제법의 허망을 관하면서도 견고한 것도 없고 남(人)도 없으며, 주主도 없고 상相도 없으며, 본원本願이 아직 충만하지 않지만 복덕과 선정과 지혜가 텅 비지 않은 것이니라. 이와 같은 법을 닦으면 이것을

(無爲是有爲家依), 의지함에도 머물지 않는다. 그래서 이르기를 '허공과 같아서 의지할 바가 없다(如空無所依)'[34]고 하였던 것이다.[35]

일러 보살의 부주무위不住無爲라고 하는 것이니라.

又具福德故 不住無爲 具智慧故 不盡有爲. 大慈悲故 不住無爲 滿本願故 不盡有爲. 集法藥故 不住無爲. 隨授藥故 不盡有爲. 知衆生病故 不住無爲 滅衆生病故 不盡有爲. 諸正士菩薩以修此法 不盡有爲 不住無爲 是名 盡無盡解脫法門. 汝等當學"

또한 복덕을 갖추었기 때문에 무위에 머물지 않는 것이고, 지혜를 갖추었기 때문에 유위에도 다함이 없는 것이니라. 대자비하기 때문에 무위에 머물지 않는 것이고, 본원이 가득하기 때문에 유위에 다함이 없는 것이니라. 법의 약(法藥)을 모으기 때문에 무위에 머물지 않는 것이고, 약을 주는 것에 따르기 때문에 유위에 다함이 없는 것이니라. 중생의 병을 알기 때문에 무위에 머물지 않는 것이고, 중생의 병을 멸하기 때문에 유위에 다함이 없는 것이니라. 모든 정사보살正士菩薩이 법을 수행함으로써 유위에 다함이 없는 것이고(不盡有爲), 무위에도 머물지 않는 것이니(不住無爲), 이것을 일러 '진·무진 해탈법문盡無盡解脫法門'이라고 하는 것이니라. 그러므로 그대들은 마땅히 배워야 하느니라."

34 유마경 제1, 「불국품」 가운데 장자의 아들 보적寶積의 게송에 다음과 같이 기술하고 있다.

悉知衆生來去相 중생의 오고가는 모습을 다 아시고
善於諸法得解脫 모든 법에 잘 해탈하셨으되
不著世間如蓮華 세간에 집착하지 않으심 마치 연꽃과 같고,
常善入於空寂行 항상 공적행空寂行에 잘 드셔서
達諸法相無罣礙 제법상諸法相에 통달하여 걸림(罣礙)이 없으시니
稽首如空無所依 허공과 같아서 의지하는 바가 없는 분(如空無所依)께 머리를 조아립니다.

35 전등록 제28권, '제방광어일십이인견록' 편에 다음과 같이 기술하고 있다.

在纏名如來藏 出纏名大法身. 法身無窮 體無增減 能大能小 能方能圓 應物現形 如水中月 滔滔運用 不立根栽. 不盡有爲 不住無爲 有爲是無爲家用 無爲是有爲家

❀

心生滅義 心眞如義 心眞如者 譬如 明鏡照像 鏡喩於心 像喩諸法. 若心取法 卽涉外因緣 卽是生滅義 不取諸法 卽是眞如義.

심생멸의(心生滅義, 마음이 생하고 멸하는 이치)와 심진여의(心眞如義, 마음이 진여인 이치)[36]가 있는데, 심진여心眞如라는 것은 비유하면 마치

依 不住於依. 故云 如空無所依.(내용 동일, 번역 생략.)

여기서는 '정법신淨法身'을 '대법신大法身'으로 기술하는 차이가 있다.

36 『대승기신론大乘起信論』에 다음과 같이 기술하고 있다.

摩訶衍者 總說有二種. 云何爲二. 一者法 二者義. 所言法者 謂衆生心 是心則攝一切世間法 出世間法 依於此心顯示 摩訶衍義. 何以故 是心眞如相 卽示摩訶衍體故 是心生滅因緣相 能示摩訶衍自體相用故. 所言義者 則有三種. 云何爲三. 一者體大 謂一切法眞如平等 不增減故. 二者相大 謂如來藏具足無量性功德故. 三者用大 能生一切世間出世間善因果故 一切諸佛本所乘故 一切菩薩皆乘此法到如來地故.

마하연(摩訶衍, 대승)은 총설하면 두 가지가 있다. 어떤 것이 두 가지인가? 첫째는 법法이고, 둘째는 의義다. 법法이라고 말하는 것은 중생심으로 이 마음이 곧 일체의 세간법과 출세간법을 포함하고, 이 마음을 의지해서 마하연摩訶衍의 뜻을 드러내 보이는 것을 말하는 것이다. 왜냐하면 이 심진여상心眞如相이 바로 마하연의 체體를 보이기 때문이고, 이 심생멸의 인연상因緣相이 마하연 자체의 상相과 용用을 보이기 때문이다.

의義라고 말하는 것에는 세 가지가 있다. 어떤 것이 세 가지인가? 첫째는 체대體大이니, 일체법一切法이 진여眞如이고 평등平等이며 더하고 덜하는 것(增減)이 아니기 때문이라는 것을 말하는 것이다. 둘째는 상대相大이니, 여래장如來藏은 헤아릴 수 없는 성품(無量性)의 공덕功德을 갖추었기 때문이라는 것을 말하는 것이다. 셋째는 용대用大이니, 일체의 세간과 출세간의 선인과善因果를 내기 때문이고

밝은 거울(明鏡)이 대상(像)을 비추는 것과 같으니, 거울은 마음에 비유한 것이고 대상은 제법(諸法, 경계 또는 대상)에 비유한 것이다. 만약 마음이 법을 취하면 바깥 인연과 관계를 맺게 되는데 이것이 생멸의 이치이고, 제법을 취하지 않으면 바로 이것이 진여의 이치인 것이다.[37]

❀

聲聞聞見佛性 菩薩眼見佛性 了達無二 名平等性. 性無有異 用則不同, 在迷爲識 在悟爲智. 順理爲悟 順事爲迷, 迷卽迷自家本心 悟卽悟自家本性. 一悟永悟 不復更迷 如日出時 不合於暗 智慧日出 不與煩惱暗俱. 了心及境界 妄想卽不生 妄想旣不生 卽是無生法忍.

성문은 소리를 들어 불성佛性을 보고, 보살은 눈으로 불성을 보는데, 둘이 아님을 깨닫는 것을 평등성平等性이라 한다. 성품(性)은 다른 것이 없지만, 작용(用)은 동일하지 않다. 미혹할(迷) 때에는 분별(識)이라 하지만, 깨달으면(悟) 지혜(智)가 된다. 이치를 따르면 깨닫게 되고(順理爲悟) 현상을 따르면 미혹하게 되니(順事爲迷), 미혹은 자기의 본래 마음을 미혹하는 것이고 깨달음은 자기의 본래 성품을 깨닫는

일체의 모든 부처님이 본래 탄 것이기 때문이며 일체의 보살이 이 법을 타고 여래지如來地에 이르렀기 때문이라는 것을 말하는 것이다.

37 전등록 제28권, '제방광어일십이인견록' 편에 다음과 같이 동일하게 기술하고 있다.

心生滅義 心眞如義 心眞如者 譬如 明鏡照像 鏡喩於心 像喩諸法. 若心取法 卽涉外因緣 卽是生滅義 不取諸法 卽是眞如義.(내용 동일, 번역 생략.)

것이다. 한 번 깨달으면 영원히 깨달아 다시는 미혹되지 않으니(一悟永悟 不復更迷) 마치 해가 나올 때에는 어둠과 함께하지 않는 것처럼 지혜의 해가 떠오르면 번뇌의 어둠과 함께하지 않는다. 마음과 경계를 요달하면 망상은 일어나지 않게 되는데(了心及境界 妄想卽不生),[38] 망상

---

38 '了心及境界 妄想卽不生'은 『능가아발다라보경(楞伽阿跋多羅寶經, 4권 본 능가경)』 제3권에 다음과 같이 기술하고 있다.

外道涅槃見　외도의 열반에 대한 견해는
各各起妄想　각각 망상에서 일어나니
斯從心想生　이는 마음으로부터 생각이 나는 것으로
無解脫方便　해탈의 방편이 없노라.
愚於縛縛者　어리석어 얽히고 묶인 자는
遠離善方便　선방편을 멀리 여의고
外道解脫想　외도의 해탈을 생각하니
解脫終不生　해탈은 결고 생기지 않노라.
衆智各異趣　여러 지혜로 각각 달리 나아가면
外道所見通　외도의 견해와 통해서
彼悉無解脫　거기에는 모두 해탈이 없으니,
愚癡妄想故　(이는) 어리석고 미련한 망상 때문이니라.
一切癡外道　일체의 어리석은 외도는
妄見作所作　허망한 견해로 능작과 소작을 일으켜
有無有品論　유와 무를 나누어 논하니
彼悉無解脫　거기엔 모두 해탈이 없노라.
凡愚樂妄想　어리석은 범부는 망상을 즐거워하고
不聞眞實慧　진실한 지혜를 들으려 하지 않는데
言語三苦本　언어는 3고三苦의 근본이지만,
眞實滅苦因　진실은 고를 멸하는 원인이로다.
譬如鏡中像　비유하면 거울 속 상像과 같아서
雖現而非有　비록 드러나지만 있는 것이 아닌데

이 일어나지 않으면 바로 무생법인無生法忍[39]이다.[40]

於妄想心鏡　망상의 마음 거울에서
愚夫見有二　어리석은 범부는 둘이 있다고 보노라.
不識心及緣　마음과 경계를 알지 못해
則起二妄想　두 망상을 일으키나니
了心及境界　마음과 경계를 알면
妄想則不生　망상은 일어나지 않노라.
心者卽種種　마음은 갖가지로
遠離相所相　능상과 소상을 멀리 떠났기에
事現而無現　현상이 드러나도 드러남이 없어
如彼愚妄想　마치 저 어리석은 이의 망상과 같노라.
三有惟妄想　3유(三有, 三界)는 오직 망상일 뿐이니
外義悉無有　밖으로 뜻이 모두 없고,
妄想種種現　망상은 갖가지로 드러나지만
凡愚不能了　어리석은 범부는 요달하지 못하노라.
經經說妄想　경마다 망상을 설하지만
終不出於名　끝내 이름을 벗어나지 않나니
若離於言語　만약 언어문자를 떠나면
亦無有所說　역시 말할 바가 없으리라.

39 무생법인無生法忍: 존재하는 모든 것은 태어난 바가 없다는 깨달음의 확신을 의미한다. 무생인無生忍·무생인법無生忍法·수습무생인修習無生忍이라고도 한다. 여기에서 인忍은 인가忍可·인지認知를 뜻하여 여실한 진리를 그대로 받아들이고 이해한다는 것을 뜻한다. 능가경에서는 무생법인을 태어남이 없는 법의 인증을 뜻하는 'anutpattika-dharma-kṣānti'라고 한다. 무량수경에서는 '생함을 떠나다'를 뜻하는 jātivyativṛttāḥ samānāḥ santo'라고 한다. 무생법인은 또한 법화경에서 설하는 삼법인三法印인 법인法印·신인信印·순인順印 중의 하나로서, 진리를 깨닫는 지혜를 의미한다. 이 외에도 불전에 따라서 무생의 뜻을 다양하게 해석하여, 성불하기 전까지 악심惡心을 내지 않은 것이나 삿된 견해를 일으키지 않는 것을 의미하기도 한다. 그러나 일반적으로는 일체의 현상에서 생겨나는

❀

本有今有 不假脩道坐禪. 不脩不坐 卽是如來淸淨禪. 如今若見此理眞正 不造諸業 隨分過生 一衣一衲 坐起相隨 戒行增薰 積於淨業. 但能如是 何慮不通. 久立諸人珍重.

※밑줄 친 '일의일납一衣一衲'은 일의일발一衣一鉢로 번역을 했다(註23 참조).

본래도 있고 지금도 있으니(本有今有)[41] 도를 닦고 좌선할 필요가 없다.

것이 없음을 관찰함으로써 소멸할 것도 없다는 불생불멸의 공성空性을 깨닫는 것이다.

화엄경 제44권에서 보살은 작은 법도 생겨남을 보지 않고, 또한 멸하는 것도 보지 않는다고 한다. 이 불생불멸의 공성을 깨달아서 오고가는 일체 대상에 대한 헛된 마음 작용이 끊어져 고요한 경지에 이른 자가 보살이다. 『유가사지론』 제74권에서는 변계소집성遍計所執性에 의해 본성무생인本性無生印, 의타기성依他起性에 의해 자연무생인自然無生印, 원성실성圓成實性에 의해 혹고무생인惑苦無生印이라는 세 가지 무생인을 얻는 자를 불퇴전보살不退轉菩薩이라고 하였다.(『한국민족문화대백과사전』)

40 전등록 제28권, '제방광어일십이인견록' 편에 이어서 다음과 같이 기술하고 있다.

聲聞聞見佛性 菩薩眼見佛性 了達無二 名平等性. 性無有異 用則不同. 在迷爲識 在悟爲智. 順理爲悟 順事爲迷 迷卽迷自家本心 悟卽悟自家本性. 一悟永悟 不復更迷 如日出時 不合於冥 智慧日出 不與煩惱暗俱. 了心及境界 妄想卽不生. 妄想旣不生 卽是無生法忍.(내용 동일, 번역 생략.)

여기서는 '不合於暗'을 '不合於冥'으로 기술하는 차이가 있다(의미는 같다).

41 『대반열반경』 40권본 가운데 제10권, 「여래성품如來性品」, 제17권, 「범행품梵行品」, 제28권, 「사자후보살품師子吼菩薩品」 등에 다음과 같은 게송이 있으니 참조하

닦을 것도 없고 앉을 것도 없는 것이 바로 여래청정선如來清淨禪[42]이다.

기 바란다.

本有今無　본래 있는데 지금 없고
本無今有　본래 없는데 지금 있으니
三世有法　삼세에 있는 법은
無有是處　옳은 것이 없네.

42 '여래청정선如來清淨禪'에 관해 대승입능가경 제3권, 「집일체법품集一切法品」에 다음과 같이 기술하고 있다.

復次 大慧 有四種禪 何等爲四. 謂 愚夫所行禪 觀察義禪 攀緣眞如禪 諸如來禪. 大慧 云何愚夫所行禪. 謂 聲聞緣覺諸修行者 知人無我 見自他身骨鎖相連 皆是無常苦不淨相 如是觀察堅著不捨 漸次增勝 至無想滅定 是名愚夫所行禪.

또 다음으로 대혜여! 네 가지 선(四種禪)이 있는데, 어떤 것을 넷이라고 하는가? 우부소행선愚夫所行禪·관찰의선觀察義禪·반연진여선攀緣眞如禪·제여래선諸如來禪을 말하는 것이니라.

대혜여! 어떤 것이 우부소행선愚夫所行禪인가? 성문과 연각 그리고 여러 수행자들이 인무아人無我를 알고, 나(自)와 남(他)의 몸은 뼈 사슬로 서로 이어져 있으며, 모두가 무상無常·고苦·부정不淨의 상相이라고 보는데, 이와 같은 관찰을 견고하게 집착하고 버리지 않은 채 점차로 한층 더 뛰어나게 무상멸정無想滅定에 이르는 것을 말하는 것이니, 이를 일러 우부소행선이라고 이름 하는 것이니라.

云何觀察義禪. 謂 知自共相人無我已 亦離外道自他俱作 於法無我諸地相義 隨順觀察 是名觀察義禪.

어떤 것이 관찰의선觀察義禪인가? 자상自相·공상共相·인무아人無我를 알고, 또한 외도外道의 자타로 함께 짓는 것(自他俱作)도 여의며, 법무아法無我와 제지諸地의 상相과 뜻(義)을 수순해서 관찰하는 것을 말하는 것이니, 이를 일러 관찰의선이라고 이름하는 것이니라.

云何攀緣眞如禪. 謂若分別無我有二是虛妄念 若如實知彼念不起 是名攀緣眞

如禪.

어떤 것이 반연진여선攀緣眞如禪인가? 만약 무아無我에 둘이 있다고 분별을 하면 이는 허망한 생각(念)이니, 만약 여실하게 알면 그 생각이 일어나지 않는 것을 말하는 것이니, 이를 일러 반연진여선이라고 이름하는 것이니라.

云何諸如來禪. 謂入佛地住 自證聖智三種樂 爲諸衆生作不思議事 是名諸如來禪.

어떤 것이 제여래선諸如來禪인가? 불지佛地에 들어가 자증성지自證聖智의 세 가지 즐거움에 머물면서 모든 중생을 위해 헤아릴 수 없는 일(不思議事)을 짓는 것을 말하는 것이니, 이를 일러 제여래선이라고 이름하는 것이니라.

爾時 世尊重說頌言 "愚夫所行禪 觀察義相禪 攀緣眞如禪 如來淸淨禪 修行者在定 觀見日月形 波頭摩深險 虛空火及畫 如是種種相 墮於外道法 亦墮於聲聞辟支佛境界 捨離此一切 住於無所緣 是則能隨入 如如眞實相 十方諸國土 所有無量佛 悉引光明手 而摩是人頂"

그때 세존께서 거듭 게송으로 말씀하셨다.

愚夫所行禪　우부소행선
觀察義相禪　관찰의상선
攀緣眞如禪　반연진여선
如來淸淨禪　여래청정선
修行者在定　수행자가 정定에 있을 때
觀見日月形　해와 달의 형체·
波頭摩深險　파두마(波頭摩, 홍련화)의 깊고 험함·
虛空火及畫　허공·불 그리고 그림을 관해서 보는데
如是種種相　이와 같은 갖가지 상
墮於外道法　외도의 법에 떨어지고
亦墮於聲聞　또한 성문·
辟支佛境界　벽지불의 경계에 떨어지네.
捨離此一切　이 일체를 버리고 떠나서

지금 만약 이 이치를 참되고 바르게 보고자 한다면, 모든 업을 짓지 말고 분수에 따라 세월을 보내며 한 벌의 옷과 한 벌의 발우(一衣一鉢)로 앉거나 서거나 계행을 따라 더욱 훈습하며 정업淨業을 쌓으라. 다만 이렇게만 할 수 있으면 어찌 통하지(깨닫지) 못할까 근심하겠는가!"

오랫동안 서서 듣느라 모두들 수고했다.[43]

住於無所緣　소연(所緣, 인식대상)이 없음에 머물면
是則能隨入　이는 곧 능히
如如眞實相　여여한 진실상에 따라 들어갈 수 있네.
十方諸國土　시방의 제 국토에
所有無量佛　계시는 헤아릴 수 없는 부처님들
悉引光明手　모두 광명의 손으로 이끌어
而摩是人頂　이 사람의 머리를 쓰다듬네(마정수기를 뜻함).

43 전등록 제28권, '제방광어일십이인견록諸方廣語一十二人見錄' 편에 다음과 같이 기술하고 있다.

本有今有 不假修道坐禪. 不修不坐 即是如來清淨禪. 如今若見 此理眞正 不造諸業 隨分過生 一衣一鉢 坐起相隨戒行增熏 積於淨業. 但能如是 何慮不通" 久立諸人珍重.(내용 동일, 번역 생략.)

여기서는 '一衣一鉢'로 기술하고 있다(역자도 전등록을 근거로 번역함).

III. 감변勘辨

1. 달구경

西堂百丈南泉 侍祖翫月次 祖曰 "正恁麼時如何" 西堂云 "正好供養" 百丈云 "正好脩行" 南泉拂袖便去. 祖云 "經入藏 禪歸海 唯有普願 獨超物外"(西堂藏 百丈海 南泉願)

※翫(희롱할 완): 희롱하다. 장난하다. 가지고 놀다. 탐하다. 구경하다.

※正好(정호): 꼭 알맞다. 딱 좋다.

※拂袖(불추): 옷소매를 뿌리치다.

서당西堂[1]과 백장百丈[2], 그리고 남전南泉[3]이 마조馬祖를 모시고 달구경

---

1 서당지장(西堂智藏, 735~814): 당대의 스님, 남악의 문하. 서당은 주석 지명. 8세에 출가하여 25세에 구족계를 받음. 마조도일에게 참학하여 법을 이음. 시호는 대각大覺 선사.(선학사전, p.347)

2 백장회해(百丈懷海, 749~814): 당대의 스님. 백장은 주석 산명. 속성은 왕씨. 20세에 출가. 사천성 여강에서 대장경을 열람하고 마조도일에게 참구하여 법을 이음. 백장고청규(百丈古清規, 서문만 남음)를 지어 선이 중국 풍토와 생활에 토착화됨. 송고승전과 전등록에서는 세수를 95세라고 함.(전게서 p.262)

3 남전보원(南泉普願, 748~834): 당대의 스님. 남악 문하. 남전은 주석 산명. 마조도일에게 참학하여 그의 법을 이음. 남전산에 머물며 사립簑笠을 쓰고 소를 치며

을 하고 있는데, 마조가 말했다.

"바로 이럴 때(正恁麽時) 어떤가?"

서당이 말했다.

"공양하기 딱 좋습니다."

백장이 말했다.

"수행하기 딱 좋습니다."

남전이 소매를 떨치고 바로 가버렸다.

마조가 말했다.

"경經은 지장(藏, 지장)에게 들어가고, 선禪은 회해(海, 회해)에게 돌아갔는데, 오직 보원普願만이 홀로 물외(物外, 경계 밖)에 초연超然[4] 하구나."[5] 〔서당지장, 백장회해. 남전보원〕

산에 올라 나무를 하고 밭을 일구며 선풍을 펼침. 스스로 왕 노사王老師라고 칭하면서 30년간 한 번도 하산하지 않음. 조주종심, 장사경잠, 자호이종 등 많은 제자를 배출함.(전게서 p.103)

4 초연超然이라는 단어에는 어떤 현실 속에서 벗어나 그 현실에 아랑곳하지 않고 의젓하다는 뜻과 보통 수준보다 훨씬 뛰어나다는 뜻이 있다.

5 전등록 제6권, '홍주 백장산 회해 선사' 편에서는 서당과 백장 두 스님과 달구경하면서 이야기를 나눈 것으로 기술하고 있다(부록 V-3-13 참조). 남전은 후에 그의 제자인 조주趙州에 대한 명성이 높아짐에 따라 함께 재평가되면서 이후 추가된 것 같다.

조당집에서는 전하지 않는다.

선문염송집 제5권, 고칙 157에서는 다음과 같이 기술하고 있다

馬祖翫月次 謂二三子曰 "正恁麽時如何" 智藏曰 "正好供養" 懷海曰 "正好脩行" 普願拂袖而去. 祖曰 "經入藏 禪歸海 唯有普願 獨超物外"(내용 동일, 번역 생략.)

여기서는 ①두세 명의 제자에게 물었다고 기술하면서 남전의 법명(보원)을 명기하

고 있다. 한편 선문염송집 제6권, 고칙 205에서는 남전이 과거 마조와 달구경을 했음을 암시하는 이야기를 다음과 같이 전하고 있다.

南泉因翫月次 有僧便問 "幾時得似遮个去" 師云 "王老師二十年前 亦恁麽來" 僧云 "卽今作麽生" 師便歸方丈(一本云 趙州問)

남전이 달구경을 하고 있는데, 어떤 스님이 물었다.
"언제나 이렇게 되겠습니까?"
남전이 말했다.
"왕 노사(王老師, 나)도 20년 전엔 역시 이랬다."
스님이 말했다.
"지금은 어떠십니까?"
(그러자) 남전이 바로 방장실로 돌아갔다.
〔어떤 책에서는 조주趙州가 물은 것으로 되어 있다.〕

2. 통 안에 무엇이 있는가?

南泉爲衆僧行粥次 祖問 "桶裡是甚麽" 泉曰 "這老漢合取口 作恁麽語話" 祖便休.

남전南泉이 대중에게 죽粥을 돌리고 있는데, 마조가 물었다.

"통桶 안에 무엇이 있는가?"

남전이 말했다.

"이 노인네가 입도 다물고 이런 말씀을 하시네."

마조가 바로 쉬었다(便休).[6]

---

6 전등록 제8권, '지주 남전 보원 선사' 편에서는 조주가 "이 노인네가 입도 다물고 이런 말씀을 하시네"라고 했을 때, 마조가 바로 쉬었다(便休)는 표현은 없고, "이로부터 함께 참구하던 무리들이 감히 캐묻거나 따지는 사람이 없었다"라고 기술하고 있다(부록 V-3-34 참조).

조당집과 선문염송집에서는 전하지 않는다.

3. 부처의 종지

百丈問 "如何是佛旨趣" 祖云 "正是汝放身命處"

※旨趣(지취): 어떤 일에 대한 깊은 맛. 또는 그 일에 깃들여 있는 깊은 뜻. 종지. 취지. 목적. 의도.

백장이 물었다.

"어떤 것이 부처의 종지(佛旨趣)입니까?"

마조가 말했다.

"바로 그대가 신명身命을 내놓아야 할 곳이다."[7]

---

7 전등록 제6권, '강서 도일 선사' 편에서는 부처의 종지(佛旨趣)를 불법의 종지(佛法旨趣)로 기술하고 있다(부록 V-2-7 참조).
조당집 제14권, '강서 마조 화상' 편에서는 ①묻는 이를 백장으로 특정하지 않고, ②상기 전등록과 마찬가지로 불법의 종지로 기술하고 있다(부록 V-1-9 참조).
선문염송집에서는 전하지 않는다.

4. 자신의 보배창고

大珠初參祖 祖問曰 "從何處來" 曰 "越州大雲寺來" 祖曰 "來此擬須何事" 曰 "來求佛法" 祖曰 "自家寶藏不顧 抛家散走 作什麽. 我這裏 一物也無 求甚麽佛法" 珠遂禮拜 問曰 "阿那箇是慧海自家寶藏" 祖曰 "卽今問我者 是汝寶藏. 一切具足 更無欠少 使用自在 何假向外求覓" 珠於言下 自識本心 不由知覺 踊躍禮謝. 師事六載後歸 自撰頓悟入道要門論 一卷. 祖見之 告衆云 "越州有大珠 圓明光透自在 無遮障處也"

※踊躍(용약): 좋아서 뜀.

※自撰(자찬): 자기가 손수 편찬함.

※遮障(차장): 가리어 방해하다.

대주(大珠, 대주혜해)[8]가 처음 마조를 참례하자, 마조가 물었다.

"어디서 왔는가?"

---

8 대주혜해(大珠慧海, 생몰연대 미상): 당대의 스님. 남악 문하. 속성은 주朱씨. 건주 출신. 대운사의 도지 화상에게 출가, 득도. 마조도일의 법을 이어받음.(선학사전, p.152)

대주가 말했다.

"월주越州 대운사大雲寺에서 왔습니다."

마조가 말했다.

"여기 와서 무슨 일을 하려고 하는가?"

대주가 말했다.

"불법을 구하러 왔습니다."

마조가 말했다.

"자신의 보배창고(自家寶藏)는 돌아보지 않고 집을 내버리고 이리저리 돌아다녀 뭘 하겠다는 것인가? 나의 여기엔 한 물건(一物, 어떤 것)도 없는데, 무슨 불법을 구한다는 것인가?"

대주가 절을 하고, 물었다.

"어떤 것이 혜해慧海 자신의 보배창고입니까?"

마조가 말했다.

"바로 지금 내게 묻는 것이 그대의 보배창고다. 일체가 모두 갖추어져 있어 다시는 부족함이 없고 쓰는 것이 자재한데, 어느 겨를(假)에 밖에서 찾겠는가?"

대주가 그 말끝(言下)에 스스로 본래의 마음을 알고(自識本心), 자기도 모르게 뛸 듯이 기뻐하며 감사의 절을 올렸다.[9]

---

9 전등록 제6권, '월주 대주산 혜해 선사' 편에서도 동일하게 기술하고 있다(부록 V-3-1 참조).

조당집에서는 전하지 않는다.

선문염송집 제8권, 고칙 270에서도 다음과 같이 동일하게 기술하고 있다.

大珠慧海禪師 初參馬祖 祖問曰 "從何處來" 曰 "越州大雲寺來" 祖曰 "來北擬須何事" 曰 "來求佛法" 祖曰 "自家寶藏不顧 拋家散走 作什麽 我這裏一物也無 求什麽佛

선사(師, 대혜)가 6년을 모시고, 돌아간 다음에 손수 『돈오입도요문론頓悟入道要門論』[10] 1권을 편찬했다.

마조가 그것을 보고, 대중에게 말했다.

"월주에 큰 구슬이 있어 원만하고 밝은 빛이 꿰뚫어 자재하니, 가리어 방해하는 곳(遮障處)이 없구나."[11]

法" 師遂禮拜 問曰 "阿那个是慧海自家寶藏" 祖曰 "卽今問我者 是汝寶藏 一切具足 更無欠少 使用自在 何假向外求覓" 師於言下 自識本心 不由知覺 踊躍禮謝.(내용 동일, 번역 생략.)

다만 여기서는 마조가 대주혜해가 북쪽에서 온 것(來北)으로 기술하고 있는데, '來此'의 誤字일 수도 있다.

10 돈오입도요문론頓悟入道要門論: 대주혜해 지음. 마조도일 문하에서 6년간 수행하여 대오철저大悟徹底했다고 전해지는 혜해가 자신의 수행 체험을 기초로 해서 돈오입도의 요지를 간결하게 서술한 책.(전게서 p.173)

11 전등록 제6권, '월주 대주산 혜해 선사' 편에서는 상기 본문에 ①연로한 은사를 위해 돌아감, ②저술한 책을 현안이라는 문인이 훔쳐 마조에게 바침 등, 보다 더 구체적인 내용을 덧붙이고 있다(부록 V-3-1 참조).

5. 여섯 귀로는 도모하지 못한다

泐潭法會禪師問祖云 "如何是西來祖師意" 祖曰 "低聲 近前來" 會便近前 祖打一摑云 "六耳不同謀 來日來" 會至來日 猶入法堂云 "請和尙道" 祖云 "且去 待老漢上堂 時出來 與汝證明" 會乃悟云 "謝大衆證明" 乃繞法堂一帀便去.

※泐(돌 갈라질 늑/륵): 돌이 갈라지다. 글씨를 쓰다. 돌이 부서지다. 새기다.
※泐潭(늑담): 강서성江西省 고안현高安縣 동산洞山에 위치함.
※摑(칠 괵): 치다. 후려갈기다. 잡다. 손바닥으로 때리다.

늑담법회泐潭法會[12] 선사가 마조에게 물었다.

"어떤 것이 서쪽에서 온 조사의 뜻입니까?"

마조가 말했다.

"목소리를 낮추고 가까이 오라!"

법회가 가까이 오자, 마조가 한 대 후려갈기고 말했다.

"여섯 귀로(=셋이서) 함께 모의할 일이 아니니, 내일 와라."

---

12 늑담법회泐潭法會는 마조의 법손이라는 기록 외엔 자세한 사항은 알 수가 없다.

법회가 다음날 법당에 들어가 말했다.

"청컨대, 화상께서는 말씀해 주십시오."

마조가 말했다.

"일단 갔다가 내가 상당上堂하면 그때 나와라. (그러면) 네게 증명해 주겠다."

법회가 이에 깨닫고, 말했다.

"대중에게 증명해 주셔서 감사합니다."

그리고는 법당을 한 바퀴 돌고, 바로 가버렸다.[13]

---

13 전등록 제6권, '홍주 늑담법회 선사' 편에서도 동일하게 기술하고 있다(부록 V-3-2 참조).

조당집에서는 전하지 않는다.

선문염송집 제5권, 고칙 168에서는 다음과 같이 기술하고 있다.

馬祖因僧問 "如何是西來祖師意" 祖云 "近前來向你道" 僧近前 祖攔腮一掌云 "六耳不同謀"(내용 동일, 번역 생략.)

여기서는 ①문답의 상대가 늑담법회가 아닌 어떤 스님으로 기술하고 있고, ②구체적으로 빰을 때린 것으로 기술하고 있으며, ③다음날 재차 물은 것에 대해서는 기술하고 있지 않은 차이점이 있다.

6. 귀에다 입김을 두 번 불다

泐潭惟建禪師 一日在法堂後坐禪. 祖見之 乃吹建耳兩吹 建起定見是祖 却復入定. 祖歸方丈 令侍者持一椀茶與建. 建不顧 便自歸堂.

※椀(주발 완): '碗(사발 완)'의 이체자異體字.

늑담유건泐潭惟建[14] 선사가 하루는 법당 뒤에서 좌선을 하고 있었다.

마조가 이를 보고 유건의 귀에 두 번 입김을 불자, 유건이 선정에서 일어나(起定) 마조인 것을 보고 다시 선정에 들었다(入定). 마조가 방장실로 돌아가, 시자侍者에게 차 한 잔을 유건에게 주라고 했다.

유건이 돌아보지도 않고, 바로 승당으로 돌아갔다.[15]

---

14 마조의 법손이라는 기록 외엔 자세한 사항은 알 수가 없다.

15 전등록 제6권, '홍주 늑담법회 선사' 편에서도 동일하게 기술하고 있다(부록 V-3-4 참조). 다만 여기서는 늑담유건이 마조가 있는 법당 뒤에서 좌선을 하고 있었다(在馬祖法堂後坐禪)고 기술하고 있는데, 이는 의도적으로 마조의 점검을 받으려고 한 뜻이 내포된 것으로 추정해 볼 수도 있다.
조당집과 선문염송집에서는 전하지 않는다.

7. 화살 하나로 한 무리를 쏘다

石鞏慧藏禪師 本以弋獵爲務 惡見沙門. 因逐羣鹿 從祖菴前過. 祖乃迎之 藏問 "和尙見鹿過否" 祖曰 "汝是何人" 曰 "獵者" 祖曰 "汝解射否" 曰 "解射" 祖曰 "汝一箭射幾箇" 曰 "一箭射一箇" 祖曰 "汝不解射" 曰 "和尙解射否" 祖曰 "解射" 曰 "和尙一箭射幾箇" 曰 "一箭射一羣" 曰 "彼此是命 何用射他一羣" 祖曰 "汝旣知如是 何不自射" 曰 "若教某甲自射 卽無下手處" 祖曰 "這漢 曠劫無明煩惱 今日頓息" 藏當時毁棄弓箭 自以刀截髮 投祖出家.

※弋獵(익렵): 날짐승은 활로 쏘아 잡고, 길짐승은 좇아가 잡음. 사냥.
※毁棄(훼기): 헐거나 깨뜨려 버림.

석공혜장石鞏慧藏[16] 선사는 본래 사냥으로 직업을 삼았기에, 사문沙門을 만나는 것을 싫어했다.

---

16 석공혜장(石鞏慧藏, 생몰연대 미상): 당대의 스님. 석공은 주석 산명. 원래 수렵을 업으로 했는데, 어느 날 사슴을 쫓다가 마조도일을 만나서 설법을 듣고는 활을 버리고 출가하여 참학한 뒤 그의 법을 이음.(선학사전, p.352)

하루는 한 무리의 사슴을 쫓다가 마조의 암자 앞을 지나게 되었는데, 마조가 그를 맞이했다.

혜장이 물었다.

"화상! 사슴이 지나가는 것을 보셨습니까?"

마조가 말했다.

"그대는 뭘 하는 사람인가?"

혜장이 말했다.

"사냥꾼입니다."

"그대는 활을 쏠 줄 아는가?"

혜장이 말했다.

"쏠 줄 압니다."

마조가 말했다.

"그대는 화살 하나로 몇 마리나 쏘는가?"

혜장이 말했다.

"화살 하나로 한 마리를 쏩니다."

마조가 말했다.

"그대는 활을 쏠 줄 모르는군."

혜장이 물었다.

"화상께서는 활을 쏠 줄 아십니까?"

마조가 말했다.

"쏠 줄 안다."

혜장이 말했다.

"화상께서는 화살 하나로 몇 마리를 쏘십니까?"

마조가 말했다.

"화살 하나로 한 무리를 쏜다."

혜장이 말했다.

"피차 생명인데, 어째서 한 무리나 쏘는 것입니까?"

마조가 말했다.

"그대는 이와 같은 것을 알면서, 어째서 자신을 쏘지 못하는가?"

혜장이 말했다.

"만약 저더러 자신을 쏘라고 한다면 바로 손 댈 곳이 없습니다."

마조가 말했다.

"이 친구가 광겁의 무명번뇌를 오늘에야 단박에 쉬게 되었구나!"

(그러자) 혜장이 즉시 활과 화살을 부숴버리고, 스스로 칼로 머리를 깎고 마조에게 출가했다.[17]

---

17 전등록 제6권, '무주 석공혜장 선사' 편에서도 동일하게 기술하고 있다(부록 V-3-6 참조).

조당집 제14권, '석공 화상' 편에서는 다음과 같이 기술하고 있다.

未出家時 趁鹿從馬大師庵前過 問和尙 "還見我鹿過摩" 馬大師云 "汝是什摩人" 對云 "我是獵人" 馬師云 "汝解射不" 對云 "解射" 馬師云 "一箭射幾个" 對曰 "一箭射一个" 馬師云 "汝渾不解射" 進曰 "和尙 莫是解射不" 馬師云 "我解射" 進曰 "一箭射幾个" 師云 "一箭射一群" 師云 "彼此生命 何得射他" 師云 "汝旣知如此 何不自射" 師曰 "若教某甲自射 無下手處" 師云 "者漢無明煩惱 一時頓消" 師當時拗折弓箭 將刀截髮 投師出家.(내용 동일, 번역 생략.)

여기서는 혜장이 마치 사슴이 자기의 소유(見我鹿過摩, 제 사슴이 지나가는 것을 보셨습니까?)인 것처럼 기술하고 있다.

선문염송집 제8권, 고칙 277에서는 다음과 같이 기술하고 있다.

石鞏慧藏禪師爲獵人 時趁鹿從馬大師庵前過 問云 "還見我鹿麽" 祖云 "你是什麽人" 師云 "獵人" 祖云 "你還解射麽" 師云 "我解射" 祖云 "一箭射幾个" 師云 "一箭射一个" 祖云 "你不解射" 師云 "和尙一箭射幾个" 祖云 "我一箭射一群" 師云 "彼此生命 何用射一群" 祖云 "你旣如是 何不自射" 師云 "若教某甲自射 直是無下手處" 祖云 "者漢曠劫無明煩惱 今日頓歇" 師於是以刀斷髮 在庵給侍.(내용 동일, 번역 생략.)

여기서도 상기 조당집과 같이 혜장이 마치 사슴이 자기의 소유(見我鹿過摩)인 것처럼 기술하고 있다.

8. 목우牧牛

一日在廚作務次 祖問曰 "作什麼" 曰 "牧牛" 祖曰 "作麼生牧" 曰 "一迴入草去 便把鼻孔拽來" 祖曰 "子眞牧牛"

※廚(부엌 주): 부엌. 주방. 요리사. 궤. 장롱. 찬장.

(혜장慧藏이) 하루는 공양간에서 일을 하고 있는데, 마조가 물었다.

"무엇을 하는가?"

(혜장이) 말했다.

"소를 치고 있습니다."

마조가 말했다.

"어떻게 소를 치는가?"

(혜장이) 말했다.

"풀밭에 한 번 들어가면 바로 콧구멍을 잡아끌고 나옵니다."

마조가 말했다.

"그대는 정말 소를 잘 치고 있구나!"[18]

---

18 전등록 제6권, '무주 석공혜장 선사' 편에서는 마조와 혜장의 문답으로 기술하고

있다(역자도 상기 본문을 전등록에 근거하여 번역했음을 밝혀둔다). 또한 여기서는 마조가 "그대는 정말 소를 잘 치고 있구나!"라고 한 것에 대해 "선사가 바로 쉬었다(師便休)"는 표현을 추가로 기술하고 있다(부록 V-3-6 참조).

조당집 제14권, '석공 화상' 편에 동일하게 기술하고 있다.
師後因一日在廚作務次 馬師問 "作什摩" 對云 "牧牛" 馬師曰 "作摩生牧" 對曰 "一廻入草去 便把鼻孔拽來" 馬師云 "子眞牧牛"(내용 동일, 번역 생략.)

선문염송집에서는 전하지 않는다.

참고로 목우牧牛와 관련, 『잡아함경雜阿含經』의 「목우자경牧牛者經」에 다음과 같이 기술하고 있다.
如是我聞 一時 佛住王舍城迦蘭陀竹園 爾時 世尊告諸比丘. "過去世時 摩竭提國有牧牛者. 愚癡無慧 夏末秋初 不善觀察 恒水此岸 亦不善觀 恒水彼岸 而驅群牛 峻岸而下 峻岸而上 中間洄澓 多起患難.

이와 같이 나는 들었다.
어느 때 부처님께서 왕사성王舍城 가란타 대나무 동산(迦蘭陀竹園)에 계셨다. 그때 세존께서 여러 비구들에게 말씀하셨다.
"과거 세상에 마갈제국(摩竭提國, 마가다국)에 소치는 사람(牧牛者)이 있었다. 지혜가 없이 어리석고 못나, 늦여름 초가을에 항하(恒水, 갠지스강)의 이쪽 언덕을 자세히 잘 살피지도 않고 항하의 저쪽 언덕도 자세히 잘 살피지 않은 채, 소떼를 몰고 높은 언덕을 내려갔다가 높은 언덕으로 올라갔다 하면서 중간엔 빙빙 돌아, 많은 환난患難이 일어났다.

諸比丘 過去世時 摩竭提國有牧牛人 不愚不癡者. 有方便慧 夏末秋初 能善觀察 恒水此岸 亦善觀察恒水彼岸 善度其牛 至平博山谷 好水草處. 彼初度時 先度大牛 能領群者 斷其急流 次驅第二多力少牛 隨後而度 然後第三驅羸小者 隨逐下流 悉皆次第安隱得度 新生犢子愛戀其母 亦隨其後 得度彼岸.

여러 비구들아! 과거 세상에 마갈제국에 소치는 사람이 있었는데 어리석지도 못나지도 않았다. 방편과 지혜가 있어 늦여름 초가을에 항하의 이쪽 언덕도 자세히 잘 살피고 항하의 저쪽 언덕도 자세히 잘 살펴서 그 소를 건너게 해주고, 물과 풀이 좋은 평평하고 넓은 산골짜기에 이르게 했다. 그는 먼저 강을 건너게 할 때는 무리를 이끌 수 있는 훌륭한 소(大牛)를 건너게 하여 급류를 끊고, 다음에는 두 번째로 힘이 센 젊은 소를 몰아 뒤를 따라 건너게 하고, 그런 다음 세 번째는 약하고 어린 것을 몰아 하류를 따라 건너게 하여 모두 차례대로 무사히 건너가게 하였다. 그리고 갓 난 송아지는 그 어미를 사랑하면서 역시 그 뒤를 따라 저쪽 언덕까지 건너가게 하였다.

如是 比丘 我說斯譬 當知其義 彼摩竭提牧牛者 愚癡無慧 彼諸六師富蘭那等 亦復如是 習諸邪見 向於邪道 如彼牧牛人 愚癡無慧 夏末秋初 不善觀察 此岸彼岸 高峻山嶮 從峻岸下 峻岸而上 中間洄澓 多生患難. 如是六師富蘭那等 愚癡無慧 不觀此岸 謂於此世 不觀彼岸 謂於他世 中間洄澓 謂境諸魔 自遭苦難. 彼諸見者 習其所學 亦遭患難.

이와 같이 비구들아! 내가 이런 비유를 들어 말하였는데 마땅히 그 뜻을 알아야 한다. 저 마갈제국의 소치는 사람은 어리석고 지혜가 없었는데, 저 모든 6사(六師, 6사외도)의 부란나(富蘭那, 富蘭那迦葉, Purana Kassapa) 등 또한 이와 같았다. 온갖 삿된 소견(邪見)만 익히고 삿된 길(邪道)로 향하는 것이 마치 저 어리석고 지혜 없는 소치는 이가 늦여름 초가을에 이쪽 언덕과 저쪽 언덕을 자세히 잘 살피지 않고, 높고 험한 산을 이 언덕으로 내려갔다 저 언덕으로 올라갔다 하면서 중간엔 빙빙 돌아 많은 환란患難이 일어나는 것과 같다. 이와 같이 6사 부란나 등은 지혜가 없어 어리석고 못나니, 이쪽 언덕을 자세히 살피지 못한다고 한 것은 이 세상을 자세히 살피지 못한다는 것을 말하는 것이고, 저쪽 언덕을 자세히 살피지 못하고 중간에 빙빙 도는 것은 모든 마군(諸魔)이 스스로 고난을 겪게 되는 것을 말하는 것이다. 저 모든 견해를 갖는 자는 그들이 배워 익힌 습기 때문에 역시 환난을 당하게 되는 것이다.

彼摩竭提善牧牛者 不愚不癡 有方便慧 謂如來·應·等正覺 如牧牛者 善觀此岸

善觀彼岸 善度其牛 於平博山谷 先度大牛 能領群者 橫截急流 安度彼岸 如是我聲聞 能盡諸漏 乃至自知不受後有 橫截惡魔世間貪流 安隱得度生死彼岸.

저 마갈제국의 소를 잘 치는 사람이 어리석지도 않고 못나지도 않으며 방편과 지혜가 있다는 것은 말하자면 여래·응공·등정각이니, 마치 소를 잘 먹이는 사람이 이쪽 언덕도 자세히 잘 살피고 저쪽 언덕도 자세히 잘 살펴서 그 소들을 평평하고 넓은 산골짜기로 잘 건너게 할 때에 먼저 소 떼를 이끌 수 있는 훌륭한 소를 건너게 하여 급류를 마음대로 자르고 편안하게 저쪽 언덕으로 건너가게 하는 것처럼, 우리 성문들은 모든 번뇌를 다 끊고 나아가 후생의 몸(後有)을 받지 않는 것을 스스로 알기까지 악마惡魔와 세간의 탐욕의 물결(世間貪流)을 마음대로 끊고 편안하게 생사의 저쪽 언덕에 안온하게 건널 수 있는 것이다.

如摩竭提國善牧牛者 次度第二多力少牛 截流橫度 如是我諸聲聞斷五下分結 得阿那含 於彼受生 不還此世 亦復斷截 惡魔貪流 安隱得度生死彼岸. 如摩竭提國善牧牛者 驅其第三羸小少牛 隨其下流 安隱得度 如是我聲聞斷三結 貪·恚·癡薄得斯陀含 一來此世 究竟苦邊 橫截於彼惡魔貪流 安隱得度生死彼岸. 如摩竭提國善牧牛者 新生犢子愛戀其母 亦隨得度 如是我聲聞斷三結 得須陀洹 不墮惡趣 決定正向三菩提 七有天人往生 究竟苦邊 斷截惡魔貪流 安隱得度生死彼岸.

마갈제국의 소를 잘 치는 사람이 두 번째로 힘이 센 젊은 소를 건너게 해서 물결을 가로막아 끊게 하고 다른 소들을 건너게 하는 것처럼, 우리 성문들도 욕계의 다섯 가지 결박(五下分結)을 끊고 아나함阿那含을 얻어, 거기에서 태어나 이 세상에 다시는 돌아오지 않으며, 또 악마의 탐욕의 물결을 끊고 나고 죽는 저쪽 언덕을 안전하게 건널 수 있는 것이다.
마갈제국의 소 잘 치는 사람이 세 번째로 약하고 어린 소를 몰아 강 하류를 따라서 안전하게 건너게 하는 것처럼, 우리 성문들도 세 가지 결박(三結, 번뇌)을 끊어 탐욕과 성냄과 어리석음이 엷어져서, 사다함斯陀含을 얻고는 이 세상에 한 번 와서 괴로움을 완전히 벗어나고, 저 악마의 탐욕의 물결을 가로막아 끊어버리고 나고 죽는 저쪽 언덕을 안전하게 건널 수 있다.
마갈제국의 소 잘 기르는 사람이 갓 난 송아지가 그 어미를 사랑하며 어미

소를 따라 건너가게 하는 것처럼, 우리 성문들도 세 가지 결박(三結, 번뇌)을 끊어 수다원須陀洹을 얻고는, 나쁜 세계에 떨어지지 않고 결정코 삼보리로 바로 향하여 일곱 번 천상과 인간에 왕래하다가 괴로움을 완전히 벗어나고, 악마의 탐욕의 물결을 끊고 나고 죽는 저쪽 언덕을 안전하게 건널 수 있는 것이다."

爾時 世尊卽說偈言 "此世及他世 明智善顯現 諸魔得未得 乃至於死魔 一切悉知者 三藐三佛智 斷截諸魔流 破壞令消亡 開示甘露門 顯現正眞道 心常多欣悅 逮得安隱處" 佛說此經已 諸比丘聞佛所說 歡喜奉行

그때 세존께서 바로 게송을 말씀하셨다.

此世及他世　이 세상이나 저 세상에서
明智善顯現　밝은 지혜를 잘 드러내시고
諸魔得未得　모든 마군魔軍의 얻고 얻지 못한 것과
乃至於死魔　사마死魔에 이르기까지
一切悉知者　일체를 다 아는 분께서
三藐三佛智　삼먁삼불지(삼먁삼보리의 불지혜)로
斷截諸魔流　모든 마군의 흐름을 끊고
破壞令消亡　그들을 쳐부수어 망하게 하도다.
開示甘露門　감로문을 열어 보이고
顯現正眞道　바르고 참된 도를 드러내며
心常多欣悅　마음은 언제나 기쁘고 즐거워
逮得安隱處　편안하고 고요한 곳에 이르렀느니라.

부처님께서 이 경을 말씀하시자, 모든 비구들은 부처님의 말씀을 듣고 기뻐하며 받들어 행하였다.

9. 지장의 머리는 희고, 회해의 머리는 검다

僧問祖云 "請和尙離四句絶百非 直指某甲西來意" 祖云 "我今日無心情 汝去問取智藏" 其僧乃問藏 藏云 "汝何不問取和尙" 僧云 "和尙令某甲來問上座" 藏以手摩頭云 "今日頭痛 汝去問海師兄" 其僧又去問海 海云 "我這裏却不會" 僧乃擧似祖. 祖云 "藏頭白 海頭黑"

어떤 스님이 마조에게 물었다.

"청컨대, 화상께서는 사구四句와 백비百非를 떠나서[19] 저에게 (조사

---

19 사구백비四句百非: 하나의 개념(A), 또는 서로 대립되는 두 개념을 기준으로 해서 모든 현상을 판별하는 네 가지 형식. 곧 제1구 'A이다', 제2구 '비非A이다', 제3구 'A이면서 또한 비非A이다', 제4구 'A도 아니고 비非A도 아니다.' 예를 들어 유有와 무無를 기준으로 하면, 유有·무無·역유역무亦有亦無·비유비무非有非無의 사구四句가 성립되고, 그 외 일一과 이異, 상常과 무상無常, 자自와 타他 등의 경우에도 사구가 성립됨.
불교의 진리는 모든 분별이 끊어진 상태이므로 사구백비四句百非라고 하는데, 백비百非는 유有와 무無 등의 모든 개념 하나하나에 비非를 붙여 그것을 부정하는 것을 말함. 곧 불교의 진리는 사구의 분별도 떠나고 백비의 부정도 끊어진 상태라는 뜻.(시공 불교사전)

가) 서쪽에서 온 뜻을 바로 가리켜 주십시오."

마조가 말했다.

"내가 오늘 마음이 내키지 않으니, 너는 지장智藏에게 가서 물어라."

그 스님이 지장에게 묻자, 지장이 말했다.

"너는 어째서 화상께 묻지 않는가?"

스님이 말했다.

"화상께서는 저더러 상좌에게 물으라고 하셨습니다."

지장이 손으로 머리를 문지르며(摩頭) 말했다.

"오늘은 머리가 아프니, 너는 회해懷海 사형에게 가서 물어라."

그 스님이 또 회해에게 가서 묻자, 회해가 말했다.

"나도 여기에 이르러서는 알지 못한다."

그 스님이 마조에게 앞의 일을 전하자, 마조가 말했다.

"지장의 머리는 희고, 회해의 머리는 검다(藏頭白 海頭黑)."[20]

---

20 전등록 제7권, '건주 서당지장 선사' 편(부록 V-3-17)과 조당집 제14권, '강서 마조 화상' 편(부록 V-1-10)에서도 동일하게 기술하고 있다.

선문염송집 고칙 164에서는 다음과 같이 기술하고 있다.

馬祖因僧問 "離四句絶百非 請師直指西來意" 師云 "我今日無心情 汝去問取智藏" 僧乃問藏 藏以手指頭云 "我今日頭痛 不能爲汝說 汝去問取海師兄" 僧去問海 海云 "我到者裏却不會" 僧廻擧似師. 師云 "藏頭白 海頭黑"(내용 동일, 번역 생략.)

상기 원문의 以手摩頭(전등록도 동일)가 조당집에서는 以手點頭로, 선문염송에서는 以手指頭로 기술하는 차이가 있다.

10. 어떤 것이 대열반인가

麻谷寶徹禪師 一日隨祖行次 問 "如何是大涅槃" "祖云 "急" 徹云 "急箇什麽" 祖云 "看水"

하루는 마곡보철麻谷寶徹[21] 선사가 마조를 모시고 가다가, 물었다.

"어떤 것이 대열반大涅槃입니까?"

마조가 말했다.

"급하구나(急)!"

보철이 말했다.

"급한 것이 무엇입니까?"

마조가 말했다.

"물을 보라(看水)!"[22]

---

21 마곡보철(麻谷寶徹, 생몰연대 미상): 당대의 스님. 남악 문하. 마곡은 주석 산명. 출가하여 마조도일에게 참학하고 그의 법을 이어받음. 포주 마곡산에 머물면서 선풍을 고취시킴.(선학사전, p.192)

22 전등록 제7권, '포주 마곡산 보철 선사' 편에서도 동일하게 기술하고 있다(부록 V-3-24 참조).

한편 조당집 제4권, '단하 화상' 편에서는 단하천연과 문답한 것으로 기술하고 있다.

師與麻浴遊山 到澗邊語話次 麻浴問 "如何是大涅槃" 師廻頭云 "急" 浴曰 "急个什摩" 師云 "澗水"

(단하천연) 선사가 마곡麻浴과 함께 산을 돌아다니다가 골짜기 물가에 이르러 이야기를 하고 있는데, 마곡이 물었다.
"어떤 것이 대열반이오?"
선사가 고개를 돌리며 말했다.
"급하군요."
마곡이 말했다.
"급하다니, 뭐가요?"
선사가 말했다.
"골짜기의 물(澗水)!"

선문염송집 제5권, 고칙 167에서는 다음과 같이 기술하고 있다.

馬大師因僧問 "如何是涅槃" 師云 "急" 僧云 "急箇什麽" 師云 "看水"(내용 동일, 번역 생략.)

여기서는 ①마곡보철과 문답한 것이 아니라, 어떤 스님과 문답한 것으로 기술하고 있고, ②문답에 앞서 어떤 상황에 관한 것은 기술하지 않고 있다.

11. 매실이 익었구나

大梅山 法常禪師 初參祖問 "如何是佛" 祖云 "卽心是佛" 常卽大悟. 後居大梅山 祖聞師住山 乃令一僧到問. 云 "和尙見馬師 得箇什麽便住此山" 常云 "馬師向我道 '卽心是佛' 我便向這裏住" 僧云 "馬師近日佛法又別" 常云 "作麽生別" 僧云 "近日又道 非心非佛" 常云 "這老漢惑亂人 未有了日. 任汝非心非佛 我只管卽心卽佛" 其僧回擧似祖 祖云 "梅子熟也"

대매산大梅山 법상法常[23] 선사가 처음 마조를 참례하고, 물었다.

"어떤 것이 부처입니까?"

마조가 말했다.

"마음이 부처다(卽心是佛)."

법상이 바로 크게 깨달았다.[24]

---

23 대매법상(大梅法常, 752~839): 당대 남악 스님의 문하. 대매는 주석 산명. 속성은 정鄭씨. 형주 옥천사에서 출가. 경론에 통한 후, 마조도일 회하에서 돈오발명하고, 대매산에서 30년간 은거함.(선학사전, p.137)

24 전등록 제7권, '명주 대매산 법상 선사' 편에서도 동일하게 기술하고 있다(부록

후에 대매산에 살았는데, 마조가 법상이 대매산에서 머물고 있다는

V-3-27 참조).

조당집 제15권, '대매 화상' 편에서는 다음과 같이 기술하고 있다.

荊州玉泉寺受業 纔具尸羅學通衆典 講大小本經論 多聞雖益 辯注虛張 覺爽情神 遊方訪道. 聞江西馬大師誨學 師乃直造法筵 因一日問 "如何是佛" 馬師云 "卽汝心是" 師進云 "如何保任" 師云 "汝善護持" 又問 "如何是法" 師云 "亦汝心是" 又問 "如何是祖意" 馬師云 "卽汝心是" 師進云 "祖無意耶" 馬師云 "汝但識取汝心 無法不備" 師於言下 頓領玄旨.

(대매법상 선사는) 형주荊州 옥천사玉泉寺에서 출가해서(受業), 계(尸羅)를 받자마자 여러 경전을 배워 통달하고 대소승의 경론(大小本經論)을 강의했지만, 다문(多聞, 들은 것이 많아 잘 앎)이 비록 이익이 될지라도 말을 잘하고 주를 다는 것은 헛되이 명성만 높이면서 정신을 어그러지게 하는 것임을 깨닫고, 제방을 다니며 도를 물었다.

강서의 마 대사가 학인을 가르치고 있다는 소문을 듣고, 선사가 바로 (마조의) 법연法筵에 이르렀다.

하루는 물었다.

"어떤 것이 부처입니까?"

마 대사가 말했다.

"바로 그대 마음이 부처다."

선사가 또 물었다.

"어떻게 보임保任해야 합니까?"

마 대사가 말했다.

"그대가 잘 보호하여 지녀라."

또 물었다.

"어떤 것이 법입니까?"

마 대사가 말했다.

"역시 그대의 마음이다."

또 물었다.

소문을 듣고 한 스님에게 찾아가 묻도록 했다.

"화상께서는 마 대사를 뵙고 무엇을 얻으셨기에 바로 이 산에 머무는 것입니까?"

법상이 말했다.

"마 대사가 내게 이르기를 '마음이 부처다(卽心是佛)'고 해서, 나는 바로 여기에 머물고 있네."

스님이 말했다.

"마 대사께서는 요즘 불법이 달라지셨습니다."

법상이 말했다.

"어떻게 달라졌는가?"

스님이 말했다.

"요즘엔 '마음도 아니고 부처도 아니다(非心非佛)'고 하십니다."

법상이 말했다.

"이 노인네가 사람을 미혹하고 어지럽게 하는 것이 끝날 날이 없구나! 설사 너는 '마음도 아니고 부처도 아니다'고 하더라도, 나는 다만 마음이 부처일 뿐이다(卽心是佛)."

"어떤 것이 조사의 뜻(祖意)입니까?"

마 대사가 말했다.

"바로 그대의 마음이다."

선사가 또 물었다.

"조사에게는 뜻이 없습니까?"

마 대사가 말했다.

"그대는 다만 그대의 마음만 알면 갖추지 못할 법이 없다."

선사가 말끝에 단박에 현묘한 뜻을 깨달았다(頓領玄旨).

그 스님이 돌아와 마조에게 앞의 일을 전하자, 마조가 말했다.
"매실이 익었구나(梅子熟也)!"[25]

---

25 전등록 제7권, '명주 대매산 법상 선사' 편에서도 동일하게 기술하고 있다(부록 V-3-27 참조).

조당집 제15권, '대매 화상' 편에서는 "매실이 익었다"는 말을 염관제안이 한 것으로 기술하고 있다(앞의 註24에 이어지는 것이다).

遂杖錫而望雲山 因至大梅山下 便有棲心之意. 乃求小許種糧 一入深幽 更不再出. 後因鹽官和尙出世 有僧尋柱杖迷山 見其一人 草衣結髮 居小皮舍. 見僧先言 "不審" 而言語謇澀 僧窮其由 師云 "見馬大師" 僧問 "居此多少年也" 師云 "亦不知多少年 只見四山靑了 又黃靑了 又黃 如是可計三十餘度" 僧問 "師於馬祖處 得何意旨" 師云 "卽心是佛" 其僧問出山路 師指隨流而去. 其僧歸到鹽官處 具陳上事 鹽官云 "吾憶在江西時 曾見一僧問馬大師佛法祖意 馬大師 皆言卽汝心是. 自三十餘年 更不知其僧所在 莫是此人不" 遂令數人教 依舊路斫山尋覓如見 云馬師近日道 "非心非佛" 其數人依鹽官教問 師云 "任你非心非佛 我只管卽心卽佛" 鹽官聞而嘆曰 "西山梅子熟也 汝曹可往彼,隨意採摘去" 如是不足二 三年間 衆上數百 凡應機接物 對答如流.

(선사가 말끝에 단박에 현묘한 뜻을 깨닫고, 頓領玄旨) 석장을 짚고 행각을 하다가 (望雲山) 대매산大梅山 아래 이르러 머물고자 하는 마음이 생겼다. 이에 약간의 종자와 식량(種糧)을 구해 깊고 그윽한 곳으로 한 번 들어가 끝내 다시는 나오질 않았다. 후에 염관 화상鹽官和尙이 출세出世했을 때, 어떤 스님이 주장자감을 찾으러 갔다가 산에서 길을 잃었는데, 어떤 사람이 풀로 만든 옷에 머리를 틀고(草衣結髮) 나무껍질로 지붕을 덮은 조그마한 집에 살고 있는 것을 보았다.
(선사가) 스님을 보고 먼저 말했다.
"안녕하시오(不審)!"
그러면서 말을 더듬었다.
스님이 (여기서 사는) 연유를 묻자, 선사가 말했다.
"마 대사를 친견했기 때문이오."

스님이 물었다.
"여기서 산 지 얼마나 되셨습니까?"
선사가 말했다.
"몇 해나 되었는지는 모르겠으나, 다만 사방의 산이 푸르렀다 누렇게 되고, 푸르렀다 또 누렇게 되는 것을 보았을 뿐인데, 이와 같이 하길 한 30여 번쯤 되는 것 같소."
스님이 물었다.
"선사께서는 마조의 처소에서 어떤 뜻(意旨)을 얻으셨습니까?"
선사가 말했다.
"마음이 부처다(卽心是佛)고 한 말에서 뜻을 얻었소."
스님이 산을 나가는 길을 묻자, 선사가 물을 따라가라고 가리키고는 가버렸다. 그 스님이 돌아와서 염관의 처소에 이르러 위의 일을 자세히 말하자, 염관이 말했다.
"내가 기억하기로는, 강서에 있을 때 어떤 스님이 마 대사에게 불법佛法과 조사의 뜻(祖意) 물었는데, 마 대사가 모두 '바로 그대의 마음이다(卽汝心是)'고 한 적이 있었다. 이후 30여 년을 그 스님이 있는 곳을 몰랐는데, 이 사람이 아닐까?"
(그리고는) 마침내 여러 사람을 시켜 옛길(舊路)을 따라 숲을 헤치며 어디에 있는지를 찾아서 만나거든, '마 대사는 요즘 마음도 아니고 부처도 아니다(非心非佛)고 말씀하십니다'라고 말하게 했다.
여러 스님들이 염관이 시킨 대로 묻자, 선사가 말했다.
"설사 그대들이 '마음도 아니고 부처도 아니다'고 하더라도, 나는 다만 마음이 곧 부처(卽心卽佛)일 뿐이다.
염관이 듣고, 찬탄하여 말했다.
"서산西山의 매실이 익었으니, 그대들은 그곳으로 가서 마음대로 따라."
이와 같이 2, 3년이 되지도 않았는데, 대중이 수백 명이 넘었고, 무릇 학인을 제접하여(應機接物) 대답하는 것이 마치 물이 흐르는 것과 같았다.

선문염송집 제6권, 고칙 265에서는 다음과 같이 기술하고 있다.
大梅山法常禪師問馬大師 "如何是佛" 祖云 "卽心是佛" 師卽大悟 便入山卓菴 經于

六載 祖一日忽然思之 乃教一僧去問 "當時見馬大師 得甚麽道理 便卓菴去" 師云 "當時見馬大師道 卽心是佛 便向這裏住" 僧云 "馬大師近日佛法別" 師云 "作麽生別" 僧云 "近日又道非心非佛" 師云 "這老漢惑亂人 未有了日 任汝非心非佛 我只管卽心卽佛" 其僧迴擧似馬祖 祖云 "大衆 梅子熟也"(내용 동일, 번역 생략.)

여기서는 마음이 부처라는 말에 ①선사가 깨닫고 바로 산에 들어가 암자를 짓고 6년을 보냈고, ②마조가 하루는 홀연히 법상法常을 생각하고, 한 스님에게 가서 묻도록 한 것으로 기술하고 있다.

12. 불당은 높고 당당한데, 부처가 없다

汾州無業禪師參祖. 祖覩其狀貌瓌偉 語音如鐘 乃曰 "巍巍佛堂 其中無佛" 業 禮跪而問曰 "三乘文學 粗窮其旨 常聞禪門 卽心是佛 實未能了" 祖曰 "只未了底心卽是 更無別物" 業又問 "如何是祖師西來密傳心印" 祖曰 "大德正鬧在 且去別時來" 業纔出 祖召曰 "大德" 業迴首. 祖云 "是什麽" 業便領悟禮拜. 祖云 "這鈍漢 禮拜作麽"

※瓌(구슬 이름 괴): 구슬 이름. 둥글고 모양이 좋은 옥. 크다. 아름답다.

※巍巍(외외): 뛰어나게 높고 우뚝 솟은 모양. 인격이 높고 뛰어남. 높고 큰 모양(巍: 높고 클 외).

분주무업汾州無業[26] 선사가 마조를 참례했다. 마조가 그의 용모가 훤칠

26 분주무업(汾州無業, 760~821): 당대의 스님. 남악 문하. 분주는 주석 지명. 속성은 두杜씨. 상주(섬서성) 상락 출신. 9세에 개원사 지본 스님에게 수학하고 12세에 삭발, 20세에 호북성 양주 유 율사에게 수계함. 4분율에 뛰어나고 대반열반경을 강의함. 후에 강서성 홍주의 마조도일에게 배우고 심인을 받음. 여러 성지를 순례하고 오대산에서 대장경을 열람함. 후에 산서성 분주 개원사에 주석함. 시호는 대달大達 선사.(선학사전, pp.300~301)

하고 말하는 음성이 종소리와 같은 것을 보고, 말했다.

"불당은 높고 당당한데, 그 안에 부처가 없구나(巍巍佛堂 其中無佛)!"

무업이 절을 하고는 무릎을 꿇고 물었다.

"삼승의 가르침은 대강이나마 그 뜻을 궁구했습니다. 그러나 늘 듣자하니, 선문禪門에서는 '마음이 부처다(卽心是佛)'고 하는데, (이에 대해서는) 정말로 알지 못합니다."

마조가 말했다.

"다만 알지 못하는 그 마음(未了底心)이 바로 그것이지, 결코 그 외에 다른 것은 없다."

무업이 또 물었다.

"어떤 것이 조사가 서쪽에서 와서 은밀히 전한 심인心印입니까?"

"대덕이 정말로 시끄럽게 하는구나! 일단 갔다가 다른 날 오라."

무업이 나가는데, 마조가 불렀다.

"대덕!"

무업이 고개를 돌리자(迴首), 마조가 말했다.

"이것이 무엇인가(是什麽)?"

무업이 깨닫고 절을 하자, 마조가 말했다.

"이 둔한 사람아, 절은 해서 뭐해!"[27]

---

27 전등록 제8권, '분주무업 선사' 편에서도 동일하게 기술하고 있다(부록 V-3-32 참조).

조당집 제15권, '분주 화상' 편에서는 다음과 같이 보다 더 상세하게 기술하고 있다.

後聞洪州馬大師禪門上首 特往瞻禮. 師身逾六尺 屹若立山. 馬大師一見異之曰

"魏魏佛堂 其中無佛" 師禮而問曰 "三乘至教 粗亦研窮 常聞禪門 卽心是佛 實未能了 伏願指示" 馬大師曰 "卽汝所不了心卽是更無別物. 不了時卽是迷了時卽是悟. 迷卽是衆生 悟卽是佛 道不離衆生 別更有佛也. 亦如手作拳 拳作手也" 師言下豁然大悟 涕淚悲泣 白馬大師言 "本將謂佛道長遠 懃苦曠劫 方始得成 今日始知 法身實相 本自具足 一切萬法 從心化生 但有名字 無有實者" 馬大師云 "如是如是 一切心性 不生不滅 一切諸法 本自空寂 是故經云 諸法從本來 常自寂滅相 又云 畢竟空寂舍 又云 諸法空爲坐 則諸佛如來住無所住處 若如是知 卽是住空 寂舍 坐法空座 擧足下足 不離道場 言下便了 更無漸次. 所謂不動足而登涅槃山" 大師直造寶所 不棲化城.

뒤에 홍주洪州의 마 대사가 선문禪門의 상수上首라는 것을 듣고, 특별히 가서 뵙고는 예를 올렸다. 선사의 몸은 6척尺이 넘었는데, 우뚝 솟은 것이 마치 산이 서 있는 것과 같았다. 마 대사가 한 번 보고는 기이하게 여기며 말했다.

"불당은 높고 당당한데, 그 안에 부처가 없구나!"

선사가 절을 하고 물었다.

"3승의 지극한 가르침(三乘至教)을 대강이나마 그 뜻을 궁구했습니다. 그러나 늘 듣자하니, 선문禪門에서는 '마음이 부처다(卽心是佛)'고 하는데, (이에 대해서는) 정말로 알지 못합니다. 엎드려 바라건대, 가리켜 보여주십시오."

마 대사가 말했다.

"바로 그대가 모르는 마음(所不了心)이 바로 그것이니, 결코 다른 것(別物)은 없다. 모를 때(不了時)는 미혹이지만, 알면(了時) 바로 깨달음이다. 미혹하면 바로 중생이지만, 깨달으면 바로 부처다. 도는 중생을 떠나지 않거늘, 따로 또 부처가 있겠는가? 손이 주먹이 되고 주먹이 손이 되는 것과 같은 것이다."

선사가 말끝에 활연히 크게 깨닫고, 눈물을 흘리고 슬피 울면서 마 대사에게 말했다.

"본래 불도佛道는 길고 멀어서 광겁曠劫에 부지런히 힘써야 이룰 것이라 여겼는데, 오늘에야 비로소 법신法身의 실상實相은 본래 스스로 구족하고 있으며(本自具足), 일체의 만법(一切萬法)이 마음으로부터 변해서 나오는 것(從心化生)으로, 단지 이름(名字)이 있을 뿐, 그 실체가 없다는 것을 알게 되었습니다."

마 대사가 말했다.

"그렇지, 그렇지(如是如是)! 일체심성一切心性은 생하는 것도 아니고 멸하는 것도 아니며, 일체제법一切諸法은 본래 스스로 텅 비고 고요하다(本自空寂). 이런 까닭에 경(經, 법화경)에 이르기를 '제법은 본래부터 늘 스스로 적멸한 모습이다(諸法從本來 常自寂滅相)'고 하였던 것이다. 또 이르기를 '필경 공적한 집이다(畢竟空寂舍)'고 하였던 것이다. 또 이르기를 '제법이 공한 것으로 자리를 삼는다(諸法空爲坐)'고 하였던 것이니, 이것이 바로 제불여래가 머무는 바 없는 곳(無所住處)에 머무는 것이다.

그러므로 만약 이와 같이 안다면 바로 이것이 공적한 집에 머무는 것이고 공적한 자리에 앉는 것이다. (또한) 발을 들고 발을 내리는 것(擧足下足)이 도량을 떠나지 않는 것이고, 말끝에 바로 알면 다시 또 점차漸次도 없는 것이니, 이것이 이른바 발을 떼지도 않고 열반산涅槃山에 오른다고 하는 것이다."

(그리하여) 대사는 바로 보소寶所로 갔지, 화성化城에 머물지는 않았다,

선문염송집에서는 전하지 않는다.

13. 석두石頭의 길은 미끄럽다

鄧隱峰辭祖 祖曰 "甚處去" 云 "石頭去" 祖曰 "石頭路滑" 云 "竿木隨身逢場作戲" 便去. 纔到石頭 乃遶禪牀一匝 振錫一下 問 "是何宗旨" 頭曰 "蒼天蒼天" 峰無語. 却回擧似祖 祖曰 "汝更去 見他道蒼天蒼天汝便噓兩聲" 峰又去 一依前問 頭乃噓兩聲 峰又無語. 歸擧似祖. 祖曰 "向汝道 石頭路滑"

※滑(미끄러울 활, 익살스러울 골): 미끄럽다. 반드럽다. 부드럽게 하다. 교활하다. 익살스럽다. 어지럽다. 다스리다. 물이 흐르다.

※逢場作戲(봉장작희): 광대가 적당한 장소를 찾게 되면, 곧 무대를 펼쳐 연기를 하다. 기회가 생긴 김에 끼어들어 놀다. 즉흥적으로 얼버무리다.

※噓(불 허): 불다. 숨을 바깥으로 내보내다. 울다. 흐느껴 울다. 거짓말하다. 풍치다. 탄식하다.

등은봉鄧隱峰[28]이 마조에게 하직 인사를 하자, 마조가 말했다.

---

28 등은봉(鄧隱峰=오대은봉五臺隱峰, 생몰연대 미상): 당대의 스님. 남악 문하. 오대는 주석 산명. 속성은 등鄧씨. 마조도일과 함께 석두희천에게 참학함. 마조의 언하에 깨달음을 얻어 그의 법을 이어받음. 그 후 남전보원, 위산영우와 교유했고,

"어디로 가는가?"

등은봉이 말했다.

"석두石頭[29]로 갑니다."

마조가 말했다.

"석두로 가는 길은 미끄러운데…."

등은봉이 말했다.

"장대를 들고 가서 기회가 되면 한바탕 놀겠습니다."

(그리고는) 바로 갔다.

석두에게 이르자마자 선상禪牀을 한 바퀴 돌고, 석장을 한 번 떨치고(振錫一下) 물었다.

"이것이 무슨 종지宗旨입니까?"

석두가 말했다.

"아이고, 아이고(蒼天蒼天)!"

등은봉이 말을 못하고(無語) 돌아와, 마조에게 앞에 일을 전했다.

마조가 말했다.

"너는 다시 가서 그가 '아이고, 아이고!' 하는 것을 보거든, 바로 '허噓, 허噓!' 하면서 두 번 소리를 내라."

겨울에는 형악, 여름에는 청량에 머묾. 오대산 금강굴 앞에서 선 채로 입적.(선학사전, pp.471~472)

29 석두희천(石頭希遷, 700~790): 당대의 스님. 광동성 단주 출신. 혜능 스님에게 출가, 그가 입적하자 청원행사에게 사사하여 그의 법을 이어받음. 742년경 형산衡山에 가서 돌 위에 암자를 짓고 그곳에서 늘 좌선을 하여 석두희천이라 함. 저서로 『참동계參同契』, 『초암가草庵歌』가 있다.(전게서 p.353)

등은봉이 다시 가서 전처럼 묻자, 석두가 바로 "허, 허!" 하며 두 번 소리를 내었다.

스님이 또 말을 하지 못하고 다시 돌아와 앞의 일을 말했다.

(그러자) 마조가 말했다.

"(내가) 너에게 말했었지, 석두로 가는 길은 미끄럽다고!"[30]

---

30 전등록 제6권, '강서 도일 선사' 편에서도 동일하게 기술하고 있다(부록 V-2-12 참조).

조당집과 선문염송집에서는 전하지 않는다.

참고로 '석두로 가는 길은 미끄럽다(石頭路滑)'는 마조의 말은 단하천연과의 대화에서도 보인다. 전등록 제14권, '등주 단하산 천연 선사' 편에 다음과 같이 기술하고 있다.

馬師問 "從什麽處來" 師云 "石頭" 馬云 "石頭路滑 還蹉倒汝麽" 師曰 "若蹉倒卽不來" 乃杖錫觀方.

마 대사가 물었다.

"어디서 오는가?"

선사(단하천연)가 말했다.

"석두에서 옵니다."

마 대사가 말했다.

"석두의 길은 미끄러운데, 너는 넘어지지 않았는가?"

선사가 말했다.

"만약 넘어졌더라면 오지 못했을 것입니다."

그리고는 석장을 짚고 제방을 다녔다.

또한 참고로 등은봉이 석두에 이르러 '선상을 한 바퀴 돌고 석장을 한 번 떨친 것(遶禪牀一匝 振錫一下)'과 관련해서 전등록 제5권, '온주 영가현각 선사' 편에서는 다음과 같이 기술하고 있다.

溫州永嘉玄覺禪師者永嘉人也 姓戴氏. 丱歲出家遍探三藏 精天台止觀圓妙法門於四威儀中常冥禪觀. 後因左谿朗禪 師激勵. 與東陽策禪師同詣曹谿. 初到振錫携瓶 繞祖三匝 祖曰 "夫沙門者具三千威儀八萬細行 大德自何方而來生大我慢" 師曰 "生死事大 無常迅速" 祖曰 "何不體取無生 了無速乎" 曰 "體即無生 了本無速" 祖曰 "如是如是" 于時大衆無不愕然. 師方具威儀參禮 須臾告辭 祖曰 "返太速乎" 師曰 "本自非動 豈有速耶" 祖曰 "誰知非動" 曰 "仁者自生分別" 祖曰 "汝甚得無生之意" 曰 "無生豈有意耶" 祖曰 "無意誰當分別" 曰 "分別亦非意" 祖歎曰 "善哉善哉少留一宿" 時謂一宿覺矣.

온주溫州 영가현각永嘉玄覺 선사禪師는 영가永嘉 사람이며, 성姓은 대戴씨다. 어려서 출가해서 삼장三藏을 두루 탐구하고 천태지관天台止觀의 원묘법문圓妙法門에 정통해서 4위의(四威儀, 행주좌와) 중에 늘 묵묵히 선관禪觀을 했다. 후에 좌계랑左谿朗 선사의 격려를 받고, 동양 책東陽策 선사와 함께 조계曹谿에 이르렀다. 처음 도착해 석장을 떨치고 병을 손에 든 채 조사(육조혜능)를 세 번 돌자, 육조가 말했다.

"무릇 사문이라면 모름지기 3천 가지 위의와 8만 가지 세행을 갖추어야 하는데, 대덕은 어디서 왔기에 대아만大我慢을 내는가?"

선사가 말했다.

"생사의 일이 크고 무상은 신속합니다(生死事大 無常迅速)."

육조가 말했다.

"어째서 무생無生을 체득해서 신속함이 없음을 깨닫지 못하는가?"

선사가 말했다.

"체體에는 생이 없고 깨달음에는 본래 신속함이 없습니다(體即無生 了本無速)."

육조가 말했다.

"그렇지, 그렇지(如是如是)!"

이때에 대중이 놀라지 않은 사람이 없었다.

선사가 그제야 비로소 위의를 갖추고 절을 하고는 이내 하직을 고하였다.

육조가 말했다.

"돌아감이 너무 빠르지 않은가?"

선사가 말했다
"본래 스스로 움직임이 없거늘, 어찌 빠름이 있겠습니까?"
육조가 말했다.
"누가 움직이지 않음을 아는가?"
선사가 말했다.
"스님께서 스스로 분별을 내십니다."
육조가 말했다.
"그대는 무생無生의 뜻을 깊이 터득했구나."
선사가 말했다.
"생겨남이 없는데 어찌 뜻이 있겠습니까?"
육조가 말했다.
"뜻이 없다면 누가 분별하는가?"
선사가 말했다.
"분별하더라도 역시 뜻이 아닙니다."
육조가 탄복하면서 말했다.
"훌륭하다, 훌륭해! 잠시 하루라도 묵었다 가라(善哉善哉 少留一宿)."

14. 마조가 도끼를 내려놓다

峰 一日推土車次 祖展脚在路上坐. 峰云 "請師收足" 祖云 "已展不收" 峰云 "已進不退" 乃推車碾過 祖脚損. 歸法堂 執斧子云 "適來碾損老僧脚底 出來" 峰便出 於祖前引頸. 祖乃置斧.

※碾(맷돌 연): 맷돌. 돌절구. 맷돌에 갈다. 수차의 힘으로 갈다.
※斧(도끼 부): 도끼. 도끼의 무늬. (도끼로) 베다. (도끼로) 찍다.

등은봉이 하루는 흙을 실은 수레(土車)를 밀고 가는데, 마조가 다리를 펴고 길에 앉아 있었다.

등은봉이 말했다.

"청컨대, 스님께서는 발 좀 거둬주시지요."

마조가 말했다.

"이미 펴서 거둘 수가 없네."

등은봉이 말했다.

"(저도) 이미 앞으로 나아가고 있기 때문에 뒤로 물러설 수가 없습니다."

그리고는 수레를 밀어 마조의 다리를 다치게 했다.
마조가 법당으로 돌아와, 도끼를 쥐고 말했다.
"좀 전에 바퀴를 굴려 내 다리를 다치게 한 놈은 나와라!"
등은봉이 바로 앞으로 나와 마조 앞에서 목을 쭉 내밀었다.
(그러자) 마조가 도끼를 내려놓았다.[31]

---

31 전등록 제8권, '오대산 은봉 선사' 편에서도 동일하게 기술하고 있다(부록 V-3-35 참조).
조당집과 선문염송집에서는 전하지 않는다.

참고로 도끼(斧子)와 관련하여 선문염송집 제5권, 고칙 149에서는 다음과 같이 기술하고 있다.
清源令石頭 馳書上南嶽懷讓禪師 乃曰 "迴日與汝箇鈯斧子住山" 石頭到讓師處 未達書 便問 "不慕諸聖 不重己靈時如何" 讓云 "子問大高生 何不向下問" 石頭云 "寧可永劫沈淪 不求諸聖解脫" 讓不對 石頭乃迴. 師問 "子去未久 書得達不" 頭曰 "信亦不通 書亦不達" 乃擧前話 復云 "去日 蒙和尙許箇鈯斧子住山 卽今便請" 師垂下一足 頭禮拜 入南嶽住山(雲居代讓師不對處云 "擔板漢")
청원(淸源, 청원행사)이 석두(石頭, 석두희천)에게 남악회양 선사에게 편지를 전하라고 하면서 말했다.
"돌아오는 날, 네게 무딘 도끼(鈯斧子) 하나를 줘서 산에 머물게 할 것이다."
석두가 회양 선사의 처소에 이르러, 편지는 전하지 않고 물었다.
"모든 성인도 사모하지 않고 자기의 영혼도 중하게 여기지 않을 때, 어떻습니까?"
회양이 말했다.
"그대가 묻는 것이 몹시 높구나, 어째서 향하向下를 묻지 않는가?"
석두가 말했다.
"영겁토록 (윤회에) 빠질지언정 모든 성인의 해탈을 구하지 않겠습니다."
회양이 대답을 하지 않자, 석두가 이내 돌아왔다.
(그러자) 청원이 물었다.

"네가 간 지 오래되지 않았는데, 편지는 전달했는가?"

석두가 말했다.

"소식도 알리지 않고, 편지도 전달하지 않았습니다(信亦不通 書亦不達)."

그리고는 앞의 이야기를 전하고, 다시 말했다.

"지난날 화상께서 무딘 도끼 하나를 줘서 산에 머물게 할 것이라고 하셨는데, 바로 지금 청합니다."

청원이 한 발을 내리자, 석두가 절을 하고 남악으로 들어가 산에 머물렀다.

〔운거雲居가 회양 선사가 대답하지 않은 것을 대신해서 말했다.

"담판한擔板漢!"〕

15. 초연일구悄然一句

石臼和尙初參祖 祖問 "什麽處來" 臼云 "烏臼來" 祖云 "烏臼近日有何言句" 臼云 "幾人於此茫然在" 祖云 "茫然且置 悄然一句作麽生" 臼乃近前三步 祖云 "我有七棒 寄打烏臼 你還甘否" 臼云 "和尙先喫 某甲後甘" 却迴烏臼.

※茫然(망연): 아득함. 아무 생각이 없이 멍함.
※悄然(초연): 조용하다. 고요하다. 걱정스러운 모습. 시름에 겨운 모습.

석구石臼[32] 화상이 처음 마조를 참례하자, 마조가 물었다.

"어디서 왔는가?"

석구가 말했다.

"오구烏臼[33]에서 왔습니다."

마조가 말했다.

"오구가 요즘 어떤 말(言句)을 하던가?"

---

32 전등록에 마조의 법손으로 기술되어 있을 뿐, 자세한 인적사항은 알 수가 없다.

33 전등록에 마조의 법손으로 기술되어 있을 뿐, 자세한 인적사항은 알 수가 없다.

석구가 말했다.

"'몇 사람이나 이것에 망연(茫然, 아득)했던가?'라고 합니다."

마조가 말했다.

"망연은 그만두고, 초연일구悄然一句는 어떤가?"

석구가 이내 세 걸음 앞으로 다가가자, 마조가 말했다.

"내가 일곱 방망이를 쳐야 하지만, 치는 것은 오구에게 맡길 터이니 너는 감당할 수 있겠는가?"

석구가 말했다.

"화상께서 먼저 맞으시면 제가 뒤를 감당하겠습니다."

그리고는 오구로 돌아갔다.[34]

---

34 전등록 제8권, '석구 화상' 편에서도 동일하게 기술하고 있다(부록 V-3-39 참조). 조당집과 선문염송집에서는 전하지 않는다.

한편, 오구 화상이 제자를 제접하는 기연어구가 전등록 제8권, '오구 화상' 편에 있으니 참조하기 바란다(부록 V-3-37).

또한 초연일구와 망연일구는 백장과 조주의 대화에서도 나온다. 선문염송집 제6권, 고칙 186에서는 다음과 같이 기술하고 있다.

百丈見趙州來參 師云 "甚麽處來" 州云 "南泉來" 師云 "南泉近日 有何言句示徒" 州云 "今時人直教悄然去" 師云 "悄然且致 茫然一句 作麽生道" 州近前三步 師咄之 州作縮頭勢 師云 "大好悄然" 州拂袖便出去.

백장이 조주가 와서 참례하는 것을 보고, 말했다.

"어디서 오는가?"

조주가 말했다.

"남전南泉에서 옵니다."

백장이 말했다.

"남전이 요즘 어떤 언구를 대중들에게 보이는가?"

조주가 말했다.

“요즘엔 사람들로 하여금 바로 초연悄然하게 합니다.”

백장이 말했다.

“초연은 그만두고, 망연일구茫然一句는 어떻게 말하는가?”

(그러자) 조주가 세 걸음 앞으로 다가왔다.

백장이 “쯧쯧(咄)!” 하고 혀를 차자, 조주가 머리를 움츠리는 자세(縮頭勢)를 취했다.

백장이 말했다.

“아주 초연하구나(大好悄然)!”

조주가 소매를 떨치고 바로 나가버렸다.

〔밑줄 친 ‘州拂神便出去’는 ‘州拂袖便出去’의 誤字다.〕

16. 허공이 강의한다

亮座主參祖 祖問曰 "見說座主大講得經論 是否" 亮云 "不敢" 祖曰 "將甚麽講" 亮云 "將心講" 祖曰 "心如工伎兒 意如和伎者 爭解得經" 亮抗聲云 "心旣講不得 虛空莫講得麽" 祖曰 "却是虛空講得" 亮不肯便出. 將下階 祖召云 "座主" 亮回首 豁然大悟. 便禮拜. 祖曰 "這鈍根阿師 禮拜作麽" 亮歸寺 告聽衆曰 "某甲所講經論 謂無人及得 今日被馬大師一問 平生工夫 氷消瓦解" 徑入西山 更無蹤跡.

양 좌주亮座主[35]가 마조를 참례하자, 마조가 말했다.

"듣자하니 좌주가 경론經論을 아주 잘 강의한다고 하던데, 그런가?"

양 좌주가 말했다.

"부끄럽습니다."

마조가 말했다.

"무엇을 가지고 강의하는가?"

---

35 전등록 제8권에서는 양 좌주는 촉군蜀郡 사람으로 경론을 강의하다가 마조를 뵌 것으로 기술하고 있는데, 마조를 뵌 이후로 종적을 감추었기 때문에 자세한 인적사항이 알려지지 않은 것 같다.

양 좌주가 말했다.

"마음으로 강의합니다."

마조가 말했다.

"'마음(心)은 공기(工伎, 주연배우)와 같고, 의식(意)은 화기(和伎, 조연배우)와 같다'[36]고 했는데, 어떻게 경을 강의한단 말인가?"

---

36 '心如工伎兒 意如和伎者'에 관해서는 『대승입능가경大乘入楞伽經(7권본)』 제5권에 다음과 같이 기술하고 있다(능가경 4권본에서는 제4권에서 전한다).

大慧 此如來藏藏識是佛境界 與汝等比 淨智菩薩 隨順義者 所行之處 非是一切執著文字 外道二乘之所行處. 是故 汝及諸菩薩摩訶薩 於如來藏藏識 當勤觀察 莫但聞已 便生足想"

대혜여! 이 여래장 장식藏識은 부처의 경계이니, 그대와 같은 청정한 지혜의 보살이 뜻을 따라 수순하는 자가 행하는 것이지, 일체의 문자에 집착하는 외도와 2승이 행하는 것이 아니니라. 이런 까닭에 그대와 모든 보살마하살은 여래장 장식을 부지런히 자세히 관해야지, 단지 들은 것만으로 바로 만족하다는 생각(足想)을 내지 말아야 한다."

爾時世尊重說頌言 "甚深如來藏 而與七識俱 執著二種生 了知則遠離 無始習所熏 如像現於心 若能如實觀 境相悉無有 如愚見指月 觀指不觀月 計著文字者 不見我眞實 心如工伎兒 意如和伎者 五識爲伴侶 妄想觀伎衆"

그때 세존께서 거듭 게송으로 말씀하셨다.

甚深如來藏　깊고 깊은 여래장
而與七識俱　7식과 함께해서
執著二種生　두 가지 남(二種生)을 집착하지만
了知則遠離　분명히 알면 곧 멀리 떠나리라.

無始習所熏　무시이래의 습기로 훈습되어

양 좌주가 대드는 소리로 말했다.

"마음이 강의하지 못한다면 허공이 강의할 수 있다는 말입니까?"

마조가 말했다.

"도리어 허공은 강의할 수 있지."

양 좌주가 수긍하지 않고, 바로 나가버렸다.

막 계단을 내려가는데, 마조가 "좌주!" 하고 불렀다.

좌주가 고개를 돌리자(回首), 활연히 깨닫고는(豁然大悟) 바로 절을 했다.

마조가 말했다.

"이 둔한 스님아(這鈍根阿師), 절은 해서 뭐해!"

양 좌주가 절로 돌아가 대중들에게 말했다.

"나의 경론에 대한 강의는 그 어느 누구도 따라오지 못한다고 생각했

如像現於心　마치 영상처럼 마음에 드러나는 것이니
若能如實觀　만약 능히 여실하게 관하면
境相悉無有　경계의 상(境相)은 모두 없네.

如愚見指月　마치 어리석은 이가 달을 가리켜 보이면
觀指不觀月　손가락만 보고 달은 보지 않는 것처럼
計著文字者　문자를 헤아리고 집착하면
不見我眞實　나의 진실(=진실한 법)을 보지 못하네.

心如工伎兒　마음(心, 제8식)은 공기(工伎, 주연배우)와 같고
意如和伎者　의식(意, 제7식)은 화기(和伎, 조연배우)와 같으며
五識爲伴侶　5식(五識, 전5식)은 반려(伴侶, 연극단원)가 되며
妄想觀伎衆　망상(妄想, 제6식)은 관기중(觀伎衆, 연극을 보는 관중)과 같네.

는데, 오늘 마 대사의 질문 하나를 받고는 평생 공부한 것이 얼음 녹듯 기와 깨지듯 했다(氷消瓦解)."

그리고는 곧장 서산西山으로 들어가, 다시는 종적(자취, 소식)이 없었다.[37]

37 전등록 제8권, '양 좌주' 편에서도 동일하게 기술하고 있다(부록 V-3-42 참조). 조당집 제14권, '강서 마조 화상' 편에서는 양 좌주와 마조의 만남에 앞서 황삼랑과의 인연을 먼저 소개하는 등, 보다 더 구체적으로 기술하고 있다(부록 V-1-7 참조).

선문염송집 제8권, 고칙 291에서도 아래와 같이 동일하게 기술하고 있다. 西山亮座主講得二十四本經論一日去訪馬祖 祖問曰 "聞說大德甚講得經論 是否" 主云 "不敢" 祖云 "將什麽講" 主云 "將心講" 祖曰 "心如工伎兒 意如和伎者 爭解講他經論" 主云 "心旣講不得 莫是虛空講得麽" 祖云 "卻是虛空講得" 主拂袖而出 祖召 "座主" 主迴首 祖云 "是什麽" 主於是大悟 便伸禮謝 祖云 "者鈍根阿師 禮拜作什麽" 主直得遍體汗流 歸寺謂衆曰 "我一生功夫 將謂無人過得 今日被馬祖一問 平生功夫 冰釋而已" 後乃罷講 直入西山 杳無消息.(내용 동일, 번역 생략.)

17. 마조에게 한 번 밟히다

洪州水老和尚初參祖 問"如何是西來的的意" 祖云"禮拜著" 老纔禮拜 祖便與一蹋. 老大悟 起來撫掌 呵呵大笑云"也大奇 也大奇 百千三昧 無量妙義 只向一毛頭上 便識得根源去" 便禮拜而退. 後告衆云, "自從一喫馬師蹋 直至如今 笑不休"

홍주 수로洪州水老[38] 화상이 처음 마조를 참례하고, 물었다.

"어떤 것이 조사가 서쪽에서 온 분명한 뜻입니까?"

마조가 말했다.

"절을 하라!"

수로가 절을 하자, 마조가 곧바로 발로 한 번 밟아버렸다.

(그러자) 수로가 크게 깨닫고 일어나, 손뼉을 치며 가가대소呵呵大笑하고 말했다.

"기이하고 기이하구나!

---

38 홍주 수로(洪州水老, 생몰연대 미상): 당대의 스님, 홍주는 주석 지명, 마조도일의 제자. 경덕전등록 제8권에 마조도일과의 상량이 실려 있다.(선학사전, p.739)

백천 삼매의 헤아릴 수 없이 많은 오묘한 뜻을
단지 한 털끝에서
바로 그 근원을 알아버렸네."[39]

---

39 '向一毛頭上 便識得根源去'와 관련하여 『대방광불화엄경大方廣佛華嚴經』(80권본, 이하 화엄경) 제17권, 「초발심공덕품初發心功德品」에 법해보살法海菩薩의 게송이 있으니 참조하기 바란다(입법계품을 비롯한 여러 곳에서 이러한 비유가 보인다). "菩薩於一毛孔中 普現十方無量刹 或有雜染或淸淨 種種業作皆能了 一微塵中無量刹 無量諸佛及佛子 諸刹各別無雜亂 如一一切悉明見 於一毛孔見十方 盡虛空界諸世間 無有一處空無佛 如是佛刹悉淸淨 於毛孔中見佛刹 復見一切諸衆生 三世六趣各不同 晝夜月時有縛解 如是大智諸菩薩 專心趣向法王位 於佛所住順思惟 而獲無邊大歡喜"

菩薩於一毛孔中 보살이 한 털구멍 안에서
普現十方無量刹 시방의 무량찰(헤아릴 수 없는 세계)을 널리 드러내니
或有雜染或淸淨 혹은 뒤섞여 물들기도 하고 혹은 청정하기도 한 것
種種業作皆能了 갖가지 업으로 지은 것임을 모두 다 아네.

一微塵中無量刹 한 티끌 속에 무량찰
無量諸佛及佛子 헤아릴 수 없이 많은 모든 부처와 불자들과
諸刹各別無雜亂 모든 세계 각기 달라도 뒤섞여 어지럽지 않나니
如一一切悉明見 마치 하나와 같이 일체를 다 밝게 보네.

於一毛孔見十方 하나의 털구멍에서 시방을 보니
盡虛空界諸世間 온 허공계와 모든 세간
無有一處空無佛 부처님 아니 계신 곳 한 허공도 없으니
如是佛刹悉淸淨 이와 같이 부처의 세계는 모두 청정하네.

於毛孔中見佛刹 (하나의) 털구멍에서 부처의 세계를 보고
復見一切諸衆生 또 일체의 모든 중생을 보니

(그리고는) 바로 절을 하고 물러갔다.

뒤에 대중들에게 말했다.

"마 대사에게 한 번 발로 밟히고 나서부터는 지금까지도 웃음이 그치질 않는구나!"[40]

三世六趣各不同　3세와 6취(=도)가 각각 같지는 않지만
晝夜月時有縛解　시시때때(晝夜月時)로 묶은 것을 풀었네.

如是大智諸菩薩　이와 같이 대지혜의 여러 보살들
專心趣向法王位　오로지 한 마음으로 법왕위法王位에 나아가서
於佛所住順思惟　부처님 머무시는 곳을 따라서 사유해
而獲無邊大歡喜　끝이 없는 대환희大歡喜를 얻었네.

40 전등록 제8권, '홍주 수로 화상' 편에서도 동일하게 기술하고 있다(부록 V-3-71 참조).
조당집에서는 전하지 않는다.
선문염송집 제8권, 고칙 273에서는 다음과 같이 기술하고 있다.
洪州水潦〈一本老〉和尙 初問馬祖 "如何是西來的的意" 祖乃當胸踏倒 師大悟 起來撫掌 呵呵大笑云 "也大奇 也大奇 百千三昧 無量妙義 只向一毛頭上便識得根源去" 便禮拜而退 師住後告衆云 "自從一喫馬師踏 直至如今笑未休"(내용 동일, 번역 생략.)

18. 만법과 짝하지 않는 사람

龐居士問祖云 "不與萬法爲侶者 是甚麼人" 祖曰 "待汝一口吸盡西江水 卽向汝道"

방 거사龐居士[41]가 마조에게 물었다.

"만법과 짝하지 않는 사람은 어떤 사람입니까?"

마조가 말했다.

"그대가 한 입에 서강西江의 물을 다 마시면, 바로 그대에게 말해 주겠네."[42]

---

41 방 거사 또는 방온 거사(龐居士, 龐蘊, ?~808): 마조도일의 문하. 자는 도현道玄. 호남성 형양 출신. 대대로 유학을 업으로 했지만 진로塵勞를 싫어하여 호북성 양양으로 이사한 후 대바구니를 팔아 생계를 유지했다고 함. 석두희천을 뵙고 선지를 얻은 다음, 마조도일에게 2년간 참학함. 일생을 승려가 아닌 거사로 마쳤지만, 독자적인 깨달음의 경지를 얻어 진단震丹의 유마 거사로 불림. 양주 자사 우적于頔을 만나 입적할 때도 그의 무릎을 베고 입적했다고 함.(선학사전, p.252)

42 전등록 제8권, '양주 방온 거사' 편에서는 마조가 "그대가 한 입에 서강의 물을 다 마시면 말해 주겠다"고 한 것에 대해 방 거사가 말끝에 단박에 현요玄要를

깨닫고(居士言下頓領玄要), 곁에 머물면서 섬기고 참례하며 2년을 지냈다는 표현을 덧붙이고 있다(부록 V-3-74 참조).

조당집 제15권, '방 거사' 편에서는 다음과 같이 기술하고 있다.

因問馬大師 "不與萬法爲侶者是什摩人" 馬師云 "待居士一口吸盡西江水 我則爲你說" 居士便大悟 便去庫頭 借筆硯造 偈曰 "十方同一會 各各學無爲 此是選佛處 心空及第歸" 而乃駐泊參承一二載間. 遂不變儒形 心遊像外 曠情而行符 眞趣渾迹而卓越人間 寔玄學之儒流 乃在家之菩薩.

방 거사가 마조에게 물었다.
"만법과 짝하지 않는 사람은 어떠한 사람입니까?"
마조가 말했다.
"그대가 한 입에 서강의 물을 다 마시면, 바로 그대에게 말해 주겠네."
거사가 바로 크게 깨닫고, 곧장 고두(庫頭, 선사에서 돈, 곡식 등을 관리하는 소임)에게 가서 붓과 벼루를 빌려 게송을 지었다.

十方同一會　시방에서 다함께 모여
各各學無爲　각각 무위법을 배우네.
此是選佛處　여기는 부처를 뽑는 곳
心空及第歸　마음을 비워 급제해서 돌아가네.

그리고는 한두 해를 머물면서 참문하며 모셨다. 유생의 모습(儒形)을 바꾸지는 않았지만 마음은 형상(像) 밖에 노닐면서 생각을 비우고(曠情) 행하여 진리에 부합하였고, 모든 자취가 세상(人間)을 뛰어넘으니 진실로 현학玄學의 유학자(儒流)요, 재가의 보살이었다.

선문염송집 제5권, 고칙 161에서는 다음과 같이 기술하고 있다.

馬祖因龐居士問 "不與萬法爲侶者是什麽人" 師云 "待汝一口吸盡西江水 卽向汝道" 居士言下領解.(내용 동일, 번역 생략.)

참고로 『방거사어록龐居士語錄』에서는 방 거사가 석두희천과 마조도일과을 각각 만난 것에 다음과 같이 기술하고 있으니 참조하기 바란다(또한 부록 V-3-74와 대조 바란다).

먼저 석두희천과 만남은 다음과 같다.

襄州居士龐蘊 字道玄 衡州衡陽縣人也. 世本儒業 少悟塵勞 志求眞諦. 唐貞元初謁石頭禪師 乃問 "不與萬法爲侶者 是甚麼人" 頭以手掩其口 豁然有省. 一日石頭問曰 "子見老僧以來 日用事作麼生" 士曰 "若問日用事 卽無開口處" 頭曰 "知子恁麼 方始問子" 士乃呈偈曰 "日用事無別 唯吾自偶諧 頭頭非取捨 處處沒張乖 朱紫誰爲號 丘山絶點埃 神通幷妙用 運水與搬柴" 頭然之曰 "子以緇耶 素耶" 士曰 "願從所慕" 遂不剃染.

양주襄州의 거사 방온은 자字가 도현道玄이고, 형주衡州 형양현衡陽縣 사람이다. 대대로 유학을 업으로 삼았는데, 젊어서 번뇌에 빠진 것(塵勞)을 알고 참된 진리(眞諦)를 구하고자 뜻을 세웠다.

당唐나라 정원(貞元, 785~798) 초에 석두石頭 선사를 알현하고, "만법과 짝하지 않는 사람은 어떤 사람입니까?"라고 물었는데, 석두가 손으로 입을 틀어막자 활연히 살피는 바가 있었다. 하루는 석두가 물었다.

"그대는 노승을 만난 이래로 일용사日用事가 어떤가?"

거사가 말했다.

"일용사를 물으신다면 말할 것(開口處)이 없습니다."

석두가 말했다.

"그대가 그렇다는 것을 알기에 물어보는 것이다."

거사가 이에 게偈를 지어 바쳤다.

日用事無別　일용사日用事에 별다른 것은 없고

唯吾自偶諧　오직 나 스스로 잘 지낼 뿐,

頭頭非取捨　낱낱이 취하거나 버리지도 않으니

處處沒張乖　곳곳에 (마음에) 거슬리는 일(張乖, 乖張)이 없네.

朱紫誰爲號　주색 가사와 자색 가사(朱紫)는 누구를 위한 이름인가?

丘山絶點埃　산에는 한 점 티끌도 없도다.
神通幷妙用　신통과 묘용이여!
運水與搬柴　물 긷고 나무 하는 것이로다.

석두가 긍정하며 말했다.
"그대는 스님(緇)으로 살 것인가, 거사(素)로 살 것인가?"
거사가 말했다.
"원컨대 사모하는 분을 따를 뿐입니다(願從所慕)."
그리고는 머리를 깍지도 않고 승복도 입지(剃染, 剃髮染衣) 않았다.

다음으로 계속해서 마조도일과의 만남을 다음과 같이 기술하고 있다.
居士後之江西 參馬祖大師 問曰 "不與萬法爲侶者 是什麽人" 祖曰 "待汝一口吸盡西江水 卽向汝道" 士於言下頓領玄旨 遂呈偈 有心空及第之句. 乃留駐 參承二載 有偈曰 "有男不婚 有女不嫁 大家團圞頭 共說無生話"

거사가 뒤에 강서로 가서 마조를 참례하고 물었다.
"만법과 짝하지 않는 사람은 어떤 사람입니까?"
스님이 말했다.
"그대가 서강의 물을 한 입에 다 마시면 그대에게 말해 주겠네."
거사가 말끝에 단박에 현묘한 이치를 깨달았다.
그리고는 게송을 지어 받쳤는데, '마음을 비워 급제해서 돌아가네(心空及第)'라는 게송이 있다.
그로부터 2년간 머물면서 참구하며 받들어 모셨는데, 다음과 같은 게송이 있다.

有男不婚　아들이 있는데 장가들지 않고
有女不嫁　딸도 있는데 시집가지 않았다.
大家團圞頭　온 가족이 단란하게 모여서
共說無生話　함께 무생화無生話를 말하네.

19. 불매본래인不昧本來人

又問祖云 "不昧本來人請師 高著眼" 祖直下覷 士云 "一種沒絃琴 唯師彈得妙" 師直上覷. 士乃作禮 祖歸方丈. 士隨後入曰 "適來弄巧成拙"

※弄巧成拙(농교성졸): 지나치게 솜씨를 부리다가 도리어 서툴게 됨을 이르는 말.

(방 거사가) 또 마조에게 물었다.

"불매본래인不昧本來人으로서 스님께 청합니다, 눈을 높이 떠서(=높은 안목으로) 봐주십시오."

마조가 바로 눈을 아래로 깔았다.

거사가 말했다.

"똑같은 몰현금(沒絃琴, 줄 없는 거문고)인데도, 오직 스님께서만 묘하게 타시는군요."[43]

---

43 몰현금沒絃琴: 줄이 없는 거문고라는 뜻으로, 선가禪家에서 본래 마음을 비유하는 말, 또는 상식이나 사량분별을 초월한 깨달음을 비유하는 말.
무현금無絃琴: 도연명陶淵明은 음곡音曲도 모르면서 무현금 하나를 마련해두고 항상 어루만지면서 "거문고의 취미만 알면 되지, 어찌 반드시 줄을 튕겨 소리를

마조가 바로 위를 쳐다보았다.

거사가 이내 절을 하자, 마조가 방장실로 돌아갔다.

거사가 뒤따라 들어가서 말했다.

"좀 전엔 지나치게 기교를 부리려다가 도리어 졸렬하게 되고 말았습니다."[44]

내야 하는가"라고 하였다고 한다.

44 전등록과 조당집에서는 전하지 않는다.

선문염송집 제5권, 고칙 162에서는 다음과 같이 기술하고 있다.

馬祖因龐居士問 "不昧本來身 請師高著眼" 師直下覰 士云 "一等沒絃琴 唯師彈得妙" 師直上覰 士禮拜 師歸方丈 居士隨後云 "適來弄巧成拙."(내용 동일, 번역 생략.)

여기서는 ①一種을 一等으로 ②隨後入을 隨後로 기술하는 표현의 차이가 있다.

20. 물이 배를 띄우는 도리

又問 "如水無筋骨 能勝萬斛舟 此理如何" 祖曰 "這裏無水亦無舟 說甚麽筋骨"

※斛(휘 곡): 휘(곡식의 분량을 헤아리는 데 쓰는 그릇의 하나). 말(부피의 단위)들이(넣을 수 있는 물건 부피의 최댓값). 헤아리다. 재다.

(방 거사가) 또 물었다.

"물은 힘줄도 뼈도 없는데 만 곡斛을 실은 배를 띄울 수 있으니,[45]

---

45 『노자老子』 제78장에 다음과 같이 기술하고 있으니 참조하기 바란다.

天下莫柔弱於水 而攻堅强者 莫之能勝 以其無以易之 弱之勝强 柔之勝剛 天下莫不知 莫能行 是以聖人云 受國之垢 是謂社稷主 受國之不祥 是謂天下王 正言若反.

천하에서 부드럽고 약하기로는 물보다 더한 것이 없으나, 굳고 강한 것을 공격하는 데는 이것을 이길 수 있는 것은 없으니, 물과 바꿀 것이 없기 때문이다. 약한 것이 강한 것을 이기고 부드러운 것이 굳센 것을 이긴다는 것을 천하에 모르는 사람이 없으면서도 실행할 수 있는 사람은 없다. 이런 까닭에 성인이 말하기를 '나라의 욕된 일을 떠맡는 이를 사직의 주인이라 하고, 나라의 상서롭지 이것은 무슨 도리입니까?"

마조가 말했다.

"여기엔 물도 없고 배도 없는데, 무슨 힘줄이니 뼈니를 말하는가?"[46]

못한 것을 떠맡는 이를 천하의 제왕이라 한다'고 하였다. 올바른 말은 반대되는 것 같다.(남회근 저, 설순남 옮김, 『노자타설 下』, p.587, 2013, 부키)

46 전등록 제6권, '강서 도일 선사' 편에서도 동일하게 기술하고 있다(부록 V-2-5 참조).

조당집과 선문염송집에서는 전하지 않는다.

21. 어린아이 울음 그치게 하는 것

僧問 "和尙爲甚麽說卽心卽佛" 祖曰 "爲止小兒啼" 曰 "啼止時如何" 祖曰 "非心非佛" 曰 "除此二種人來 如何指示" 祖曰 "向伊道不是物" 曰 "忽遇其中人來時 如何" 祖曰 "且教伊體會大道"

어떤 스님이 물었다.

"화상께서는 어째서 '마음이 바로 부처다(卽心卽佛)'고 하십니까?"

마조가 말했다.

"어린애 울음을 그치게 하기 위해서지!"[47]

---

47 『대반열반경大般涅槃經』 36권본, 제18권 「영아행품嬰兒行品」에 다음과 같이 기술하고 있다.

又嬰兒行者 如彼嬰兒啼哭之時 父母卽以楊樹黃葉而語之言 "莫啼莫啼 我與汝金" 嬰兒見已 生眞金想 便止不啼. 然此楊葉實非金也. 木牛木馬 木男木女 嬰兒見已 亦復生於男女等想 卽止不啼 實非男女 以作如是男女想故 名曰嬰兒. 如來亦爾 若有衆生 欲造衆惡 如來爲說 "三十三天 常樂我淨 端正自恣 於妙宮殿 受五欲樂 六根所對 無非是樂" 衆生聞有如是樂故 心生貪樂 止不爲惡 勤作三十三天善業 實是生死 無常 無樂 無我 無淨 爲度衆生 方便說言 常樂我淨.

스님이 말했다.

"울음을 그쳤을 때는 어떻습니까?"

마조가 말했다.

"마음도 아니고 부처도 아니다(非心非佛)."

스님이 말했다.

"이 두 사람(우는 아이와 울음을 그친 아이)을 제외하고 다른 사람이 오면 어떻게 가리키겠습니까?"

마조가 말했다.

"그에겐 그 어떤 것도 아니라고 말해 주겠네."

스님이 말했다.

(중략) 또 영아행嬰兒行이라는 것은 어린아이가 울 때, 그 부모가 버드나무 누런 잎을 주면서 "울지 마라, 울지 마, 내가 너에게 금金을 줄게"라고 하면, 어린아이가 보고는 진짜 금이라는 생각을 내고 바로 그치고 울지 않는 것이다. 하지만 이 버드나무 잎은 실제 금이 아니다. 목우木牛와 목마木馬, 목남木男과 목녀木女를 어린아이가 보고는 남자나 여자와 같다는 생각을 내면 바로 그치고 울지 않는데, 실제로 남자와 여자가 아닌 것을 남자와 여자인 줄 생각하기 때문에 영아嬰兒라고 이름하는 것이다.

여래 또한 이와 같아서 만약 어떤 중생이 여러 악(衆惡)을 지으려고 하면 여래는 그들을 위하여 "33천에서 상락아정常樂我淨을 마음 내키는 대로 바로 잡고(端正自恣), 묘궁전妙宮殿에서 5욕락五欲樂을 6근으로 상대하여 받으니 즐겁지 아니한 것이 없다"고 말해 준다.

중생들은 이와 같은 즐거움이 있다는 것을 들었기 때문에 마음으로 탐내고 좋아하는 것을 일으키는 것을 멈추고 악을 행하지 않으며 부지런히 33천에 태어날 선한 업을 짓거니와, 실제로 생사는 무상無常이고 무락無樂이며 무아無我이고 무정無淨인데, 중생을 제도하기 위하여 방편으로 말하기를 '상락아정常樂我淨'이라고 하는 것이다.

"홀연히 그 사람(其中人)이 오면 어떻게 하시겠습니까?"

마조가 말했다.

"그로 하여금 대도大道를 체득하도록 해주겠네."[48]

48 전등록 제6권, '강서 도일 선사' 편에서도 동일하게 기술하고 있다(부록 V-2-3 참조).

조당집에서는 전하지 않는다.

선문염송집 제5권, 고칙 159에서도 다음과 같이 동일하게 기술하고 있다.
馬祖因僧問和尚 "爲什麽說卽心卽佛" 師云 "爲止小兒啼" 僧云 "啼止時如何" 師云 "非心非佛" 僧云 "除此二種人來 如何指示" 師云 "向伊道不是物" 僧云 "忽遇其中人來時 如何" 師云 "且教伊體會大道"(내용 동일, 번역 생략.)

22. 조사가 서쪽에서 온 뜻 1

問 "如何是西來意" 祖曰 "卽今是甚麽意"

물었다.

"어떤 것이 (조사가) 서쪽에서 온 뜻입니까?"

마조가 말했다.

"(그건 놔두고) 바로 지금(卽今)은 무슨 뜻인가?"[49]

---

49 전등록 제6권에서도 동일하게 기술하고 있다(부록 V-2-4). 조당집과 선문염송에서는 전하지 않는다.

조당집 제3권, '노안 국사老安國師' 편에 다음과 같이 기술하고 있으니 참조하기 바란다.

嗣五祖忍大師 在嵩山 坦然禪師問 "如何是祖師西來意旨" 師曰 "何不問自家意旨問他意旨作什摩" 進曰 "如何是坦然意旨" 師曰 "汝須密作用" 進曰 "如何是密作用" 師閉目 又開目 坦然禪師便悟.

노안 국사老安國師가 5조홍인의 법을 잇고 숭산嵩山에 있을 때, 탄연坦然 선사가 물었다.

"어떤 것이 조사가 서쪽에서 온 뜻입니까?"

국사가 말했다.

"어째서 자기의 뜻은 묻지 않고 남의 뜻만 묻는 것인가?"
탄연이 물었다.
"어떤 것이 탄연의 뜻입니까?"
국사가 말했다.
"그대는 모름지기 은밀히 작용해야 한다."
탄연이 물었다.
"어떤 것이 은밀한 작용입니까?"
국사가 눈을 감았다가 다시 또 눈을 뜨자, 탄연 선사가 바로 깨달았다.

참고로 入矢義高는 '如何是西來意'를 상기와 같이 탄연 선사가 최초로 물은 것이라고 주장하고 있다.(入矢義高 저, 박용길 옮김, 마조록 p.127, 1988, 고려원)

23. 어떻게 해야 도와 합할 수 있는가

僧問 "如何得合道" 祖曰 "我早不合道"

어떤 스님이 물었다.

"어떻게 해야 도와 합할 수 있습니까?"

"마조가 말했다.

"나는 일찍이 도와 합해 본 적이 없다."[50]

---

50 전등록 제6권, '강서 도일 선사' 편에서도 동일하게 기술하고 있다(부록 V-2-9 참조).

조당집과 선문염송집에서는 전하지 않는다.

참고로 『신심명信心銘』에는 합도合道와 관련하여 다음과 같이 기술하고 있다.

大道體寬　대도의 체는 넓어서
無易無難　쉬움도 없고 어려움도 없는데
小見狐疑　좁은 견해로 여우 같은 의심을 해서
轉急轉遲　서두르면 서둘수록 더욱 더디게 되네.

執之失度　집착하면 법도를 잃어
心入邪路　마음이 삿된 길에 들어가지만,

放之自然　내려놓으면 스스로 그러하여(=본 모습으로 되어)
體無去住　체에는 가고 머묾이 없네.

任性合道　성품(=자성)에 맡겨 도에 합하면
逍遙絶惱　소요하여 번뇌가 끊기고,
繫念乖眞　생각에 얽매여 참됨에 어긋나면
沈惛不好　마음이 혼침하여 좋지 않게 되네.

不好勞神　좋지 못하면 정신을 힘들게 하거늘,
何用疎親　어찌 소원하거나 친하게 할 것인가.
欲趣一乘　일승으로 나아가고자 하면
勿惡六塵　육진을 미워하지 말라.

24. 조사가 서쪽에서 온 뜻 2

問 "如何是西來意" 祖便打曰 "我若不打汝 諸方笑我也"

물었다.

"어떤 것이 (조사가) 서쪽에서 온 뜻입니까?"

마조가 후려갈기고, 말했다.

"내가 만약 그대를 후려갈기지 않으면 제방에서 나를 비웃을 것이다."[51]

---

51 전등록 제6권, '강서 도일 선사' 편에서도 동일하게 기술하고 있다(부록 V-2-10 참조).

조당집과 선문염송집에서는 전하지 않는다.

25. 부처가 되고 싶은 것이 아닌가

有小師耽源 行脚回 於祖前 畫箇圓相 就上拜了立 祖曰"汝莫欲作佛否" 曰"某甲不解揑目" 祖曰"吾不如汝" 小師不對.

※小師(소사): 불가에서 가르침을 받은 지 10년이 차지 못한 승려를 이르는 말. 남에게 대하여 자기 스승을 겸손하게 이르는 말.

소사小師 탐원耽源[52]이 행각行脚에서 돌아와, 마조 앞에서 원상圓相 하나를 그리고는 절을 하고 그 위에 섰다.

마조가 말했다.

"너는 부처가 되고 싶은 것이 아닌가?"

"저는 눈을 비빌 줄(揑目) 모릅니다."

마조가 말했다.

"나는 너와 같지 않네(=나는 너만 못하다)."

소사가 대답을 하지 않았다.[53]

---

52 탐원응진(耽源應眞, =탐원진응, 생몰연대 미상): 당대의 스님. 탐원은 주석 산명. 남양혜충의 법사로서 길주 탐원산에서 머묾.(선학사전, p.677)

53 전등록 제6권, '강서 도일 선사' 편에서는 탐원이라는 구체적인 인물을 기술하고 있지 않다(有小師行脚迴~, 부록 V-2-11 참조).

조당집 제4권, '탐원 화상' 편에서는 다음과 같이 기술하고 있는데, 여기서는 마지막에'대답하지 않았다'는 표현은 없다.

耽源和尙 嗣忠國師 先是馬大師門人也 師入京爲國師侍者 後再見馬大師 於大師前 旋行一帀 作圓相. 然後 於中心禮拜 大師曰 "你欲作佛也" 對曰 "某甲不解揑目" 大師曰 "吾不如汝"

탐원耽源 화상和尙은 충 국사忠國師의 법을 이었는데, 처음에는 마 대사馬大師의 문인(門人, 제자)이었다. 선사가 서울(京)에 들어가 국사의 시자侍者가 되었다. 뒤에 마 대사를 다시 만났는데, 대사 앞에서 한 바퀴를 돌고 원상을 그렸다. 그런 다음 가운데서 절을 하자, 대사가 말했다.

"너는 부처가 되고 싶은 것이로군."

탐원이 말했다.

"저는 눈을 비빌 줄(揑目) 모릅니다."

대사가 말했다.

"나는 너와 같지 않네(=나는 너만 못하다)."

선문염송집 제5권, 고칙 175에서는 다음과 같이 기술하고 있다.

吉州耽源山眞應禪師 辭國師歸省 覲馬祖 於地上 作一圓相 展坐具禮拜 祖云 "子欲作佛去" 師云 "某甲不解揑目" 祖云 "吾不如汝"(내용 동일, 번역 생략.)

여기서는 ①탐원진응이 충 국사를 하직하고 고향으로 돌아와 마조와 문답하였으며, ②원상을 그린 다음 좌구를 펴고 절을 한 것으로 기술하고 있다.

26. 길다 짧다 말하지 말라

有僧於祖前 作四畫 上一畫長 下三畫短. 曰"不得道一畫長三畫短. 離四句絶百非 請和尙答某甲" 祖乃畫地一畫曰"不得道長短 答汝了也"

어떤 스님이 마조 앞에서 네 개의 획을 그었는데, 위로 한 획은 길고 아래로 세 획은 짧았다.(그리고는) 말했다.

"한 획은 길고 세 획은 짧다고 말할 수 없습니다. 청컨대, 화상께서 사구四句를 떠나고 백비百非를 떠나 저에게 답을 해주십시오."

마조가 땅에다가 한 획을 긋고, 말했다.

"길다 짧다 말하지 말라. 네게 답해 마쳤다."[54]

---

54 전등록 제6권, '강서 도일 선사' 편(부록 V-2-13)과 조당집 제14권, '강서 마조 화상' 편(부록 V-1-12)에서도 동일하게 기술하고 있다.
선문염송집에서는 전하지 않는다.

27. 가운데 점 하나를 찍다

祖令僧馳書 與徑山欽和尙. 書中畫一圓相 徑山纔開見 索筆於中著一點. 後有僧 擧似忠國師 國師云 "欽師猶被馬師惑"

※馳書(치서): 서신을 전하다. 서신을 발송하다.

마조가 한 스님을 시켜 경산 흠(徑山欽, 경산도흠)[55] 화상에게 편지를 전하게 했다. 편지에는 일원상一圓相이 그려져 있었는데, 경산이 열어 보자마자 붓을 찾아 (원상) 가운데다 점 하나를 찍었다.

뒤에 어떤 스님이 충 국사에게 앞의 일을 전하자, 국사가 말했다.

"흠 스님이 도리어 마조에게 현혹 당했구나!"[56]

---

55 경산도흠(徑山道欽, 714~792): 당대의 스님. 경산은 주석 산명. 속성은 주朱씨. 소주 곤산 출신. 처음에는 유교를 공부했지만 28세에 우연히 학림현소를 만나서 출가. 임안의 경산에 머묾. 당 대종代宗이 도흠의 도풍을 흠모하여 귀의하고 제자가 됨.(선학사전, p.29)

56 전등록 제4권, '항주 경산도흠 선사' 편에서도 아래와 같이 동일하게 기술하고 있는데, 다만 여기서는 한 점을 찍었다(著一點)는 표현을 한 획(一畫)을 그은 것으로 표현하는 차이가 있다.

馬祖令人送書到書中作一圓相. 師發緘 於圓相中作一畫 却封迴(忠國師聞乃云 "欽師猶被馬師惑") (내용 동일, 번역 생략.)

조당집 14권, '강서 마조 화상' 편에서도 동일하게 기술하고 있다(부록 V-1-11 참조). 여기서도 전등록과 마찬가지로 원상 가운데 환 획을 그은 것(與一劃)으로 기술하고 있다.

선문염송집에서는 전하지 않는다.

28. 이것이 무엇인가

有講僧來問曰 "未審禪宗傳持何法" 祖却問曰 "座主傳持何法" 主曰 "忝講得經論二十餘本" 祖曰 "莫是獅子兒否" 主曰 "不敢" 祖作噓噓聲. 主曰 "此是法" 祖曰 "是甚麼法" 主曰 "獅子出窟法" 祖乃默然 主曰 "此亦是法" 祖曰 "是甚麼法" 主曰 "獅子在窟法" 祖曰 "不出不入 是甚麼法" 主無對 遂辭出門 祖召曰 "座主" 主回首. 祖曰 "是甚麼" 主亦無對. 祖曰 "這鈍根阿師"

어떤 강사 스님(講僧, 座主)이 찾아와 물었다.

"선종禪宗에서는 어떤 법을 전하는지 잘 모르겠습니다."

마조가 도리어 물었다.

"좌주는 어떤 법을 전하는가?"

좌주가 말했다.

"황송하게도, 20여 본(本, 권)의 경론을 강의합니다."

마조가 말했다.

"(그렇다면) 사자가 아닌가!"

"과분합니다."

마조가 "허허噓噓!" 하며 소리를 냈다.

좌주가 말했다.

"이것이 법입니다."

"마조가 말했다.

"이것이 무슨 법인가?"

"사자가 굴에서 나오는 법입니다(獅子出窟法)."

마조가 입을 다문 채 말이 없자(默然), 좌주가 말했다.

"이것 역시 법입니다."

"무슨 법인가?"

"사자가 굴속에 있는 법입니다(獅子在窟法)."

마조가 말했다.

"(그렇다면) 나가지도 않고 들어가지도 않는 것, 이것은 무슨 법인가?"

좌주가 대답이 없었다.

그리고는 하직 인사를 하고 문을 나오는데, 마조가 "좌주여!" 하고 불렀다.

좌주가 고개를 돌리자, 마조가 말했다.

"이것이 무엇인가?"

좌주가 역시 대답이 없었다.

마조가 말했다.

"이런 둔한 스님아(這鈍根阿師)!"[57]

---

57 전등록 제6권, '강서 도일 선사' 편(부록 V-2-14)과 조당집 제14권(부록 V-1-13)에서도 동일하게 기술하고 있다. 선문염송집에서는 전하지 않는다.

29. 술과 고기를 먹어도 되는가

洪州廉使問曰 "喫酒肉卽是 不喫卽是" 祖曰 "若喫是中丞祿 不喫是中丞福"

※廉使(염사): 안찰사按察使의 다른 이름. 당나라 때 지방의 정치 사정을 안찰하던 장관.

※中丞(중승): 옛 중국에서 정무政務를 감찰하던 어사의 하나. 한나라 때부터 명나라 초기까지 있었다.

홍주洪州 염사廉使가 물었다.

"술과 고기를 먹는 것[58]이 옳습니까, 먹지 않는 것이 옳습니까?"

---

58 술과 고기를 먹는 것(喫酒肉)과 관련해서 『범망경梵網經』 「48경계輕戒」 가운데 제2경계와 제3경계에 다음과 같이 기술하고 있다.

①제2경계 음주계.

너희 불자들이여, 짐짓 술을 마시지 말지니라. 술에서 생기는 허물이 한량없나니, 자기의 손으로 술잔을 들어 다른 이에게 권하여 마시게 하고서도 500생 동안 손 없는 과보를 받았거늘, 하물며 스스로 마시리요. 모든 사람들에게 술을 마시게 하지 말 것이어늘, 하물며 스스로 마시리요. 일체의 술을 마시지 말지니, 스스로 마시거나 남으로 하여금 마시게 하면 경구죄를 범하느니라.(일타 지음, 범망경보살

마조가 말했다.

"만약 먹는다면 중승中丞의 녹祿이요, 먹지 않는다면 중승의 복福이다."[59]

계3, p.41, 1992, 다라니)

② 제3경계 식육계.

너희 불자들이여, 짐짓 고기를 먹지 말지니라. 어떤 중생의 고기라도 먹지 말지니, 대저 고기를 먹으면 대자비의 불성종자가 끊어져서 일체중생들이 보고는 도망을 가느니라. 그러므로 모든 보살은 일체중생의 고기를 먹지 말아야 하느니라. 고기를 먹으면 한량없는 죄가 되나니, 만일 짐짓 먹으면 경구죄를 범하느니라.(전게서 p.65)

59 전등록 제6권, '강서 도일 선사' 편에서도 동일하게 기술하고 있다(부록 V-2-15 참조).

조당집과 선문염송집에서는 전하지 않는다.

30. 약산藥山이 말끝에 크게 깨닫다

藥山惟儼禪師 初參石頭 便問"三乘十二分教 某甲粗知. 常聞南方直指人心見性成佛 實未明了 伏望和尙慈悲指示" 頭曰"恁麼也不得 不恁麼也不得 恁麼不恁麼總不得 子作麼生" 山罔措 頭曰"子因緣不在此 且往馬大師處去" 山稟命恭禮祖 仍伸前問 祖曰"我有時教伊揚眉瞬目 有時不教伊揚眉瞬目 有時揚眉瞬目者是 有時揚眉瞬目者不是 子作麼生" 山於言下契悟 便禮拜. 祖曰"你見甚麼道理便禮拜" 山曰"某甲在石頭處 如蚊子上銕牛" 祖曰"汝旣如是 善自護持"

※조지=조지일이(粗知一二): 대강 알다. 조금 알다.

※伏望(복망): 엎드려 바란다는 뜻으로, 웃어른께 삼가 바람의 뜻.

※罔措(망조=罔知所措): 당황하거나 급하여 어찌할 줄을 모르고 갈팡질팡함.

※稟命(품명): 명령을 받음.

※銕(쇠 철): 철鐵의 고자古字.

약산유엄藥山惟儼[60] 선사가 처음 석두石頭를 참례하고, 물었다.

---

60 약산유엄(藥山惟儼, 745~828): 당대의 스님. 청원의 문하. 약산은 주석 산명.

"3승12분교三乘十二分敎는 제가 대강 압니다. 그런데 일찍이 남방에서는 '사람의 마음을 바로 가리켜, 성품을 보고 부처를 이룬다(直指人心見性成佛)'고 하는 것을 들었는데, 실로 밝게 알지 못합니다. 삼가 바라오니, 화상께서 자비로 가리켜 주십시오."

석두가 말했다.

"이래도 안 되고 이러지 않아도 안 되며, 이러거나 이러지 않거나 모두 안 된다. (그럴 때) 그대는 어떻게 하겠는가?"

약산이 어쩔 줄을 모르자, 석두가 말했다.

"그대는 여기에 인연이 없으니, 마 대사가 있는 곳으로 가라."

약산이 명을 받들어 마조에게 공손히 절을 올리고는 거듭 앞에 물었던 것을 말씀드렸다.

마조가 말했다.

"나는 어떤 때는 그대로 하여금 눈썹을 치켜뜨게 하거나 눈을 깜짝이게 하고(揚眉瞬目), 어떤 때는 그대에게 눈썹을 치켜뜨게 하거나 눈을 깜짝이지 못하게 한다. 어떤 때는 눈썹을 치켜뜨고 눈을 깜짝이는 것이 옳고, 어떤 때는 눈썹을 치켜뜨고 눈을 깜짝이는 것이 옳지 않다. 그대는 어떻게 하겠는가?"

약산이 말끝에 계합해 깨닫고(言下契悟), 바로 절을 했다.

마조가 말했다.

"너는 무슨 도리를 보았기에 절을 하는가?"

약산이 말했다.

17세에 출가 19세에 구족계를 받음. 석두희천 문하에서 대오하고 그의 법을 이음. 석두 스님을 13년간 시봉하였음.(선학사전, p.444)

"제가 석두의 처소에 있을 때는 마치 모기가 철우(鐵牛, 무쇠 소) 위에 있는 것과 같았습니다."

마조가 말했다.

"그대가 이미 이와 같다면 잘 보호해 지녀라."[61]

---

61 전등록 제14권, '예주 약산유엄 선사' 편에서는 석두가 약산에게 마조를 참례할 것을 지시하는 내용이 없이 석두와 약산의 만남을 다음과 같이 기술하고 있다. 唐大歷八年納戒于衡嶽希操律師 乃曰 "大丈夫當離法自淨 豈能屑屑事細行於布巾耶" 卽謁石頭密領玄旨. 一日師坐次 石頭覩之問曰 "汝在遮裏作麽" 曰 "一切不爲" 石頭曰 "恁麽卽閑坐也" 曰 "若閑坐卽爲也" 石頭曰 "汝道不爲 且不爲箇什麽" 曰 "千聖亦不識" 石頭以偈讚曰 "從來共住不知名 任運相將只麽行 自古上賢 猶不識 造次凡流豈可明"

당唐 대력大歷 8년에 형악衡嶽의 희조希操 율사律師에게 구족계를 받고, 말했다. "대장부라면 마땅히 법을 떠나서 스스로 청정해야지, 어찌 사소한 일(屑屑事)과 자질구레한 예법(細行)을 두건처럼 머리에 쓰겠는가?"
그리고는 바로 석두를 찾아뵙고, 현묘한 종지를 은밀히 깨달았다.
하루는 좌선을 하고 있는데, 석두石頭가 보고 물었다.
"그대는 여기서 무엇을 하는가?"
"아무것도 하지 않습니다."
석두가 말했다.
"그렇다면 한가로이 앉아 있는 것이군."
"한가로이 앉은 것도 하는 것입니다."
석두가 다시 물었다.
"그대는 하지 않는다고 말했는데, 무엇을 하지 않는다는 것인가?"
"일천 성인들도 역시 모릅니다(千聖亦不識)."
석두가 이에 게송으로 찬탄하며 말했다.

從來共住不知名　지금까지 함께 머물면서 이름도 모르지만,
任運相將只麽行　되어 가는 대로 맡겨 단지 이렇게 할 뿐이다.

自古上賢猶不識　예로부터 성현들도 오히려 알지 못했는데,
造次凡流豈可明　경솔하게 범부가 어찌 밝힐 수 있으리오.

조당집 제4권, '석두 화상' 편에서도 전등록과 마찬가지로 마조를 참례하라는 지시 없이 석두와 약산의 문답을 기술하고 있다.
藥山在一處坐 師問 "你在這裏作什摩" 對曰 "一物也不爲" 師曰 "與摩則閑坐也" 對曰 "若閑坐則爲也" 師曰 "你道不爲. 不爲个什摩" 對曰 "千聖亦不識" 師以偈讚曰 "從來共住不知名, 任運相將作摩行 自古上賢猶不識 造次常流豈可明" 僧拈問漳南 "旣是千聖爲什摩不識" 答曰 "千聖是什摩垸鳴聲"(내용 동일, 번역 생략.)
여기서는 마지막 부분에 어떤 스님이 장남(漳南, 보복종전)에게 묻고 답한 것만 번역한다.

어떤 스님이 장남에게 이 문제를 들어서 물었다.
"일천 성인이라면서 어째서 모르는 것입니까?"
장남이 말했다.
"일천 성인? 무슨 주발에 물 끓는 소리(碗鳴聲)인가?"
〔참고로 상기 밑줄 친 부분의 '垸(바를 완)'은 '碗(주발 완)'으로 해석했다.〕

선문염송집 제9권, 고칙 324에서도 다음과 같이 동일하게 기술하고 있다.
澧州藥山惟儼禪師問石頭 "三乘十二分教某甲粗知 嘗聞南方直指人心 見性成佛 實未明了 伏望和尙 慈悲指示" 頭云 "恁麽也不得 不恁麽也不得 恁麽不恁麽摠不得 汝作麽生" 師佇思 頭云 "子因緣不在此 江西有馬大師 子往彼去 應爲子說" 師至彼 准前請問 馬祖云 "我有時教伊揚眉瞬目 有時不教伊揚眉瞬目 有時教 伊揚眉瞬目者是 有時教伊揚眉瞬目者不是" 師於是有省 便作禮. 祖曰 "子見箇什麽道理" 師云 "某甲在石頭時 如蚊 子上鐵牛" 祖曰 "汝旣如是,宜善護持"(내용 동일, 번역 생략.)

31. 피부가 다 떨어져 나가고, 오직 진실만 있을 뿐

侍奉三年 一日祖問之曰 "子近日見處作麼生" 山曰 "皮膚脫落盡 唯有一眞實" 祖曰 "子之所得 可謂協於心體 布於四肢. 旣然如是 將三條篾來 束取肚皮 隨處住山去" 山曰 "某甲又是何人 敢言住山" 祖曰 "不然 未有常行而不住 未有常住而不行. 欲益無所益 欲爲無所爲. 宜作舟航 無久住此" 山乃辭祖.

※篾(대껍질 면): 대껍질. 대 이름. 얕보다. 경시하다

(약산유엄이) 3년을 시봉했는데, 하루는 마조가 물었다.

"그대는 요즘 견처見處가 어떤가?"

약산이 말했다.

"피부가 다 떨어져 나가고, 오직 진실만 있을 뿐입니다(皮膚脫落盡 唯有一眞實)."[62]

---

62 대반열반경(36권본) 제35권, 「교진여품憍陳如品」에 다음과 같이 기술하고 있다.
富那言 "請說一喩 唯願聽採" 佛言 "善哉善哉 隨意說之" "世尊 如大村外有娑羅林

마조가 말했다.

"그대가 얻은 것은 가위 몸과 마음이 화합해서 사지四肢까지 퍼지게 되었다(協於心體 布於四肢)고 할 만하다. 이미 이와 같으니, 세 가닥 대나무 껍질을 배에다 두르고(將三條篾來 束取肚皮)[63] 어느 곳이든 가서

中有一樹先林而生 足一百年. 是時 林主灌之以水 隨時修治 其樹陳朽 皮膚枝葉悉皆脫落 唯貞實在. 如來亦爾 所有陳故悉已除盡 唯有一切眞實法在. 世尊 我今甚樂出家修道" 佛言 "善來比丘" 說是語已 卽時出家 漏盡證得阿羅漢果.

부나(富那, 부루나)가 말했다.
"한 가지 비유를 들어 말씀드리려 하오니, 원컨대 들어주십시오."
부처님께서 말씀하셨다.
"착하구나, 착하구나. 뜻대로 말해 보라."
"세존이시여! 예를 들면, 큰 마을 밖에 사라림娑羅林이 있는데 가운데 나무 하나가 숲보다 먼저 생긴 것이 족히 100년이나 됩니다. 이때 숲의 주인(林主)이 물을 주면서 때에 따라 관리하는데 그 나무가 오래되고 썩어서 껍질과 가지와 잎이 모두 다 떨어지고(皮膚枝葉 悉皆脫落), 오직 정실(貞實, 열매)만이 남아 있는 것과 같습니다.
여래께서도 또한 이와 같아서 오래된 것은 모두 다 제거해 없애고, 오직 일체 진실법만 남으셨습니다(唯有一切眞實法). 세존이시여! 저는 지금 대단히도 기쁘게 출가해 도를 닦고 싶습니다."
부처님께서 말씀하셨다.
"오라, 비구여(善來比丘)!"
이 말을 마치자 바로 출가해서 번뇌가 다한 아라한과(漏盡阿羅漢果)를 증득했다.

63 '協於心體 布於四肢'와 관련하여 『묵자墨子』「수신修身」 편에 다음과 같이 기술하고 있다.

藏於心者 無以竭愛 動於身者 無以竭恭 出於口者 無以竭馴 暢之四支 接之肌膚 華髮隳顚 而猶弗舍者 其唯聖人乎

마음에 품고 있는 것으로는 사랑을 다할 수 없고, 몸을 움직이는 것으로는 공경을

산에 머물러라(隨處住山)."

약산이 말했다.

다할 수 없으며, 말을 하는 것으로는 가르치는 것을 다할 수 없으니, 사지(팔다리)가 늘어지고 살가죽이 달라붙으며 하얗게 센 머리털이 이마에서 떨어져도 포기하지 않는 것은 오직 성인뿐이다.

'將三條篾來 束取肚皮'와 관련하여 『열자列子』 「천서天瑞」 편에 다음과 같이 기술하고 있다.

孔子遊於太山 見榮啓期行乎 郕之野 鹿裘帶索 鼓琴而歌. 孔子問曰 "先生所以樂何也" 對曰 "吾樂甚多 天生萬物 唯人爲貴 而吾得爲人 是一樂也. 男女之別 男尊女卑 故以男爲貴. 吾旣得爲男矣 是二樂也. 人生有不見日月 不免襁褓者 吾旣已行年九十矣 是三樂也. 貧者士之常也 死者人之終也 處常得終 當何憂哉" 孔子曰 "善乎 能自寬者也"

공자가 태산太山을 유람하다가 영계기榮啓期가 성郕 땅의 들에서 사슴 가죽옷에 띠를 두르고 거문고를 연주하며 노래 부르고 있는 것을 보았다.

공자가 물었다.

"선생이 즐거워하는 까닭은 무엇입니까?"

영계기가 대답했다.

"나의 즐거움은 아주 많습니다. 하늘이 만물을 낼 때 오직 사람만을 귀하게 하였는데, 나는 사람이 될 수 있었으니, 이것이 첫째의 즐거움입니다. 남녀의 구별과 남존여비男尊女卑의 사상으로 남자를 귀하게 여기는데, 나는 이미 남자의 몸을 얻었으니, 이것이 둘째의 즐거움입니다. 사람이 태어나 해와 달을 보지 못한 채 강보에 싸여 죽는 것(襁褓, 포대기)을 면치 못하는데, 나는 이미 90세이니, 이것이 셋째의 즐거움입니다. 가난한 것은 선비에게 늘 있는 일이요, 죽는 것은 인생의 끝입니다. 평범하게 머물다가 죽음을 얻는 것이니, 마땅히 무슨 근심이 있겠습니까?"

공자가 말하였다.

"훌륭하십니다! 스스로를 너그러이 할 수 있으시다니."

"제가 무엇이기에 감히 산에 머물라고 하십니까?"

마조가 말했다.

"그렇지 않다. 늘 행하면서도 머물지 않는 것이 없고, 늘 머물면서도 행하지 않는 것이 없다. 더 얻고자 해도 얻는 바가 없고, 하고자 해도 하는 바가 없다. 배를 만들었으면 마땅히 운항을 해야지, 오래도록 여기에 머물 것이 없다."

이에 약산이 마조에게 하직 인사를 했다.[64]

---

64 전등록에서는 마조가 약산을 점검하고 인가한 내용을 기술하고 있지 않다. 조당집에서는 전하지 않는다.

선문염송집 제5권, 고칙 163에서는 다음과 같이 기술하고 있다.

馬大師問藥山 "子在此許多時 本分事作麽生" 山云 "皮膚脫落盡 唯有一眞實" 師云 "據汝所見 可謂恊於心體 布於四肢 何不將三條篾 束取肚皮 隨處住山去" 山云 "某甲何人 敢言住山" 師云 "不然 未有長行而不住 未有長住而不行 欲益無所益 欲爲無所爲 宜作舟航" 山由是住山.(내용 동일, 번역 생략.)

여기서는 본문에 약산이 마조의 말에 하직 인사를 하였다는 표현이 없이, 이로 인해 산에 머물게 되었다(山由是住山)고 기술하고 있다.

32. 성승聖僧의 목에 올라타 앉다

丹霞天然禪師再參祖 未參禮 便入僧堂內 騎聖僧頸而坐. 時大衆驚愕遽報祖. 祖躬入堂視之 曰 "我子天然" 霞卽下地禮拜 曰 "謝師賜法號" 因名天然.

※驚愕(경악): (뜻밖의 일에) 놀라서 충격을 받는 것.

※遽(급히 거): 급히. 분주히. 갑자기. 어찌. 역말(역참에 갖추어 둔 말). 곳, 거처. 술패랭이꽃. 군색하다, 절박하다. 갑작스럽다. 황급하다. 재빠르다.

단하천연丹霞天然[65] 선사가 두 번째 마조를 참례하러 왔다가, 참례도 하지 않고 곧장 승당僧堂 안으로 들어가 성승(聖僧, 문수보살 상)[66]의 목에 올라타 앉았다.

---

65 단하천연(丹霞天然, 739~824): 당대의 스님. 청원 문하. 마조도일을 친견하고 석두희천 문하에서 3년 동안 참학함. 후에 남양의 단하산에 주석함. 시호는 지통智通 선사.(선학사전, pp.123~124)

66 승당 안에 빈두로존자나 교진여, 대가섭, 수보리 등의 나한상이나 문수보살, 포대 화상의 형상을 안치한다고 하는데, 역자는 문수보살상으로 해석하였음을 밝혀 둔다.

그때 대중들이 놀라 충격을 받고, 급히 마조에게 알렸다.

마조가 몸소 승당에 들어와 보고, 말했다.

"나의 제자로다. 천연스럽구나."

단하가 바로 내려와 절을 하고, 말했다.

"스님께서 법호法號를 내려주시니 감사합니다."

이로 인해 천연天然이라고 부르게 되었다.[67]

---

67 전등록 제14권, '등주 단하천연 선사' 편에서는 단하가 마조를 참례한 것에 대해 다음과 같이 기술하고 있다.

먼저, 처음 마조를 참례한 사례는 다음과 같다.

初習儒學將入長安應擧 方宿於逆旅 忽夢白光滿室 占者曰 "解空之祥也" 偶一禪客問曰 "仁者何往" 曰 "選官去" 禪客曰 "選官何如選佛" 曰 "選佛當往何所" 禪客曰 "今江西馬大師出世 是選佛之場 仁者可往" 遂直造江西 才見馬大師 以手托幞頭額 馬顧視良久曰 "南嶽石頭是汝師也" 遽抵南嶽還以前意投之 石頭曰 "著槽廠去" 師禮謝入行者房 隨次執爨役凡三年.

(단하천연이) 처음에는 유학을 익혀서 과거를 보러 장안으로 들어갔는데, 여관에서 자다가 홀연히 흰 광명이 방안에 가득한 꿈을 꾸었다. 이에 점치는 사람이 말했다.

"공空을 터득할 상서로운 징조다."

우연히 어떤 선객이 물었다.

"인자仁者는 어디로 가십니까?"

천연이 말했다.

"관리로 뽑히기 위해서 과거 보러 갑니다."

선객이 말했다.

"관리로 뽑히는 것이 어찌 부처로 뽑히는 것과 같겠습니까?"

천연이 말했다.

"부처로 뽑히려면 어디로 가야 합니까?"

선객이 대답했다.

"지금 강서에는 마 대사가 출세하셨는데, 거기가 부처를 뽑는 도량입니다. 당신은 그리로 가시오."
그길로 강서로 가서 마 대사를 보자마자 손으로 복두幞頭를 밀어 올렸다. 마 대사가 돌아보고, 양구良久하고 말했다.
"남악의 석두가 그대의 스승이다."
바로 남악으로 가서 전과 같이 뜻을 드러내자, 석두가 말했다.
"방앗간에나 가거라."
선사(단하천연)가 절을 하고 물러나 행자 방으로 들어가서 관례에 따라 밥 짓는 소임을 맡아 3년 동안 했다.

이어서 두 번째 마조를 참례한 사례는 다음과 같다.
忽一日石頭告衆曰 "來日剗佛殿前草" 至來日 大衆諸童行 各備鍬钁剗草 獨師以盆盛水淨頭 於和尙前胡跪 石頭見而笑之 便與剃髮 又爲說戒法 師乃掩耳而出. 便往江西再謁馬師 未參禮便入僧堂內 騎聖僧頸而坐. 時大衆驚愕 遽報馬師 馬躬入堂視之曰 "我子天然"師卽下地禮拜曰 "謝師賜法號" 因名天然. 馬師問 "從什麼處來" 師云 "石頭" 馬云 "石頭路滑 還躂倒汝麽" 師曰 "若躂倒卽不來" 乃杖錫觀方.

홀연히 어느 날 석두가 대중에게 말했다.
"내일 불전 앞의 풀을 베라."
이튿날 대중과 여러 사미 동행들이 각기 가래와 괭이를 가지고 풀을 베고 있는데, 유독 선사만 동이에 물을 채워 머리를 감고는, 화상 앞에 무릎을 꿇고 있었다. 석두가 이를 보고 웃으면서 바로 머리를 깎아주었다. 또 계법을 설하려는데 선사가 귀를 막고 나가버렸다.
그리고는 바로 강서에 마 대사를 뵈러 갔는데, 참례도 하지 않고 바로 승당으로 들어가 성승聖僧의 목을 타고 앉았다. 그때 대중들이 깜짝 놀라서 마 대사에게 급히 알리자, 마 대사가 몸소 승당에 들어와 보고는, 말했다.
"나의 제자로다. 천연스럽구나!"
선사가 바로 내려와 절을 하고 말했다.
"스님께서 법호를 내려주시니 감사합니다."

이로 인해 천연天然이라고 부르게 되었다.

마 대사가 물었다.
"어디서 왔는가?"
선사가 말했다.
"석두에서 왔습니다."
마 대사가 말했다.
"석두의 길은 미끄러운데, 미끄러져 넘어지지 않았는가?"
선사가 말했다.
"미끄러져 넘어졌다면 오지 못했을 것입니다."
그리고는 석장을 짚고 제방을 두루 다녔다.

조당집 제4권, '단하 화상' 편에서는 다음과 같이 기술하고 있다(상기 전등록과는 달리 전하는 내용들이 있으니 참조하기 바란다).

初與龐居士 同侶入京求選 因在漢南道寄宿次 忽夜夢白光滿室 有鑑者云 "此是解空之祥也" 又逢行脚僧 與喫茶次 僧云 "秀才去何處" 對曰 "求選官去" 僧云 "可惜許功夫 何不選佛去"秀才曰 "佛當何處選" 其僧提起茶垸曰 "會摩" 秀才曰 "未測高旨" 僧曰 "若然者 江西馬祖今現住世說法 悟道者不可勝記 彼是眞選佛之處"

처음에 방 거사와 함께 친구가 되어서 서울에 관리에 뽑히려고 한남도漢南道에서 기숙하고 있었는데, 홀연히 밤에 흰 광명이 방에 가득 찬 꿈을 꿨다.
어떤 점쟁이(鑑者)가 말했다.
"이것은 해공(解空, 공을 깨닫는)의 상서로운 징조입니다."
또 행각승行脚僧을 만나 그와 함께 차를 마시고 있는데, 스님이 물었다.
"수재秀才는 어디로 가시오?"
대답했다.
"관리에 뽑히려 갑니다."
스님이 말했다.
"아깝네요, 공부가! 어째서 부처를 뽑는 데 가지 않는 것이오?"

수재(秀才, 단하)가 말했다.

“부처는 어디서 뽑습니까?”

그 스님이 찻잔(茶垸, 茶碗)을 들고, 말했다.

“알겠습니까?”

수재가 말했다.

“높은 뜻(高旨)을 헤아릴 수가 없습니다.”

스님이 말했다.

“그렇다면 강서의 마조가 지금 세상에 머물면서 법을 설하고 있는데, 도를 깨친 이가 하도 많아서 외울 수 없을 정도입니다. 거기가 참으로 부처를 뽑는 곳입니다.”

二人宿根猛利 遂返秦遊而造大寂禮拜已 馬大師曰 “這漢來作什摩” 秀才汰上幞頭 馬祖便察機 笑而曰 “汝師石頭摩” 秀才曰 “若與摩則與某甲指示石頭” 馬祖曰 “從這裏去南嶽七百里 遷長老在石頭 你去那裏出家” 秀才當日便發去 到石頭參和尚 和尚問 “從什摩處來” 對曰 “某處來” 石頭曰 “來作什摩” 秀才如前對 石頭便點頭曰 “著槽廠去” 乃執爨役經一二載餘.

두 사람은 숙세의 근기(宿根)가 굳건하고 날카로워 벼슬하고자 가던 길을 돌이켜 대적(大寂, 마조)에게 가서 절을 했다.

마 대사가 말했다.

“이 사람들아, 여기 와서 뭘 하려고 하는가?”

수재가 두건(幞頭)을 밀어 올리자, 마조가 바로 근기를 살피고는 웃으면서 말했다.

“네 스승은 석두다.”

수재가 말했다.

“그렇다면 제게 석두로 가는 길을 가리켜 주십시오.”

마조가 말했다.

“여기서 남악으로 700리를 가면 천 장로(遷長老, 석두희천)가 석두에 있을 것이니, 너는 그곳에 가서 출가해라.”

수재가 그날로 바로 출발해 석두로 가서 화상을 참례했다.

화상이 물었다.
"어디서 왔는가?"
대답했다.
"모처에서 왔습니다."
석두가 말했다.
"와서 뭘 하려는 것인가?"
수재가 앞에서처럼 대답을 하자, 석두가 바로 머리를 끄덕이며(點頭) 말했다.
"공양간으로 가라."
이에 밥 짓는 소임을 맡아 1·2년여를 보냈다.

石頭大師明晨欲與落髮 今夜童行參時 大師曰 "佛殿前一搭草 明晨粥後剗卻" 來晨諸童行競持鍬钁 唯有師獨持刀水 於大師前 跪拜揩洗 大師笑而剃髮 師有頂峯突然而起 大師按之曰 "天然矣" 落髮旣畢 師禮謝度 兼謝名 大師曰 "吾賜汝何名" 師曰 "和尙豈不曰天然耶" 石頭甚奇之 乃爲略說法要 師便掩耳云 "太多也" 和尙云 "汝試作用看" 師遂騎聖僧頭 大師云 "這阿師 他後打破泥龕塑像去" 師受戒已.

석두 대사가 다음날 아침 삭발을 해주려고 그날 저녁 동자들(童行)이 참례하러 왔을 때 대사가 말했다.
"불전 앞의 한 무더기 풀을 내일 아침 죽 먹은 다음에 베어버려라."
다음날 아침 모든 동자들이 앞 다퉈 가래와 괭이를 가지고 왔는데, 오직 선사(단하)만 칼과 물을 가지고 대사 앞에서 무릎을 꿇어 절하고 머리를 문질러 씻으니, 대사가 웃으면서 머리를 깎아주었다. 선사는 정수리가 산봉우리처럼 튀어나와 솟아 있었는데, 대사가 만지면서 말했다.
"천연스럽구나!"
삭발을 마치자, 선사가 머리를 깎아준 것과 이름을 지어준 것에 대해 감사의 절을 했다.
대사가 말했다.
"내가 네게 무슨 이름을 지어주었는가?"
선사가 말했다.

"화상께서 천연이라고 말씀하지 않으셨습니까?"

석두가 매우 기이하게 여기고는 법의 요체(法要)를 간략하게 말해 주자, 선사가 귀를 막고 말했다.

"너무 많습니다."

대사가 말했다.

"너는 시험 삼아 써보라."

선사가 마침내 성승의 목에 올라타자, 대사가 말했다.

"이 친구가 뒷날 탑과 불상을 부숴버릴 것이다."

그리고는 선사가 수계를 받았다.

而大寂耀摩尼於江西 師乃下嶽再詣彼 禮謁大寂 大寂問 "從什摩處來" 對曰 "從石頭來" 大寂曰 "石頭路滑 還澾倒也無?" 對曰 "若澾倒 卽不來此也." 大寂甚奇之 師放曠情懷 濤違順境 樂乎雲水 去住逍遙.

대적이 강서에서 마니보주(摩尼)를 빛내고 있었는데, 선사가 산을 내려와 다시 대적에게 이르러 뵙고는 절을 했다.

대적이 말했다.

"어디서 오는가?"

대답했다.

"석두에서 옵니다."

대적이 말했다.

"석두의 길은 미끄러운데, 미끄러져 넘어지지는 않았는가?"

대답했다.

"미끄러져 넘어졌다면 여기에 오지 못했을 것입니다."

대적이 매우 기이하게 여겼다.

선사는 품었던 것들을 마음껏 널리 풀어놓으면서도 위순 경계(違順境)를 파도 타듯 넘기며 운수행각(雲水)을 즐겼고, 가고 머묾에 소요자재했다.

선문염송집 제9권, 고칙 320에서는 다음과 같이 기술하고 있다.

丹霞天然禪師初見馬祖 以兩手托幞頭 祖云 "吾非汝師 南嶽石頭處去" 師遂至石頭 如前托幞頭 石頭云 "著槽撇去" 師依童行次 一日頭謂衆曰 "今日齊後 普請剗佛殿前草" 衆競具鋤鍬 師獨洗頭 捧剃刀 於石頭前胡跪 頭云 "作什麽" 師云 "請師剗草" 頭笑爲剃髮 呼與授戒 師掩耳而去. 卻迴江西馬祖院 騎聖僧項 衆驚報馬祖 祖親來見 乃云 "我子天然" 師遂作禮云 "謝師安名" 祖問 "甚處來" 師云 "石頭來" 祖云 "石頭路滑 子莫曾蹉倒麽" 師云 "若蹉倒則不來也"

단하천연 선사가 처음 마조를 뵙고 두 손으로 복두幞頭를 밀어서 올리자, 마조가 말했다.

"나는 네 스승이 아니다. 남악의 석두 처소로 가라."

선사가 석두에 이르러 전처럼 복두를 밀어서 열자, 석두가 말했다.

"방앗간으로 가라."

선사가 행자생활(童行)을 하고 있는데, 하루는 석두가 대중에게 말했다.

"오늘 (사시) 공양 후에 대중울력(普請)으로 불전 앞에 풀을 베라."

대중이 앞 다퉈 호미와 가래를 갖췄는데, 선사만 혼자 머리를 씻고 체도(剃刀, 머리를 삭발하는 칼)를 들고 석두 앞에 호궤胡跪했다.

석두가 말했다.

"뭘 하는가?"

선사가 말했다.

"청컨대, 스님께서 풀을 깎아주십시오."

석두가 웃으면서 머리를 깎고 계를 주려고 부르자, 선사가 귀를 막고 가버렸다.

다시 강서 마조원馬祖院으로 돌아가 성승의 목에 올라탔다.

대중이 놀라 마조에게 알리자, 마조가 몸소 와서 보고는 말했다.

"나의 제자로다 천연스럽구나."

선사가 절을 하고 말했다.

"스님께서 이름을 지어주셔서 감사합니다."

마조가 물었다.

"어디서 오는가?"

선사가 말했다.

"석두에서 옵니다."

마조가 말했다.

"석두의 길은 미끄러운데, 미끄러져 넘어지지 않았는가?"

선사가 말했다.

"만약 미끄러져 넘어졌다면 오지 못했을 것입니다."

33. 부처에겐 지견이 없다

潭州慧朗禪師初參祖 祖問 "汝來何求" 曰 "求佛知見" 祖曰 "佛無知見. 知見乃魔耳. 汝自何來" 曰 "南嶽來" 曰 "汝從南嶽來 未識曹溪心要 汝速歸彼 不宜他往"

담주혜랑潭州慧朗[68] 선사가 처음 마조를 참례하자, 마조가 물었다.

"너는 무엇을 구하러 왔는가?"

"불지견佛知見[69]을 구하러 왔습니다."

---

68 전등록 제14권, '담주 초제혜랑 선사' 편에 다음과 같이 기술하고 있다.

始興曲江人也 姓歐陽氏 年十三依鄧林寺模禪師披剃 十七遊南嶽 二十於嶽寺受具.

시흥始興 곡강曲江 사람으로 성은 구양歐陽씨다. 13세에 등림사鄧林寺의 모模 선사에게 머리를 깎고, 17세에 남악에 갔다가 20세에 악사嶽寺에서 구족계를 받았다.

69 '불지견佛知見'과 관련하여 『묘법연화경妙法蓮華經』 제1권, 「방편품方便品」에 다음과 같이 기술하고 있다.

佛告舍利弗 "如是妙法 諸佛如來 時乃說之 如優曇鉢華 時一現耳. 舍利弗 汝等當信 佛之所說 言不虛妄. 舍利弗 諸佛隨宜說法 意趣難解 所以者何 我以無數方便

種種因緣 譬喩言辭演說諸法. 是法非思量分別之所能解 唯有諸佛 乃能知之. 所以者何 諸佛世尊 唯以一大事因緣 故出現於世.

부처님께서 사리불에게 말씀하셨다.
"이와 같은 묘법妙法은 제불여래가 때가 이르러야 설하는 것으로, 마치 우담바라 꽃이 때가 되어야 한 번 드러내는 것과 같은 것이니라. 사리불아! 그대들은 부처가 설한 것(佛之所說)을 믿어야 하느니, 말한 것이 허망하지 않기 때문이니라. 사리불아! 모든 부처의 수의설법隨宜說法은 뜻을 이해하기 어려우니라. 왜냐하면 내가 헤아릴 수 없이 많은 방편과 갖가지 인연과 비유의 말로 모든 법을 연설하였기 때문이니라. 이 법은 사량분별로 이해할 수 있는 것이 아니고, 오직 모든 부처님들만이 능히 아는 것이니라. 왜냐하면 제불세존은 오직 일대사인연一大事因緣 때문에 세상에 출현하시기 때문이니라.

舍利弗 云何名諸佛世尊 唯以一大事因緣故 出現於世. 諸佛世尊 欲令衆生 開佛知見 使得淸淨故 出現於世 欲示衆生 佛之知見故 出現於世 欲令衆生 悟佛知見故 出現於世 欲令衆生 入佛知見道故 出現於世. 舍利弗 是爲諸佛 以一大事因緣故 出現於世."

사리불아! 어째서 제불세존은 오직 일대사인연 때문에 세상에 출현한다고 말하는 것인가? 제불세존은 중생들로 하여금 불지견佛知見을 열어(開) 청정淸淨을 얻도록 하려는 이유로 세상에 출현하는 것이고, 중생들에게 불지견을 보이려는(示) 까닭에 세상에 출현하는 것이며, 중생들로 하여금 불지견을 깨닫게(悟) 하려는 이유로 세상에 출현하는 것이고, 중생들로 하여금 불지견의 도(佛知見道)에 들게(入) 하려는 이유로 세상에 출현하는 것이니라. 사리불아! 이것을 모든 부처님들이 일대사인연 때문에 세상에 출현하신다고 하는 것이니라."

佛告舍利弗 "諸佛如來 但敎化菩薩 諸有所作 常爲一事 唯以佛之知見 示悟衆生. 舍利弗 如來 但以一佛乘故 爲衆生說法 無有餘乘 若二若三. 舍利弗 一切十方諸佛法亦如是."

부처님께서 사리불에게 말씀하셨다.

마조가 말했다.

"부처에겐 지견이 없다. 지견은 다만 마魔일 뿐이다. 너는 어디서 왔는가?"

"남악에서 왔습니다."

"너는 남악에서 왔으면서 아직도 조계曹溪의 심요心要[70]를 모르는구나. 너는 속히 거기로 돌아가라. 다른 곳으로 가지 말라."[71]

"제불여래가 다만 보살을 교화하면서 짓는 모든 것은 항상 하나의 일(一事, 일대사 인연)을 위하는 것이고, 오직 부처의 지견(佛之知見)으로 중생에게 보여서 깨닫게 하는 것이니라. 사리불아! 여래는 다만 일불승一佛乘 때문에 중생을 위해 법을 설하는 것이지, 나머지 이승(二, 성문과 연각)이나 삼승(三, 성문과 연각과 보살)을 위한 것은 없느니라. 사리불아! 일체 시방의 모든 부처님 법 또한 이와 같으니라."

70 '조계曹溪의 심요心要'와 관련하여 『증도가證道歌』에 다음과 같은 표현이 있으니 참조하기 바란다.

①建法幢立宗旨　법의 깃발을 세우고 종지를 일으킴이여
明明佛勅曹溪是　밝고 밝은 부처 법, 조계에서 이었도다.

②遊江海涉山川　강과 바다에서 노닐고 산과 내를 건너서
尋師訪道爲參禪　스승을 찾아 도를 물음은 참선을 위함이라,
自從認得曹谿路　조계의 길을 알고부터는
了知生死不相關　생사와 상관없다는 것을 분명히 알았도다.

71 전등록 제14권에서는 상기 註69에 이어서 다음과 기술하고 있다.
往虔州龔公山謁大寂 大寂問曰 "汝來何求" 師曰 "求佛知見" 曰 "佛無知見 知見乃魔界 汝從南嶽來 似未見石頭曹谿心要爾 汝應却歸" 師承命迴嶽造于石頭 問 "如何是佛" 石頭曰 "汝無佛性" 曰 "蠢動含靈又作麽生" 石頭曰 "蠢動含靈却有佛性" 曰 "慧朗爲什麽却無" 石頭曰 "爲汝不肯承當" 師於言下信入 後住梁端招提寺 不出戶三十餘年 凡參學者至 皆曰 "去去汝無佛性" 其接機大約如此(時謂大朗禪師)

건주虔州 공공산龔公山으로 가서 대적(大寂, 마조)을 뵈었다.

대적이 말했다.

“너는 무엇을 구하러 왔는가?”

선사가 말했다.

“불지견佛知見을 구하러 왔습니다.”

대적이 말했다.

“부처에겐 지견이 없다. 지견은 마군 경계(魔界)다. 네가 남악에서 왔지만 석두의 조계심요曹谿心要를 보지 못한 것 같으니, 너는 마땅히 돌아가라.”

선사가 명을 받들어 남악으로 돌아가 석두에 이르러 물었다.

“어떤 것이 부처입니까?”

석두가 말했다.

“그대는 불성이 없다.”

선사가 말했다,

“준동함령蠢動含靈은 또 무엇입니까?”

석두가 말했다.

“준동함령은 도리어 불성이 있다.”

선사가 말했다.

“혜랑에겐 어째서 없습니까?”

석두가 말했다.

“그대는 깨달음(承當)을 긍정하지 않기 때문이다.”

선사가 말끝에 확실히 (깨달음에) 들어가게 되었다(言下信入).

뒤에 양단梁端 초제사招提寺에 주석하면서 30여 년을 문 밖으로 나오지 않았다.

무릇 참학하는 이들이 오면 모두에게 말했다.

“가라, 가! 그대들에겐 불성이 없다(去去 汝無佛性).”

그가 학인을 제접하는 것이 대략 이와 같았다.

〔그때 대랑大朗 선사라 불렸다.〕

조당집 제4권, ‘초제 화상’ 편에서는 다음과 같이 기술하고 있다.

二十受戒 乃往虔州龔公山謁大寂 大寂云 “你來何求” 對曰 “求佛知見” 大寂曰 “佛無知見 知見乃魔界耳 你從南嶽來 似未見石頭曹溪心要耳 汝應卻歸石頭” 師遂依

言而返造石頭 果應大寂之言 契緣悟達 不出招提三十餘年 因號招提朗矣.

나이 20에 구족계를 받고는 이내 건주虔州 공공산龔公山으로 가서 대적(大寂, 마조)을 뵈었다.

대적이 말했다.

"너는 무엇을 구하러 왔는가?"

선사가 말했다.

"불지견佛知見을 구하러 왔습니다."

대적이 말했다.

"부처에겐 지견이 없다. 지견은 마군 경계(魔界)다. 네가 남악에서 왔지만 석두石頭의 조계심요曹谿心要를 보지 못한 것 같으니, 너는 마땅히 석두에게 돌아가라."

선사가 마조의 말에 따라 석두로 돌아가자, 과연 대적의 말처럼 인연에 계합하여 깨달았다.

(이로부터) 30여 년을 초제(招提, 초제사)를 벗어나지 않았는데, 이로 인해 초제랑(招提朗, 초제혜랑招提慧朗)이라 불렸다.

선문염송집에서는 전하지 않는다.

34. 동호東湖의 물은 가득한가

祖問僧 "什麽處來" 云 "湖南來" 祖云 "東湖水滿也未" 云 "未" 祖云 "許多時雨 水尙未滿"

(道吾云 "滿也" 雲岩云 "湛湛地" 洞山云 "甚麽劫中曾欠少")

※東湖(동호)=洞庭湖(동정호): 중국 호남성湖南省 북부 양자강揚子江 중부에 있는 호수.

※時雨(시우): 때를 맞추어 오는 비. 단비.

※欠少(흠소): 모자라다. 부족하다. 결핍하다.

마조가 어떤 스님에게 물었다.

"어디서 왔는가?"

스님이 말했다.

"호남湖南에서 왔습니다."

마조가 말했다.

"동호(東湖, 동정호洞庭湖)의 물은 가득하던가?"

스님이 말했다.

"가득하지 않습니다."

마조가 말했다.

"때 맞춰 비가 많이 왔는데도 물이 아직 가득하지 않다고!"[72]

〔도오道吾[73]가 말했다.

"가득하다."

운암雲岩[74]이 말했다.

"잠잠湛湛하다."[75]

동산洞山[76]이 말했다.

---

72 전등록과 선문염송집에서는 전하지 않는다. 조당집 14권에서는 호남을 회남淮南으로 기술하고 있다(부록 V-1-14 참조).

73 도오원지(道吾圓智, 769~835): 당대의 스님 오등회원五燈會元에서는 종지宗智라고 기록되고 있음. 도오는 주석 산명. 속성은 장張씨. 강서성 예장豫章 해혼海昏 출신. 어려서 열반涅槃 화상 문하에 출가, 약산藥山에 머물면서 유엄惟儼의 법을 이음. 후에 여러 곳을 유행하고 호남성 담주覃州 장사부長沙府의 도오산道吾山에 가서 선풍을 일으킴. 태화太和 9년 입적. 세수 67. 시호는 수일修一 대사.(선학사전, p.169)

74 운암담성(雲巖曇晟, 782~841): 당대의 스님. 청원 문하. 운암은 주석 산명. 속성은 왕王씨. 종릉(鍾陵, 강서성) 건창建昌 출신. 어려서 출가하여 수 년 동안 백장회해에게 참학하고, 그 후 약산유엄의 법을 이어받은 후, 담주(覃州, 호남성) 운암산에 머물면서 종풍을 크게 날림. 제자로는 조동종의 개조인 동산양개洞山良价가 있음. 회창會昌 원년에 입적.(전게서 p.498)

75 '湛'에 대한 발음은 뜻에 따라 여러 가지로 나뉜다(湛, 괼 담/잠길 침/맑을 잠/담글 점/장마 음). '맑다' 또는 '깊다'는 뜻으로 해석할 때는 '잠湛'으로 읽는 것이 맞다.

76 동산양개(洞山良价, 807~869): 당대의 스님. 조동종. 동산은 주석 산명. 속성은 유兪씨. 회계 출신. 어려서 출가하여 영묵靈默에게 사사한 다음, 20세에 숭산에서 구족계를 받음. 남전보원·위산영우에게 참학하고, 다시 운암담성에게 참학하여

"어느 겁劫엔들 일찍이 모자란 적이 있었던가?"][77]

대오, 그의 법을 이어받음. 광동 신풍산 및 강서 동산 보리원에 머물면서 세밀한 선풍을 고취함. 시호는 오본悟本 대사. 문하에 운거도응, 조산본적, 소산광인 등 27인이 있으며, 후에 조산과 연칭하여 5가의 일파인 조동종의 고조로 추앙됨. (전게서 p.180)

참고로 조동종曹洞宗은 청원행사靑原行思－석두희천石頭希遷－약산유엄藥山惟儼－운암담성雲巖曇晟－동산양개洞山良价－조산본적曹山本寂으로 이어진다.

77 본문의 전체적인 내용을 『동산록洞山錄』에서는 동산양개가 약산유엄과 어떤 스님이 문답한 것을 거론한 것으로 기술하고 있다. 또한 동정호라는 구체적인 이름을 아래와 같이 기술하고 있다.

擧 藥山問僧 "甚處來" 云 "湖南來" 藥山云 "洞庭湖水 滿也未" 云 "未" 藥山云 "許多時雨水 爲甚麼未滿" 僧無語. 道吾云 "滿也" 雲巖云 "湛湛地" 師云 "甚麼劫中曾增減來"(내용 동일, 번역 생략.)

Ⅳ. 보유補遺

1. 부처와 도의 거리는 얼마인가[1]

馬祖因僧問 "如何是佛?" 答云 "卽心是佛" 又問 "如何是道" 答云 "無心是道" 又問 "佛與道相去多少" 荅云 "道如展手 佛似握拳"

※相去(상거): 거리. 차이. 차이가 나다.

마조에게 어떤 스님이 물었다.

"어떤 것이 부처입니까?"

마조가 답했다.

"마음이 부처다(卽心是佛)."

또 물었다.

"어떤 것이 도입니까?"

마조가 답했다.

"무심이 도다(無心是道)."

---

1 선문염송집 제5권, 고칙 160에 전한다.

또 물었다.

"부처와 도의 거리(=차이)는 얼마나 됩니까?"

마조가 답했다.

"도는 손을 편 것과 같고, 부처는 주먹을 쥔 것과 같다(道如展手佛似握拳)."

2. 들어가도 치고 들어가지 않아도 치겠다[2]

馬祖因見僧參 畫一圓相 云"入也打 不入也打" 僧便入 師便打 僧云"和尚打某甲不得" 師靠卻拄杖休去.

※靠(기댈 고): 기대다. 의지하다. 어긋나다. 배반하다. (물건을) 기대어 두다. 기대어 세우다.

마조가 어떤 스님이 참례하러 오는 것을 보자, 원상圓相 하나를 그리고 말했다.

"들어가도 치고 들어가지 않아도 치겠다(入也打 不入也打)."

스님이 바로 들어가자, 마조가 바로 쳤다.

스님이 말했다.

"화상께서는 저를 치지 못하셨습니다."

마조가 주장자에 기대 쉬었다.

2 선문염송집 제5권, 고칙 165에 전한다.

3. 현산峴山의 무게는 얼마인가[3]

馬祖因定慶參 問“什麽處來” 慶云“峴山來” 祖云“峴山重多少” 慶云“三斤二兩” 祖云“爲什麽秖重許多” 慶云“秤尺在手” 祖乃呵呵大笑.

※峴山(현산): 호북성湖北省 양양현襄陽縣 남쪽에 있는 산.

마조가 정경定慶[4]이 참례하자, 물었다.

“어디서 오는가?”

정경이 말했다.

“현산峴山에서 옵니다.

마조가 말했다.

“현산의 무게는 얼마나 되는가?”

정경이 말했다.

“세 근 두 냥입니다.”

마조가 말했다.

---

3 선문염송집 제5권, 고칙 166에 전한다.

4 현산정경峴山定慶: 마조도일의 제자로 전등록 제7권에 이름만 전한다.

"어째서 그렇게나 무거운가?"

정경이 말했다.

"저울과 자가 (제) 손에 있습니다."

마조가 이내 가가대소呵呵大笑했다.

4. 들오리[5]

百丈懷海禪師 隨馬祖行次 見野鴨子飛過. 祖云 "是什麽" 師云 "野鴨子" 祖云 "什麽處去也" 師云 "飛過去也" 祖遂扭師鼻頭 師作忍痛聲. 祖云 "何曾飛過去"

백장회해 선사가 마조를 모시고 가다가, 들오리가 날아가는 것을 보았다.

마조가 말했다.

"이것이 무엇인가?"

선사가 말했다.

"들오리입니다."

마조가 말했다.

"어디로 갔는가?"

선사가 말했다.

---

5 선문염송집 제5권, 고칙 177에 전한다.
다음에 이어지는 '5. 백장이 나와서 자리를 말아버리다'와 '6. 좀 전에는 울고, 지금은 웃는다'를 비교해서 보기 바란다.

"날아가 버렸습니다."

마조가 선사의 코를 비틀자, 선사가 아픔을 참지 못해 소리를 질렀다.

마조가 말했다.

"언제 날아간 적이 있었느냐?"[6]

---

6 한편 '야압자화野鴨子話'와 관련하여 조당집 제15권, '오설 화상' 편에서는 다음과 같이 기술하고 있다.

有一日 大師領大衆出西牆下遊行次 忽然野鴨子飛過去. 大師問 "身邊什摩物?" 政上座云 "野鴨子" 大師云 "什摩處去" 對云 "飛過去." 大師把政上座耳拽 上座作忍痛聲. 大師云 "猶在這裏 何曾飛過?" 政上座豁然大悟.(상기 본문 내용과 동일하여 번역은 생략한다.)

因此師無好氣 便向大師說 "某甲抛卻這个業次 投大師出家 今日竝無个動情.適來政上座有如是次第 乞大師慈悲指示." 大師云 "若是出家師則老僧 若是發明師則別人 是你驢年 在我這裏也不得" 師云 "若與摩則乞和尙 指示个宗師" 大師云 "此去七百里 有一禪師 呼爲 南嶽石頭. 汝若到彼中 必有來由." 師便辭到石頭云 "若一言相契則住 若不相契則發去" 著鞋履執座具 上法堂禮拜一切了侍立. 石頭云 "什摩處來" 師不在意 對云 "江西來" 石頭云 "受業在什摩處" 師不祇對 便拂袖而出. 纔過門時 石頭便咄 師一脚在外 一脚在內 轉頭看 石頭便側 掌云 "從生至死 只這个漢更轉頭惱作什摩" 師豁然大悟 在和尙面前 給侍數載 呼爲五洩和尙也.

이것을 문제 삼아 선사(師, 오설영묵)가 좋아하는 기색도 없이(無好氣) 마 대사에게 말했다.

"저는 이 하나의 업業을 던져버리고자 대사께 귀의하여 출가를 했는데, 오늘 곁에 있으면서도 전혀 마음에 동하는 바(動情)가 없었습니다. 좀 전에 정 상좌는 이와 같은 차제(次第, 절차·과정, 깨달음에 들어가는 과정)가 있었거늘, 대사께서는 자비심을 내셔서 (제게도) 가리켜 주십시오."

마 대사가 말했다.

"만약 출가사出家師가 노승인데도 발명사發明師가 따로 있다면 너는 나귀해(驢年)가 될 때까지 여기에 있더라도 깨달을 수가 없을 것이다."

오설이 말했다.

“만약 그렇다면 화상께 청하니 종사宗師 한 분을 가리켜 주십시오.”

마 대사가 말했다.

“여기서 700리를 가면 선사禪師가 한 분 있는데, 남악의 석두라고 부른다. 네가 만약 그곳으로 가면, 내가 너에게 가라고 한 까닭을 반드시 (알 수) 있을 것이다.”

오설이 바로 하직 인사를 하고 석두에 이르러, (다짐하며 혼자서) 말했다.

“만약 한마디에 계합하면(一言相契) 머물 것이고, 만약 (한마디에) 계합하지 못하면 떠나리라.”

(그리고는) 신을 신은 채 좌구座具를 집어 들고 법당에 올라 절을 하는 등 모든 절차를 마치고, (곁에) 모시고 섰다.

석두가 말했다.

“어디서 왔는가?”

오설이 내키지 않는 마음으로 대답을 했다.

“강서에서 왔습니다.”

석두가 말했다.

“어디서 (누구에게서) 지도(受業) 받았는가?”

오설이 대답도 하지 않고 곧장 소매를 떨치고 나가면서 막 문을 넘으려고 할 때, 석두가 바로 “쯧쯧(咄)!” 하고 혀를 찼다.

오설이 다리 한쪽은 밖에 한쪽은 안에 둔 채 고개를 돌려 보자, 석두가 곁에 있다가 바로 후려갈기면서 말했다.

“나서 죽을 때까지 다만 이 한 놈(這个漢) 뿐인데, 다시 고개를 돌려 뭘 하겠다는 것이냐?”

스님이 활연히 대오하고는 화상의 면전에서 시중들기를 여러 해를 하니, 오설 화상五洩和尙이라고 불렸다.

5. 백장이 나와서 자리를 말아버리다[7]

百丈因馬大師陞座良久 師出捲拜席. 祖下座歸方丈.(馬祖四家錄 丈爲馬祖侍者一日隨侍路行次聞野鴨聲 馬祖云"什麽聲" 師云"野鴨聲" 良久馬祖云"適來聲向什麽處去" 師云"飛過去" 祖回頭 將師鼻便扭 師作忍痛聲. 馬祖云"又道 飛過去" 師言下有省. 回來明日 馬祖陞堂才坐 師出來卷卻簟. 馬祖便下座 師隨至方丈. 馬祖云"適來要擧一轉因緣 你爲什麽卷卻簟" 師云"爲某甲鼻頭痛" 祖云"你什麽處去來" 師云"昨日偶出入 不及參隨" 馬祖喝一喝 師便出去.)

※簟(대자리 점): 대자리(대오리로 엮어 만든 자리). 삿자리(갈대를 엮어서 만든 자리).

백장이 마 대사가 법좌에 올라 양구良久하자, 백장이 나와 절하기 위해 깔아놓은 자리(拜席)를 둘둘 말아버렸다. 그러자 마 대사가 법좌에서 내려와 방장실로 돌아갔다.[8]

---

7 선문염송집 제5권, 고칙 178에 전한다.

8 전등록과 조당집에서는 '百丈因馬大師陞座良久~祖下座歸方丈'까지를 하나의 공

〔마조사가록馬祖四家錄[9]에서는 다음과 같이 전한다.

백장이 마조의 시자侍者 소임을 맡고 있었는데, 하루는 모시고 길을 가다가 들오리 소리를 들었다.

마조가 말했다.

"무슨 소린가?"

백장이 말했다.

"들오리 소리입니다."

마조가 양구良久하고는 말했다.

"좀 전에 그 소리는 어디로 갔느냐?"

백장이 말했다.

"날아가 버렸습니다."

마조가 고개를 돌려 백장의 코를 비틀어버리자, 선사가 아픔을 참지 못하고 소리를 질렀다.

마조가 말했다.

"날아가 버렸다고 또 다시 말해 봐라."

백장이 말끝에 깨침이 있었다(言下有省).

안으로 기술하고 있다.

전등록 제6권, '강서 도일 선사' 편(부록 V-2-6)과 '홍주 백장산 회해 선사' 편(부록 V-3-13)에서도 동일하게 기술하고 있다.

조당집 제14권, '강서 마조 화상' 편에서도 동일하게 기술하고 있다(부록 V-1-8 참조).

9 여기서 이야기하는 『마조사가록馬祖四家錄』은 어떤 본本인지를 알 수가 없다(아래 註10과 함께 보기 바란다).

돌아와 다음날 마조가 법당에 올라와 앉자마자, 백장이 자리(簟)를 말아버렸다.

마조가 바로 자리에서 내려오자, 백장이 따라서 방장실에 이르렀다.

마조가 말했다.

"좀 전에 일전인연一轉因緣을 거론하려고 했는데, 너는 어째서 자리를 말아버렸느냐?"

백장이 말했다.

"저는 코가 아픕니다."

마조가 말했다.

"너는 어디를 갔다 왔느냐(=너는 어디에 마음을 두었느냐)?"

백장이 말했다.

"어제 우연히 (일이 있어) 밖에 나갔다 들어오느라 모시지 못했습니다."

마조가 "할喝!"을 한 번 하자, 백장이 바로 나가버렸다.」[10]

---

10 사가어록 제2권, 백장어록에서는 다음과 같이 기술하고 있다(여기서 사가어록이란 역자가 저본으로 삼은 것을 말한다).

次日 馬祖陞堂 衆纔集 師出卷却席 祖便下座 師隨至方丈 祖曰 "我適來未曾說話 汝爲甚便卷却席" 師曰 "昨日被和尙搊得鼻頭痛" 祖曰 "汝昨日向甚處留心" 師曰 "鼻頭今日又不痛也" 祖曰 "汝深明昨日事" 師作禮而退.(一本 作馬祖云 "你什麽處去來" "昨日偶有出入 不及參隨" 馬祖喝一喝 師便出去)

다음날(코가 비틀린 다음날), 마조가 법당에 오르고(陞堂) 대중이 모이자, 선사가 나와 자리(席)를 말아버렸다.

마조가 바로 자리에서 내려오자, 선사가 따라서 방장실에 이르렀다.

(그러자) 마조가 말했다.

"내가 좀 전에 말도 하지 않았는데, 너는 어째서 바로 자리를 말아버렸느냐?"

선사가 말했다.

"어제는 화상께서 코를 잡아 비틀어 아팠습니다."

마조가 말했다.

"너는 어제 어디에다 마음을 두었었는가?"

선사가 말했다.

"코가 오늘은 아프지 않습니다."

마조가 말했다.

"너는 어제 일(昨日事)을 깊이 밝혔구나!"

선사가 절을 하고 물러갔다(作禮而退).

〔어떤 본(本, 선문염송집에서 전하는 것과 같다)에서는 다음과 같이 기술하고 있다.

마조가 말했다.

"너는 어디를 갔다 왔느냐"

"어제는 우연히 (일이 있어) 밖에 나갔다 들어오느라 모시지 못했습니다."

마조가 "할喝!"을 한 번 하자, 선사가 바로 나가버렸다.〕

6. 좀 전에는 울고, 지금은 웃는다[11]

百丈侍馬祖遊山 歸忽然哭 同事問曰 "憶父毋耶?" 師云 "無事" 曰 "被人罵耶" 師云 "無事" 曰 "哭作什麽" 師云 "問取和尙" 同事往問馬祖 祖云 "你去問取他" 同事迴至寮中見 師呵呵大笑. 同事曰 "適來爲甚哭 如今爲什麽笑" 師云 "適來哭 而今笑" 同事罔然.

※同事(동사): 동료. 동업자.

백장이 마조를 모시고 산에 갔다가 돌아와서 느닷없이 곡哭을 하자, 도반(同事)이 물었다.

"부모님이 생각나서 그러는가?"

백장이 말했다.

"아니야(無事, 그런 일 없어)."

도반이 말했다.

"(그럼) 누구에게 욕을 먹었는가?"

11 선문염송집 제5권, 고칙 179에 전한다.

백장이 말했다.

"아니야(無事, 그런 일 없어)."

도반이 말했다.

"(그럼) 뭐 때문에 우는가?"

백장이 말했다.

"화상(마조)께 물어봐라."

도반이 마조에게 가서 묻자. 마조가 말했다.

"너는 가서 백장에게 물어라."

도반이 시자실(寮)로 돌아와 보니, 선사가 가가대소呵呵大笑했다.

도반이 말했다.

"좀 전에는 어째서 울고, 지금은 어째서 웃는가?"

백장이 말했다.

"좀 전에는 울고, 지금은 웃는다(適來哭 而今笑)."

도반이 망연해했다.[12]

---

12 사가어록 제2권, 백장어록 편에서는 다음과 같이 기술하고 있다.

師侍馬祖行次 見一羣野鴨飛過. 祖曰 "是甚麼" 師曰 "野鴨子" 祖曰 "甚處去也" 師曰 "飛過去也" 祖遂回頭 將師鼻一搊負痛失聲 祖曰 "又道飛過去也" 師於言下有省. 却歸侍者寮 哀哀大哭 同事問曰 "汝憶父母邪" 師曰 "無" 曰 "被人罵邪" 師曰 "無" 曰 "哭作甚麼" 師曰 "我鼻孔被大師搊得痛 不徹" 同事曰 "有甚因緣不契" 師曰 "汝問取和尙去" 同事問大師曰 "海侍者 有何因緣不契 在寮中哭 告和尙爲某甲說" 大師曰 "是伊會也 汝自問取他" 同事歸寮曰 "和尙道 汝會也 令我自問 汝" 師乃呵呵大笑. 同事曰 "適來哭 如今爲甚却笑" 師曰 "適來哭 如今笑" 同事罔然.

(백장) 선사가 마조를 모시고 길을 가다가 들오리 떼가 날아가는 것을 보았다.
마조가 말했다.
"이것이 무엇인가?"

선사가 말했다.

"들오리입니다."

마조가 말했다.

"어디로 갔느냐?"

선사가 말했다.

"날아가 버렸습니다."

마조가 고개를 돌려(回頭) 선사의 코를 한 번 비틀자, 아파서 자기도 모르게 소리를 질렀다.

마조가 말했다.

"날아가 버렸다고 또 말해 보라!"

선사가 말끝에 깨침이 있었다(言下有省).

(그리고는) 시자료(侍者寮, 시자실)로 돌아와서, 슬피 큰소리로 울었다(哀哀大哭).

도반이 물었다.

"부모 생각나 그래?"

선사가 말했다.

"아니(無)."

도반이 말했다.

"(그럼) 누구한테 꾸지람을 들었어?"

선사가 말했다.

"아니(無)."

도반이 말했다.

"(그럼) 왜 우냐?"

선사가 말했다.

"대사가 내 코를 잡아 비틀어 아팠는데 철저하게 (계합하지) 못했다."

도반이 말했다.

"뭐 때문에 계합하지 못했는데?"

선사가 말했다.

"네가 화상께 가서 물어봐라."

도반이 대사에게 물었다.

"해(海, 회해) 시자가 어떤 인연 때문에 계합하지 못했습니까? 시자실에서 울면서 어떤 인연에 계합하지 못했는지를 화상께서 저에게 말씀해달라고 여쭈랍니다."

대사가 말했다.

"그가 알 것이니, 너는 그에게 물어라."

도반이 요사로 돌아와 말했다.

"화상께서는 네가 알 것이라고 하면서 내게 너한테 물으라고 하시던데."

선사가 이에 가가대소呵呵大笑했다.

도반이 말했다.

"좀 전엔 울더니, 지금은 어째서 웃는 것인가?"

선사가 말했다.

"좀 전엔 울었지만, 지금은 웃는다(適來哭 如今笑).

도반이 망연해했다.

7. 사람을 만난 적이 있었는가[13]

百丈在馬祖會下 祖問師 "什麽處來" 師云 "山後來" 祖云 "還曾逢著人麽" 師云 "不逢著" 祖云 "爲什麽不逢" 師云 "逢著卽擧似和尙" 祖云 "甚處得這个消息" 師云 "某甲罪過" 祖云 "卻是老僧罪過"

백장이 마조 회하會下에 있을 때, 마조가 물었다.

"어디서 오는가?"

백장이 말했다.

"산 뒤에서 옵니다."

마조가 말했다.

"사람을 만난 적이 있는가?"

선사가 말했다.

"만나지 못했습니다."

마조가 말했다.

"어째서 만나지 못했는가?"

---

13 선문염송집 제5권, 고칙 180칙에 전한다.

백장이 말했다.

"만나면 화상께 전하겠습니다."

마조가 말했다.

"어디서 이런 소식消息을 얻었는가?"

백장이 말했다.

"저의 허물(罪過)입니다."

마조가 말했다.

"도리어 노승의 허물이다."[14]

---

14 사가어록 제2권, 백장어록 편에서도 다음과 같이 동일하게 기술하고 있다. 馬祖一日問師 "甚麽處來" 師云 "山後來" 祖云 "還逢著一人麽" 師云 "不逢著" 祖云 "爲甚麽不逢著" 師云 "若逢着 卽擧似和尙" 祖云 "甚麽處得這箇消息來" 師云 "某甲罪過" 祖云 "却是老僧罪過"(내용 동일, 번역 생략.)

8. 백장이 마조를 두 번째 참례하다[15]

百丈再參馬祖 祖豎起拂子. 師云 "卽此用 離此用" 祖挂拂子於舊處. 師良久 祖云 "你已後開兩片皮 將何爲人" 師遂取拂子豎起 祖云 "卽此用 離此用"師亦挂拂子於舊處. 祖便喝. 師直得三日耳聾.(後黃蘗到百丈 一日辭欲禮拜馬祖去. 丈云 "馬祖已遷化也" 蘗云 "未審馬祖有何言句" 丈遂擧再參因緣云 "我當時被馬祖一喝直得三日耳聾" 黃蘗聞擧不覺吐舌 丈云 "子已後莫承嗣馬祖否" 蘗云 "不然 今日因師擧得見馬祖大機之用 且不識馬祖 若嗣馬祖 已後喪我兒孫")

백장이 마조를 두 번째 참례하자(再參), 마조가 불자拂子를 세웠다.

선사(백장)가 말했다.

"이것이 용입니까, 용을 떠난 것입니까(卽此用 離此用)?"

마조가 불자를 원래 자리에 걸어두었다.

선사가 양구良久하자, 마조가 말했다.

"너는 이후에 두 입술을 나불거리며 뭘 가지고 사람을 위할 것인가?"

---

15 선문염송집 제6권, 고칙 181에 전한다.

선사가 즉시 불자를 손에 쥐고 세웠다.

마조가 말했다.

"이것이 용인가, 용을 떠난 것인가?"

선사가 불자를 원래 자리에 걸어두었다.

마조가 바로 "할喝!" 했다.

(이로부터) 선사가 3일 동안 귀가 먹었다(三日耳聾).

〔후에 황벽黃蘗이 백장에 이르렀는데, 하루는 하직 인사를 하며 마조에게 인사드리러 간다고 하자, 백장이 말했다.

"마조께서는 이미 천화遷化하셨다."

황벽이 말했다.

"마조께서 무슨 말씀이 있으셨는지 잘 모르겠습니다."

백장이 두 번째 참례했던 인연(再參因緣)을 거론해 주고는, 말했다.

"나는 당시에 마조의 일할一喝에 3일 동안 귀가 먹었다."

황벽이 거론한 것을 듣고, 자기도 모르게 혀를 내밀었다.

백장이 말했다.

"그대는 이후 마조의 법을 잇는 것이 아니겠는가?"

황벽이 말했다.

"그렇지 않습니다. 선사께서 거론해 주신 것으로 인해 마조의 대기의 용(大機之用)을 보았지만, 마조를 모릅니다(不識馬祖). 만약 마조를 잇는다면 이후 저의 자손을 잃을 것입니다(喪我兒孫)."〕[16]

---

16 전등록에서는 상기의 고칙과 관련하여 처음 참례했을 때와 재참했을 때를 구분하여 기술하고 있다. 처음 참례했을 때는 제6권, '강서 도일 선사' 편(부록 V-2-8

참조)에 기술하고 있다. 또한 역자는 백장이 마조를 처음 참례했을 때의 이야기를 본서 보유 편 17에 '불자를 던지는 것으로 대신하다'는 제목으로 기술하였음을 밝혀둔다.

또한 재참했을 때의 이야기는 제6권, '홍주 백장산 회해 선사' 편(V-3-13 참조)에 기술하고 있다. 다만 여기서는 "이것이 용입니까, 용을 떠난 것입니까(卽此用離此用)?"라는 물음이 "다만 이것뿐입니까? 또 다른 것이 있습니까(只遮箇 更別有)?"라는 물음으로 대신하는 차이를 보이고 있다.

9. 그대는 어째서 경을 보지 않는가[17]

馬祖一日問師云 "子何不看經" 師云 "經豈異邪" 祖云 "然 雖如此 汝向後爲人也須得" 曰 "智藏病思自養 敢言爲人" 祖云 "子末年必興於世也"

마조가 하루는 (서당지장) 선사에게 물었다.

"그대는 어째서 경經을 보지 않는가?"

선사가 말했다.

"경이라고 해서 어찌 다르겠습니까?"

마조가 말했다.

"그렇지, (하지만) 비록 이와 같더라도 그대가 뒷날 사람들을 위해서라도 모름지기 가져야 한다."

선사가 말했다.

"지장智藏의 병도 생각해 보면 스스로 기르고 있는 판인데, 어찌 감히 다른 사람을 위하라고 말씀하십니까?"

마조가 말했다.

"그대는 말년에 반드시 세상에 크게 일어날 것이다."

---

17 전등록 제7권, '건주 서당지장 선사' 편에 전한다(부록 V-3-17).

10. 나무 말뚝의 크기[18]

師問僧 "從什摩處來" 對曰 "從江西來" 師曰 "江西還見馬祖不" 對曰 "見" 師乃指一柴橛曰 "馬師何似這个" 僧無對. 卻迴舉似師 請師爲決. 馬師曰 "汝見柴橛大小" 對曰 "勿量大" 馬師曰 "汝甚有壯大之力" 僧曰 "何故此說" 馬師曰 "汝從南嶽 負一柴橛來 豈不是有壯大之力"

(석두희천) 선사가 어떤 스님에게 물었다.

"어디서 왔는가?"

스님이 대답했다.

"강서에서 왔습니다."

선사가 말했다.

"강서! 마조를 봤는가?"

스님이 대답했다.

"봤습니다."

(그러자) 선사가 나무 말뚝 하나(一柴橛)를 가리키며 말했다.

---

18 조당집 제4권, '석두 화상' 편에 전한다.

"마 대사는 이것과 비교해서 어떤가?"

스님이 대답이 없었다.

(그리고는) 돌아가 마 대사에게 앞의 일을 전하면서, 마 대사에게 (이 공안을) 해결해 줄 것을 청했다.

마 대사가 말했다.

"네가 보기에 말뚝이 얼마나 크던가?"

대답했다.

"헤아릴 수 없을 만큼 큽니다."

마 대사가 말했다.

"너는 아주 대단한 힘을 가지고 있구나."

스님이 말했다.

"어째서 이런 말씀을 하시는 것입니까?"

마 대사가 말했다.

"네가 남악南嶽에서부터 나무 말뚝 하나를 메고 왔는데, 어찌 대단한 힘을 가지고 있는 것이 아니겠느냐!"

11. 눈앞에서 무엇을 꺼리는가?[19]

師未出家時 入京選官去 到洪州開元寺 禮拜大師. 大師問 "秀才 什摩處去" 云 "入京選官去" 大師云 "秀才 太遠在" 對云 "和尙此間 還有選場也無" 大師云 "目前嫌什摩" 秀才云 "還許選官也無" 師云 "非但秀才佛亦不著" 因此欲得投大師出家 大師云 "與你剃頭卽得 若是大事因緣卽不得" 從此攝受後具戒.

※選官(선관): 옛날, 관리를 선고(選考, 전형)하다. 관리를 전형하는 관리.
※秀才(수재): 재능이 우수한 자. 과거科擧 과목의 이름. 송대宋代에는 과거 응시자를 수재라고 함. 서생書生의 통칭.

선사(師, 오설영묵五洩靈默)[20]가 출가하기 전에 과거시험 보러(選官) 서울에 들어가다가, 홍주洪州 개원사開元寺에 이르러 마 대사께 절을

---

19 조당집 제15권, '오설 화상' 편에 전한다.(단하천연의 선불장과 혼돈해서는 안 된다.)

20 오설영묵(五洩靈靈, 747~818): 당대의 스님. 오설은 주석 산명. 속성은 선宣씨. 비릉毘陵 출신. 마조도일의 법사法嗣. 동산양개가 무주 오설산에서 3년 동안 함께 머묾.(선학사전, p.475)

했다.

마 대사가 물었다.

"수재秀才는 어디를 가는가?"

말했다.

"과거시험 보러 서울에 들어갑니다."

마 대사가 말했다.

"수재여! (서울까지는) 너무 멀다."

대답했다.

"화상의 이곳에서도 시험을 보는 곳(選場)이 있습니까?"

마 대사가 말했다.

"눈앞에서 무엇을 꺼리겠는가?"

수재가 말했다.

"혹시 관리도 뽑습니까?"

마 대사가 말했다.

"비단 수재뿐만 아니라, 부처도 붙지 못한다."

이 인연으로 대사에게 귀의하여 출가하려 하자, 대사가 말했다.

"네 머리는 깎아줘도, 대사인연大事因緣은 못해 준다."

이로부터 (출가를) 받아들여, 뒤에 구족계를 받았다.

12. 저승사자가 문을 두드리다[21]

有洪州城大安寺主 講經講論座主 只觀誹謗馬祖. 有一日夜三更時 鬼使來搥門. 寺主云 "是什摩人" 對云 "鬼使來取寺主" 寺主云 "啓鬼使某甲今年得六十七歲. 四十年講經講論 爲衆成持 只觀貪諍論 未得修行. 且乞一日一夜還得也無"

※只觀(지관)=지관只管: 얼마든지. 마음대로. 주저하지 않고. 오로지(다만) ~만 돌보다(고려하다)./ 觀과 管은 중국어 발음(zhǐguǎn)이 같다.

홍주성洪州城 대안사大安寺 주지는 경론經論을 강의하는 좌주座主였는데, 마음 내키는 대로 항상 마조를 비방했다. 어느 날 밤 삼경에 저승사자(鬼使)가 와서 문을 두드렸다.

주지가 말했다.

"누구요?"

저승사자가 대답했다.

"저승사자가 주지를 데리러 왔소."

---

21 조당집 14권, '강서 마조 화상' 편에 전한다(부록 V-1-3).

주지가 말했다.

"저승사자께 아뢰니다, 제가 올해 예순 일곱입니다. 대중이 도업을 이루도록 40년 동안 경론을 강의하며 오직 논쟁하는 것만 탐했을 뿐, 아직 수행을 하지 못했습니다. (그러니) 하루 낮 하루 밤만이라도 말미를 청해도 되겠습니까?"

❀

鬼使云 "四十年來 貪講經論 不得修行 如今更修行作什摩. 臨渴掘井有什摩交涉. 寺主適來道 只觀貪講經論 爲衆成持 無有是處. 何以故教有明文. 自得度令他得度 自解脫令他解脫 自調伏令他調伏 自寂靜令他寂靜 自安隱令他安隱 自離垢令他離垢 自淸淨令他淸淨 自涅槃令他涅槃 自快樂令他快樂.

※明文(명문): 명백하게 되어 있는 문구 또는 조문. 권리나 자격, 사실 따위를 증명하는 문서.

저승사자가 말했다.

"40년 동안 경론 강의하는 것만 탐하면서 수행을 하지 않았는데, 이제 다시 수행을 해서 뭘 하겠다는 것이오? 목이 말라야 우물을 파는 것(臨渴掘井)[22]이 무슨 소용이 있겠소? 주지가 좀 전에 말하기를

---

22 임갈굴정臨渴掘井: 『안자춘추晏子春秋』「내편內篇」 잡상雜上에 나오는 말이다. 춘추시대 노魯나라 소공昭公이 노나라를 버리고 제齊나라로 도망쳐 몸을 의탁했다. 제나라 경공景公이 물었다.

"소공은 나이도 어린데 나라를 버리게 되었소. 어쩌다가 이 지경에 이르렀소?"

'오직 대중이 도업을 이루도록 경론 강의하는 것만 탐했다'고 했는데, 그것은 옳지 못하오. 왜냐하면 경전(教)에 명백한 말씀(明文)이 있기 때문이오.

'자기를 제도하고 남도 제도하며, 자기가 해탈하고 남도 해탈하도록 하며, 자기를 조복하고 남도 조복하며, 자기를 적정하게 하고 남도 적정하도록 하며, 자기를 안온케 하고 남도 안온하도록 하며, 자기도

소공이 대답했다.

"내가 어렸을 때 많은 사람들이 나를 사랑해 주었습니다만 내가 그들과 친근하지 못했습니다. 많은 사람들이 나에게 간했지만 내가 그들의 의견을 받아들이지 않았습니다. 그래서 안과 밖으로 나를 보좌해 줄 사람이 없었습니다. 보좌해 주는 사람은 하나도 없고 아첨하는 사람은 많았습니다. 이는 마치 가을의 쑥 포기와 같아, 뿌리는 하나인데 지엽이 무성하여 가을바람이 불면 뿌리가 뽑히고 마는 것입니다."

경공은 그 말이 옳다 여기고 안자晏子에게 말했다.

"이 사람을 자기 나라로 돌려보내면 옛날의 현명한 군주처럼 되지 않겠소?"

안자가 대답했다.

"그렇지 않습니다. 무릇 어리석은 자는 후회가 많고, 불초한 자는 스스로 현명하다고 합니다. 대저 물에 빠진 사람은 수로를 살피지 않았기 때문이며, 길을 잃은 사람은 길을 묻지 않았기 때문입니다. 물에 빠진 후에 수로를 찾고, 길을 잃은 후에 길을 묻는 것은 병란을 당해서야 급히 병기를 만들고, 음식을 먹다가 목이 메어서야 급히 우물을 파는 것과 같으니, 제아무리 빨리 한다 해도 이미 때는 늦은 것입니다."(魯昭公棄國走齊, 齊公問焉, 曰, 君何年之少, 而棄國之蚤. 奚道至於此乎. 昭公對曰, 吾少之時, 人多愛我者, 吾體不能親. 人多諫我者, 吾志不能用, 好則內無拂而外無輔, 輔拂無一人, 諂諛我者甚衆. 譬之猶秋蓬也, 孤其根而美枝葉, 秋風一至, 根且拔矣. 景公辯其言, 以語晏子, 曰, 使是人反其國, 豈不爲古之賢君乎. 晏子對曰, 不然. 夫愚者多悔, 不肖者自賢, 溺者不問墜, 迷者不問路. 溺而後問墜, 迷而後問路, 譬之猶臨難而遽鑄兵, 噎而遽掘井, 雖速亦無及已.) (김성일 저, 고사성어대사전)

더러움에서 떠나고 남도 더러움에서 떠나도록 하며, 자기를 청정하게 하고 남도 청정하도록 하며, 자기도 열반에 들고 남도 열반에 들도록 하며, 자기를 즐겁게 하고 남도 즐겁도록 해야 된다.'[23]

❀

是汝自身尙乃未得恬靜 何能令他道業成持. 汝不見 金剛藏菩薩告解脫月菩薩言. 我當自修正行 亦勸於他 令修正行. 何以故 若自不能修行正行 令他修者 無有是處.

(하지만) 그대는 자신이 아직 편안하지도 고요하지도 않으면서 어떻게 다른 사람들이 도업道業을 이루도록 할 수 있겠소? 그대는 보지 못했소, 금강장보살金剛藏菩薩이 해탈월보살解脫月菩薩에게 말한 것을!

---

23 화엄경 80권본 제19권, 「십행품十行品」에 다음과 같이 기술하고 있다.

一切諸法 虛妄不實 速起速滅 無有堅固 如夢如影如幻如化, 誑惑愚夫 如是解者 卽能覺了 一切諸行 通達生死 及與涅槃 證佛菩提 自得度令他得度 自解脫 令他解脫 自調伏 令他調伏 自寂靜 令他寂靜 自安隱 令他安隱 自離垢 令他離垢自淸淨 令他淸淨 自涅槃 令他涅槃 自快樂令他快樂.

일체 모든 법(一切諸法)은 허망하고 실답지 못해 빠르게 일어났다 빠르게 없어지니, 견고하지 못한 것이 마치 꿈과 같고 그림자 같으며 환과 같고 요술과 같아 어리석은 사람을 속이고 홀리는 것이다. 그러므로 이와 같이 알면 바로 일체제행一切諸行을 능히 깨달아 생사와 열반을 통달하고 불보리佛菩提를 증득해서 자기를 구제하고 남도 구제하며, 자기가 해탈하고 남도 해탈하도록 하며, 자기를 조복하고 남도 조복하도록 하며, 자기를 적정하게 하고 남도 적정하도록 하며, 자기를 안온하게 하고 남도 안온하도록 하며, 자기가 더러움에서 떠나고 남도 더러움에서 떠나도록 하며, 자기를 청정하게 하고 남도 청정하도록 하며, 자기가 열반에 들고 남도 열반에 들도록 하며, 자기를 즐겁게 하고 남도 즐겁게 해야 된다.

'내가 마땅히 스스로 정행正行을 닦고, 또한 다른 이에게도 권해 정행을 닦도록 해야 할 것이다. 왜냐하면 만약 스스로 정행을 닦을 수 없으면서 다른 사람들로 하여금 (정행을) 닦으라고 하는 것은 옳지 못하기 때문이다.'[24]

❀

汝將生死不淨之心 口頭取辦 錯傳佛敎 誑謼凡情. 因此 彼王嗔汝 敎我取去彼中 便入刀樹地獄 斷汝舌根 終不得免. 汝不見佛語. 言詞所說法 小智妄分別 是故生障导 不了於自心 不能了自心 云何知正道 彼由顚倒慧 增長一切惡. 汝四十年來作口業 不入地獄 作什麼. 古敎自有

24 화엄경 80권본 제35권, 「십지품十地品」에 다음과 같이 기술하고 있다.

佛子 菩薩摩訶薩 如是護持 十善業道 常無間斷. 復作是念 "一切衆生 墮惡趣者 莫不皆以 十不善業. 是故我當 自修正行 亦勸於他 令修正行. 何以故 若自不能修行正行 令他修者 無有是處"

불자여! 보살마하살은 이와 같이 10선업도十善業道를 호지하여 항상 끊어짐이 없어야 한다. 그리고 또한 이와 같은 생각을 해야 한다.
'일체중생이 악취惡趣에 떨어지는 것은 모두 10불선업 때문이다. 이런 까닭에 나는 마땅히 스스로 정행正行을 닦고, 또한 다른 이에게도 권해 정행을 닦도록 할 것이다. 왜냐하면 만약 스스로 정행을 닦을 수 없으면서 다른 사람들로 하여금 닦으라고 하는 것은 옳지 못하기 때문이다.'

상기 십지품에 기술된 것은 금강장보살이 해탈월보살에게 10지 가운데 초지(환희지)를 이미 닦고 2지(이구지)에 들어가기 위해서는 10가지 깊은 마음(深心: 정직심正直心·유연심柔軟心·간능심堪能心·조복심調伏心·적정심寂靜心·순선심純善心·부잡심不雜心·무고연심無顧戀心·광심廣心·대심大心)을 일으켜야 하는데, 그러기 위해서는 10선업을 행해야 함을 설명한 것이다.

明文. 言語說諸法 不能現實相 汝將妄心 以口亂說. 所以 必受罪報. 但嘖自嫌 莫怨別人. 如今速行. 若也遲晩 彼王嗔吾."

그대는 생사의 깨끗하지 못한 마음으로 입으로만 힘쓰면서 부처님의 가르침(佛敎)을 잘못 전하고 중생(凡情)을 속여 왔소. 이로 인해 그대에게 화가 난 저 왕(염라대왕)이 내게 그대를 데리고 와서 바로 도수지옥刀樹地獄[25]에 넣어 혀를 끊어버리도록 한 것이니, 끝내 면할 수가 없을 것이오. 그대는 부처님께서 말씀하신 것을 보지 못했소!

'말로써 법을 설하고
작은 지혜로 허망하게 분별하니
이런 까닭에 장애가 일어나
자기의 마음을 깨닫지 못하네.
자기의 마음을 깨닫지 못하고
어떻게 정도正道를 알겠는가.
저 전도된 지혜 때문에
일체의 악이 더욱 늘어나네.'[26]

---

25 도수지옥刀樹地獄=검수지옥劍樹地獄: 16 지옥의 하나로 검을 잎으로 한 나무가 있는 지옥으로 죄인이 지옥에 들어가면 큰 바람이 나무에 불어 검으로 된 그 잎이 신체 위에 떨어져 신체, 머리, 얼굴 등에 상처를 입게 된다고 한다.

26 화엄경 80권본, 제16권, 「수미정상게찬품須彌頂上偈讚品」에 다음과 같이 기술하고 있다.

功德慧菩薩承佛威力 普觀十方而說頌言 "諸法無眞實 妄取眞實相 是故諸凡夫輪迴生死獄 言辭所說法 小智妄分別 是故生障礙 不了於自心 不能了自心 云何知正

(그럼에도 불구하고) 그대는 40년을 구업口業을 지었으니, 지옥에

道 彼由顚倒慧 增長一切惡 不見諸法空 恒受生死苦 斯人未能有 淸淨法眼故 我昔受衆苦 由我不見佛 故當淨法眼 觀其所應見 若得見於佛 其心無所取此人則能見如佛所知法 若見佛眞法 則名大智者 斯人有淨眼 能觀察世間 無見卽是見 能見一切法 於法若有見 此則無所見 一切諸法性 無生亦無滅 奇哉大導師 自覺能覺他 勝慧先已說 如來所悟法 我等從彼聞 能知佛眞性"

공덕혜보살功德慧菩薩이 부처님의 위신력을 받들어 널리 시방을 관하고 게송으로 말했다.

諸法無眞實　모든 법에 진실이 없는데
妄取眞實相　허망하게 진실상을 취하니
是故諸凡夫　이런 까닭에 모든 범부들
輪迴生死獄　생사의 지옥(生死獄)을 윤회하네.

言辭所說法　말로써 법을 설하고
小智妄分別　작은 지혜로 허망하게 분별하니
是故生障礙　이런 까닭에 장애가 일어나
不了於自心　자기의 마음을 깨닫지 못하네.

不能了自心　자기의 마음을 깨닫지 못하고
云何知正道　어떻게 정도正道를 알겠는가.
彼由顚倒慧　저 전도된 지혜 때문에
增長一切惡　일체의 악이 증장하네.

不見諸法空　제법이 공함(諸法空)을 보지 못하고
恒受生死苦　항상 생사고生死苦를 받는 것은
斯人未能有　이 사람에게
淸淨法眼故　청정법안淸淨法眼이 없기 때문이네.

我昔受衆苦　내가 지난날 온갖 괴로움(苦)을 받은 것은

由我不見佛　부처님을 뵙지 못한 나로 말미암은 것이니
故當淨法眼　마땅히 법안을 청정히 해야
觀其所應見　보이는 것을 관할 수 있네.

若得見於佛　만약 부처님을 뵙는다면
其心無所取　그 마음에 취하는 것이 없어져서
此人則能見　이 사람은 곧 능히 보게 되리니
如佛所知法　부처님이 아시는 것과 같은 법!

若見佛眞法　만약 부처님의 참된 법(眞法)을 보면
則名大智者　대지혜인(大智者)이라 이름 하게 되니
斯人有淨眼　이 사람에겐 청정한 눈(淨眼)이 있어
能觀察世間　능히 세간을 자세히 관하리라.

無見卽是見　보는 바 없는 것(無見)이 바로 보는 것이니,
能見一切法　일체법을 능히 볼 수 있다.
於法若有見　법에 만약 보는 바(見, 能見)가 있으면
此則無所見　이는 보이는 것(所見)이 없는 것이네.

一切諸法性　일체제법의 성품
無生亦無滅　남도 없고 멸함도 없으니
奇哉大導師　기이합니다, 대도사大導師시여!
自覺能覺他　스스로 깨닫고 능히 남도 깨닫게 하시네!

勝慧先已說　승혜勝慧보살이 먼저
如來所悟法　여래께서 깨달은 법을 말씀하셔서
我等從彼聞　저희들은 그에게 듣고서야
能知佛眞性　능히 부처님의 진성眞性을 알게 되었네.

들어가지 않으면 뭘 하겠는가! 옛 가르침(古敎)에 명백한 말씀이 (다음과 같이) 있소.

'언어로 제법을 설한다 해도
실상을 드러낼 수 없다(言語說諸法 不能現實相).'[27]

이는 부처님의 위신력으로 수미정상에 시방에 각각의 한 보살들이 모여 시방을 관하고 게송으로 찬탄하는 것이다.

10보살의 명호는 법혜法慧보살, 일체혜一切慧보살, 승혜勝慧보살, 공덕혜功德慧보살, 장진혜精進慧보살, 선혜善慧보살, 지혜智慧보살, 진실혜眞實慧보살, 무상혜無上慧보살, 견고혜堅固慧보살이며, 기술한 순서대로 찬탄 게송을 하는 것이다.

27 화엄경 80권본, 제16권, 「수미정상게찬품」에 다음과 같이 기술하고 있다.
智慧菩薩承佛威力 普觀十方而說頌言 "我聞最勝教 卽生智慧光 普照十方界 悉見一切佛 此中無少物 但有假名字 若計有我人 則爲入險道 諸取著凡夫 計身爲實有 如來非所取 彼終不得見 此人無慧眼 不能得見佛 於無量劫中 流轉生死海 有諍說生死 無諍卽涅槃 生死及涅槃 二俱不可得 若逐假名字 取著此二法 此人不如實 不知聖妙道 若生如是想 此佛此最勝 顚倒非實義 不能見正覺 能知此實體 寂滅眞如相 則見正覺尊 超出語言道 言語說諸法 不能顯實相 平等乃能見 如法佛亦然 正覺過去世 未來及現在 永斷分別根 是故說名佛"

지혜보살智慧菩薩이 부처님의 위신력을 받들어 널리 시방을 관하고 게송으로 말했다.

我聞最勝教　나는 가장 뛰어난 가르침(最勝教)을 듣고
卽生智慧光　바로 지혜의 광명을 내
普照十方界　널리 시방세계를 비추어
悉見一切佛　일체의 부처님들을 모두 뵈었네.

此中無少物　이 가운데는 어떤 것도 없고
但有假名字　단지 빌린 이름만 있을 뿐인데,

若計有我人　만약 나와 남을 헤아린다면
則爲入險道　바로 험한 길(險道)로 들어가게 되네.

諸取著凡夫　모든 것에 집착하는 범부들
計身爲實有　몸은 실제로 있는 것(實有)이라 헤아리니,
如來非所取　여래께서 집착하지 않는 것
彼終不得見　그들은 끝내 보지 못하네.

此人無慧眼　이 사람들에겐 혜안慧眼이 없어
不能得見佛　능히 부처님을 뵙지 못하고
於無量劫中　무량겁에
流轉生死海　생사의 바다를 윤회(流轉)하네.

有諍說生死　다툼이 있는 것을 생사라 말한다면
無諍卽涅槃　다툼이 없는 것이 곧 열반인데,
生死及涅槃　(그렇다면) 생사와 열반
二俱不可得　둘 모두를 얻지 못하네.

若逐假名字　만약 빌린 이름을 따라
取著此二法　이 두 가지 법(二法, 생사와 열반)을 집착한다면
此人不如實　이 사람은 여실如實하지 못해
不知聖妙道　성인의 오묘한 도(聖妙道)를 알지 못하리라.

若生如是想　만약 이와 같은 생각으로
此佛此最勝　이 부처님과 이 가장 뛰어난 가르침을
顚倒非實義　전도해서 진실한 뜻이 아니라 하게 되면
不能見正覺　정각을 볼 수 없으리라.

能知此實體　능히 이 실체가

그대가 허망한 마음(妄心)을 가지고 입으로 어지럽게 말했으니, 그렇기 때문에 반드시 죄보를 받아야 하오. 다만 자신을 속인 것을 탓할 뿐, 남을 원망하지 마시오. 이제 빨리 갑시다. 만약 늦으면 저 왕이 나에게 화를 낼 것이오."

❀

其第二鬼使云 "彼王早知如是 次第 何妨與他修行" 其第一鬼使云 "若與摩則放一日修行. 某等去彼中 諮白彼王 王若許 明日便來 王若不許 一餉時來" 其鬼使去後 寺主商量. 這个事鬼使則許了也. 某甲一日作摩生修行 無可計. 不待天明 便去開元寺搥門. 門士云 "是什摩人" 對云 "太安寺主來 起居大師" 門士便開門 寺主便去和尚處 具陳前事後 五體投地 禮拜起云 "生死到來. 作摩生卽是. 乞和尙慈悲 救某甲殘命" 師教他身邊立地. 天明了 其鬼使來 太安寺裏討主不見. 又來開元寺

寂滅眞如相　적멸의 진여상임을 알면
則見正覺尊　바로 정각존正覺尊께서는
超出語言道　언어의 길을 뛰어넘으셨다는 것을 보게 되리라.

言語說諸法　언어로 모든 법을 말하면
不能顯實相　실상을 드러낼 수 없고
平等乃能見　평등하면 능히 여법함을 볼 수 있으니
如法佛亦然　부처님 또한 그러하시네.

正覺過去世　과거 세상과
未來及現在　미래 세상과 현재 세상을 정각正覺하고
永斷分別根　분별의 뿌리를 영원히 끊으니,
是故說名佛　이런 까닭에 이름을 부처님이라 하는 것이네.

覓不得 轉去也. 師與寺主卽見鬼使 鬼使卽不見師與寺主也.

※何妨(하방): 무슨 상관이 있겠는가. (~해도) 무방하다.

※殘命(잔명): 죽음이 얼마 남지 않은 쇠잔衰殘한 목숨.

※'太安寺'는 앞에서 대안사大安寺로 했기에 대안사로 통일해서 번역하였다.

두 번째 저승사자가 말했다.

"저 왕께선 이와 같은 것을 이미 알고 계실 것이니, 차라리 이번 기회(次第)에 그에게 수행을 해 보게 하는 것도 괜찮지 않겠는가?"

첫 번째 저승사자가 말했다.

"그렇다면 하루 동안 수행할 수 있게 놓아 주겠소. 우리가 돌아가 왕께 아뢰어, 왕이 만약 허락하면 내일 다시 오고, 왕이 허락하지 않으면 잠시 뒤에 오겠소."

저승사자가 돌아간 뒤, 주지가 따져봤다(商量).

"이 일을 저승사자가 허락은 했지만, 내가 이 하루 동안에 어떻게 수행을 한단 말인가? 대책이 없네."

날이 밝기를 기다릴 수 가 없어 바로 개원사開元寺로 가서 문을 두드렸다.

사중의 스님(門士)이 말했다.

"누구요?"

주지가 대답했다.

"대안사(大安寺=太安寺) 주지가 대사께 문안드리러 왔습니다!"

사중의 스님이 문을 열어주자, 주지가 곧장 화상의 처소로 가서 전후 사정을 자세하게 말한 후에, 오체투지로 절을 하고 일어나 말했다.

"사느냐 죽느냐 하는 일이 닥쳐왔습니다(生死到來). 어떻게 해야 되겠습니까? 바라옵건대, 화상께서 자비심을 내시어 저의 남은 목숨을 구해 주십시오."

(그러자) 대사가 그에게 곁에 서 있도록 했다.

날이 밝자, 그 저승사자가 와서 대안사 안을 뒤졌지만 주지를 찾지 못했다. 또 개원사로 와서 뒤졌지만 찾지 못하고 그냥 돌아갔다.

대사와 주지는 저승사자를 봤지만, 저승사자는 대사와 주지를 보지 못했다.

❀

僧拈問龍華"只如 寺主當時 向什摩處去 鬼使覓不得" 花云"牛頭和尙" 僧云"與摩則國師當時也太奇" 龍花曰"南泉和尙"

어떤 스님이 이 일을 들어 용화龍華[28]에게 물었다.

"그렇다면 주지는 그때 어디로 갔기에 저승사자가 찾지 못한 것입니까?"

용화가 말했다.

"우두 화상牛頭和尙."[29]

---

28 용화영조(龍華靈照, 870~947): 고려 스님. 조납照衲이라고도 함. 중국 절강성과 복건성에 유학, 설봉의존雪峰義存에게 참학하여 그의 법을 이어받음. 시호는 진각眞覺 대사.(선학사전, p.488)

29 우두법융(牛頭法融, 594~657): 수말隋末 당초唐初의 스님. 우두종의 개조. 우두는 주석 산명. 속성은 위韋씨. 강소성 윤주 연릉延陵 출신. 처음에는 유교를 공부하다

스님이 말했다.

"그렇다면 국사(國師, 혜충 국사)[30]께서는 그때 대단히 기이했었겠네요."

용화가 말했다.

"남전 화상南泉和尙."[31]

가 강소성 모산茅山의 영靈 법사를 만나 출가함. 산속에서 수행 정근하기를 20년, 정관貞觀 17년에는 건강부 남경의 우두산 유서사幽棲寺로 들어감. 동 21년 법화경을 강설, 영휘永徽 3년에 읍재邑宰의 청에 따라 강소성 건업의 건초사建初寺에서 대품반야경을 강설, 또 이즈음 강녕령江寧令인 이수본李修本의 청에 의해 대집경을 강설함. 현경顯慶 원년에 숙원 선肅元善의 청을 받고 건초사建初寺에 머묾. 저술에 절관론絶觀論이 있음.(전게서 p.489)

30 남양혜충(南陽慧忠, 忠國師, ?~775): 당대의 스님. 남양은 주석 지명. 어려서 육조혜능에게 수학하고 법을 이음. 혜능 입멸 후, 하남성 남양의 백애산 당자곡으로 들어가 40년간 산문을 나오지 않음. 당 숙종이 명성을 알고 승려의 예를 올림. 천복사에 머물다가 대종이 초청하여 광택사에 머묾. 혜충은 남악회양, 청원행사, 하택신회, 영가현각과 더불어 혜능 문하의 5대 종장임.(전게서 p.101)

31 남전보원(南泉普願, 748~834): 당대의 스님. 남악 문하. 남전은 주석 산명. 마조도일에게 참학하여 그의 법을 이음. 남전산에 머물며 사립簑笠을 쓰고 소를 치며 산에 올라 나무를 하고 밭을 일구며 선풍을 펼침. 스스로 왕 노사王老師라고 칭하면서 30년간 한 번도 하산하지 않음. 조주종심, 장사경잠, 자호이종 등 많은 제자를 배출함.(전게서 p.103)

13. 일구 불법一句佛法은 내가 더 뛰어나다[32]

有一日齋後 忽然有一个僧來 具威儀便上法堂參師. 師問"昨夜在什麼處"對曰"在山下"師曰"喫飯也未"對曰"未喫飯."師曰"去庫頭覓喫飯"其僧應喏 便去庫頭. 當時百丈造典座 卻自个分飯 與他供養. 其僧喫飯了便去. 百丈上法堂 師問"適來有一个僧未得喫飯 汝供養得摩?"對曰"供養了"師曰"汝向後無量大福德人"對曰"和尙作摩生與摩說"師曰"此是辟支弗僧 所以與摩說"進問"和尙是凡人 作摩生受他辟支弗禮"師云"神通變化則得 若是說一句佛法 他不如老僧"

※庫頭(고두): 사찰의 금전과 곡물 등을 관리하는 직책, 또는 그 일을 맡은 승려.

※典座(전좌): 육지사六知事의 하나. 선원禪院에서 식사·의복·방석·이부자리 등을 담당하는 직책, 또는 그 일을 맡은 승려.

어느 날 공양(齋)이 끝났는데, 홀연히 한 스님이 와서 위의威儀를 갖추고 법당에 올라 마조를 참례했다.

---

32 조당집 14권, '강서 마조 화상' 편에 전한다(부록 V-1-4).

마조가 물었다.

"어젯밤엔 어디에 있었는가?"

스님이 말했다

"산 아래 있었습니다."

마조가 말했다

"밥은 먹었는가?"

스님이 말했다.

"아직 먹지 못했습니다."

마조가 말했다

"고두庫頭한테 가서 밥을 달라고 해라."

스님이 "예!" 하고, 고두에게 갔다.

그때 백장百丈이 전좌典座를 맡고 있었는데, 자기 몫의 밥을 나누어 공양토록 했다.

그 스님이 공양을 하고는 바로 가버렸다.

백장이 법당에 오르자, 마조가 물었다.

"좀 전에 한 스님이 공양을 하지 못했는데, 네가 공양하도록 했는가?"

백장이 말했다.

"공양을 했습니다."

마조가 말했다.

"너는 앞으로 무량대복덕인無量大福德人이 될 것이다."

백장이 말했다.

"스님께서는 어째서 그런 말씀을 하십니까?"

마조가 말했다.

"이는 벽지불 스님(辟支弗僧)[33]이다. 그래서 이렇게 말한 것이다."

백장이 물었다.

"화상께선 범인凡人이신데, 어떻게 저 벽지불의 예를 받습니까?"

마조가 말했다.

"(그가) 신통변화神通變化는 얻었지만, 일구 불법一句佛法으로 말할 것 같으면 그는 나보다 못하다."[34]

---

33 벽지불辟支弗: 산스크리트어 pratyeka-buddha 팔리어 pacceka-buddha의 음사. 홀로 깨달은 자라는 뜻. 독각獨覺·연각緣覺이라 번역. 스승 없이 홀로 수행하여 깨달은 자. 가르침에 의하지 않고 독자적으로 깨달은 자. 홀로 연기緣起의 이치를 주시하여 깨달은 자. 홀로 자신의 깨달음만을 구하는 수행자.(시공 불교사전)

34 『백장광록百丈廣錄』에 신통神通과 관련하여 다음과 같이 기술하고 있다.

眼耳鼻舌各各不貪染一切有無諸法 是名受持四句偈 亦名四果. 六入無迹 亦名六通 祇如今但不被一切有無諸法閡 亦不依住不閡 亦無不依住知解 是名神通 不守此神通 是名無神通 如云 "無神通菩薩足迹不可尋" 是佛向上人 最不可思議. 人是自己 天是智照 讚卽喜 喜者屬境 境是天讚是人. 人天交接 兩得相見 亦云 淨智爲天 正智爲人.

안이비설眼耳鼻舌 각각이 일체 유무의 제법을 탐내고 물들지 않으면, 이를 일러 '4구게를 수지한다(受持四句偈)'고 하고, 또 '4과四果'라고도 한다. 6입에 자취가 없는 것을 또한 6통(六通, 6신통)이라 하는데, 다만 지금 단지 일체 유무의 제법에 막히지 않고, 막히지 않음에도 머물지 않으면 이를 일러 '신통神通'이라 하고, 이 신통을 지키지 않으면 이를 일러 '신통이 없다(無神通)'고 한다. 이는 "신통이 없는 보살의 족적은 찾을 수가 없다(無神通菩薩足迹不可尋)"고 한 것과 같은데, 이것이 가장 불가사의한 불향상인(向上人 最不可思議)이다. 사람이 자기이고, 하늘이 지혜로 비추는 것이며, 찬탄이 곧 기쁨이다. 기쁨은 경계에 속하니, 경계가 하늘이고, 찬탄이 사람이다. 사람과 하늘이 만나니 둘이 서로를 보는 것이다. 또한 이르기를 "청정한 지혜가 하늘이 되고, 바른 지혜가 사람이 된다(淨智爲天 正智爲人)"고 하였다.

14. 마조가 침을 뱉다[35]

師有一日 上禪牀 纔與摩坐 便涕唾. 侍者便問和尙 "適來因什摩涕唾" 師云 "老僧在這裏 坐山河大地 森蘿萬像 摠在這裏 所以嫌他與摩唾" 侍者云 "此是好事 和尙爲什摩卻嫌" 師云 "於汝則好 於我則嫌" 侍者云 "此是什摩人境界" 師云 "此是菩薩人境界" 後鼓山擧此因緣云 "古人則與摩 是你諸人菩薩境界尙未得. 又故則嫌他菩薩 雖則是嫌 但以先證得菩薩之位 後嫌也嫌. 老僧未解得菩薩之位 作摩生嫌他這个事"

※涕(눈물 체): 눈물. 울다. 눈물을 흘리며 울다.
※唾(침 타): 침. 침을 뱉다. 토하다. 게우다. 읊다.
※밑줄 친 부분의 '故'는 상기의 '古人'으로 해석했다.

마조가 하루는 선상禪牀에 올라, 앉자마자 바로 침을 뱉었다. 시자侍者가 바로 화상에게 물었다.

"좀 전에 어째서 침을 뱉으셨습니까?"

마조가 말했다.

---

35 조당집 14권, '강서 마조 화상' 편에 전한다(부록 V-1-5).

"내(老僧)가 여기에 있으니 산하대지와 삼라만상 모두가 여기에 있구나. 그래서 그것이 싫어 침을 뱉었다."

시자가 말했다.

"이는 좋은 일인데, 화상께서는 어째서 싫어하는 것입니까?"

마조가 말했다.

"네겐 좋아도 나는 싫다."

시자가 말했다.

"이것은 어떤 사람의 경계입니까?"

마조가 말했다.

"이것은 보살인菩薩人의 경계다."

후에 고산鼓山[36]이 이 인연을 거론해서 말했다.

"고인古人은 이렇게 했지만, 그대들 모두는 보살경계菩薩境界를 아직 얻지 못했다. 또 고인은 보살을 싫어했는데, 비록 이렇게 싫어하는 것도 다만 먼저 보살의 지위를 증득한 후에야 싫어하더라도 싫어해야 한다. 하지만 노승老僧은 아직 보살의 지위를 얻지 못하였는데, 어떻게 이 일(這个事)을 싫어하겠는가!"

---

36 고산신안(鼓山神晏, ?~943): 당말 오대의 스님. 남악 문하. 고산은 주석 산명. 속성은 이李씨. 13세에 백록산白鹿山 규規 선사에게 귀의하여 출가, 설봉의존의 법을 이어받음. 복주福州의 고산鼓山에 용천선원涌泉禪院을 창건하여 종풍을 널리 선양함. 천복天福 8년 입적, 세수 70. 시호는 흥성興聖.(선학사전, p.43)

15. 집에는 두 가장이 없고, 나라엔 두 왕이 없다[37]

三郎教兩个兒子 投馬祖出家. 有一年卻歸屋裏 大人纔見兩僧 生佛一般禮拜云 "古人道 生我者父母 成我者朋友. 是你兩个僧 便是某甲朋友. 成持老人" 曰 "大人雖則年老 若有此心 有什摩難" 大人歡喜 從此便居士相 共男僧便到馬祖處. 其僧具陳來旨 大師便上法堂. 黃三郎到法堂前 師曰 "咄 西川黃三郎 豈不是" 對曰 "不敢" 師曰 "從西川到這裏黃三郎 如今在西川在洪州" 云 "家無二主 國無二王" 師曰 "年幾" 云 "八十五" "雖則與摩 筭什摩年歲" 云 "若不遇和尙虛過一生 見師後如刀劃空" 師曰 "若實如此 隨處任眞"

(서천西川의) 황 삼랑黃三郎이 두 아들을 마조에게 출가시켰다. 1년쯤 돼서 집으로 돌아왔는데, 부친(大人)이 두 스님을 보자마자 마치 생불生佛처럼 보여서 절을 하고, 말했다.

"고인古人이 말하기를 '나른 낳아 준 이는 부모요, 나를 길러 준 이는 친구다(生我者父母 成我者朋友)'고 했는데, 그대들 두 스님은 바로

---

37 조당집 14권, '강서 마조 화상' 편에 전한다(부록 V-1-6).

나의 친구다. 늙은이가 도업을 이루도록 해주게나."

말했다.

"부친께선 비록 연로하셨지만, 이런 마음을 가지고 계신다면 무슨 어려움이 있겠습니까?"

부친이 기뻐서 이에 거사의 모습으로 스님들과 함께 마조의 처소에 이르렀다.

그 스님들이 (부친이) 온 뜻을 자세히 말하자, 마조가 곧 법당에 올랐다.

황 삼랑이 법당 앞에 이르자, 마조가 말했다.

"아니(咄)! 서천의 황 삼랑이 아니십니까?"

황 삼랑이 말했다.

"황송합니다."

마조가 말했다.

"서천에서 여기까지 왔는데, 황 삼랑은 지금 서천西川에 있습니까, 홍주洪州에 있습니까?"

황 삼랑이 말했다.

"집에는 두 가장이 없고, 나라에는 두 왕이 없습니다(家無二主 國無二王)."[38]

---

38 『예기禮記』「방기坊記」편에 다음과 같이 기술하고 있다.

子云 "天無二日 土無二王 家無二主 尊無二上 示民有君臣之別也."

공자孔子가 말했다.

"하늘에 두 해가 없고 땅에는 두 왕이 없으며, 집에는 두 가장이 없고 존엄에 두 윗사람이 없음은 백성에게 군신君臣의 구별이 있음을 보여 주는 것이다."

마조가 말했다.

"연세가 얼마나 되죠?"

황 삼랑이 말했다.

"여든 다섯입니다."

마조가 말했다.

"비록 그렇긴 해도, 무슨 나이를 셀 것이 있겠습니까?"

황 삼랑이 말했다.

"스님을 뵙지 못했다면 일생을 헛되이 보낼 뻔했습니다. 스님을 뵙고 나니, 마치 칼로 허공을 베어버린 것 같습니다."

마조가 말했다.

"정말로 이와 같다면 어디서나 진실 그대로일 것입니다(隨處任眞)."

16. 종문宗門의 뜻[39]

汾州和尙 爲座主時 講四十二本經論來 問師 "三乘十二分教某甲粗知. 未審宗門中意旨如何" 師乃顧示云 "左右人多 且去" 汾州出門 脚纔跨門閬 師召座主. 汾州迴頭 應喏. 師云 "是什麼" 汾州當時便省 遂禮拜起來云 "某甲講四十二本經論 將謂無人過得 今日若不遇和尙 泊合空過一生"

※閬(문지방 한): 문지방.

분주汾州[40] 화상이 좌주로 있을 때 사십이본경론四十二本經論을 강의했는데, 마조에게 물었다.

"삼승십이분교三乘十二分教를 제가 대략은 압니다만, 종문宗門의

---

39 조당집 제14권, '강서 마조 화상' 편에 전한다(부록 V-1-16).

40 분주무업(汾州無業, 760~821) : 당대의 스님. 남악 문하. 분주는 주석 지명. 속성은 두杜씨. 9세에 개원사에서 수학하고 12세에 삭발, 20세에 수계함. 4분율에 뛰어나고 대반열반경을 강의함. 마조도일에게 배우고 심인을 받음. 오대산에서 대장경을 열람함.(선학사전, pp.300~301)

뜻은 어떤지 잘 모르겠습니다."

스님이 좌우를 돌아보며 말했다.

"좌우에 사람이 많으니, 일단 가거라."

분주가 문을 나서는데 발이 막 문지방을 넘자마자, 마조가 "좌주!" 하고 불렀다.

(그러자) 분주가 고개를 돌려 "예!" 하고 답했다.

마조가 말했다.

"이것이 무엇인가(是什摩)?"

분주가 당시에 바로 깨닫고는, 절을 하고 일어나 말했다.

"제가 사십이본경론을 강의하면서 누구도 능가할 자가 없다고 여겼는데, 오늘 스님을 뵙지 못했다면 헛되게 일생을 보낼 뻔했습니다."

17. 불자拂子를 던지는 것으로 대신하다[41]

師問百丈"汝以何法示人" 百丈竪起拂子對 師云"只這个爲 當別更有百" 丈抛下拂子. 僧拈問石門"一語之中 便占馬大師兩意 請和尙道" 石門拈起拂子云"尋常抑不得已"

마조가 백장에게 물었다.

"그대는 어떤 법으로 사람들에게 보이겠는가?"

백장이 불자를 세우는 것으로 대답했다.

마조가 말했다.

"다만 이것뿐인가? 달리 또 있는가?"

백장이 불자를 던져버렸다.

어떤 스님이 이것을 들어 석문石門에게 물었다.

"한마디 말로 마 대사의 두 가지 뜻을 헤아려 볼 수 있도록 화상께서

---

41 조당집 제14권, '강서 마조 화상' 편에 전한다(부록 V-1-17). 또한 전등록 제6권, '강서 도일 선사' 편에서도 동일하게 기술하고 있다(부록 V-2-8). 본서 'IV-8. 백장이 두 번째 마조를 참례하다' 편 본문과 註를 함께 참조하기 바란다.

말씀해 주십시오."

석문이 불자를 세우고 말했다.

"대수롭지 않지만, (이것도) 부득이해서 하는 것이다."

18. 동에서 서로, 서에서 동으로[42]

馬祖遣師 送書到國師處在 路逢見天使. 天使遂留齋次 因驢啼. 天使喚"頭陁" 師乃擧頭 天使便指驢示 師. 師卻指天使 天使 無對. 又到國師處 國師問"汝師說什摩法" 師從東邊過西邊立 國師云"只者个 爲當別更有不" 師又過東邊立 國師云"這个是馬師底仁者作 摩生" 師云"早个呈似和尙了也"

※陁(비탈질 타, 무너질 치, 기운 모양 이): 비탈지다. 험하다. (짐을) 싣다. 무너지다(치). 벼랑(치). 기운 모양(이).

마조가 스님(師, 서당지장)으로 하여금 편지를 가지고 충 국사 처소에 가도록 했는데, 가는 길에 천사(天使, 천자의 사자)를 만났다. 천사가 만류해 공양을 하고 있는데, 나귀가 울었다.

천사가 불렀다.

"두타야(頭陁)!"

스님이 고개를 들자, 천사가 바로 스님에게 나귀를 가리켜 보였다.

---

42 조당집 제15권, '서당 화상' 편에 전한다.

스님이 도리어 천사를 가리키자, 천사가 대답이 없었다.

또 국사의 처소에 이르자, 국사가 물었다.
"그대의 스승은 무슨 법을 설하는가?"
스님이 동쪽에서 서쪽으로 가서 섰다.
국사가 말했다.
"단지 이것뿐인가, 다른 것이 또 있는가?"
스님이 또 동쪽으로 가서 섰다.
(그러자) 국사가 말했다.
"이것은 마조의 것이고, 그대의 것은 어떤가?"
스님이 말했다.
"이미 화상께 드렸는데요."[43]

---

43 선문염송집 제4권, 고칙 138에서는 천사와의 대화는 기술하지 않고, 바로 마조의 편지를 가지고 충 국사에게 가서 문답하는 것으로 기술하고 있다.

忠國師因西堂地藏 與馬祖馳書至 師問 "汝師說什摩法" 藏從西東過立 師云 "祇這箇 別更有" 藏却過西立 師云 "這箇是馬師底 仁者底作摩生" 師云 "早箇呈似和尙了也"(내용 동일, 번역 생략.)

여기서는 동서의 위치를 달리 기술하고 있는데, 차이는 없다.

19. 조계曹溪에게 물어야 한다[44]

江西馬大師 令西堂問師 "十二時中 以何爲境" 師曰 "待汝廻去 有信上大師" 西堂曰 "如今便廻去" 師曰 "傳語大師 卻須問取曹溪始得"

강서의 마 대사가 서당을 시켜 스님(師, 경산도흠)에게 묻게 했다.

"하루 종일 무엇으로 경계를 삼으십니까?"

경산이 말했다.

"네가 돌아가면 대사께 드릴 편지가 있다."

서당이 말했다.

"지금 바로 돌아갈 것입니다."

경산이 말했다.

"대사께 전해라, 모름지기 조계(曹溪, 육조혜능)에게 물어야 한다."

---

44 조당집 제3권, '경산 화상' 편에 전한다.

20. 세 점은 마치 흐르는 물과 같고, 굽은 것은 흡사 벼 베는 낫과 같구나[45]

伏牛和尙 與馬大師送書 到師處. 師問 "馬師說何法示人" 對曰 "卽心卽佛" 師曰 "是什摩語話" 又問 "更有什摩言說" 對曰 "非心非佛" 亦曰 "不是心 不是佛 不是物" 師笑曰 "猶較些子" 伏牛卻問 "未審此間如何" 師曰 "三點如流水 曲似刈禾鐮" 後有人擧似仰山 仰山云 "水中半月現" 又曰 "三點長流水 身似魚龍衣"

복우伏牛[46] 화상이 마 대사가 보내는 편지를 가지고 충 국사가 계신 곳에 이르렀다.

충 국사가 물었다.

"마 대사가 무슨 법을 말해서 사람들에게 보이는가?"

대답했다.

"'마음이 곧 부처다(卽心卽佛)'고 합니다."

충 국사가 말했다.

---

45 조당집 제3권, '혜충 국사' 편에 전한다.

46 복우자재伏牛自在 스님에 관해서는 아래 註3을 참조하기 바란다.

"(아니) 이게 무슨 말이야?"

그리고는 또 물었다.

"또 무슨 말이 있는가?"

대답했다.

"'마음도 아니고 부처도 아니다(非心非佛)'고 합니다."

또 말했다.

"'마음도 아니고, 부처도 아니며, 어떤 것도 아니다(不是心 不是佛 不是物)'고 합니다."

충 국사가 웃으며 말했다.

"그래도 조금은 낫구먼(猶較些子)."

복우가 도리어 물었다.

"여기서는 어떤지 잘 모르겠습니다."

충 국사가 말했다.

"세 점은 마치 흐르는 물과 같고, 굽은 것은 흡사 벼 베는 낫과 같다(三點如流水 曲似刈禾鎌)."

후에 어떤 사람이 앙산仰山에게 앞의 일을 전하자, 앙산이 말했다.

"물속에 반달이 드러났구나(水中半月現)."

또 말했다.

"세 점은 늘 흐르는 물과 같고, 몸통은 어룡의와 같다(三點長流水 身似魚龍衣)."[47]

---

47 전등록 7권, '이궐伊闕 복우산伏牛山 자재自在 선사禪師' 편에서도 기술하고 있다(부록 V-3-21 참조).

21. 편지와 장항아리 세 개[48]

馬祖令人持書并醬三甕與師. 師令排向法堂前 乃上堂 衆纔集 師以拄杖指醬甕云 "道得卽不打破 道不得卽打破" 衆無語. 師便打破 歸方丈.

※醬(장 장): 장(된장, 간장). 육장(肉漿: 포脯를 썰어 누룩 및 소금을 섞어서 술에 담근 음식). 장조림. 젓갈.

※甕(독 옹): 독(큰 오지그릇이나 질그릇). 항아리.

마조가 사람을 시켜 편지(書)와 장 항아리 세 개를 가지고 가서 스님(師, 백장회해)에게 주라고 했다.

백장이 법당 앞에 늘어놓게 하고는, 상당했다.

대중이 모이자, 스님이 주장자로 장항아리를 가리키며 말했다.

"한마디 제대로 말하면 부수지 않겠지만, 말하지 못하면 부셔버리겠다."

대중이 말이 없었다.

(그러자) 스님이 바로 부셔버리고 방장실로 돌아갔다.

---

48 사가어록 제2권, 백장어록 편에 전한다.

22. 키장이 마 씨네 꼬마[49]

得法南岳 後歸蜀 鄕人喧迎之. 溪邊婆子云 "將謂有何奇特 元是馬簸箕家小子" 師遂曰 "權君莫還鄕 還鄕道不成 溪邊老婆子 喚我舊時名" 再返江西.

※簸(까부를 파): 까부르다(키를 위아래로 흔들어 곡식의 티나 검불 따위를 날려버리다). 까불다(위아래로 흔들다). 일다(흔들어서 쓸 것과 못 쓸 것을 가려내다).

※箕(키 기, 대로 기울 체): 키(곡식을 까부르는 데 쓰는 기구). 삼태기(흙을 담아 나르는 그릇). 쓰레받기. 별의 이름. 바람귀신. / 다리 뻗고 앉다. 대로 깁다(떨어지거나 해어진 곳을 꿰매다) (체).

남악(南岳, 남악회양)으로부터 법을 얻은 후 촉蜀으로 돌아가자, 고향 사람들이 떠들썩하게 맞이해 주었다.

개울가에 있던 노파가 말했다.

"뭔가 대단한 사람이라도 왔나 했더니, 원래 키장이 마 씨네 꼬마였

---

49 『오가정종찬五家正宗贊』 제1권, '마조' 편에 보인다(入矢義高 저, 박용길 옮김, 마조록 p.230을 참조한 것임).

구먼."

(그러자) 마조가 말했다.

"權君莫還鄕　그대에게 권하노니, 고향으로 돌아가지 말게나.
還鄕道不成　고향으로 돌아가면 도는 이루어지지 않나니,
溪邊老婆子　개울가 노파는
喚我舊時名　나의 옛날 이름이나 부르고 있더라."

(그리고는) 다시 강서로 돌아갔다.

V. 부록

1. 조당집에서 전하는 강서 마조 화상[1]

1-1.[2]

江西馬祖 嗣讓禪師 在江西. 師諱道一 漢州十方縣人也. 姓馬於羅漢寺出家. 自讓開心眼 來化南昌.

강서 마조는 회양 선사(讓禪師, 南嶽懷讓)의 법을 이었고 강서에서 살았다. 화상의 휘諱는 도일道一이고, 한주 시방현 사람이다. 성은 마馬씨이고, 나한사羅漢寺에서 출가하였다. 회양으로부터 마음의 눈(心眼)이 열렸고, 남창에서 교화를 폈다.

1-2.[3]

每謂衆曰. "汝今各信 自心是佛 此心卽是佛心. 是故 達摩大師 從南天竺國來 傳上乘一心之法 令汝開悟. 又數引 楞伽經文 以印衆生心地. 恐汝顚倒不自信. 此一心之法 各各有之 故楞伽經云 "佛語心爲宗 無

---

1 조당집 제14권 가운데 '강서 마조 화상' 편 전체를 번역한 것이다.

2 행록 편에 해당한다.

3 시중 편, 1. 상승의 일심법(上乘一心之法)에 해당한다.

門爲法門"

자주 대중에게 말했다.

"그대들은 지금 각자 자기 마음이 부처임(自心是佛)을 믿어라. 이 마음이 바로 부처다(此心卽佛心). 이런 까닭에 달마 대사는 남천축국으로부터 와서 상승(上乘, 대승)의 일심법(一心之法)을 전하고, 그대들로 하여금 깨닫도록 하였던 것이다. 또한 자주 『능가경』의 문구를 인용해서 중생의 마음(心地)에 각인시켜 주었던 것은 그대들이 전도되어 스스로를 믿지 못할까 염려했기 때문이다. 이 일심법은 각자에게 있는 것이니, 그래서 능가경은 부처님께서 말씀하신 마음을 종지로 하고, 무문으로 법문을 삼은 것이다(佛語心爲宗 無門爲法門)."[4]

❀

又云"夫求法者 應無所求 心外無別佛 佛外無別心. 不取善不捨惡 淨穢兩邊 俱不依怙. 達罪性空 念念不可得 無自性故. 三界唯心 森羅萬像 一法之所印.

또 말했다.

"무릇 법을 구하는 사람은 마땅히 구하는 바가 없어야 한다. 마음 밖에 따로 부처가 없고, 부처 밖에 따로 마음이 없다(心外無別佛 佛外無別心). 선도 취하지 말고 악도 버리지 말며, 깨끗함과 더러움의 양변에도

4 직역하면, "그래서 능가경에 이르기를 부처님께서 말씀하신 마음을 종지로 하고, 무문으로 법문을 삼은 것이다(佛語心爲宗 無門爲法門)"가 된다. 하지만 능가경에 이와 같은 문구가 없어, 본서 'II-1. 상승의 일심법'의 번역을 따랐음을 밝혀둔다.

모두 의지하지 말라! 죄의 성품이 공空함을 통달하면 생각생각 얻을 것이 없으니, 자성이 없기 때문이다. 삼계는 오직 마음일 뿐이고(三界唯心), 삼라만상은 일법一法이라는 도장으로 찍어낸 것이다.

❀

凡所見色 皆是見心. 心不自心 因色故有心 汝可隨時言說 卽事卽理 都無所㝵 菩提道果 亦復如是. 於心所生 卽名爲色 知色空故 生卽不生. 若體此意 但可隨時 著衣喫飯 長養聖胎 任運過時 更有何事. 汝受吾教 聽吾偈曰 心地隨時說 菩提亦只寧 事理俱無㝵 當生則不生.

※ 㝵(그칠 애, 얻을 득): 그치다. 막히다(애). / 얻다. 손에 넣다. 만족하다. 알다. 깨닫다(득).

무릇 보이는 색色은 모두 마음으로 보는 것이다. 마음은 스스로 마음이 아니고, 색으로 인해 마음이 있는 것이기 때문에 그대들이 다만 때에 따라 말을 하더라도 사(事, 현상)에도 맞고 이(理, 이치)에도 맞아서 전혀 걸릴 것이 없고, 보리도과菩提道果 또한 이와 같은 것이다.

마음에서 일어나는 것을 색色이라고 이름하는 것이니, 색이 공하다는 것을 알기 때문에 생한다 해도 생하는 바가 없는 것이다. 만약 이 뜻을 체득하면 다만 때때로 옷 입고 밥 먹으면서도 성인의 태를 기르고, 일이 되어가는 대로 맡겨 세월을 보내게 될 것이니, 그밖에 다시 무슨 일이 있겠는가! 그대들은 나의 교지(敎旨, 또는 宗旨)를 받아들이고, 나의 게송을 들어라."

心地隨時說　마음(心地)이 때에 따라 말을 하나니
菩提亦只寧　보리菩提 역시 다만 이와 같을 뿐이네.
事理俱無礙　사事와 이理에 모두 걸림이 없으면
當生卽不生　생하더라도 생하는 바가 없는 것이네.

1-3.[5]

有洪州城 大安寺主 講經講論座主 只觀誹謗馬祖. 有一日夜 三更時 鬼使來搥門. 寺主云 "是什摩人" 對云 "鬼使來取寺主" 寺主云 "啓鬼使 某甲今年 得六十七歲. 四十年講經講論 爲衆成持 只觀貪諍論 未得修行. 且乞一日一夜 還得也無"

※只觀(지관)=지관(只管): 얼마든지. 마음대로. 주저하지 않고. 오로지(다만) ~만 돌보다(고려하다). / 觀과 管은 중국어 발음(zhǐguǎn)이 같다.

홍주성 대안사大安寺 주지는 경과 론을 강의하는 좌주座主였는데, 마음 내키는 대로 항상 마조를 비방했다. 어느 날 밤 삼경에 저승사자(鬼使)가 와서 문을 두드렸다.

주지가 말했다.

"누구요?"

저승사자가 대답했다.

"저승사자가 주지를 데리러 왔소."

---

5 보유 편, 12. 지옥에서 온 저승사자에 해당한다.

주지가 말했다.

"저승사자께 아룁니다. 제가 올해 예순 일곱입니다. 대중이 도업을 이루도록 40년 동안 경과 론을 강의하면서 오직 논쟁하는 것만 탐했을 뿐, 아직 수행을 하지 못했습니다. (그러니) 하루 낮 하루 밤만이라도 말미를 청해도 되겠습니까?"

❀

鬼使云 "四十年來 貪講經論 不得修行 如今更修行作什摩. 臨渴掘井有什摩交涉. 寺主適來道 只觀貪講經論 爲衆成持 無有是處. 何以故 教有明文. 自得度令他得度 自解脫令他解脫 自調伏令他調伏 自寂靜令他寂靜 自安隱令他安隱 自離垢令他離垢 自淸淨令他淸淨 自涅槃令他涅槃 自快樂令他快樂.

저승사자가 말했다.

"40년 동안 경론을 강의하는 것만 탐하면서 수행을 하지 않았는데, 이제 다시 수행을 해서 뭘 하겠다는 것이오? 목이 말라야 우물을 파는 것이 무슨 소용이 있겠소? 주지가 좀 전에 말하기를 '오직 대중이 도업을 이루도록 경론 강의하는 것만 탐했다'고 했는데, 그것은 옳지 못하오. 왜냐하면 경전에 명백한 말씀이 있기 때문이오.

'자기를 제도하고 남도 제도하도록 하며, 자기가 해탈하고 남도 해탈하도록 하며, 자기를 조복하고 남도 조복하도록 하며, 자기를 적정하게 하고 남도 적정하도록 하며, 자기를 안온케 하고 남도 안온하도록 하며, 자기도 더러움에서 떠나고 남도 더러움에서 떠나도록 하며, 자기를 청정하게 하고 남도 청정하도록 하며, 자기도 열반에

들고 남도 열반에 들도록 하며, 자기를 즐겁게 하고 남도 즐겁도록 해야 한다.'

❀

是汝自身 尙乃未得恬靜 何能令他 道業成持. 汝不見 金剛藏菩薩告解脫月菩薩言. 我當自修正行 亦勸於他 令修正行. 何以故 若自不能修行正行 令他修者 無有是處.

(하지만) 그대는 자신이 아직 편안하지도 고요하지도 않으면서 어떻게 다른 사람들이 도업道業을 이루도록 할 수 있겠소? 그대는 보지 못했소, 금강장보살이 해탈월보살에게 말한 것을!

'내가 마땅히 스스로 정행正行을 닦고, 또한 다른 이에게도 권해서 정행을 닦도록 해야 한다. 왜냐하면 만약 스스로 정행을 닦을 수 없으면서 다른 사람들로 하여금 (정행을) 닦으라고 하는 것은 옳지 못하기 때문이다.'

❀

汝將生死 不淨之心 口頭取辦 錯傳佛教 誑謼凡情. 因此 彼王嗔汝 教我取去彼中 便入刀樹地獄 斷汝舌根 終不得免. 汝不見 佛語. 言詞所說法 小智妄分別 是故生障㝵 不了於自心 不能了自心 云何知正道. 彼由顚倒慧 增長一切惡. 汝四十年來 作口業 不入地獄 作什麼. 古教自有明文. 言語說諸法 不能現實相. 汝將妄心 以口亂說 所以 必受罪報. 但嘖自嫌 莫怨別人. 如今速行. 若也遲晚 彼王嗔吾."

※謼(속일 하, 부르짖을 효, 깜짝 놀랄 획): 속이다. 재빠르다. 신속하다(하)./ 부르짖다(효). 깜짝 놀라다(획).

그대는 생사의 깨끗하지 못한 마음으로 입으로만 힘쓰면서 부처님의 가르침을 잘못 전하고 중생을 속여 왔소. 이로 인해 그대에게 화가 난 저 왕(염라대왕)이 내게 그대를 데리고 와서 바로 도수지옥에 넣어 혀를 끊어버리도록 한 것이니, 끝내 면할 수가 없을 것이오. 그대는 부처님께서 말씀하신 것을 보지 못했소!

言詞所說法　말로써 법을 설하고
小智妄分別　작은 지혜로 허망하게 분별하니
是故生障㝵　이런 까닭에 장애가 일어나
不了於自心　자기의 마음을 깨닫지 못하네.

不能了自心　자기의 마음을 깨닫지 못하고
云何知正道　어떻게 정도正道를 알겠는가.
彼由顚倒慧　저 전도된 지혜 때문에
增長一切惡　일체의 악이 더욱 늘어나네.

(그럼에도 불구하고) 그대는 40년을 구업口業을 지었으니, 지옥에 들어가지 않으면 뭘 하겠는가! 옛 가르침에 명백한 말씀이 있소.

言語說諸法　언어로 제법을 설한다 해도

不能現實相　실상을 드러낼 수 없다.

그대가 허망한 마음(妄心)을 가지고 입으로 어지럽게 말했으니, 그렇기 때문에 반드시 죄보를 받아야 하오. 다만 자신을 속인 것을 탓할 뿐, 남을 원망하지 마시오. 이제 빨리 갑시다. 만약 늦으면 저 왕이 나에게 화를 낼 것이오."

❀

其第二鬼使云 "彼王早知如是 次第何妨 與他修行" 其第一鬼使云 "若與摩則放一日修行. 某等去彼中 諮白彼王 王若許 明日便來 王若不許 一餉時來." 其鬼使去後 寺主商量 這个事鬼使則許了也. 某甲一日作摩生修行. 無可計. 不待天明 便去開元寺搥門 門士云 "是什摩人" 對云 "太安寺主來. 起居大師" 門士便開門 寺主便去和尙處 具陳前事後 五體投地 禮拜起云 "生死到來. 作摩生卽是. 乞和尙慈悲 救某甲殘命" 師教他身邊立地. 天明了 其鬼使來 太安寺裏討主不見. 又來開元寺覓不得 轉去也. 師與寺主卽見鬼使 鬼使卽不見師與寺主也.

※何妨(하방): 무슨 상관이 있겠는가. (~해도) 무방하다.

두 번째 저승사자가 말했다.

"저 왕께선 이와 같은 것을 이미 알고 계실 것이니, 차라리 이번 기회에 그에게 수행을 한 번 해보게 하는 것도 괜찮지 않겠는가?"

첫 번째 저승사자가 말했다.

"그렇다면 하루 동안 수행할 수 있게 놓아 주겠소. 우리가 돌아가 왕께 아뢰어, 왕이 만약 허락하면 내일 다시 오고, 왕이 허락하지 않으면 잠시 뒤에 오겠소."

저승사자가 돌아간 뒤, 주지가 따져봤다.

"이 일을 저승사자가 허락은 했지만, 내가 이 하루 동안에 어떻게 수행을 한단 말인가? 대책이 없네."

날이 밝기를 기다릴 수가 없어 바로 개원사로 가서 문을 두드렸다.

사중의 스님이 말했다.

"누구요?"

주지가 대답했다.

"대안사 주지가 대사께 문안드리러 왔습니다."

사중의 스님이 문을 열어주자, 주지가 곧장 화상의 처소로 가서 전후 사정을 자세하게 말한 후에, 오체투지로 절을 하고 일어나 말했다.

"사느냐 죽느냐 하는 일이 닥쳤습니다. 어떻게 해야 되겠습니까? 바라옵건대, 화상께서 자비심을 내시어 저의 남은 목숨을 구해 주십시오."

(그러자) 대사가 그에게 곁에 서 있도록 했다.

날이 밝자, 그 저승사자가 와서 대안사 안을 뒤졌지만 주지를 찾지 못했다. 또 개원사로 와서 뒤졌지만, 찾지 못하고 그냥 돌아갔다.

대사와 주지는 저승사자를 봤지만, 저승사자는 대사와 주지를 보지 못했다.

❀

僧拈問龍華 "只如 寺主當時 向什摩處去 鬼使覓不得" 花云 "牛頭和尙" 僧云 "與摩則國 師當時也太奇" 龍花曰 "南泉和尙"

어떤 스님이 이 일을 들어 용화龍華에게 물었다.

"그렇다면 주지는 그때 어디로 갔기에 저승사자가 찾지 못한 것입니까?"

용화가 말했다.

"우두 화상."

스님이 말했다.

"그렇다면 (혜충) 국사께서는 그때 대단히 기이했었겠네요."

용화가 말했다.

"남전 화상."

1-4.[6]

有一日齋後 忽然有一个僧來 具威儀便上法堂參師. 師問 "昨夜在什摩處" 對曰 "在山下" 師曰 "喫飯也未" 對曰 "未喫飯" 師曰 "去庫頭覓喫飯" 其僧應喏 便去庫頭. 當時百丈造典座 卻自个分飯 與他供養. 其僧喫飯了 便去. 百丈上法堂 師問 "適來 有一个僧 未得喫飯 汝供養得摩" 對曰 "供養了" 師曰 "汝向後無量大福德人" 對曰 "和尙作摩生與摩說" 師曰 "此是辟支弗僧 所以與摩說" 進問和尙 "是凡人作摩生 受他

---

6 보유 편, 13. 일구법문은 내가 더 뛰어나다에 해당한다.

辟支弗禮" 師云 "神通變化則得 若是說一句佛法 他不如老僧"

※庫頭(고두): 사찰의 금전과 곡물 등을 관리하는 직책.

※典座(전좌): 선원禪院에서 식사·의복·방석·이부자리 등을 담당하는 직책.

어느 날 공양이 끝났는데, 홀연히 한 스님이 와서 위의를 갖추고 법당에 올라 마조를 참례했다.

마조가 물었다.

"어젯밤엔 어디에 있었는가?"

스님이 말했다

"산 아래 있었습니다."

마조가 말했다.

"밥은 먹었는가?"

스님이 말했다.

"아직 먹지 못했습니다."

마조가 말했다

"고두庫頭한테 가서 밥을 달라고 해라."

스님이 "예!" 하고는 고두에게 갔다.

그때 백장百丈이 전좌典座를 맡고 있었는데, 자기 몫의 밥을 나누어 공양토록 했다.

그 스님이 공양을 하고는 바로 갔다.

백장이 법당에 오르자 마조가 물었다.

"좀 전에 한 스님이 공양을 하지 못했는데, 네가 공양하도록 했는가?"

백장이 말했다.

"공양을 했습니다."

마조가 말했다.

"너는 앞으로 무량대복덕인無量大福德人이 될 것이다."

백장이 말했다.

"스님께서는 어째서 그런 말을 하십니까?"

마조가 말했다.

"그는 벽지불 스님이다. 그래서 그런 말을 한 것이다."

백장이 물었다.

"화상께선 범인인데, 어떻게 저 벽지불의 예를 받습니까?"

마조가 말했다.

"(그가) 신통변화는 얻었지만, 일구 불법一句佛法으로 말할 것 같으면 그는 나보다 못하다."

1-5.[7]

師有一日 上禪牀 纔與摩坐 便涕唾.侍者便問和尙 "適來因什摩涕唾" 師云 "老僧在這裏 坐山河大地 森羅萬像 摠在這裏 所以嫌他 與摩唾" 侍者云 "此是好事 和尙爲什摩卻嫌" 師云 "於汝則好 於我則嫌" 侍者云 "此是什摩人境界" 師云 "此是菩薩人境界"

---

7 보유 편, 14. 침을 뱉은 이유에 해당한다.

마조가 하루는 선상禪牀에 올라, 앉자마자 바로 침을 뱉었다.

시자가 바로 화상에게 물었다.

“좀 전에 어째서 침을 뱉으셨습니까?”

마조가 말했다.

“노승이 여기에 있으니 산하대지와 삼라만상이 모두 여기에 있구나. 그래서 그것이 싫어 침을 뱉었다.”

시자가 말했다.

“이는 좋은 일인데, 화상께서는 어째서 싫어하는 것입니까?”

마조가 말했다.

“네겐 좋아도 나는 싫다.”

시자가 말했다.

“이것은 어떤 사람의 경계입니까?”

마조가 말했다.

“이것은 보살인菩薩人의 경계다.

❀

後鼓山擧此因緣云“古人則與摩 是你諸人 菩薩境界尙未得 又故則嫌他菩薩 雖則是嫌 但以先證得菩薩之位 後嫌也嫌. 老僧未解得菩薩之位 作摩生嫌他這个事”

후에 고산鼓山이 이 인연을 거론하고는 말했다.

“고인은 이렇게 했지만, 그대들 모두는 보살경계를 아직 얻지 못했다. 또 고인은 보살을 싫어했는데, 비록 이렇게 싫어하는 것도 다만 먼저 보살의 지위를 증득한 후에야 싫어하더라도 싫어해야 한다. 하지만 노승은 아직 보살의 지위를 얻지 못하였는데, 어떻게 이 일을 싫어하겠는가?"

1-6.[8]

三郎教兩个兒子 投馬祖出家. 有一年卻歸屋裏 大人纔見兩僧 生佛一般禮拜 云"古人道 生我者父母 成我者朋友 是你兩个僧 便是某甲朋友成持老人" 曰"大人雖則年老 若有此心 有什摩難" 大人歡喜 從此便居士相共男僧 便到馬祖處. 其僧具陳來旨 大師便上法堂. 黃三郎到法堂前 師曰"咄 西川黃三郎 豈不是" 對曰"不敢" 師曰"從西川到這裏黃三郎如今在西川在 洪州" 云"家無二主 國無二王" 師曰"年幾" 云"八十五" "雖則與摩筭什摩年歲?" 云"若不遇和尙虛過一生 見師後如刀劃空." 師曰"若實如此 隨處任眞"

(서천西川의) 황 삼랑이 두 아들을 마조에게 출가시켰다. 1년쯤 돼서 집으로 돌아왔는데, 부친이 두 스님을 보자마자 마치 생불生佛처럼 보여서 절을 하고 말했다.

"고인古人이 말하기를 '나를 낳아준 이는 부모요, 나를 이루게 한 이는 친구다(生我者父母 成我者朋友)'[9]고 했는데, 그대들 두 스님은 바로 나의 친구다. 늙은이가 도업을 이루도록 해주게나."

---

8 보유 편, 'IV-15. 집에는 두 주인이 없고 나라엔 두 왕이 없다'에 해당된다.

9 이는 관포지교(管鮑之交, 관중과 포숙아의 우정)에서 유래한 것으로 원래는 "生我者父母 知我者鮑叔牙(나를 낳아준 이는 부모지만, 나를 알아준 사람은 포숙아다)"이다.

말했다.

"부친께선 비록 연로하셨지만, 이런 마음을 갖고 계신다면 무슨 어려움이 있겠습니까?"

부친이 기뻐서 이에 거사의 모습으로 스님들과 함께 마조의 처소에 이르렀다.

그 스님들이 (부친이) 온 뜻을 상세히 말하자, 마조가 곧 법당에 올랐다.

황 삼랑이 법당 앞에 이르자, 마조가 말했다.

"아니(咄)! 서천의 황 삼랑이 아니십니까?"

황 삼랑이 말했다.

"황송합니다."

마조가 말했다.

"서천에서 여기까지 왔는데, 황 삼랑은 지금 서천에 있습니까, 홍주에 있습니까?"

황 삼랑이 말했다.

"집엔 두 가장이 없고, 나라엔 두 왕이 없습니다(家無二主 國無二王)."

마조가 말했다.

"연세가 얼마나 되죠?"

황 삼랑이 말했다.

"여든 다섯입니다."

마조가 말했다.

"비록 그렇더라도 무슨 나이를 셀 것이 있겠습니까?"

황 삼랑이 말했다.

"스님을 뵙지 못했다면 일생을 헛되이 보낼 뻔했습니다. 스님을 뵙고 나니, 마치 칼로 허공을 베어버린 것 같습니다."

마조가 말했다.

"만약 정말로 이와 같다면 어디서나 있는 곳마다 진실 그대로일 것입니다."

1-7.[10]

黃三郎 有一日 到大安寺 廊下便啼哭. 亮座主問 "有什麼事啼哭?" 三郎曰 "啼哭座主" 座主云 "哭某等作麼" 三郎曰 "還聞道 黃三郎投馬祖出家 纔蒙指示便契合 汝等座主說葛藤作什麼"

※啼哭(제곡): 큰소리로 욺.

황 삼랑이 하루는 대안사에 이르러 행랑 아래서 큰소리로 울었다.

양 좌주가 물었다.

"무슨 일로 큰소리로 웁니까?"

삼랑이 말했다.

"좌주를 위해 큰소리로 웁니다."

좌주가 말했다.

"저를 위해 울다니, 무슨 뜻입니까?"

삼랑이 말했다.

---

10 감변 편, 'III-16. 허공이 강의한다'에 해당한다.

"황 삼랑이 마조께 출가하여 가르침을 받자마자 계합했다는 말을 들었을 터인데, 그대들 좌주들은 말만 해서 뭘 하겠다는 것입니까?"

❀

座主從此發心 便到開元寺. 門士報大師曰 "大安寺亮座主來 欲得參大師 兼問佛法" 大師便昇座 座主來參大師. 大師問 "見說座主講得六十本經論是不" 對云 "不敢" 師云 "作摩生講" 對云 "以心講" 師云 "未解講得經論在" 座主云 "作摩生" 云 "心如工技兒 意如和技者 爭解講得經論在" 座主云 "心旣講不得 將虛空還講得摩" 師云 "虛空卻講得" 座主不在意 便出纔下階大悟 迴來禮謝. 師云 "鈍根阿師, 禮拜作什摩" 亮座主起來 霡霂汗流 晝夜六日在大師身邊侍立.

좌주가 이로부터 발심을 해서 개원사에 이르니, 사중의 스님이 대사께 이를 보고하며 말했다.

"대안사 양 좌주가 와서 스님을 참례하고 불법을 묻고자 합니다."

대사가 법좌에 오르자, 좌주가 와서 대사를 참례했다.

대사가 좌주에게 물었다.

"듣자하니, 좌주가 육십본경론(六十本經論, 60권본 화엄경)을 강의한다고 하던데, 그런가?"

좌주가 말했다.

"부끄럽습니다."

대사가 말했다.

"어떻게 강의하는가?"

좌주가 말했다.

"마음으로 강의합니다."

대사가 말했다.

"경론을 강의할 줄 모르는군."

"어째서 그러시지요(=무슨 말씀입니까)?"

마조가 말했다.

"마음은 공기(工技, 주연배우)와 같고 의식은 화기(和技, 조연배우)와 같은데, 어떻게 경론을 강의할 수 있단 말인가?"

좌주가 말했다.

"마음으로 강의하지 못한다면, 허공이 강의할 수 있단 말입니까?"

대사가 말했다.

"도리어 허공은 강의를 할 수 있지."

좌주가 그 뜻을 모르고 바로 나가서 계단을 내려가다가 크게 깨달았다. 그래서 돌아와 감사의 절을 했다.

마조가 말했다.

"이 둔한 스님아, 절은 해서 뭐해!"

양 좌주가 일어나자, 가랑비처럼 땀이 흘렀다.

밤낮으로 6일 동안 스님을 곁에서 모시고 서 있었다.

❀

後 諮白云"某甲離和尙左右 自看省路修行. 唯願和尙 久住世間 廣度群生. 伏惟珍重"座主歸寺告衆云"某甲一生功夫 將謂無人過 得今日之下 被馬大師呵嘖 直得情盡"便散卻學徒一入西山 更無消息. 座主

偈曰 "三十年來作餓鬼 如今始得復人身 青山自有孤雲伴 童子從他事別人"

그 후에 자문을 구하며 물었다.

"제가 화상 곁을 떠나 스스로 살펴가며 수행하고자 하옵니다. 원컨대 스님께서는 오래토록 세상에 머무시어 중생들을 널리 제도해 주십시오. 삼가 안녕히 계십시오."

(그리고는) 좌주가 절로 돌아와 대중들에게 말했다.

"나의 이 일생의 공부를 뛰어넘을 사람이 없다고 여겼는데, 오늘에서야 마 대사의 꾸지람을 듣고 바로 정식情識이 다했다."

그리고는 학도들을 흩어버리고 곧장 서산으로 들어가서 다시는 소식이 없었다. 양 좌주가 게송으로 말했다.

三十年來作餓鬼	30년 동안 아귀로 있었는데
如今始得復人身	이제야 비로소 사람의 몸을 회복했네.
青山自有孤雲伴	청산은 본래 외로운 구름을 친구로 삼는데
童子從他事別人	동자는 다른 이를 따라 섬기는구나."

❀

漳南拈問僧 "虛空講經什摩人爲聽衆" 對云 "適來暫隨喜去來." 漳南云 "是什摩義" 云 "若是別人 便教收取" 漳南曰 "汝也是把火之意"

장남(漳南, 보복종전)이 이 일을 염(拈, 비평)해서 어떤 스님에게 물었다.

"허공이 경을 강의하면 어떤 사람이 듣는가?"

스님이 말했다

"좀 전에 올 때는 잠시 기뻤습니다."

장남이 말했다.

"무슨 뜻인가?"

스님이 말했다.

"만약 다른 사람이었다면 (그 말을) 거두라고 했을 것입니다."

장남이 말했다.

"그대야말로 불덩이를 잡을 생각이었구먼."[11]

1-8.[12]

師上堂良久. 百丈收卻面前席. 師便下堂.

마조가 상당上堂해서 양구良久하자, 백장이 면전에서 자리를 거두었다. (그러자) 마조가 바로 법당에서 내려왔다.

---

11 영가현각의 증도가에 다음과 같이 기술하고 있으니 참조하기 바란다.

但自懷中解垢衣	다만 스스로 마음의 때 묻은 옷을 벗을 뿐,
誰能向外誇精進	누가 밖으로 (자신의) 정진精進을 자랑할 수 있겠는가.
從他謗任他非	남의 비방을 따르고 남이 비방하건 말건 내버려 두라.
把火燒天徒自疲	불덩이를 잡아(把火) 하늘을 태우려는 것은 쓸데없이 자기를 피로케 하는 것이네.

12 보유 편, 5. 백장이 자리를 말아버리다에 해당한다.

1-9.[13]

問 "如何是佛法旨趣" 師云 "正是你放身命處"

어떤 스님이 물었다.

"어떤 것이 불법의 종지입니까?"

마조가 말했다.

"바로 그대가 신명身命을 내놓아야 할 곳이다."

1-10.[14]

問 "請和尙離四句絶百非 直指西來意. 不煩多說" 師云 "我今日無心情不能爲汝說. 汝去西堂 問取智藏" 其僧去西堂 具陳前問 西堂云 "汝何不問和尙" 僧云 "和尙敎某甲來問上座" 西堂便以手點頭云 "我今日可殺頭痛 不能爲汝說 汝去問取海師兄" 其僧又去百丈 乃陳前問. 百丈云 "某甲到這裏 卻不會" 其僧卻擧似師. 師云 "藏頭白 海頭黑"

어떤 스님이 물었다.

"청컨대 화상께서는 사구와 백비를 떠나서 서쪽에서 온 뜻을 바로 가리켜 주십시오. 번거롭게 많은 말씀 하지 마시고요."

"내가 오늘 그럴 마음이 없어 네게 말해 줄 수가 없네. 너는 서당으로 가서 지장에게 물어라."

---

13 감변 편, 3. 부처의 종지에 해당한다.

14 감변 편, 9. 지장의 머리는 희고, 회해의 머리는 검다에 해당한다.

그 스님이 서당으로 가서 앞에 물었던 것을 상세히 말하자, 서당이 말했다.

"너는 어째서 화상께 묻지 않는가?"

스님이 말했다.

"화상께서 저더러 상좌에게 물으라고 하셨습니다."

서당이 손으로 머리를 두드리며 말했다.

"내가 오늘 몹시 머리가 아파서 네게 말해 줄 수가 없구나. 너는 회해 사형에게 가서 물어라."

그 스님이 또 백장에게 가서 앞에 물었던 것을 상세히 말했다.

(그러자) 백장이 말했다.

"나도 여기에 이르러서는 알지 못한다."

그 스님이 마조에게 가서 앞의 일을 전했다.

(그러자) 마조가 말했다.

"지장의 머리는 희고, 회해의 머리는 검다."

1-11.[15]

師遣人送書 到先徑山欽和尙處. 書中只畫圓相 徑此纔見 以筆於圓相中 與一劃. 有人擧似忠國師 忠國師云 "欽師又被馬師惑"

마조가 사람을 시켜 선先 경산徑山 흠 화상의 처소로 편지를 보냈다. 편지에는 단지 원상 하나가 그려져 있었을 뿐이었는데, 경산이 이것을

---

15 감변 편, 27. 가운데 점 하나를 찍다에 해당한다.

보자마자 붓으로 원상 가운데다 한 획을 그었다.

어떤 사람이 충 국사에게 앞의 일을 전하자, 충 국사가 말했다.

"흠 스님이 또 마조에게 현혹 당했구나!"

1-12.[16]

有人於師前 作四劃 上一劃長 下三劃短. 云"不得道一長 不得道三短 離此四句外 請師答某甲" 師乃作一劃 云"不得道長 不得道短 答汝了也" 忠國師聞擧 別答云 "何不問某甲"

어떤 사람이 마조 앞에서 네 개의 획을 그었는데, 위로 한 획은 길고 아래로 세 획은 짧았다.

말했다.

"하나는 길다고 말하지 말고, 셋은 짧다고 말하지 마십시오. 사구四句를 떠나 대사께서 제게 답해 주시기를 청합니다."

마조가 한 획을 긋고, 말했다.

"길다고도 말하지 말고, 짧다고도 말하지 말라. 그대에게 답해 마쳤다."

충 국사가 이 일을 전해 듣고, 그와 다르게 답을 했다.

"어째서 내게 묻지 않는가?"

---

16 감변 편, 26. 길다 짧다 말하지 말라에 해당한다.

1-13.[17]

有座主問師 "禪宗傳持何法" 師卻問座主 "傳持何法" 對曰 "講得四十本經論" 師云 "莫是師子兒不" 座主云 "不敢" 師作嘘嘘聲. 座主云 "此亦是法" 師云 "是什摩法" 對云 "師子出窟" 法師乃嘿然. 座主云 "此亦是法" 師云 "是什摩法" 對云 "師子在窟" 法師云 "不出不入 是什摩法" 座主無對. 遂辭出門師召云 "座主" 座主應喏 師云 "是什摩" 座主無對. 師呵云 "這鈍根阿師" 後百丈代云 "見摩"

어떤 좌주가 마조에게 물었다.

"선종에서는 어떤 법을 전합니까?"

마조가 도리어 좌주에게 물었다.

"(그대는) 어떤 법을 전하는가?"

좌주가 말했다.

"사십본경론四十本經論을 강의합니다."

마조가 말했다.

"그렇다면 사자가 아닌가?"

"과분합니다."

마조가 "허허!" 하는 소리를 냈다.

좌주가 말했다.

"이것 역시 법입니다."

마조가 말했다.

---

17 감변 편, 28. 이것이 무엇인가에 해당한다.

"이것이 무슨 법인가?"

좌주가 말했다.

"사자가 굴에서 나오는 법입니다(師子出窟)."

"마조가 입을 다문 채 말이 없자, 좌주가 말했다.

"이것 역시 법입니다."

마조가 말했다.

"무슨 법인가?"

좌주가 말했다.

"사자가 굴 안에 있는 법입니다(師子在窟)."

마조가 말했다.

"나가지도 않고 들어가지도 않을 때 이것은 무슨 법인가?"

좌주가 대답이 없었다.

하직을 하고 산문을 나서는데, 마조가 "좌주!" 하고 불렀다.

좌주가 "예!" 하고 답을 하자, 마조가 말했다.

"이것이 무엇인가?"

좌주가 대답이 없었다.

마조가 웃으면서 말했다.

"이 둔한 스님아!"

후에 백장이 대신 대답을 했다.

"보았는가!"

1-14.[18]

師問僧 "從什麼處來" 對云 "從淮南來" 師云 "東湖水滿也未" 對云 "未" 師云 "如許多時雨水 尙未滿" 道吾云 "滿也" 雲嵒云 "湛湛底" 洞山云 "什麼劫中 曾欠小來"

마조가 어떤 스님에게 물었다.

"어디서 왔는가?"

대답했다.

"회남에서 왔습니다."

마조가 말했다.

"동호(東湖, 동정호)의 물은 가득하던가?"

"가득하지 않습니다."

마조가 말했다.

"때맞춰 비가 많이 왔는데도 물이 아직 가득하지 않다고?"

도오道吾가 말했다.

"가득하다."

운암雲嵒이 말했다.

"잠잠하다."

동산洞山이 말했다.

"어느 겁엔들 일찍이 준 적이 있던가?"

---

18 감변 편, 34. 동호의 물은 가득한가에 해당한다.

1-15.[19]

師明晨遷化 今日晩際 院主問 "和尙 四體違和 近日如何" 師曰 "日面佛月面佛"

마조가 다음날 새벽 천화하려는데, 그날 해가 저물 즈음에 원주가 물었다.

"화상께서는 4대가 편안치 않으셨는데, 요즘은 어떠십니까?"

마조가 말했다.

"일면불日面佛·월면불月面佛."

1-16.[20]

汾州和尙爲座主時 講四十二本經論來 問師 "三乘十二分教某甲粗知. 未審宗門中意旨如何" 師乃顧示云 "左右人多 且去" 汾州出門 脚纔跨門閬. 師召 "座主" 汾州廻頭 應喏. 師云 "是什摩" 汾州當時便省 遂禮拜起來云 "某甲講四十二本經論 將謂無人過得 今日若不遇和尙洎合 空過一生"

※閬(문지방 한): 문지방.

분주汾州 화상이 좌주로 있을 때 사십이본경론을 강의했는데, 마조에

19 본서 행록 편, 7. 천화에 해당한다.

20 본서 보유 편, 16. 3승 12분교에 대한 종문의 뜻에 해당한다.

게 물었다.

"삼승십이분교三乘十二分敎를 제가 대략은 압니다만, 종문宗門의 뜻은 어떠한지 잘 모르겠습니다."

스님이 돌아보며 말했다.

"좌우에 사람이 많으니, 일단 가거라."

분주가 문을 나서는데 발이 문지방을 넘자마자, 마조가 "좌주!" 하고 불렀다.

분주가 고개를 돌려 "예!" 하고 답했다.

마조가 말했다.

"이것이 무엇인가(是什摩)?"

분주가 당시에 바로 깨닫고, 절을 하고 일어나 말했다.

"제가 사십이본경론을 강의하면서 누구도 능가할 자가 없다고 여겼는데, 오늘 만약 스님을 뵙지 못했더라면 헛되게 일생을 보낼 뻔했습니다."

1-17.[21]

師問百丈"汝以何法示人"百丈豎起拂子對 師云"只這个 爲當別更有"百丈抛下拂子. 僧拈問石門"一語之中 便占馬大師兩意 請和尙道"石門拈起拂子云"尋常抑不得已"

마조가 백장에게 물었다.

---

21 보유 편, 17. 불자拂子를 던지는 것으로 대신하다에 해당한다.

"그대는 어떤 법으로 사람들에게 가르치겠는가?"

백장이 불자를 세우는 것으로 대답했다.

마조가 말했다.

"다만 이것뿐인가? 달리 또 있는가?"

백장이 불자를 던져버렸다.

어떤 스님이 이것을 염拈해서 석문石門에게 물었다.

"한마디 말로 마 대사의 두 가지 뜻을 헤아려 볼 수 있도록 화상께서 말씀해 주십시오."

석문이 불자를 세우고 말했다.

"대수롭지 않지만 (이것도) 부득이해서 하는 것이다."

1-18.[22]

大師下親承弟子 摠八十八人 出現于世 及隱道者 莫知其數. 大師志性慈愍 容相瑰奇 足下二輪 頸有三約. 說法住世 四十餘年 玄徒千有餘衆. 師貞元四年 戊辰歲 二月一日遷化. 塔在泐潭寶峯山 勅謚大寂禪師 大莊嚴之塔. 裵相書額 左承相護得興撰碑文. 淨修禪師頌曰 "馬師道一 行全金石 悟本超然 尋枝勞役 久定身心 一時抛擲 大化南昌 寒松千尺"

대사의 문하에 친히 법을 이은 제자가 총 88명이 세상에 나왔고,

22 행록 편, 7. 천화에 해당한다.

숨어 지낸 제자는 그 수를 알 수가 없다. 대사의 성품은 자비롭고 총명하였으며, 용모는 아름답고 기이하였으며, 발바닥에는 두 개의 바퀴 무늬가 있고, 목에는 세 개의 주름살이 있었다. 법을 설하면서 세상에 머문 지 40여 년, 따르는 현손의 무리(玄徒, 증손曾孫의 제자)가 1,000명이나 되었다.

대사는 정원 4년 무진해 2월 1일에 천화했다. 탑은 늑담泐潭의 보봉산寶峯山에 있고, 칙명으로 대적 선사大寂禪師라는 시호와 대장엄지탑大莊嚴之塔이라는 탑명이 내려졌다. 배휴 상공이 액(額, 편액)을 쓰고, 좌승상 호득흥護得興이 비문碑文을 지었다. 정수 선사淨修禪師가 송頌을 했다.

馬師道一　마조도일 선사여!
行全金石　수행은 온전한 금석이요,
悟本超然　근본을 깨달아 초연하며
尋枝勞役　가지(枝, 제자)를 찾아 애쓰셨네.

久定身心　오래도록 몸과 마음을 정定에 두다가
一時抛擲　일시에 던져버리고
大化南昌　남창南昌에서 크게 교화하니
寒松千尺　찬 소나무(寒松)여! 천 척尺이로다.

2. 전등록에서 전하는 강서 도일 선사[23]

2-1.[24]

江西道一禪師漢州什邡人也 姓馬氏. 容貌奇異 牛行虎視 引舌過鼻 足下有二輪文. 幼歲依資州唐和尙落髮 受具於渝州圓律師.

강서 도일一 선사는 한주 시방현 사람으로 성은 마馬씨다. 용모가 기이하였고, 소처럼 걷고 호랑이처럼 보았으며, 혀를 내밀면 코를 넘었고, 발바닥에는 두 개의 바퀴 무늬가 있었다. 어린 나이에 자주 당唐 화상으로부터 머리를 깎고, 유주의 원圓 율사에게 구족계具足戒를 받았다.

❀

唐開元中 習禪定於衡嶽傳法院 遇讓和尙 同參九人唯師密受心印(讓之一猶思之遷也 同源而異派 故禪法之盛始于二師 劉軻云 "江西主大

23 전등록 제6권, '강서 도일 선사' 편을 전체 번역한 것이다.

24 행록 편, 1. 출생과 출가, 2. 남악회양과의 만남, 3. 반야다라의 예언, 5. 개당에 해당한다.

寂 湖南主石頭 往來憧憧 不見二大士爲無知矣" 西天般若多羅記達磨云 震旦雖闊無別路 要假姪孫脚下行 金雞解銜一顆米 供養十方羅漢僧 又六祖能和尙謂讓曰 向後佛法從汝邊去 馬駒踢殺天下人 厥後江西法嗣布於天下 時號馬祖焉)

당 개원(開元, 713~741) 연간에 형악의 전법원에서 선정을 익히고(習定, 坐禪) 있을 때, 회양(南嶽懷讓) 화상을 만났다. 동참했던 9명 중에 유일하게 선사만이 은밀하게 심인心印을 받았다.

〔회양 밑의 도일은 마치 행사 밑의 희천과 같았다. 같은 근원의 다른 갈래였기 때문에 선법禪法의 성행이 두 선사로부터 시작되었다.

유가劉軻가 말했다.

"(당시 선객들이) 강서의 주인 대적大寂과 호남의 주인 석두石頭를 끊임없이 왕래했는데, 두 대사를 친견하지 못한 사람들은 무지無知하다고 여겼다."

서천의 반야다라가 달마에게 예언했다.

"진단(震旦, 중국)이 비록 넓지만 다른 길이 없으니, 조카와 손자들의 발을 빌려서 가야 한다. 금계金雞가 쌀 한 톨을 입에 물 줄 알아 시방의 나한승에게 공양하는구나."

또 육조혜능 화상이 회양에게 말했다.

"앞으로 불법이 그대 쪽으로 갈 것이니, 망아지 한 마리가 나와서 천하 사람들을 다 밟아 죽일 것이다."

이후 강서의 법제자가 천하에 널리 퍼졌다. 그래서 그때 마조馬祖라 불렀다.〕

❀

始自建陽佛迹嶺遷至臨川 次至南康襲公山 大歷中隷名於開元精舍 時連帥路嗣恭 聆風景慕親受宗旨 由是四方學者雲集坐下.

처음에 건양의 불적령에서 임천으로 옮겼다. 다음에 남강의 공공산에 이르렀고, 대력(大歷, 766~779) 연간에 개원정사開元精舍에 이름을 올렸다. 그때 연수連帥 노사공路嗣恭이 소식을 듣고 사모하면서 몸소 종지를 받았다. 이로 말미암아 사방의 학인들이 법좌 아래로 구름같이 모여들었다.

2-2.[25]

一日謂衆曰 "汝等諸人各信自心是佛 此心卽是佛心. 達磨大師 從南天竺國來 躬至中華 傳上乘一心之法 令汝等開悟. 又引楞伽經文 以印衆生心地 恐汝顚倒 不自信. 此心之法 各各有之 故楞伽經云 佛語心爲宗 無門爲法門"

어느 날 대중에게 말했다.

"그대들 모두는 각자 자기 마음이 부처임(自心是佛)을 믿어라. 이 마음이 바로 부처의 마음이다(此心卽是佛心). 달마 대사가 남천축국으로부터 와서 몸소 중화中華에 이르러 상승의 일심법을 전해서 그대들로 하여금 깨닫게 하였다. 또한 능가경의 문장을 인용해서 중생의 마음자

25 시중 편, 1. 상승의 일심법(上乘一心之法)에 해당한다.

리를 각인시켜 주었던 것은 그대들이 전도되어 스스로를 믿지 않을까 염려했기 때문이다. 이 일심법은 (그대들) 각자에게 있는 것이니, 그래서 능가경은 부처님께서 말씀하신 마음을 종지로 삼고 무문으로 법문을 삼은 것이다(佛語心爲宗 無門爲法門)."[26]

❀

又云 "夫求法者 應無所求. 心外無別佛 佛外無別心. 不取善不捨惡 淨穢兩邊 俱不依怙. 達罪性空 念念不可得 無自性故. 故三界唯心 森羅萬象 一法之所印.

또 말했다.

"무릇 법을 구하는 사람은 마땅히 구하는 바가 없어야 한다. 마음 밖에 따로 부처가 없고, 부처 밖에 따로 마음이 없다. 선도 취하지 말고 악도 버리지 말며, 깨끗함과 더러움의 양변에도 모두 의지하지 말라! 죄의 성품이 공함을 통달하면 생각생각 얻을 것이 없으니, 자성이 없기 때문이다. 그래서 삼계는 오직 마음일 뿐이고, 삼라만상은 일법이라는 도장으로 찍어낸 것이다.

❀

凡所見色 皆是見心. 心不自心 因色故有 汝但隨時言說 卽事卽理 都無

---

26 직역하면, "그래서 능가경에 이르기를 '부처님께서 말씀하신 마음을 종지로 하고, 무문으로 법문을 삼은 것이다(佛語心爲宗 無門爲法門)'"가 된다. 하지만 능가경에 이와 같은 문구가 없어, 본서 II-1. 상승의 일심법의 번역을 따랐음을 밝혀둔다.

所礙 菩提道果 亦復如是. 於心所生 卽名爲色 知色空故 生卽不生. 若了此心 乃可隨時 著衣喫飯 長養聖胎 任運過時 更有何事. 汝受吾教 聽吾偈曰 心地隨時說 菩提亦只寧 事理俱無礙 當生卽不生"

무릇 보이는 색色은 모두 마음으로 보는 것이다. 마음은 스스로 마음이 아니고 색으로 인해 있는 것이기 때문에 그대들이 다만 때에 따라 말을 하더라도 사(事, 현상)에도 맞고 이(理, 이치)에도 맞아 전혀 걸릴 것이 없고, 보리도과菩提道果 또한 이와 같은 것이다. 마음에서 일어나는 것을 색이라고 이름 하는 것이니, 색이 공하다는 알기 때문에 생하더라도 생하는 바가 없는 것이다. 만약 이 마음을 깨달으면 곧 때때로 옷을 입고 밥을 먹으면서도 성인의 태를 기르고, 일이 되어가는 대로 맡겨 세월을 보내게 될 것이니, 그밖에 다시 무슨 일이 있겠는가. 그대들은 나의 교지를 잘 받아들이고, 나의 게송을 들어라."

心地隨時說　마음(心地)이 때에 따라 말을 하나니
菩提亦只寧　보리 역시 다만 이와 같을 뿐이네,
事理俱無礙　사事와 이理에 모두 걸림이 없으면
當生卽不生　생하더라도 생하는 바가 없는 것이네.

2-3.[27]

僧問 "和尙爲甚麽說卽心卽佛"師云 "爲止小兒啼" 僧云 "啼止時如何"

---

27 감변 편, 21. 어린아이 울음 그치게 하는 것에 해당한다.

師云“非心非佛” 僧云“除此二種人來 如何指示” 師云“向伊道不是物” 僧云“忽遇其中人來時 如何” 師云“且教伊體會大道”

어떤 스님이 물었다.

“화상께서는 어째서 ‘마음이 곧 부처다’고 하십니까?”

마조가 말했다.

“어린애 울음을 그치게 하기 위해서지!”

스님이 말했다.

“울음을 그쳤을 때는 어떻습니까?”

마조가 말했다.

“마음도 아니고 부처도 아니다.”

스님이 말했다.

“이 두 사람(우는 아이와 울음을 그친 이)을 제외하고, 다른 사람이 오면 어떻게 가리키겠습니까?”

마조가 말했다.

“그에겐 그 어떤 것도 아니다고 말해 주겠네.”

스님이 말했다.

“홀연히 그 사람이 오면 어떻게 하시겠습니까?”

마조가 말했다.

“그로 하여금 대도大道를 체득하도록 해주겠네.”

2-4.[28]

僧問 "如何是西來意" 師云 "卽今是什麽意"

물었다.

"어떤 것이 (조사가) 서쪽에서 온 뜻입니까?"

마조가 말했다.

"(그건 놔두고) 바로 지금(卽今)은 무슨 뜻인가?"

2-5.[29]

龐居士問 "如水無筋骨 能勝萬斛舟 此理如何" 師云 "遮裏無水亦無舟 說甚麽筋骨"

방 거사가 또 물었다.

"물은 힘줄도 뼈도 없는데 만 곡을 실은 배를 띄울 수 있으니, 이것은 무슨 도리입니까?"

마조가 말했다.

"여기엔 물도 없고 배도 없는데, 무슨 힘줄이니 뼈니를 말하는가?"

---

28 감변 편, 22. (조사가) 서쪽에서 온 뜻 1에 해당한다.

29 감변 편, 20. 물이 배를 띄우는 도리에 해당한다.

2-6.[30]

一日師上堂良久 百丈收却面前席 師便下堂.

하루는 선사 상당하여 양구하자, 백장이 눈앞에 있던 자리를 거두었다. (그러자) 선사가 바로 법당에서 내려왔다.

2-7.[31]

百丈問 "如何是佛法旨趣" 師云 "正是汝放身命處"

백장이 물었다.
"어떤 것이 부처의 종지입니까?"
마조가 말했다.
"바로 그대가 신명身命을 내놓아야 할 곳이다."

2-8.[32]

師問百丈 "汝以何法示人" 百丈竪起拂子 師云 "只遮箇 爲當別有" 百丈抛下拂子.

선사가 백장에게 물었다.

---

30 보유 편, 5. 백장이 나와서 자리를 말아버리다에 해당한다.

31 감변 편, 3. 부처의 종지에 해당한다.

32 보유 편, 17. 불자拂子를 던지는 것으로 대신하다에 해당한다.

"너는 어떤 법으로 사람들에게 보이겠는가?"

백장이 불자拂子를 세웠다.

선사가 말했다.

"단지 이것뿐인가, 또 다른 것이 있는가?"

백장이 불자를 던져버렸다.

2-9.[33]

僧問 "如何得合道" 師云 "我早不合道"

어떤 스님이 물었다.

"어떻게 해야 도와 합할 수 있습니까?"

"마조가 말했다.

"나는 일찍이 도와 합해 본 적이 없다."

2-10.[34]

問 "如何是西來意" 祖便打乃云 "我若不打汝 諸方笑我也"

물었다.

"어떤 것이 (조사가) 서쪽에서 온 뜻입니까?"

마조가 후려갈기고, 말했다.

---

33 감변 편, 23. 어떻게 해야 도와 합할 수 있는가에 해당한다.

34 감변 편, 24. (조사가) 서쪽에서 온 뜻 2에 해당한다.

"내가 만약 너를 후려갈기지 않으면 제방에서 나를 비웃을 것이다."

2-11.[35]

有小師行脚回 於祖前 畫箇圓相 就上拜了立 師云 "汝莫欲作佛否" 云 "某甲不解揑目" 師云 "吾不如汝" 小師不對.

소사小師가 행각에서 돌아와 마조 앞에서 원상 하나를 그리고는, 절을 하고 그 위에 섰다.

마조가 말했다.

"너는 부처가 되고 싶은 것이 아닌가?"

"저는 눈을 비빌 줄 모릅니다."

"나는 너와 같지 않네(=나는 너만 못하다)."

소사가 대답을 하지 않았다.

2-12.[36]

鄧隱峯辭師 師云 "什麼處去" 對云 "石頭去" 師云 "石頭路滑" 對云 "竿木隨身 逢場作戲" 便去. 纔到石頭 卽遶禪牀一匝振錫一聲 問 "是何宗旨" 石頭云 "蒼天蒼天" 隱峯無語. 却回擧似於師 師云 "汝更去 見他道蒼天 汝便噓噓" 隱峯又去石頭 一依前問 "是何宗旨" 石頭乃噓噓 隱峯又無語 歸來 師云 "向汝道 石頭路滑"

---

35 감변 편, 25. 부처가 되고 싶은 것이 아닌가에 해당한다.

36 감변 편, 13. 석두의 길은 미끄럽다에 해당한다.

등은봉鄧隱峰이 마조에게 하직 인사를 하자, 마조가 말했다.

"어디로 가는가?"

등은봉이 말했다.

"석두石頭로 갑니다."

마조가 말했다.

"석두로 가는 길은 미끄러운데…."

등은봉이 말했다.

"장대를 들고 가서 기회가 되면 한바탕 놀겠습니다."

(그리고는) 바로 갔다.

석두에게 이르자마자 선상을 한 바퀴 돌고, 석장을 한 번 떨치고 물었다.

"이것이 무슨 종지宗旨입니까?"

석두가 말했다.

"아이고, 아이고!"

등은봉이 말을 못하고 돌아와 마조에게 앞에 일을 전했다.

마조가 말했다.

"너는 다시 가서 그가 '아이고!' 하는 것을 보거든, 그대는 바로 '허, 허!' 하라."

등은봉이 다시 가서 전처럼 묻자, 석두가 바로 "허, 허!" 했다.

스님이 또 말을 하지 못하고 다시 돌아와 앞에 일을 말하자, 마조가 말했다.

"(내가) 너에게 말했었지, 석두로 가는 길이 미끄럽다고!"

2-13.[37]

有僧於師前作四畫 上一長 下三短. 問云 "不得道一長三短 離四句字外 請和尙答" 師乃畫地一畫 云 "不得道長短 答汝了也"(忠國師聞別云 "何不問老僧")

어떤 스님이 마조 앞에서 네 개의 획을 그었는데, 위로 한 획은 길고 아래로 세 획은 짧았다.

물었다.

"한 획은 길고 세 획은 짧다고 말할 수 없습니다. 사구四句를 떠나 화상의 답을 청합니다."

마조가 이내 땅에다가 한 획을 긋고, 말했다.

"길다 짧다 말하지 말라. 네게 답해 마쳤다."

〔충 국사가 듣고는, 다르게 말했다.

"어째서 노승에겐 묻지 않는 것인가?"〕

2-14.[38]

有一講僧來問云 "未審禪宗傳持何法" 祖却問云 "座主傳持何法" 彼云 "忝講得經論二十餘本" 師云 "莫是獅子兒否" 云 "不敢" 祖作嘘嘘聲. 彼云 "此是法" 師云 "是甚麼法" 云 "獅子出窟法" 師乃默然 彼云 "此亦是法" 師云 "是甚麼法" 云 "獅子在窟法" 師云 "不出不入是甚麼法" 無對

---

37 감변 편, 26. 길다 짧다 말하지 말라에 해당한다.

38 감변 편, 28. 이것이 무엇인가에 해당한다.

(百丈代云 "見麽") 遂辭出門 師召云 "座主" 彼卽回首. 師云 "是甚麽" 亦無對. 師云 "遮鈍根阿師"

어떤 강사 스님(講僧, 座主)이 찾아와 물었다.

"선종禪宗에서는 어떤 법을 전하는지 잘 모르겠습니다."

마조가 도리어 물었다.

"좌주는 어떤 법을 전하는가?"

좌주가 말했다.

"황송하게도 20여 본(本, 권)의 경론을 강의합니다."

마조가 말했다.

"그렇다면 사자가 아닌가!"

"과분합니다."

마조가 "허허!" 하고 소리를 냈다.

좌주가 말했다.

"이것이 법입니다."

"마조가 말했다.

"이것이 무슨 법인가?"

"사자가 굴에서 나오는 법입니다."

마조가 입을 다문 채 말이 없자, 좌주가 말했다.

"이것 역시 이 법입니다."

"무슨 법인가?"

"사자가 굴속에 있는 법입니다."

마조가 말했다.

"나가지도 않고 들어가지도 않을 때, 이것은 무슨 법인가?"

좌주가 대답이 없었다.

〔백장이 대신 말했다.

"보았는가?"〕

하직 인사를 하고 문을 나오는데, 마조가 "좌주여!" 하고 불렀다.

좌주가 고개를 돌리자, 마조가 말했다.

"이것이 무엇인가(是甚麽)?"

좌주가 역시 대답이 없었다.

마조가 말했다.

"이런 둔한 스님아!"

2-15.[39]

洪州廉使問云 "弟子喫酒肉卽是 不喫卽是" 師云 "若喫是中丞祿 不喫是中丞福"

홍주洪州 염사廉使가 물었다.

"제자가 술과 고기를 먹는 것이 옳습니까, 먹지 않는 것이 옳습니까?"

마조가 말했다.

"만약 먹는다면 중승의 녹祿이요, 먹지 않는다면 중승의 복福이다."

---

39 감변 편, 29. 술과 고기를 먹어도 되는가에 해당한다.

2-16.[40]

師入室弟子一百三十九人 各爲一方宗主轉化無窮. 師於貞元四年正月中 登建昌石門山 於林中經行 見洞壑平坦處 謂侍者曰 "吾之朽質當於來月歸茲地矣" 言訖而迴. 至二月四日果有微疾. 沐浴訖跏趺入滅.

선사의 입실제자 139명은 제각기 한 지방에서 종주宗主가 되어 교화에 다함이 없었다. 선사는 정원 4년(788) 정월에 건창의 석문산에 올라 숲에서 경행을 하다가 산골짜기의 평평한 곳을 보고, 시자에게 말했다.

"나의 썩을 몸, 다음 달에 이 땅으로 돌아가리라."

말을 마치고 돌아왔다.

2월 4일이 되자 과연 가벼운 병이 생겼다. 목욕을 하고는 가부좌를 한 채 입멸했다.

❀

元和中 追諡大寂禪師 塔曰大莊嚴. 今海昏縣影堂存焉(高僧傳云 "大覺禪師" 按權德輿作塔銘言 "馬祖終於開元寺 茶毘於石門 而建塔也. 至會昌沙汰後大中四年七月 宣宗勅江西觀察使裴休重建塔幷寺 賜額寶峯")

※ 賜額(사액): 임금이 사당祠堂, 서원書院, 누문樓門 따위에 이름을 지어서 새긴 편액을 내리다.

---

40 행록 편, 7. 천화에 해당한다.

원화(元和, 당나라 헌종의 연호) 연간(806~820)에 대적 선사大寂禪師라는 시호를 추증하였고, 탑을 대장엄大莊嚴이라 했다. 지금도 해혼현에 영당影堂이 있다.

〔고승전高僧傳에서는 대각 선사大覺禪師라 했다. 권덕여權德輿가 탑에 새긴 글에 의하면 "마조는 개원사開元寺에서 열반에 들었다. 석문石門에서 다비를 한 다음에 탑을 세웠다. 회창사태會昌沙汰가 지난 뒤 대중 4년(850) 7월에 선종이 강서 관찰사 배휴에게 조칙을 내려 탑과 절을 다시 짓게 하고, 보봉寶峯이라고 절의 이름을 지어 하사했다"고 하였다.〕

3. 마조의 법사法嗣(전등록 권 제6~8)

3-1. 월주越州 대주大珠 혜해慧海 선사禪師

越州大珠慧海禪師者 建州人也. 姓朱氏 依越州大雲寺 道智和尙受業.

월주 대주혜해 선사는 건주 사람이다. 성은 주朱씨이고, 월주 대운사大雲寺 도지道智 화상에게 출가했다(受業).

❀

初至江西參馬祖 祖問曰 "從何處來" 曰 "越州大雲寺來" 祖曰 "來此擬須何事" 曰 "來求佛法"祖曰 "自家寶藏不顧 拋家散走 作什麽. 我遮裏一物也無 求什麽佛法" 師遂禮拜問曰 "阿那箇是慧海自家寶藏" 祖曰 "卽今問我者 是汝寶藏. 一切具足 更無欠少 使用自在 何假向外求覓" 師於言下 自識本心 不由知覺 踊躍禮謝.

처음 강서에 이르러 마조를 참례하자, 마조가 물었다.[41]

"어디서 왔는가?"

---

41 감변 편, 4. 자신의 보배창고에 해당한다.

대주가 말했다.

"월주 대운사大雲寺에서 왔습니다."

마조가 말했다.

"여기 와서 무슨 일을 하려고 하는가?"

대주가 말했다.

"불법佛法을 구하러 왔습니다."

마조가 말했다.

"자신의 보배창고는 돌아보지 않고 집을 내버리고 이리저리 돌아다녀 뭘 하겠다는 것인가? 나의 여기엔 한 물건(一物, 어떤 것)도 없는데, 무슨 불법을 구한다는 것인가?"

대주가 절을 하고, 물었다.

"어떤 것이 혜해慧海 자신의 보배창고입니까?"

마조가 말했다.

"바로 지금 내게 묻는 것이 바로 그대의 보배창고다. 일체가 모두 갖추어져 있어 다시는 부족함이 없고 쓰는 것이 자재한데, 어느 겨를에 밖에서 찾겠는가?"

대주가 말끝에 스스로 본래의 마음을 알고, 자기도 모르게 뛸 듯이 기뻐하며 감사의 절을 올렸다.

❀

師事六載後 以受業師年老 遽歸奉養. 乃晦迹藏用外示癡訥 自撰頓悟入道要門論一卷. 被法門師姪玄晏 竊出江外 呈馬祖 祖覽訖告衆云 "越州有大珠 圓明光透自在 無遮障處也" 衆中有知師姓朱者 迭相推識

結契來越上尋訪依附(時號大珠和尚者 因馬祖示出也)

선사가 6년을 모시고 나서, 은사(受業師)가 연로하여 급히 돌아가 봉양했다. 그리고는 이내 자취를 감추고, 밖으로는 어리석고 말을 더듬는 것처럼 하면서 스스로 『돈오입도요문론』 1권을 편찬했다.

문중의 조카 현안玄晏이 이를 훔쳐 강 밖으로 가져가 마조에게 바치자, 마조가 보고 대중에게 말했다.

"월주에 큰 구슬이 있어 원만하고 밝은 빛이 꿰뚫어 자재하니, 가리고 장애하는 곳이 없구나!"

대중 가운데 선사의 성이 주朱씨라는 것을 알고 있는 사람들이 있었는데, 번갈아 그 모습을 미루어 짐작해 보고 의기투합해서(結契) 월주로 찾아와 의지했다(당시 대주 화상이라고 불린 것은 마 대사가 이미 그 이름을 드러내 보였기 때문이다).

❀

師謂曰 "禪客我不會禪. 並無一法可示於人 故不勞汝久立. 且自歇去" 時學侶漸多 日夜叩激 事不得已 隨問隨答 其辯無礙(廣語出別卷)

선사가 대중에게 말했다.

"선객들이여! 나는 선禪을 모른다. 아울러 한 법(一法)도 사람들에게 드러내 보일 것이 없으니, 그대들은 오래도록 애써서 서 있지 말라. 자, 스스로 쉬어라."

그때 배우려는 승려가 점점 많아지고 밤낮으로 물으면서 분발하였기에 부득이하게 물으면 묻는 대로 거침없이 대답하였는데, 그 말에 걸림이 없었다.(자세한 이야기는 다른 책에 나온다.)

❀

時有法師數人來謁 曰 "擬伸一問 師還對否" 師曰 "深潭月影 任意撮摩" 問 "如何是佛" 師曰 "清潭對面非佛而誰" 衆皆茫然(法眼云 "是卽沒交涉") 良久 其僧又問 "師說何法度人" 師曰 "貧道未曾有一法度人" 曰 "禪師家渾如此" 師却問曰 "大德說何法度人" 曰 "講金剛般若經" 師曰 "講幾坐來" 曰 "二十餘坐" 師曰 "此經是阿誰說" 僧抗聲曰 "禪師相弄 豈不知是佛說耶" 師曰 "若言如來有所說法 則爲謗佛 是人不解我所說義. 若言此經不是佛說 則是謗經. 請大德說看" 無對 師少頃又問 "經云 若以色見我 以音聲求我 是人行邪道 不能見如來 大德且道 阿那箇是如來" 曰 "某甲到此却迷去" 師曰 "從來未悟 說什麽却迷" 僧曰 "請禪師爲說" 師曰 "大德講經二十餘坐 却未識如來" 其僧再禮拜 願垂開示 師曰 "如來者是諸法如義 何得忘却" 曰 "是 是諸法如義" 師曰 "大德是亦未是" 曰 "經文分明 那得未是" 師曰 "大德如否" 曰 "如" 師曰 "木石如否" 曰 "如" 師曰 "大德如同木石 如否" 曰 "無二" 師曰 "大德與木石何別" 僧無對. 良久却問 "如何得大涅槃" 師曰 "不造生死業" 對曰 "如何是生死業" 師曰 "求大涅槃是生死業 捨垢取淨是生死業 有得有證是生死業 不脫對治門是生死業" 曰 "云何卽得解脫" 師曰 "本自無縛 不用求解 直用直行是無等等" 僧曰 "如禪師和尙者 實謂希有" 禮謝而去.

어느 때 법사 여럿이 와서 뵙고, 말했다.

"질문을 하나 하려는데, 선사께서는 대답해 주시겠습니까?"

선사가 말했다.

"깊은 못 달그림자를 마음대로 집어내 보라(深潭月影 任意撮摩)."

물었다.

"어떤 것이 부처입니까?"

선사가 말했다.

"맑은 못에 마주 대한 사람이 부처가 아니면 누구이겠는가(淸潭對面非佛而誰)?"

법사 여럿이 모두 망연자실했다(茫然, 멍하니 정신을 잃고 있었다).

〔법안法眼이 말했다.

"이는 전혀 관계가 없다."〕

(그리고는 선사가) 양구良久하자, 그 스님이 또 물었다.

"선사께서는 어떤 법을 설해서 사람들을 제도하십니까?"

선사가 말했다.

"빈도는 일찍이 사람을 제도할 어떤 법도 가진 적이 없다."

스님이 말했다.

"선사라는 분들은 모두 이런 식이군요."

(그러자) 선사가 도리어 물었다.

"대덕은 어떤 법을 설해 사람을 제도하는가?"

스님이 말했다.

"금강반야경을 강의합니다."

선사가 말했다.

"몇 번이나 강의를 했는가?"

스님이 말했다.

“20여 번 했습니다.”

선사가 말했다.

“이 경은 누가 설한 것인가?”

스님이 대드는 목소리로 말했다.

“선사! 장난치십니까, 어찌 부처님께서 말씀하신 것을 모른다는 것입니까?”

선사가 말했다.

“만약 여래가 설한 법이 있다고 말한다면 바로 부처를 비방하게 되는 것이니, 이 사람은 내가 말한 뜻을 이해하지 못하고 있는 것이다. 또한 만약 이 경을 부처가 설한 것이 아니라고 말한다면 이는 곧 경전을 비방하는 것이 된다. 청컨대, 대덕은 말해 보라.”

대답이 없자, 선사가 조금 있다가 또 물었다.

“경에 이르기를 ‘만약 색으로 나를 보고자 하거나 소리로써 나를 구하고자 하면 이 사람은 삿된 도를 행하는 것이니, 여래를 볼 수 없다(若以色見我 以音聲求我 是人行邪道 不能見如來)’고 하였는데, 대덕은 말해 보라! 어떤 것이 여래인가?”

스님이 말했다.

“저는 여기에 이르러서는 아직 미혹합니다.”

선사가 말했다.

“지금까지도 깨닫지 못했거늘, 무슨 미혹하다는 말을 하는 것인가?”

스님이 말했다.

“청컨대, 선사께서 말씀해 주십시오.”

선사가 말했다.

“대덕은 경전을 20여 번이나 강의했으면서, 아직도 여래를 모른다는 말인가!”

그 스님이 재차 절을 하며 가르쳐주기를 원하자, 선사가 말했다.

“여래라는 것은 제법과 같다(如來者是諸法如義)고 했는데, 어째서 잊어버렸는가?”

스님이 말했다.

“그렇습니다, 제법과 같은 뜻입니다.”

선사가 말했다.

“대덕이 그렇다는 것 또한 그렇지 않다.”

스님이 말했다.

“경전의 문장이 분명한데, 어째서 그렇지 않은 것입니까?”

선사가 말했다.

“대덕, 같은가?”

스님이 말했다.

“같습니다.”

선사가 말했다

“목석도 같은가?”

스님이 말했다.

“같습니다.”

선사가 말했다.

“대덕과 목석은 같은가?”

스님이 말했다.

"둘이 아닙니다."

선사가 말했다.

"(그렇다면) 스님과 목석은 어떻게 구별하는가?"

스님이 대답이 없었다.

한참을 말이 없다가, 물었다.

"어떻게 해야 대열반을 얻겠습니까?"

선사가 말했다.

"생사의 업(生死業)을 짓지 않아야 한다."

스님이 말했다.

"어떤 것이 생사의 업입니까?"

선사가 말했다.

"대열반을 구하는 것이 생사의 업이고, 더러움을 버리고 깨끗함을 취하는 것이 생사의 업이며, 얻음도 있고 증함도 있는 것이 생사의 업이고, 대치문對治門을 벗어나지 못하는 것이 생사의 업이다."

스님이 말했다.

"어떻게 해야 해탈을 얻게 됩니까?"

선사가 말했다.

"본래 스스로 묶여 있지 않았으니 풀려고 할 필요가 없다(本自無縛不用求解). 쓰고 싶으면 바로 쓰고 바로 행하니 이것이 무등등이다(直用直行 是無等等)."

스님이 말했다.

"선사 같은 화상이야말로 실로 희유希有하십니다."

감사의 절을 하고, 갔다.

❀

有行者問 "卽心卽佛 那箇是佛" 師云 "汝疑 那箇不是佛 指出看" 無對 師云 "達卽遍境是 不悟永乖疎"

어떤 행자行者가 물었다.

"'마음이 곧 부처다(卽心卽佛)'고 하는데, 어떤 것이 부처입니까?"

선사가 말했다.

"너는 (아직도) 의심하는데, 어떤 것이 부처가 아닌지 지적해 보라."

대답이 없자, 선사가 말했다.

"통달하면 온 경계가 이렇고, 깨닫지 못하면 영원히 어긋나 멀어지게 된다."

❀

有律師法明 謂師曰 "禪師家多落空" 師曰 "却是坐主家多落空" 法明大驚曰 "何得落空" 師曰 "經論是紙墨文字 紙墨文字者俱空 設於聲上建立 名句等法 無非是空 坐主執滯教體 豈不落空" 法明曰 "禪師落空否" 師曰 "不落空" 曰 "何却不落空" 師曰 "文字等皆 從智慧而生 大用現前 那得落空" 法明曰 "故知一法不達 不名悉達" 師曰 "律師不唯落空 兼乃錯用名言" 法明作色問曰 "何處是錯" 師曰 "律師未辨華竺之音 如何講說" 曰 "請禪師指出法明錯處" 師曰 "豈不知悉達是梵語邪" 律師雖省過 而心猶憤然(具梵語 薩婆曷剌他悉陀 中國翻云一切義成 舊云悉達多 猶是訛略梵語也) 又問曰 "夫經律論是佛語 讀誦依教奉行 何故不見性" 師曰 "如狂狗趁塊 師子齩人 經律論是自性用 讀誦者是性法" 法明

曰 "阿彌陀佛有父母及姓否" 師曰 "阿彌陀姓憍尸迦 父名月上 母名殊勝妙顔" 曰 "出何教文" 師曰 "出陀羅尼集" 法明禮謝讃歎而退,

율사律師 법명法明이 선사에게 말했다.

"선사라는 분들(禪師家)이 공에 떨어지는 경우(落空)가 많습니다."

선사가 말했다.

"도리어 좌주라는 분들(坐主家)이 공에 떨어지는 경우가 많습니다."

법명이 크게 놀라며 말했다.

"어째서 공에 떨어집니까?"

선사가 말했다.

"경론經論은 종이와 먹으로 된 문자(紙墨文字)입니다. 종이와 먹으로 된 문자는 모두 공해서 설사 소리에다 건립한 이름(名)과 언구(句) 같은 법일지라도 공이 아닌 것이 없거늘, 좌주들은 교체敎體에 집착하고 막혀 있으니, 어찌 공에 떨어지지 않겠습니까?"

법명이 말했다.

"선사들은 공에 떨어지지 않습니까?"

선사가 말했다.

"공에 떨어지지 않습니다."

법명이 말했다.

"어째서 공에 떨어지지 않습니까?"

선사가 말했다.

"문자와 같은 것들은 모두 지혜로부터 나오는 것이어서 대용이 눈앞에 드러났거늘(大用現前), 어찌 공에 떨어지겠습니까?"

법명이 말했다.

"그렇기 때문에 한 법도 통달하지 못하면 실달悉達이라고 이름 하지 못한다는 것을 알아야 합니다."

선사가 말했다.

"율사는 오직 공에 떨어졌을 뿐만 아니라, 아울러 이름과 언구도 잘못 쓰고 있군요."

법명이 불쾌한 얼굴빛을 드러내고(作色), 물었다.

"어디가 잘못된 곳입니까?"

선사가 말했다.

"율사는 중화(華)와 천축(竺)의 소리도 가려내지 못하면서, 어떻게 강의를 한다는 것이오?"

법명이 말했다.

"청컨대, 선사는 법명의 틀린 곳을 지적해 보십시오."

선사가 말했다.

"어찌 실달悉達이 범어라는 것도 모릅니까?"

율사가 비록 잘못을 깨달았지만, 마음은 여전히 분해 있었다.

〔범어로 온전하게는 살바갈랄타실타薩婆曷剌他悉陀이고, 중국어로 번역을 하면 '일체의 뜻이 이루어진다(一切義成)'는 것이다. 옛날에는 실달다悉達多라고 했는데, 잘못 와전되어 간략하게 된 범어다.〕

(그래서) 또 물었다,

"무릇 경·율·론이라는 것은 부처님 말씀(佛語)으로, 읽고 외우며 가르침에 의지해 받들어 행하는 것인데, 어째서 성품을 보지 못하는 것입니까?"

선사가 말했다.

"마치 미친개는 흙덩이를 쫓지만 사자는 사람을 무는 것(狂狗趁塊師子齩人)과 같습니다. 경·율·론은 자성의 용이고, 읽고 외우는 것은 성품의 법입니다(經律論是自性用 讀誦者是性法)."

법명이 말했다.

"아미타불도 부모와 성이 있습니까?"

선사가 말했다.

"아미타의 성은 교시가憍尸迦요, 아버지의 이름은 월상月上이고, 어머니의 이름은 수승묘안殊勝妙顔입니다."

법명이 말했다.

"어떤 교문敎文에 나옵니까?"

선사가 말했다.

"다라니집陀羅尼集에 나옵니다."

법명이 감사의 절을 하고 찬탄하며 물러갔다.

❀

有三藏法師問"眞如有變易否" 師曰"有變易" 三藏曰"禪師錯也" 師却問三藏"有眞如否" 曰"有" 師曰"若無變易 決定是凡僧也 豈不聞 善知識者 能迴三毒爲三聚淨戒 迴六識爲六神通 迴煩惱作菩提 迴無明爲大智 眞如若無變易 三藏眞是自然外道也" 三藏曰"若爾者眞如卽有變易" 師曰"若執眞如有變易亦是外道" 曰"禪師適來說眞如有變易 如今又道不變易 如何卽是的當" 師曰"若了了見性者 如摩尼珠現色 說變亦得 說不變亦得 若不見性人 聞說眞如變便作變解 聞說不變便作不

變解" 三藏曰 "故知南宗實不可測"

어떤 삼장 법사三藏法師가 물었다.

"진여眞如에도 변역變易이 있습니까?"

선사가 말했다.

"변역이 있습니다."

삼장이 말했다.

"선사는 틀렸습니다."

선사가 도리어 삼장에게 물었다.

"진여가 있습니까?"

삼장이 말했다.

"있습니다."

선사가 말했다.

"만약 변역이 없다면 결정코 평범한 승려일 것입니다. 어찌 듣지 못했습니까! '선지식은 3독三毒을 돌이켜 3취정계三聚淨戒로 삼고, 6식六識을 돌려 6신통六神通으로 삼으며, 번뇌를 돌려 보리로 삼고, 무명을 돌려 대지혜(大智)로 삼는다'고 한 것을요. 진여에 만약 변역이 없다면, 삼장은 정말로 자연외도自然外道입니다."

삼장이 말했다.

"만약 그렇다면 진여에 변역이 있는 것입니까?"

선사가 말했다.

"만약 진여에 변역이 있다고 집착하면, 그것 역시 외도입니다."

삼장이 말했다.

“선사께서는 조금 전에 진여에는 변역이 있다고 말씀하셨는데, 지금은 또 변역이 없다고 하시니, 어떤 것이 분명 맞는 것입니까?”

선사가 말했다.

“만약 분명하게 성품을 본 사람(了了見性)이라면 마치 마니보주(摩尼珠)에 색이 드러나는 것처럼 변한다고 말해도 되고 변하지 않는다고 말해도 됩니다. 하지만 성품을 보지 못한 사람이 진여가 변한다는 말을 들으면 바로 변한다는 견해를 짓게 되고, 변하지 않는다는 말을 들으면 바로 변하지 않는다는 견해를 짓게 됩니다.”

삼장이 말했다.

“그렇기 때문에 남종南宗은 실로 헤아릴 수 없다는 것을 알겠습니다.”

❀

有道流問 “世間有法 過自然否” 師曰 “有” 曰 “何法過得” 師曰 “能知自然者” 曰 “元氣是道否” 師曰 “元氣自元氣 道自道” 曰 “若如是者 則應有二” 師曰 “知無兩人” 又問 “云何爲邪 云何爲正” 師曰 “心逐物爲邪 物從心爲正

어떤 도류(道流, 도교 수행자)가 물었다.

“세간에 자연보다 뛰어난 법이 있습니까?”

선사가 말했다.

“있다.”

도류가 말했다.

“어떤 법이 뛰어납니까?”

선사가 말했다.

"능히 자연이라는 것을 아는 것이다."

도류가 말했다.

"원기元氣는 도입니까?"

선사가 말했다.

"원기는 스스로 원기이고, 도는 스스로 도다(元氣自元氣 道自道)."

도류가 말했다.

"만약 이와 같다면 마땅히 둘이 있어야 합니다."

선사가 말했다.

"아는 것에는 두 사람이 없다(知無兩人)."

도류가 또 물었다.

"어떤 것을 삿된 것(邪)이라 하고, 어떤 것을 바른 것(正)이라고 합니까?"

선사가 말했다.

"마음이 물(物, 사물, 경계)을 따르는 것을 삿된 것이라 하고, 물이 마음을 따르는 것을 바른 것이라고 한다(心逐物爲邪 物從心爲正)."

❀

有源律師來問 "和尙修道 還用功否" 師曰 "用功" 曰 "如何用功" 師曰 "饑來喫飯 困來卽眠" 曰 "一切人總如是 同師用功否" 師曰 "不同" 曰 "何故不同" 師曰 "他喫飯時不肯喫飯 百種須索 睡時不肯睡 千般計校 所以不同也" 律師杜口.

원源 율사律師라는 사람이 와서 물었다.

"화상께선 도를 닦는 데 공(功, 노력)이 필요하십니까?"

선사가 말했다.

"공(노력)이 필요하다."

율사가 말했다.

"어떻게 공을 쓰십니까(=어떻게 애쓰십니까)?"

선사가 말했다.

"배고프면 밥 먹고 피곤하면 잔다(饑來喫飯 困來卽眠)."

율사가 말했다.

"모든 사람들이 다 이와 같은데(=이와 같이 쓰고 있는데), 선사가 쓰는 공과 같습니까?"

선사가 말했다.

"같지 않다."

율사가 말했다.

"어째서 같지 않습니까?"

선사가 말했다.

"저들은 밥 먹을 때는 밥만 먹으려 하지 않고 온갖 것을 찾고, 잠 잘 때는 잠만 자려 하지 않고 온갖 계교를 부린다. 그렇기 때문에 같지 않은 것이다."

율사가 입을 다물었다.

❀

有韞光大德問 "禪師自知生處否" 師曰 "未曾死 何用論生. 知生卽是無生法 無離生法說有無生. 祖師云 當生卽不生" 曰 "不見性人 亦得如此否" 師曰 "自不見性 不是無性. 何以故 見卽是性 無性不能見 識卽是性 故名識性 了卽是性 喚作了性 能生萬法 喚作法性 亦名法身. 馬鳴祖師

云 所言法者 謂衆生心. 若心生故 一切法生 若心無生 法無從生 亦無名字. 迷人不知 法身無象 應物現形. 遂喚 靑靑翠竹 總是法身 鬱鬱黃華 無非般若. 黃華若是般若 般若卽同無情 翠竹若是法身 法身卽同草木. 如人喫筍 應總喫法身也 如此之言 寧堪齒錄. 對面迷佛 長劫希求 全體法中迷而外覓. 是以 解道者 行住坐臥 無非是道 悟法者 縱橫自在 無非是法."

온광韞光 대덕이 물었다.

"선사께선 태어날 곳을 스스로 아십니까?"

선사가 말했다.

"아직 죽은 적이 없는데, 어찌 태어남을 논할 필요가 있겠는가? 생生이 곧 무생법無生法이라는 것을 알면 생법生法은 무생(無生, 무생법)을 설하는 것에서 벗어나지 않게 된다. 조사(祖師, 마조)가 이르기를 '생한다 해도 생하는 바가 없는 것이네(當生卽不生)'[42]라고 했다."

대덕이 말했다.

"성품을 보지 못한 사람(不見性人)도 역시 이와 같습니까?"

선사가 말했다.

"스스로 성품을 보지 못한 것이지, 성품이 없는 것이 아니다(自不見性

---

42 마조도일의 시중示衆에 게송으로 다음과 같이 기술하고 있다.

心地隨時說　마음(心地)이 때에 따라 말을 하나니
菩提亦只寧　보리菩提 역시 다만 이와 같을 뿐이네.
事理俱無礙　사事와 이理에 모두 걸림이 없으면
當生卽不生　생한다 해도 생하는 바가 없는 것이네.

不是無性). 왜냐하면 보는 것이 바로 성품이고, 성품이 없으면 볼 수가 없기 때문이다. 식識이 바로 성품이기 때문에 식성識性이라고 하는 것이고, 아는 것(了)이 바로 성품이기 때문에 아는 성품(了性)이라 부르는 것이며, 능히 만법을 내므로 법성法性이라 부르기도 하고 또한 법신法身이라고도 부르는 것이다. 마명馬鳴 조사가 이르기를 '법이라는 것은 중생심을 말하는 것이다(所言法者 謂衆生心)'라고 했다. 그러므로 만약 마음이 생하면 일체법이 생하는 것이고(若心生故 一切法生), 만약 마음이 생하는 것이 없으면 법은 생하는 것도 없고 이름도 없는 것이다(若心無生 法無從生 亦無名字).

어리석은 사람(迷人)은 법신은 형상이 없지만 사물에 응해 형태를 드러내는 것(法身無象 應物現形)을 모른다. 그리하여 마침내 푸르고 푸른 대나무(青青翠竹)가 모두 법신이고 울울창창한 국화(鬱鬱黃華)가 반야 아닌 것이 없다고 한다. (하지만) 노란 국화가 만약 반야라면 반야는 바로 무정(無情, 無情物)과 같을 것이고, 푸른 대나무가 법신이라면 법신은 바로 초목草木과 같을 것이다. 예를 들어 어떤 사람이 죽순(筍)을 먹으면 마땅히 모두 법신을 먹는다고 해야 할 것이니, 이와 같은 말을 어찌 감히 언급하고 기록할 수 있겠는가? 마주 대하면서도 부처를 미혹해 오랜 겁 토록 희구하고, 모든 법 가운데서 미혹하여 밖으로 찾는다. 이 때문에 도를 아는 사람(解道者)은 행주좌와行住坐臥가 도가 아닌 것이 없고, 법을 깨달은 사람(悟法者)은 종횡으로 자재해서 이 법이 아닌 것이 없는 것이다."

❀

大德又問 "太虛能生靈智否. 眞心緣於善惡否. 貪欲人是道否. 執是執非人向後心通否. 觸境生心人有定否. 住寂寞人有慧否. 懷傲物人有我否. 執空執有人有智否. 尋文取證人 苦行求佛人 離心求佛人 執心是佛人 此智稱道否. 請禪師一一爲說" 師曰 "太虛不生靈智 眞心不緣善惡 嗜欲深者機淺 是非交爭者未通 觸境生心者少定 寂寞忘機者慧沈 傲物高心者我壯 執空執有者皆愚 尋文取證者益滯 苦行求佛者俱迷 離心求佛者外道 執心是佛者爲魔" 大德曰 "若如是應畢竟無所有" 師曰 "畢竟是 大德 不是畢竟無所有" 大德踊躍 禮謝而去(此下舊本有洪州百丈山惟政禪師傳 今移在第九卷百丈山海和尙下)

대덕이 또 물었다.

"태허(太虛, 허공)는 영지(靈智, 신령스런 지혜)를 낼 수 있습니까? 진심眞心은 선악善惡에 인연합니까? 탐욕한 사람(貪欲人)도 도에 들어갑니까? 옳음에 집착하고 그름에 집착하는 사람(執是執非人)도 앞으로 마음이 통할 수 있습니까? 경계와의 접촉에서 마음을 내는 사람(觸境生心人)에게도 정(定, 선정)이 있습니까? 적막에 머무는 사람(住寂寞人)에게도 지혜가 있습니까? 상대에게 오만함을 품고 있는 사람(懷傲物人)에게도 '나(我)'가 있습니까? 공에 집착하고 유에 집착하는 사람(執空執有人)에게도 지혜가 있습니까? 언어문자를 찾아 증득을 얻으려는 사람(尋文取證人), 고행으로 부처를 구하는 사람(苦行求佛人), 마음을 떠나서 부처를 구하는 사람(離心求佛人), 마음에 집착해 부처를 구하는 사람(執心是佛人), 이런 사람들의 지혜도 도라고 부를 수 있습니까?

청컨대, 선사께서는 하나하나 말씀해 주십시오."

선사가 말했다.

"태허는 영지를 내지 못하고, 진심은 선악을 인연하지 않으며, 탐욕이 깊은 사람은 근기가 얕고, 옳고 그름을 따지는 자는 통하지 못하며, 경계와의 접촉에서 마음을 내는 사람은 선정에 들지 못하고(少定), 적막에 마음을 잊는 사람(寂寞忘機者)은 지혜가 가라앉으며, 상대에게 오만하고 도도한 마음을 갖고 있는 사람은 '나(我, 我相)'가 강하고, 공에 집착하고 유에 집착하는 사람은 모두 어리석으며, 언어문자를 찾아서 증득을 얻으려는 사람은 더욱 막히고, 고행으로 부처를 구하는 사람은 모두 미혹하며, 마음을 떠나서 부처를 구하는 사람은 외도外道이고, 마음에 집착해 부처를 구하는 사람(執心是佛人)은 마군(魔)이 된다."

대덕이 말했다.

"만약 이와 같다면, 마땅히 필경 있는 것이 없겠습니다(畢竟無所有)."

선사가 말했다.

"필경엔 그렇지만, 대덕이여! 필경 없는 것(畢竟無所有)도 아니다."

대덕이 뛸 듯이 좋아하면서 감사의 절을 하고는 물러갔다.

〔이것은 구본舊本에는 홍주洪州 백장산百丈山 유정惟政 선사禪師 전傳 아래에 있었던 것인데, 지금은 옮겨서 제9권, 백장산 회해 화상 아래에 둔다.〕

3-2. 홍주洪州 늑담泐潭 법회法會 선사禪師

洪州泐潭法會禪師問馬祖 "如何是西來祖師意" 祖曰 "低聲近前來" 師便近前 祖打一摑云 "六耳不同謀 來日來" 師至來日猶入法堂云 "請和尙道" 祖云 "且去 待老漢上堂時出來 與汝證明" 師乃悟云 "謝大衆證明" 乃繞法堂一匝便去.

홍주 늑담법회 선사가 마조에게 물었다.[43]

"어떤 것이 조사가 서쪽에서 온 뜻입니까?"

마조가 말했다.

"목소리를 낮추고 가까이 오라!"

법회가 가까이 오자, 마조가 한 대 후려갈기고 말했다.

"여섯 귀로(셋이서) 함께 모의할 일이 아니니, 내일 오너라."

법회가 다음날 법당에 들어가 말했다.

"청컨대 화상께서는 말씀해 주십시오."

마조가 말했다.

"일단 갔다가 내가 상당上堂하면 그때 나와라. (그러면) 네게 증명해 주겠다."

법회가 이에 깨닫고, 말했다.

"대중에게 증명해 주셔서 감사합니다."

그리고는 법당을 한 바퀴 돌고, 바로 가버렸다.

---

43 감변 편, 5. 여섯 귀로는 도모하지 못한다에 해당한다.

3-3. 지주池州 삼산杉山 지견智堅 선사禪師

池州杉山智堅禪師 初與歸宗南泉行脚時 路逢一虎 各從虎邊過了 南泉問歸宗云 "適來見虎 似箇什麽" 宗云 "似箇猫兒" 宗却問師 師云 "似箇狗子" 宗又問南泉 泉云 "我見是箇大蟲"

지주 삼산지견 선사가 처음에 귀종歸宗·남전南泉과 함께 행각할 때, 길에서 호랑이 한 마리를 만났다. 각자 호랑이 곁을 지나가고 나자, 남전이 귀종에게 물었다.

"좀 전에 본 호랑이가 무엇과 같은가?"

귀종이 말했다.

"고양이같더군."

(그리고는) 귀종이 도리어 지견 선사에게 묻자, 선사가 말했다.

"개같더군."

귀종이 또 남전에게 묻자, 남전이 말했다.

"내 보기엔 호랑이(大蟲)같던데."

❀

師喫飯次 南泉收生飯云 "生" 師云 "無生" 南泉云 "無生猶是末" 南泉行數步 師召云 "長老長老" 南泉迴頭云 "怎麽" 師云 "莫道是末"

선사가 공양을 하는데 남전이 생반(生飯, 공양 전에 조금씩 더는 밥)을 거두며 말했다.

"생겼다."

선사가 말했다.

"생겨남이 없다."

남전이 말했다.

"생겨남이 없어도, 마지막이다(無生猶是末)."

(그리고는) 남전이 몇 걸음 걷자, 선사가 불렀다.

"장로, 장로!"

남전이 고개를 돌리며 말했다.

"왜?"

선사가 말했다.

"마지막이다(末)고 말하지 말라."

❀

一日普請擇蕨菜 南泉拈起一莖云 "遮箇大好供養" 師云 "非但遮箇 百味珍羞 他亦不顧" 南泉云 "雖然如此 箇箇須嘗他始得"(玄覺云 "是相見語 不是相見語")

※蕨菜(궐채): 고사리. 고사리나물.

하루는 대중울력(普請)으로 고사리나물(蕨菜)을 고르고 있는데, 남전이 줄기 하나를 들고 말했다.

"이것이 공양하기 아주 좋겠는데."

선사가 말했다.

"비단 이것뿐만 아니라 온갖 진수성찬이라도 역시 돌아보지 않겠다."

남전이 말했다.

"비록 그렇더라도 하나하나 모름지기 맛을 봐야지."

〔현각玄覺이 말했다.

"상견어相見語인가, 상견어가 아닌가?"〕

❀

僧問 "如何是本來身" 師云 "擧世無相似"

어떤 스님이 물었다.

"어떤 것이 본래의 몸(本來身)입니까?"

선사가 말했다.

"온 세상에 같은 것이 없다."

3-4. 홍주洪州 늑담泐潭 유건惟建 선사禪師

洪州泐潭惟建禪師 一日在馬祖法堂後坐禪. 祖見乃吹師耳 兩吹師起定 見是和尙 却復入定. 祖歸方丈 令侍者持一椀茶與師. 師不顧 便自歸堂.

홍주 늑담유건 선사가 하루는 법당 뒤에서 좌선을 하고 있었다.[44]

마조가 이를 보고 유건의 귀에 두 번 입김을 불자. 유건이 선정에서 일어나 마조인 것을 보고, 다시 선정에 들었다.

마조가 방장실로 돌아가 시자에게 차 한 잔을 유건에게 주라고 했다.

---

44 감변 편, 6. 귀에다 입김을 두 번 불다에 해당한다.

유건이 돌아보지도 않고, 바로 승당으로 돌아갔다.

3-5. 예주澧州 명계茗谿 도행道行 선사禪師

師有時云 "吾有大病非世所醫" 後有僧問先曹山 "承古人有言 吾有大病 非世所醫 未審喚作什麽病" 曹云 "攢簇不得底病" 云 "一切衆生還有此病也無" 曹云 "人人盡有" 云 "人人盡有 和尙還有此病也無" 曹云 "正覓起處不得" 云 "一切衆生 爲什麽不病" 曹云 "衆生若病 卽非衆生" 云 "未審諸佛還有此病也無" 曹云 "有" 云 "旣有 爲什麽不病" 曹云 "爲伊惺惺"

도행 선사가 어느 때 말했다.

"내게 큰 병이 있는데, 세간에서 치료할 수 있는 것이 아니다."

뒤에 어떤 스님이 선先 조산曹山에게 물었다.

"고인古人이 말하기를 '내게 큰 병이 있는데, 세간에서 치료할 수 있는 것이 아니다'고 했는데, 무슨 병인지 잘 모르겠습니다."

조산이 말했다.

"화살로도 뚫지 못하는 병이다."

스님이 말했다.

"일체중생에게도 이 병이 있습니까?"

조산이 말했다.

"사람마다 모두 있다."

스님이 말했다.

"사람마다 모두 있으면 화상도 이 병이 있습니까?"

조산이 말했다.

“일어난 곳을 찾아도 찾지 못한다.”

스님이 말했다.

“일체중생은 어째서 이 병이 없습니까?”

조산이 말했다.

“중생이 만약 이 병이 있으면 중생이 아니다.”

스님이 말했다.

“잘 모르겠습니다. 제불도 이 병이 있습니까?”

조산이 말했다.

“있다.”

스님이 말했다.

“있는데, 어째서 병이 들지 않는 것입니까?”

조산이 말했다.

“그는 성성(惺惺, 또렷또렷)하기 때문이다.”

❀

僧問 “如何修行” 師云 “好箇阿師 莫客作” 僧云 “畢竟如何” 師云 “安置卽不堪”

어떤 스님이 물었다.

“어떻게 수행해야 합니까?”

선사가 말했다.

“스님! 손님이 되지 말라.”

스님이 말했다.

"필경엔 어떻습니까?"

선사가 말했다.

"편안하게 놔두면 감당하지 못한다."

❀

又僧問 "如何是正修行路" 師云 "涅槃後有" 僧云 "如何是涅槃後有" 師云 "不洗面" 僧云 "學人不會" 師云 "無面得洗"

또 어떤 스님이 물었다.

"어떤 것이 올바른 수행의 길입니까?"

선사가 말했다.

"열반 후에 있는 것이다."

스님이 말했다.

"어떤 것이 열반 후에 있는 것입니까?"

선사가 말했다.

"얼굴을 씻지 않는 것이다."

스님이 말했다.

"저는 모르겠습니다."

선사가 말했다.

"씻을 얼굴이 없다."

3-6. 무주撫州 석공石鞏 혜장慧藏 선사禪師

撫州石鞏慧藏禪師 本以弋獵爲務 惡見沙門 因逐群鹿從馬祖庵前過 祖乃逆之 藏問 "和尙見鹿過否" 祖曰 "汝是何人" 曰 "獵者" 祖曰 "汝解射否" 曰 "射射" 祖曰 "汝一箭射幾箇" 曰 "一箭射一箇" 祖曰 "汝不解射" 曰 "和尙解射否" 祖曰 "解射" 曰 "和尙一箭射幾箇" 祖曰 "一箭射一群" 曰 "彼此是命 何用射他一群" 祖曰 "汝旣知如是 何不自射" 曰 "若敎某甲自射 卽無下手處" 祖曰 "遮漢曠劫無明 煩惱今日頓息" 藏當時毁棄弓箭 自以刀截髮 投祖出家.

무주 석공혜장 선사는 본래 사냥으로 직업을 삼았기에 사문沙門을 만나는 것을 싫어했다.[45] 하루는 한 무리의 사슴을 쫓다가 마조의 암자 앞을 지나게 되었는데, 마조가 그를 맞이했다.

혜장이 물었다.

"화상께서는 사슴이 지나가는 것을 보셨습니까?"

마조가 말했다.

"그대는 뭘 하는 사람인가?"

혜장이 말했다.

"사냥꾼입니다."

"그대는 활을 쏠 줄 아는가?"

혜장이 말했다.

"쏠 줄 압니다."

---

45 감변 편, 7. 화살 하나로 한 무리를 쏘다에 해당한다.

마조가 말했다.

"그대는 화살 하나로 몇 마리나 쏘는가?"

혜장이 말했다.

"화살 하나로 한 마리를 쏩니다."

마조가 말했다.

"그대는 활을 쏠 줄을 모르는군."

혜장이 물었다.

"화상께서는 활을 쏠 줄 아십니까?"

마조가 말했다.

"쏠 줄 안다."

혜장이 말했다.

"화상께서는 화살 하나로 몇 마리를 쏘십니까?"

마조가 말했다.

"화살 하나로 한 무리를 쏜다."

혜장이 말했다.

"서로가 모두 생명인데, 어째서 한 무리나 쏘는 것입니까?"

마조가 말했다.

"그대는 이와 같은 것을 알면서 어째서 자신을 쏘지 못하는가?"

혜장이 말했다.

"만약 저더러 자신을 쏘라고 한다면 바로 손 댈 곳이 없습니다."

마조가 말했다.

"이 친구가 광겁의 무명번뇌를 오늘에야 단박에 쉬게 되었구나!"

혜장이 즉시 활과 화살을 부숴버리고, 스스로 칼로 머리를 깎고 마조에게 출가했다.

❀

一日在廚中作務次 祖問曰“作什麽”曰“牧牛”祖曰“作麽生牧”曰“一迴入草去 便把鼻孔拽來”祖曰“子眞牧牛”師便休.

하루는 공양간(廚)에서 일을 하고 있었는데, 마조가 물었다.[46]
“무엇을 하는가?”
(혜장이) 말했다.
“소를 치고 있습니다.”
마조가 말했다.
“어떻게 소를 치는가?”
(혜장이) 말했다.
“풀밭에 한 번 들어가면 바로 콧구멍을 잡아끌고 나옵니다.”
마조가 말했다.
“그대는 정말 소를 잘 치고 있구나!”
혜장이 곧 쉬었다.

❀

師住後常以弓箭接機(如三平和尙章述之)

선사가 주석한 다음부터는 늘 활과 화살로 학인을 제접했다.〔삼평화상三平和尙 장에서 서술한 것과 같다.〕

---

46 본서 감변 편, 8. 목우에 해당한다.

❀

師問西堂 "汝還解捉得虛空麽" 西堂云 "捉得" 師云 "作麽生捉" 堂以手撮虛空 師云 "作麽生恁麽捉虛空" 堂却問 "師兄作麽生捉" 師把西堂鼻孔拽 西堂作忍痛聲 云 "大殺拽人鼻孔 直得脫去" 師云 "直須恁麽捉虛空始得"

선사가 서당에게 물었다.

"그대는 허공을 잡을 줄 아는가?"

서당이 말했다.

"잡을 줄 알지요."

선사가 말했다.

"어떻게 잡는가?"

서당이 손으로 허공을 잡자, 선사가 말했다.

"그렇게 해서야 어떻게 그렇게 허공을 잡겠는가?"

서당이 도리어 물었다.

"사형은 어떻게 잡습니까?"

선사가 서당의 코를 잡아끌자, 서당이 아파서 소리를 지르며 말했다.

"죽어라 하고 사람의 콧구멍을 잡아끄니 빠질 지경입니다."

선사가 말했다.

"모름지기 허공은 이렇게 잡아야 한다."

❀

衆僧參次 師云 "適來底什麽處去也" 有僧云 "在" 師云 "在什麽處" 其僧

彈指一聲.

여러 스님들이 참례하고 있는데, 선사가 말했다.

"좀 전에 (있던) 사람은 어디로 갔는가?"

어떤 스님이 말했다.

"(여기) 있습니다."

선사가 말했다.

"어디에 있는가?"

그 스님이 손가락을 한 번 튕겨 소리를 냈다.

❀

僧到禮拜 師云 "還將那箇來否" 僧云 "將得來" 師云 "在什麽處" 僧彈指三聲 問 "如何免得生死" 師云 "用免作什麽" 僧云 "如何免得" 師云 "遮底不生死"

어떤 스님이 와서 절을 하자, 선사가 말했다.

"어떤 것을 가지고 왔는가?"

스님이 말했다.

"가지고 왔습니다."

선사가 말했다.

"어디에 있는가?"

스님이 세 번 손가락을 튕겨 소리를 내고, 물었다.

"어떻게 해야 나고 죽는 것을 면하겠습니까?"

선사가 말했다.

"면해서 뭘 하려고?"

스님이 말했다.

"어떻게 해야 면하겠습니까?"

선사가 말했다.

"이것은 나고 죽는 것이 아니다."

3-7. 당주唐州 자옥산紫玉山 도통道通 선사禪師

唐州紫玉山道通禪師者廬江人也. 姓何氏 幼隨父守官 泉州南安縣 因而出家. 唐天寶初 馬祖闡化建陽居佛迹巖 師往謁之. 尋遷於南康龔公山 師亦隨之.

당주 자옥산 도통 선사는 여강 사람이다. 성은 하何씨이고, 어려서 관직에 있는 아버지를 따라 천주 남안현에 갔다가 출가했다. 당唐 천보(天寶, 742~756) 초기에 마조가 건양에서 교화를 펼치면서 불적암佛迹巖에 머물고 있었는데, 선사가 가서 뵈었다. 이윽고 남강의 공공산으로 자리를 옮기자, 선사도 따라갔다.

❀

貞元四年二月初 馬祖將歸寂 謂師曰"夫玉石潤山秀麗 益汝道業 遇可居之"師不曉其言. 是秋與伏牛山自在禪師 同遊洛陽 迴至唐州 西見一山 四面懸絶峯巒秀異 因詢鄉人 云是紫玉山. 師乃陟山頂見 有石方正瑩然紫色. 歎曰"此其紫玉也"始念先師之言乃懸記耳. 遂剪茆構舍而居焉 後學徒四集.

정원 4년(788) 2월 초, 마조가 입적하면서 선사에게 말했다.

"무릇 옥석이 윤택하고 산이 수려하면 그대의 도업에 이익이 될 것이니, (그런 곳을) 만나거든 그곳에서 살라."

하지만 선사가 그 말을 깨닫지 못했다. 그해 가을, 복우산 자재 선사와 함께 낙양을 다니다가 당주로 돌아와 서쪽의 한 산을 보니, 사방이 깎아지른 듯했고 봉우리가 남다르게 빼어났다. 마을 사람에게 물어보자, '자옥산紫玉山'이라고 했다. 선사가 산 정상에 올라가 보니, 네모지고 반듯한 돌이 있었는데, 자줏빛으로 옥처럼 밝게 빛났다. (그래서) 감탄하며 말했다.

"이것이 그 자옥이었구나!"

(그리고는) 비로소 선사(마조)의 말이 현기(懸記, 예언)였음을 생각하게 되었다. 마침내 띠를 베어 집을 짓고 살았는데, 후에 배우는 무리들이 사방에서 모여 들었다.

❀

僧問 "如何出得三界" 師云 "汝在裏許得多少時也" 僧云 "如何出離" 師云 "靑山不礙白雲飛"

어떤 스님이 물었다.

"어떻게 해야 삼계三界를 벗어날 수 있습니까?"

선사가 말했다.

"너는 그 속에 얼마나 있었는가?"

스님이 말했다.

"어떻게 해야 벗어날 수 있겠습니까?"

선사가 말했다.
"청산은 흰 구름이 나는 것을 막지 않는다."

❀

于頔相公問 "如何是黑風吹其船舫 漂墮羅刹鬼國" 師云 "于頔客作漢問恁麽事怎麽" 于公失色 師乃指云 "遮箇是漂墮羅刹鬼國" 于又問 "如何是佛" 師喚于頔 頔應諾 師云 "更莫別求"(有僧擧似藥山 藥山云 "縛殺遮漢也" 僧云 "和尙如何" 藥山亦喚 云 "某甲" 僧應諾 藥山云 "是什麽")

※客作(객작): 남에게 품삯을 받고 일함.

우적 상공于頔相公이 물었다.
"어떤 것이 흑풍(黑風, 폭풍 또는 광풍)이 배에 불어 표류하다가 나찰귀신의 나라에 떨어지게 되는 것입니까?"
선사가 말했다.
"우적같이 남에게 품삯이나 받고 일하는 사람(客作漢)이 이런 일은 물어서 뭐하나?"
우적이 놀라서 얼굴빛이 바뀌자, 선사가 (손으로) 가리키며 말했다.
"이것이 표류하다가 나찰귀신의 나라에 떨어지는 것이다."
우적이 또 물었다.
"어떤 것이 부처입니까?"
선사가 우적을 부르자, 우적이 "예!" 하고 대답을 했다.
(그러자) 선사가 말했다.
"다시는 다른 것을 구하지 말라(更莫別求)!"

〔어떤 스님이 이 이야기를 약산藥山에게 거론하자, 약산이 말했다.

“그놈을 묶어 죽였어야 했다.”

그 스님이 말했다.

“화상께서는 어떻게 하시겠습니까?”

약산 또한 “아무개야(某甲)!” 하고 부르자, 그 스님이 “예!” 하고 대답했다.

약산이 말했다.

“이것이 무엇인가(是什麽)?”〕

❀

元和八年 弟子金藏 參百丈迴禮覲 師云 “汝其來矣 此山有主也” 於是 囑付金藏訖 策杖徑去 襄州道俗迎之. 至七月十五日 無疾而終. 壽八十有三.

※覲(뵐 근): 뵈다, 알현하다. 만나다. 보다. 겨우. 구슬, 옥.

원화 8년(813)에 제자 금장金藏이 백장을 참례하고 돌아와 뵙자, 선사가 말했다.

“네가 왔으니, 이 산에 주인이 있게 되었구나.”

이에 금장에게 부촉하고 주장자를 짚고 길을 나서자, 양주의 도속道俗들이 맞이했다.

7월 15일이 되자, 병도 없이 임종했다. 세수 83세였다.

3-8. 강서江西 북란北蘭 양讓 선사禪師

湖塘亮長老問 "伏承師兄畫得先師眞 暫請瞻禮" 師以兩手撥胸開示之 亮便禮拜 師云 "莫禮莫禮" 亮云 "師兄錯也 某甲不禮師兄" 師云 "汝禮先師眞" 亮云 "因什麽教某甲莫禮" 師云 "何曾錯"

호당의 양亮 장로長老가 물었다.

"사형께서 선사先師의 진영(眞, 마조의 영정)을 그렸다고 알고 있는데, 잠시 보고 예를 올릴 수 있도록 청합니다."

선사가 두 손으로 가슴을 젖혀 열어 보이자, 양 장로가 바로 절을 했다.

선사가 말했다.

"절하지 말라, 절하지 말라!"

양 장로가 말했다.

"사형! 잘못 아셨습니다(=틀렸습니다). 저는 사형께 절한 것이 아닙니다."

선사가 말했다.

"(그럼) 자네는 선사先師의 진영에 절한 것인가?"

양 장로가 말했다.

"(그런데, 알면서) 어째서 제게 절하지 말라고 하는 것입니까?"

선사가 말했다.

"언제 잘못했었는가?"

3-9. 낙경洛京 불광佛光 여만如滿 선사禪師

〔일찍이 오대산五臺山 금각사金閣寺에 머문 적이 있었다.〕

唐順宗問 "佛從何方來 滅向何方去. 既言常住世 佛今在何處" 師答曰 "佛從無爲來 滅向無爲去. 法身等虛空 常在無心處. 有念歸無念 有住歸無住. 來爲衆生來 去爲衆生去. 淸淨眞如海 湛然體常住 智者善思惟 更勿生疑慮."

당 순종(順宗, 761~806)이 물었다.

"부처님은 어디서 왔으며, 멸하면 어디로 갑니까? 세간에 상주한다고 했는데, 부처님은 지금 어디에 계십니까?"

선사가 답했다.

"부처는 무위無爲로부터 왔고, 멸하면 무위로 갑니다. 법신은 허공과 같아서 항상 무심처無心處에 있습니다. 유념有念은 무념無念으로 돌아가고, 유주有住는 무주無住로 돌아갑니다. 오는 것은 중생을 위해서 오는 것이고, 가는 것도 중생을 위해서 가는 것입니다. 청정한 진여의 바다는 잠연湛然해서 체體가 상주常住하니, 지혜로운 사람은 잘 사유해서 다시는 의심(疑慮)을 내지 말아야 합니다."

❀

帝又問 "佛向王宮生 滅向雙林滅 住世四十九 又言無法說. 山河及大海 天地及日月 時至皆歸盡 誰言不生滅. 疑情猶若斯 智者善分別" 師答曰 "佛體本無爲 迷情妄分別 法身等虛空 未曾有生滅. 有緣佛出世 無緣佛入滅 處處化衆生 猶如水中月. 非常亦非斷 非生亦非滅 生亦

未曾生 滅亦未曾滅 了見無心處 自然無法說" 帝聞大悅 益重禪宗.

황제가 또 물었다.

"부처님은 왕궁에서 태어나셨고, 열반은 쌍림雙林에서 하셨으며, 세상에는 49년을 머무셨고, 또 법을 설한 것이 없다(無法說)고 하셨습니다. 산하와 대해, 천지와 일월도 때가 되면 모두 돌아가는데, 누가 생멸하지 않는다고 말하겠습니까? 의심스런 생각(疑情)이 여전히 이와 같으니, 지혜로운 분께서는 잘 분별해 주십시오."

선사가 답했다.

"부처의 체(佛體)는 본래 무위無爲인데, 미혹한 생각(迷情)으로 허망하게 분별하는 것입니다. 법신은 허공과 같아서 일찍이 생멸한 적이 없습니다. 인연이 있으면 부처는 세간에 나오고, 인연이 없으면 부처는 열반에 드니(有緣佛出世 無緣佛入滅), 곳곳에서 중생을 교화하는 것이 마치 물속의 달(水中月)과 같습니다. 상常도 아니고 단斷도 아니며, 생生도 아니고 멸滅도 아니며, 생겨나도 생겨난 적이 없고, 멸해도 멸한 적이 없으니, 무심처無心處를 분명히 보면 자연히 법을 설할 것도 없습니다."

황제가 듣고 크게 기뻐하며 더욱 선종禪宗을 귀히 여겼다.

3-10. 원주袁州 남원南源 도명道明 선사禪師

上堂云 "快馬一鞭 快人一言 有事何不出頭來 無事各自珍重" 便下堂.

(도명 선사가) 상당해서 말했다.

“시원스럽게 잘 달리는 말은 채찍 한 번이면 되고, 시원시원한 사람은 말 한마디면 족하다(快馬一鞭 快人一言). 무슨 일이 있으면 어찌 머리를 내밀지 않겠는가! 일 없으면 각기 스스로 진중(珍重, 自重自愛)하라.”

(그리고는) 바로 법당에서 내려왔다.

❀

有僧問 “一言作麽生” 師乃吐呑云 “待我有廣長舌相 卽向汝道”

※밑줄 친 부분의 ‘吐呑’은 ‘吐舌’로 해석했다.

어떤 스님이 물었다.

“한마디(一言)는 어떻게 해야 합니까?”

선사가 혀를 내밀며 말했다.

“내게 광장설상(廣長舌相, 부처님과 같은 넓고 긴 혀의 모습)이 있게 되면, 바로 네게 말해 주겠다.”

❀

洞山來參 方上法堂 師云 “已相看了也” 洞山便下去. 至明日却上問云 “昨日已蒙和尙慈悲 大知什麽處是與某甲已相看處” 師云 “心心無間斷 流入於性海” 洞山云 “幾放過” 洞山辭去 師云 “多學佛法 廣作利益” 洞山云 “多學佛法卽不問 如何是廣作利益” 師云 “一物莫違卽是”

※밑줄 친 부분의 ‘大知’는 ‘不知’의 誤字로 해석했다.

동산洞山이 참례하러 와서 막 법당에 오르는데, 선사가 말했다.

"이미 서로 봤다."

(그러자) 동산이 바로 법당에서 내려왔다.

다음날 (동산이) 다시 올라가 물었다.

"어제는 화상의 자비를 입었습니다만, 어디가 저와 이미 서로 본 곳인지 모르겠습니다."

선사가 말했다.

"마음 마음이 끊어짐 없이 성품의 바다에 흘러 들어간다(心心無間斷流入於性海)."

동산이 말했다.

"하마터면 놓칠 뻔했습니다."

(그리고는) 동산이 하직 인사를 하자, 선사가 말했다.

"불법을 많이 배워 널리 이익 되게 하라(多學佛法 廣作利益)."

동산이 말했다.

"불법을 많이 배우는 것은 묻지 않겠습니다만, 어떤 것이 널리 이익 되게 하는 것입니까?"

선사가 말했다.

"한 물건(一物, 어떤 것)도 어긋나지 않는 것이다."

❀

僧問 "如何是佛" 師云 "不可道爾是也"

어떤 스님이 물었다.

"어떤 것이 부처입니까?"

선사가 말했다.

"네게 말해 줄 수 없는 것이다."

3-11. 흔주忻州 역촌酈村 자만自滿 선사禪師

上堂云"古今不異 法爾如然 更復何也. 雖然如此 遮箇事 大有人罔措在" 時有僧問"不落古今 請師直道" 師云"情知汝罔措" 僧欲進語 師云"將謂老僧落伊古今" 僧云"如何卽是" 師云"魚騰碧漢 階級難飛" 僧云"如何卽得免玆過咎" 師云"若是龍形 誰論高下" 其僧禮拜 師云"苦哉屈哉 誰人似我"

선사가 상당해서 말했다.

"예나 지금이나 다름없이 법은 그대로 그러한데, 다시 또 무엇을 하겠는가? 비록 이와 같지만 이 일에 있어서는 어찌할 줄 모르는(罔措, 罔知所措) 사람들이 많이 있다."

그때 어떤 스님이 물었다.

"예나 지금에 떨어지지 않고, 선사께서는 바로 말씀해 주십시오."

선사가 말했다.

"네가 어찌할 줄 모른다는 것을 분명히 알겠다."

스님이 무슨 말을 하려고 하자, 선사가 말했다.

"노승이 저 고금에 떨어졌다고 말하려는 것이지."

스님이 말했다.

"어떻게 해야 되겠습니까?"

선사가 말했다.

"물고기가 은하수에 오르려고 하지만, 단계별로 날기는 어렵다(魚騰碧漢 階級難飛)."

스님이 말했다.

"어떻게 해야 이 허물을 면하겠습니까?"

선사가 말했다.

"만약 용의 형상이라면 무슨 높고 낮음을 논하겠는가?"

스님이 절을 하자, 선사가 말했다.

"괴롭고 억울하구나(苦哉屈哉)! 누가 나와 같으리오."

❀

師一日謂衆曰 "除却日明夜暗 更說什麽卽得 珍重" 時有僧問 "如何是無諍之句" 師云 "喧天動地"

선사가 하루는 대중에게 말했다.

"낮엔 밝고 밤엔 어두운 것을 제외하고, 다시 무엇을 말해야 옳겠는가? (듣느라) 수고들 했다(珍重)."

그때 어떤 스님이 물었다.

"어떤 것이 다툼 없는 말(無諍之句)입니까?"

선사가 말했다.

"하늘을 시끄럽게 하고 땅을 흔드는구나(喧天動地)."

3-12. 낭주朗州 중읍中邑 홍은洪恩 선사禪師

仰山初領新戒到謝戒 師見來於禪床上拍手云 "和和" 仰山卽東邊立 又西邊立. 又於中心立. 然後謝戒了 却退後立 師云 "什麽處得此三昧"

仰云“於曹谿脫印子學來” 師云“汝道 曹谿用此三昧 接什麽人” 仰云“接一宿覺用此三昧” 仰云“和尙什麽處得此三昧來” 師云“某甲於馬大師處學此三昧” 問“如何得見性” 師云“譬如有屋 屋有六窓 內有一獼猴東邊喚 山山山山 應如是六窓俱喚俱應” 仰山禮謝起云“所蒙和尙譬喩無不了知 更有一事 只如 內獼猴困睡 外獼猴欲與 相見如何” 師下繩床執仰 山手作舞云“山山與汝相見了 譬如蟭螟蟲 在蚊子眼睫上作窠 向十字街頭叫喚云 土曠人稀相逢者少”(雲居錫云“中邑當時若不得 山遮一句語 何處有中邑也” 崇壽稠云“還有人定得此道理麽 若定不得 只是箇弄精魂脚手 佛性義在什麽處” 玄覺云“若不是仰山 爭得見中邑 且道 什麽處是 仰山得見中邑處”)

앙산仰山이 처음에 사미계(新戒)를 받고 사계謝戒의 예를 드리러 왔는데, 선사(중읍홍은)가 앙산이 오는 것을 보고 선상에서 손뼉을 치며 말했다.

"화화(和和, 갓난아이가 옹알이하는 소리)!"

앙산이 바로 동쪽으로 가서 섰다가 다시 서쪽으로 가서 섰다. 그리고는 다시 가운데로 가서 섰다. 그런 다음 사계의 예를 드리고 뒤로 물러나 섰다.

선사가 물었다.

"어디서 이런 삼매를 얻었는가?"

앙산이 말했다.

"인가를 벗어난 조계曹谿로부터 배웠습니다."

선사가 말했다.

"너는 말해 보라! 조계가 이 삼매를 써서 어떤 사람을 제접하였는가?"

앙산이 말했다.

"일숙각(一宿覺, 영가현각)을 제접할 때, 이런 삼매를 썼습니다."

그리고는 앙산이 도리어 물었다.

"화상께서는 어디서 이런 삼매를 얻으셨습니까?"

선사가 말했다.

"나는 마 대사의 처소에서 이 삼매를 배웠다."

물었다.

"어떻게 해야 성품을 보겠습니까?"

선사가 말했다.

"비유하면 어떤 집이 있는데 그 집에 창문이 여섯 개가 있고, 그 안에는 원숭이 한 마리가 있다. 동쪽에서 '산산아, 산산아(山山: 원숭이를 부르는 소리)!' 하고 부르면 이와 같이 여섯 창문에서 동시에 '예!' 하며 응하는 것과 같다."

앙산이 감사의 절을 하고 일어나 말했다.

"화상의 비유에 힘입어 알지 못할 것이 없게 되었습니다. (하지만) 다시 한 가지 일이 있습니다. 예를 들어 안의 원숭이가 피곤해서 자고 있는데, 밖의 원숭이가 만나자고 하면 어떻게 해야 합니까?"

선사가 승상에서 내려와 앙산의 손을 잡고 춤을 추며 말했다.

"산산(원숭이)이 그대를 만났으니, 비유하면 초명 벌레가 모기 눈썹 위에 둥지를 짓고 십자가두를 향해 외치기를 '땅은 넓지만 사람은 드무니, 만날 이가 거의 없구나'라고 하는 것과 같다."

〔운거 석雲居錫이 말했다.

“중읍이 당시 앙산의 일구어一句語를 막지 못했다면, 어느 곳에 중읍이 있다고 하겠는가!”

숭수 조崇壽稠가 말했다.

“결정코 이 도리를 얻은 사람이 있는가? 결정코 얻지 못했다면 단지 귀신의 손발에 놀아났을 뿐이다. 불성佛性의 뜻이 어디에 있는가?”

현각玄覺이 말했다.

“앙산이 아니었더라면 어찌 중읍을 볼 수 있었겠는가? 자, 말해보라! 어디가 앙산이 중읍을 본 곳인가?”〕

3-13. 홍주洪州 백장산百丈山 회해懷海 선사禪師

洪州百丈山懷海禪師者 福州長樂人也. 丱歲離塵三學該練. 屬大寂闡化南康 乃傾心依附. 與西堂智藏禪師 同號入室 時二大士 爲角立焉.

홍주 백장산 회해 선사는 복주 장락 사람이다. 어려서 속세를 떠나 3학三學을 모두 익혔다. 마침 대적大寂이 남강에서 교화하고 있어, 이에 온 마음을 기울여 의지했다. 서당지장 선사와 함께 입실했는데, 그때 두 대사大士가 뛰어났다(角立).

❀

一夕二士隨侍馬祖翫月次 祖曰 “正恁麽時如何” 西堂云 “正好供養” 師云 “正好修行” 祖云 “經入藏禪歸海”

어느 날 저녁 두 스님(二士)이 마조를 모시고 달구경을 하고 있는데, 마조가 말했다.[47]

"바로 이럴 때 어떤가?"

서당이 말했다.

"공양하기 딱 좋습니다."

백장이 말했다.

"수행하기 딱 좋습니다."

마조가 말했다.

"경은 지장에게 들어가고, 선은 회해에게 돌아갔다(經入藏 禪歸海)."

❀

馬祖上堂大衆雲集 方陞坐良久 師乃卷却面前禮拜席 祖便下堂.

마조가 상당할 때 대중이 구름처럼 모이자, 바야흐로 (법좌의) 자리에 올라 양구良久했다.[48]

선사가 이에 절하기 위해 깔아놓은 자리(禮拜席)를 둘둘 말아버렸다.

(그러자) 마조가 바로 법당에서 내려갔다.

❀

師一日詣馬祖法塔 祖於禪床角取拂子示之 師云 "只遮箇更別有" 祖乃放舊處云 "爾已後將什麽何爲人" 師却取拂子示之 祖云 "只遮箇更別有" 師以拂子挂安舊處 方侍立 祖叱之 自此雷音將震 果檀信請 於洪州

---

47 감변 편, 1. 달구경에 해당한다.

48 보유 편, 5. 백장이 나와서 자리를 말아버리다에 해당한다.

新吳界 住大雄山 以居處巖巒峻極故 號之百丈 旣處之未期月 玄參之賓四方麏至 卽有潙山黃蘗當其首.

선사(師, 백장)가 어느 날 마조의 법탑(馬祖法塔)에 이르렀는데, 마조가 선상 모서리에서 불자를 잡아 보였다.[49]

선사가 말했다.

"다만 이것뿐입니까? 또 다른 것이 있습니까?

마조가 이내 원래의 자리(舊處)에 걸어놓고, 말했다.

"너는 이후에 뭘 가지고 사람들을 위하려는가?"

선사가 불자를 잡아 보이자, 마조가 말했다.

"다만 이것뿐인가? 또 다른 것이 있는가?"

선사가 불자를 원래의 자리에 걸어두고는 모시고 서자, 마조가 큰소리로 꾸짖었다(祖叱之).

이로부터 우레와 같은 소리가 진동을 하였다.

과연 신도들이 홍주洪州 신오계新吳界의 대웅산大雄山에 주석할 것을 청했다. 거처한 곳의 바위와 산봉우리가 지극히 높아서 백장百丈이라고 불렀다. 거처한 지 만 한 달이 되지 않았는데도 현묘함을 참구하는 선객들(玄參之賓)이 사방에서 노루 떼처럼 모여들었다. 위산과 황벽이 그 상수가 되었다.

❀

一日師謂衆曰 "佛法不是小事 老僧昔再蒙馬大師一喝 直得三日耳聾

---

49 보유 편, 8. 백장이 두 번째 마조를 참례하다와 연관이 있다.

眼黑" 黃蘗聞擧不覺吐舌 曰 "某甲不識馬祖 要且不見馬祖" 師云 "汝已後當嗣馬祖" 黃蘗云 "某甲不嗣馬祖" 曰 "作麼生" 曰 "已後喪我兒孫" 師曰 "如是如是"

하루는 선사(백장회해)가 대중에게 말했다.[50]

"불법佛法이 작은 일이 아니다. 노승이 지난날 마 대사를 두 번째 참례했을 때, 마 대사의 일할一喝을 받고는 곧바로 3일 동안 귀가 먹고 눈앞이 캄캄했었다."

황벽이 이를 듣고 자기도 모르게 혀를 내밀며 말했다.

"저는 마조를 모릅니다. 앞으로도 마조를 뵙지 않겠습니다."

선사가 말했다.

"너는 이후에 마땅히 마조의 법을 이어야 한다."

황벽이 말했다.

"저는 마조의 법을 잇지 않겠습니다."

선사가 말했다.

"어째서 그런가?"

황벽이 말했다.

"이후에 저의 자손들을 잃을 것이기 때문입니다."

선사가 말했다.

"그렇지, 그렇지."

50 보유 편, 8. 백장이 두 번째 마조를 참례하다에 해당한다.

❀

一日有僧哭入法堂來 師曰 "作麽" 曰 "父母俱喪請師選日" 師云 "明日來一時埋却"

하루는 어떤 스님이 곡哭을 하면서 법당으로 들어오자, 선사가 말했다.

"무슨 일인가?"

말했다.

"부모가 모두 돌아가셨습니다. 청컨대, 선사께서 날을 택해 주십시오."

선사가 말했다.

"내일 한꺼번에 묻어버려라."

❀

師上堂云 "併却咽喉脣吻 速道將來" 潙山云 "某甲不道 請和尙道" 師云 "不辭與汝道 久後喪我兒孫" 五峯云 "和尙亦須併却" 師云 "無人處斫額望汝" 雲巖云 "某甲有道處請和尙擧" 師云 "併却咽喉脣吻速道將來" 雲巖曰 "師今有也" 師曰 "喪我兒孫"

선사가 상당해서 말했다.

"목구멍과 입술을 막고 빨리 말하라."

위산潙山이 말했다.

"저는 말하지 못하겠습니다. 청컨대, 화상께서 말씀해 주십시오."

선사가 말했다.

"네게 말해 주는 것을 사양하지는 않겠지만, (말해 주면) 오랜 뒤에 나의 자손을 잃게 될 것이다."

오봉五峯이 말했다.

"화상도 모름지기 (목구멍과 입술을) 막으셔야 합니다."

선사가 말했다.

"아무도 없는 곳에서 손을 이마에 대고 멀리 너를 바라보겠다."

운암雲巖이 말했다.

"제게 말할 것이 있습니다. 청컨대, 화상께서 거론해 주십시오."

선사가 말했다.

"목구멍과 입술을 막고 빨리 말하라."

운암이 말했다.

"선사께서는 지금 (목구멍과 입술이) 있습니까?"

선사가 말했다.

"내 자손을 잃었다."

❀

師謂衆曰 "我要一人傳語西堂 阿誰去得" 五峯云 "某甲去" 師云 "汝作麽生傳語" 五峯云 "待見西堂卽道" 師云 "道什麽" 五峯云 "却來說似和尙"

선사가 대중에게 말했다.

"내게 서당에게 말을 전할 사람이 필요한데, 누가 가겠는가?"

오봉五峯이 말했다.

"제가 가겠습니다."

선사가 말했다.

"너는 어떻게 말을 전할 것인가?"

오봉이 말했다.

"서당을 보면 바로 말하겠습니다."

선사가 말했다.

"무엇을 말할 것인가?"

오봉이 말했다.

"다시 와서 화상께 앞의 이야기를 전하겠습니다."

❀

師與潙山作務次 師問 "有火也無" 潙山云 "有" 師云 "在什麽處" 潙山把一枝木吹三兩氣過與師 師云 "如蟲蝕木"

선사가 위산潙山과 함께 일을 하다가, 선사가 물었다.

"불이 있는가?"

위산이 말했다.

"있습니다."

선사가 말했다.

"어디에 있는가?"

위산이 나뭇가지 하나를 집어 두세 번 바람을 불고는 선사에게 주자, 선사가 말했다.

"벌레가 나무를 갉아먹은 것 같구나."

❀

問 "如何是佛" 師云 "汝是阿誰" 僧云 "某甲" 師云 "汝識某甲否" 僧云 "分明箇" 師乃擧起拂子云 "汝還見麽" 僧云 "見" 師乃不語.

물었다.

"어떤 것이 부처입니까?"

선사가 말했다.

"너는 누구냐?"

스님이 말했다

"아무개(某甲)입니다."

선사가 말했다.

"너는 아무개를 아는가?"

스님이 말했다.

"분명 하나입니다."

선사가 이내 불자拂子를 들고, 말했다.

"너는 보는가?"

스님이 말했다.

"봅니다."

선사가 말하지 않았다.

❀

因普請钁地次 忽有一僧 聞飯鼓鳴 擧起钁頭 大笑便歸 師云 "俊哉此是觀音入理之門" 師歸院乃喚其僧問 "適來見什麽道理便恁麽" 對云 "適

來只聞鼓聲動歸喫飯去來" 師乃笑.

대중울력(普請)에 괭이로 땅을 파고 있는데, 홀연히 한 스님이 공양을 알리는 북소리(飯鼓鳴)를 듣고는 괭이를 세우고 큰소리로 웃으면서 돌아갔다.

선사가 말했다.

"뛰어나구나, 이것이 관음입리지문(觀音入理之門, 소리를 관해 도에 들어가는 문)이다."

선사가 절로 돌아와, 바로 그 스님을 불렀다.

"좀 전에 무슨 도리를 봤기에 바로 그렇게 했느냐?"

대답해서 말했다.

"좀 전에 다만 북소리를 듣고 돌아와 밥 먹으러 갔을 뿐입니다."

선사가 이내 웃었다.

❀

問"依經解義 三世佛怨 離經一字 如同魔說 如何" 師云"固守動用 三世佛怨 此外別求 卽同魔說"

물었다.

"경전을 의지해 뜻을 아는 것은 삼세 부처의 원수요(三世佛怨), 경전의 한 글자라도 떠나서 알면 마군의 말(魔說)과 같다고 하는데, 어떻습니까?"

선사가 말했다.

"동용動用을 고수하면 삼세 부처의 원수요, 이 밖에 따로 구하면 바로 마군의 말이 된다."

❀

因僧問西堂云"有問有答 不問不答時 如何" 西堂云"怕爛却作麽" 師聞舉乃云"從來疑遮箇老兄" 僧云"請和尙道" 師云"一合相不可得"

어떤 스님이 서당에게 물었다.

"물음이 있으면 답이 있습니다만, 묻지 않아 답하지 않을 때는 어떻습니까?"

서당이 말했다.

"문드러질까 두려워한들, 뭐 하겠는가?"

선사가 앞에서 거론한 것을 듣고, 말했다.

"지금까지 이 노형老兄을 의심했다."

스님이 말했다.

"청컨대, 화상께서 말씀해 주십시오."

선사가 말했다.

"일합상一合相은 얻을 수가 없다."

❀

師謂衆云"有一人長不喫飯不道饑 有一人終日喫飯不道飽" 衆皆無對. 雲巖問"和尙每日區區爲阿誰" 師云"有一人要" 巖云"因什麽不敎伊自作" 師云"他無家活"

※區區(구구): 작다. 사소하다. 보잘것없다. 시시하다. 얼마 되지 않다. 가지각색이다. 구구區區하다. 득의得意하다. 의기양양하다. 부지런한 모양.

선사가 대중에게 말했다.

“어떤 사람은 오래도록 밥을 먹지 않고도 배고프다 말하지 않고, 어떤 사람은 종일 밥을 먹고도 배부르다고 말하지 않는다.”

대중이 대답이 없었다.

운암雲巖이 물었다.

“화상께서는 매일 누굴 위해 그렇게 바쁘십니까?”

선사가 말했다.

“어떤 한 사람을 원한다.”

운암이 말했다.

“어째서 그로 하여금 스스로 짓게 하지 않으십니까?”

선사가 말했다.

“그에게는 살 집이 없다.”

❀

僧問 “如何是大乘頓悟法門” 師曰 “汝等先歇諸緣 休息萬事. 善與不善 世出世間 一切諸法 莫記憶莫緣念. 放捨身心 令其自在. 心如木石 無所辯別 心無所行 心地若空 慧日自現 如雲開日出相似. 俱歇 一切攀緣 貪瞋愛取 垢淨情盡 對五欲八風 不被見聞覺知所縛 不被諸境所惑 自然具足 神通妙用. 是解脫人 對一切境 心無靜亂 不攝不散 透一切聲色 無有滯礙 名爲道人. 但不被一切善惡垢淨有爲世間福智拘繫 卽名爲佛慧 是非好醜 是理非理 諸知見總盡 不被繫縛 處心自在 名初發心菩薩 便登佛地.

어떤 스님이 물었다.

"어떤 것이 대승의 돈오법문頓悟法門입니까?"

선사가 말했다.

"그대들은 먼저 모든 인연을 쉬고, 만사를 쉬어라(先歇諸緣 休息萬事). 선과 불선·세간과 출세간, 일체제법을 기억하지도 말고, 모든 인연도 생각하지 말라. 몸과 마음을 놓아버리고 자재토록 하라. 마음은 목석과 같아서 달리 말할 것도 없고 마음으로 행할 바가 없어서 마음이 허공과 같으면 지혜의 해가 저절로 드러나게 되니, 마치 구름이 걷히면 해가 나오는 것과 같다.

일체의 반연攀緣과 탐냄(貪)·성냄(嗔)·애착(愛取), 더러움과 깨끗함의 마음이 모두 다하면 오욕五欲과 팔풍八風을 대해도 견문각지見聞覺知에 묶이지 않고 제법諸法에 미혹되지 않아 자연히 신통묘용을 구족하게 된다. 이 해탈인은 일체의 경계를 대해도 마음에 고요하거나 어지러울 것이 없고, 거두어들이지도 않고 흐트러뜨리지도 않으면서 일체의 성색(一切聲色)을 꿰뚫어 걸리거나 막히는 것이 없으니, 이름하여 도인道人이라고 하는 것이다.

다만 일체의 선악과 염정垢淨, 유위세간有爲世間의 복과 지혜에 구속되거나 얽매이지 않으면 바로 부처의 지혜(佛慧)라 하고, 시비是非와 호추好醜, 옳은 이치(是理)와 옳지 않은 이치(非理) 등 모든 지견知見이 모두 다해서 얽매이지 않은 곳에서 마음이 자재自在하게 되면 '초발심 보살이 바로 불지에 오른다(初發心菩薩 便登佛地)'고 하는 것이다.

❀

一切諸法 本不自空 不自言色 亦不言是非垢淨 亦無心繫縛人. 但人自虛妄計著 作若干種解 起若干種知見. 若垢淨心盡 不住繫縛 不住解脫無一切有爲無爲解 平等心量處於生死其心自在 畢竟不與虛幻塵勞蘊界生死諸入和合 逈然無寄 一切不拘 去留無礙 往來生死 如門開相似. 若遇種種苦樂 不稱意事心無退屈 不念名聞衣食 不貪一切功德利益 不爲世法之所滯. 心雖親受苦樂 不干于懷 麤食接命 補衣禦寒暑兀兀如愚如聾相似 稍有親分. 於生死中 廣學知解 求福求智 於理無益却被解境風漂 却歸生死海裏. 佛是無求人 求之卽乖 理是無求 理求之卽失. 若取於無求 復同於有求 此法無實無虛. 若能一生心如木石相似 不爲陰界五欲八風之所漂溺 卽生死因斷 去住自由 不爲一切有爲因果所縛. 他時還與無縛身同利物 以無縛心 應一切心 以無縛慧 解一切縛 亦能應病與藥"

일체제법一切諸法은 본래 자기 스스로 공하지도 않고, 스스로 색이라고 말하지도 않으며, 옳고 그름, 더러움과 깨끗함 또한 말하지 않고 사람을 얽어 맬 마음도 없다. 단지 사람들 스스로가 허망하게 계교하고 집착해서 약간의 해회解會를 짓고 약간의 지견知見을 일으킬 뿐이다. 만약 더러우니 깨끗하니 하는 마음이 다해서 얽매임(繫縛)에도 머물지 않고 해탈解脫에도 머물지 않으며 일체의 유위니 무위니 하는 견해도 없고 생사에 대해 평등하게 마음을 쓰는 곳에서 그 마음이 자재하면, 필경엔 공허하고 환인 번뇌(塵勞)·온蘊·계界·생사生死 제입諸入과 화합하지도 않고 기댈 것도 없어 일체에 구속되지 않고 아득히 벗어나, 가고 머묾에 걸리지 않고 생사를 오고가는 것이 마치 열린 문으로 오고가는 것과 같은 것이다.

만약 갖가지 고락苦樂이나 뜻에 맞지 않은 일(不稱意事)을 만나면 마음에 물러남이 없어야 하고, 일체의 명성(名聞)과 의식衣食을 생각하지 않아야 하며, 일체의 공덕과 이익을 탐내지 않아야 하고, 세간법에도 막히는 것이 없어야 한다. 마음이 비록 직접 괴로움이나 즐거움을 받더라도 관여하거나 품지 않으며, 거친 음식으로 목숨을 잇고 기운 옷으로 더위와 추위를 제어하면서 올올히 어리석은 듯, 귀 먹은 듯해야 조금이라도 가까워지는 몫(親分)이 있게 될 것이다. 생사 중에 널리 지해知解를 배워 복을 구하고 지혜를 구하는 것은 이理에도 이익이 없고, 도리어 그 아는 경계에 의해서 바람처럼 떠돌아다니다가 생사의 바다 속으로 돌아가게 되는 것이다.

부처는 구하는 것이 없는 사람(無求人)이니 구하면 어긋나고, 이理에는 구함이 없으니 이를 구하면 바로 잃게 된다. 만약 구하는 것이 없음(無求)을 취하면 다시 구함이 있는 것(有求)과 같으니, 이 법은 실實도 없고 허虛도 없는 것이다. 만약 일생을 마음이 목석과 같을 수 있어 음陰·계界·제입諸入·오욕五欲·팔풍八風에 의해 떠돌거나 빠지지 않는다면, 바로 생사의 인(生死因)이 끊어지고 가고 머묾에 자유로워 일체의 유위의 인과에 얽매이지 않게 될 것이다. 그리하여 다른 날 결박 없는 몸으로 돌아와 중생을 똑같이 이롭게 하고, 결박 없는 마음으로 일체의 마음에 응하며, 결박 없는 지혜로 일체의 결박을 풀면서 병에 따라 약을 베풀(應病施藥) 수 있게 될 것이다."

❀

僧問 "如今受戒 身口淸淨已 具諸善得 解脫否" 答 "少分解脫 未得心解脫 未得一切解脫"

어떤 스님이 물었다.

"지금 계를 받고 몸과 입이 청정해서 모든 선善을 갖추었다면, 해탈할 수 있겠습니까?"

답했다.

"조금은 해탈했다고 하겠지만, 심해탈心解脫도 얻지 못했고 일체해탈一切解脫 또한 얻지 못했다."

❀

問云 "何是心解脫" 答 "不求佛不求知解 垢淨情盡 亦不守此無求爲是 亦不住盡處 亦不畏地獄縛 不愛天堂樂 一切法不拘 始名爲解脫無礙 卽身心及一切 皆名解脫. 汝莫言有少分戒善將爲便了. 有河沙無漏戒定慧門 都未涉一毫在. 努力猛作早與 莫待耳聾眼暗頭白面皺. 老苦及身 眼中流淚 心中憧惶未有去處 到恁麽時 整理脚手不得也. 縱有福智多聞 都不相救 爲心眼未開. 唯緣念諸境 不知返照 復不見佛道 一生所有惡業悉現於前 或忻或怖. 六道五蘊現前盡見 嚴好舍宅舟船車輿光明顯赫 爲縱自心貪愛 所見悉變爲好境 隨所見重處受生都無自由分 龍畜良賤 亦總未定"

물었다.

"어떤 것이 심해탈心解脫입니까?"

선사가 말했다.

"부처도 구하지 않고, 지해知解도 구하지 않으며, 염정(垢淨)의 마음이 다하고, 또 이런 구함이 없음을 옳다고 하는 것도 지키지 않으며, 또한 다한 곳(盡處)에도 머물지 않고, 지옥에 묶이는 것을 두려워하지도 않고 천당의 즐거움에도 애착하지 않으며, 일체법에도 구속되지 않아야 비로소 '걸림 없는 해탈(解脫無礙)'이라고 이름 하는 것이고, 바로 몸과 마음 그리고 일체가 모두 해탈했다(解脫)고 이름하는 것이다.

그대는 약간의 계戒와 선善으로 '곧 깨달았다(便了)'고 말하지 말라. 항하의 모래만큼이나 많은 무루無漏의 계정혜의 문(戒定慧門)이 있는데, 도무지 털끝만큼도 건너지 못했다. 맹렬한 노력으로 빨리 참여하려면 귀먹고 눈멀며 머리가 희어지고 얼굴에 주름 잡히는 것을 기다리지 말라. 늙음의 괴로움이 몸에 이르고, 눈에는 눈물이 나고 마음이 두렵고 당황해지면 갈 곳이 없으니, 이런 때가 도래하면 손발을 가지런히 바로 잡지 못하게 된다. 설사 복과 지혜 그리고 많이 들은 것(多聞)이 있더라도 도무지 구제할 수가 없으니, 마음의 눈이 열리지 않았기 때문이다.

오직 모든 경계의 인연만 생각하면서 반조할 줄 몰라서, 다시 불도佛道를 보지 못하고 일생의 악업이 모두 앞에 드러나서 혹 기뻐하기도 하고 혹 두려워하기도 하는 것이다. 6도六道와 5온五蘊이 앞에 드러나 모두 보여서 장엄하고 좋은 집과 배와 수레가 광명을 빛나게 드러내는 것은 자기 마음의 탐욕과 애착으로부터 나왔기 때문에 보이는 것이니,

그것이 모두 변해서 좋은 경계가 된 것이다. 그리하여 보이는 무거운 곳을 따라 생을 받는 것이어서 도무지 자유가 없고, 용·짐승·양인·천인 역시 모두 정해진 것이 없는 것이다."

❀

問"如何得自由" 答"如今對五欲八風 情無取捨 垢淨俱亡 如日月在空不緣而照. 心如木石 亦如香象截流而過 更無疑滯 此人天堂地獄所不能攝也. 又不讀經看教語言 皆須宛轉歸就自己 但是一切言教 只明如今覺性 自己俱不被一切有無諸法境轉. 是導師能照破一切有無境法是金剛卽有自由獨立分. 若不能恁麼得 縱令誦得十二章陀經 只成增上慢 却是謗佛 不是修行. 讀經看教 若准世間是好善事 若向明理人邊數 此是壅塞人 十地之人脫不去 流入生死河 但不用求覓 知解語義句. 知解屬貪 貪變成病 只如今但離一切有無諸法 透過三句外 自然與佛無差. 旣自是佛 何慮佛不解語. 只恐不是佛 被有無諸法轉不得自由. 是以理未立先有福智載去 如賤使貴 不如於理先立後有福智. 臨時作得 捉土爲金 變海水爲酥酪 破須彌山爲微塵 於一義作無量義 於無量義作一義"

물었다.

"어떻게 해야 자유自由를 얻습니까?"

답했다.

"지금 5욕과 8풍(五欲八風)을 대해서도 마음(情)에 취하거나 버리는 것이 없으면 더러움과 청정함이 모두 없어져 마치 해와 달이 허공에 있으면서 인연 없이 비추는 것과 같다. 마음은 목석木石과 같고 또한 향상香象이 흐름을 끊고 건너는 것과 같아서 의심하거나 막히는 것이 전혀 없으니, 이 사람은 천당과 지옥으로도 거두어들일 수 없다. 또한 경을 읽거나 문자의 가르침을 보지 않고도 모두 모름지기 완연히 자기에게로 돌아가야 하니, 다만 일체의 언교言教는 지금의 각성覺性을 밝히는 것일 뿐, 자기는 모두 일체 유무의 제법 경계에 굴림을 받지 않아야 한다.

이러한 도사導師는 능히 일체 유무의 경계법(一切有無境法)을 비추는데, 이 금강金剛 같은 마음에 바로 자유독립분自由獨立分이 있는 것이다. 만약 능히 이렇게 할 수 없다면, 설사 12위타경(韋陀經, 베다)을 외우더라도 단지 증상만增上慢을 이룰 뿐이고, 도리어 부처를 비방하는 것이지, 수행하는 것이 아니다. 경전의 가르침을 읽고 보는 것(讀經看教)은 세간에 근거하면 아주 좋은 일이지만, 이치를 밝혀 들어가는 사람이란 측면에서는 몹시 사람을 옹색하게 하는 것이고, 십지十地의 사람도 이를 벗어나지 못하고 생사의 강에 흘러 들어가게 되는 것이니, 다만 지해知解로 말의 뜻(語義句)을 찾지 말라. 지해는 탐욕(貪)에 속하고, 탐욕은 변해서 병이 되니, 다만 지금 일체 유무의 제법을 여의고 3구 밖을 꿰뚫으면 자연 부처와 더불어 다를 것이 없게 될 것이다.

이미 스스로가 부처라면 어찌 부처가 (부처의) 말을 하지 못할까 걱정하겠는가! 단지 부처가 못되고 유무의 제법에 굴림을 받아 자유를 얻지 못할까 염려스러울 뿐이다. 이 때문에 이치가 서지 못했는데도 먼저 복과 지혜를 싣는 것은 마치 천한 이가 귀한 이를 부리는 것과 같아서, 이치를 먼저 세우고 뒤에 복과 지혜가 있는 것만 못한 것이다.

그러므로 그때그때 때에 따라 흙을 쥐어서 금을 만들고, 바닷물을 바꿔 소락酥酪을 만들며, 수미산을 부숴 미진微塵을 만드는 것이니, 하나의 뜻(一義)에서 무량의無量義를 짓고 무량의에서 하나의 뜻을 짓는 것이다."

❀

師有時說法竟 大衆下堂 乃召之 大衆迴首 師云 "是什麼"(藥山目之爲百丈下堂句)

선사는 어떤 때에는 설법을 마치고 대중이 법당에서 내려가면 이내 부르곤 했는데, 대중이 고개를 돌리면 선사는 말하기를 "이것이 무엇인가(是什麼)?"라고 했다.

〔약산藥山은 이것을 백장의 하당구(百丈下堂句)라고 했다.〕

❀

唐 元和九年 正月十七日 歸寂. 壽九十五. 長慶元年 勅諡大智禪師塔曰大寶勝輪.

당 원화 9년(814) 정월 17일 입적했다(歸寂). 세수 95세였다. 장경 원년(821)에 대지 선사大智禪師라는 시호가 내렸고, 탑의 이름은 대보승륜大寶勝輪이었다.

【전등록 권 제6 끝】

3-14. 담주潭州 삼각산三角山 총인總印 선사禪師

僧問 "如何是三寶" 師曰 "禾麥豆" 曰 "學人不會" 師曰 "大衆欣然奉持"

어떤 스님이 물었다.

"어떤 것이 삼보三寶입니까?"

선사가 말했다.

"벼, 보리, 콩이다."

스님이 말했다.

"학인은 모르겠습니다."

선사가 말했다.

"대중은 흔쾌히 받들어 지니고 있다."

❀

師上堂曰 "若論此事 眨上眉毛 早已蹉過也" 麻谷便問 "眨上眉毛 卽不問 如何是此事" 師曰 "蹉過也" 麻谷乃掀禪床 師打之 麻谷無語(長慶代云 "悄然")

선사가 상당해서 말했다.

"만약 이 일을 논한다면 눈썹을 내리뜨고 치켜떠도(眨上眉毛) 이미 지나쳐버린 것이다."

마곡麻谷이 바로 물었다.

"눈썹을 내리뜨고 치켜뜨는 것은 묻지 않겠습니다. 어떤 것이 이 일(此事)입니까?"

선사가 말했다.

"지나쳐버렸다(蹉過也)."

마곡이 이에 선상禪床을 번쩍 들자, 선사가 후려갈겼다.

(그러자) 마곡이 말이 없었다.

〔장경長慶이 대신 말했다.

"근심스럽구나!"〕

3-15. 지주池州 노조산魯祖山 보운寶雲 선사禪師

問"如何是諸佛師" 師云"頭上有寶冠者不是" 僧云"如何卽是" 師云"頭上無寶冠"

물었다.

"어떤 것이 제불의 스승(諸佛師)입니까?"

선사가 말했다.

"머리에 보관寶冠을 쓰고 있는 사람은 아니다."

스님이 말했다.

"어떻게 하면 (제불의 스승이) 되겠습니까?"

선사가 말했다.

"머리에 보관이 없어야 한다."

❀

洞山來參 禮拜後侍立 少頃而出 却再入來. 師云"只恁麼 只恁麼 所以如此" 洞山云"大有人不肯" 師云"作麽取汝口辨" 洞山乃侍奉數月.

동산洞山이 참례하러 와서 절을 한 다음, 모시고 서 있다가 잠시 밖으로 나갔다가 다시 들어왔다.

선사가 말했다.

"다만 이렇고, 다만 이렇다. 그래서 이와 같은 것이다."

동산이 말했다.

"(여기에 대해) 긍정하지 않는 사람이 있습니다."

선사가 말했다.

"어떻게 그대의 말 재주를 이기겠는가!"

동산이 이에 여러 달 시봉侍奉을 했다.

❀

僧問 "如何是言不言" 師云 "汝口在什麽處" 僧云 "無口" 師云 "將什麽喫飯" 僧無對(洞山代云 "他不飢 喫什麽飯")

어떤 스님이 물었다.

"어떤 것이 말하지 않은 말(言不言)입니까?"

선사가 말했다.

"그대의 입은 어디에 있는가?"

스님이 말했다.

"입이 없습니다."

선사가 말했다.

"무엇으로 밥을 먹는가?"

스님이 대답이 없었다.

〔동산洞山이 대신 말했다.

"그는 배가 고프지 않거늘, 무슨 밥을 먹겠는가?"〕

❀

師尋常見僧來便面壁. 南泉聞云 "我尋常向僧道 向佛未出世時會取 尙不得一箇半箇 他恁麽地驢年去"(玄覺云 "爲復唱和語 不肯語" 保福問長慶 "只如魯祖節文在什麽處 被南泉恁麽道" 長慶云 "退己讓於人 萬中無一箇" 羅山云 "陳老師 當時若見 背上與五火抄. 何故如此. 爲伊解放不解收" 玄沙云 "我當時若見也 與五火抄" 雲居錫云 "羅山玄沙總恁麽道 爲復一般 別有道理 若擇得出 許上坐佛法有去處" 玄覺云 "且道 玄沙五火抄 打伊著不著")

선사는 평소 어떤 스님이 오는 것을 보면 바로 면벽面壁을 했다.

남전이 (노조의 이 같은 일을) 듣고, 말했다.

"내가 평소에 스님들에게 말하기를 '부처가 세상에 나오기 전에 알았다 해도 오히려 하나나 반 개도 얻지 못할 것이다'고 했는데, 그가 이런 식으로 한다면, 나귀 해까지 갈 것이다."

〔현각玄覺이 말했다.

"화답한 말인가, 긍정하지 않은 말인가?"

보복保福이 장경長慶에게 물었다.

"그렇다면 노조의 절문(節文, 핵심 되는 말)이 어디에 있기에, 남전이 이런 말을 하게 했는가?"

장경이 말했다.

"스스로 물러나 다른 사람에게 양보하는 이는 만 명 중에 한 명도 없다."

나산羅山이 말했다.

"진 노장(陳老師)을 당시에 봤더라면 등에다 뜸을 다섯 방 떠주었을 것이다. 어째서 이런가? 그가 놓아줄 줄만 알았지, 거두어들일 줄은 몰랐기 때문이다."

현사玄沙가 말했다.

"내가 당시에 (나산을) 보았다면 침을 다섯 방 떠주었을 것이다."

운거 석雲居錫이 말했다.

"나산과 현사 모두 그렇게 말한 것이 같은 도리인지 다른 도리인지 가려낸다면 상좌의 불법은 이른 곳(去處)이 있다고 인정하리라."

현각玄覺이 말했다.

"자, 말해 보라! 현사가 뜸 다섯 방을 뜬 것이 그를 친 것인가, 치지 않은 것인가?"]

3-16. 홍주洪州 늑담泐潭 상흥常興 선사禪師

僧問 "如何是曹谿門下客" 師云 "南來燕" 僧云 "學人不會" 師云 "養羽候秋風"

어떤 스님이 물었다.

"어떤 것이 조계 문하曹谿門下의 객客입니까?"

선사가 말했다.

"남쪽에서 온 제비다."

스님이 말했다.

"학인은 모르겠습니다."

선사가 말했다.

"깃을 기르면서 가을바람을 기다린다(養羽候秋風)."

❀

僧問 "如何是宗乘極則事" 師云 "秋雨草離披"

어떤 스님이 물었다.

"어떤 것이 종승宗乘의 극칙사極則事입니까?"

선사가 말했다.

"가을비에 풀이 벌어져 열린다(秋雨草離披)."

❀

又南泉躬至見師面壁乃拊師背 問 "汝是阿誰" 曰 "普願" 師曰 "如何" 曰 "也尋常" 師曰 "汝何多事"

또 남전이 직접 가서 선사가 면벽面壁하고 있는 것을 보고, 선사의 등을 만졌다.

선사가 물었다.

"그대는 누구요?"

남전이 말했다.

"보원普願이요."

선사가 말했다.

"어떻소?"

남전이 말했다.

"여전히 늘 그렇소."

선사가 말했다.

"그대는 어찌 (그렇게도) 일이 많소?"

3-17. 건주虔州 서당西堂 지장智藏 선사禪師

虔州西堂智藏禪師者 虔化人也 姓廖氏. 八歲從師 二十五具戒. 有相者 覩其殊表 謂之曰 "師骨氣非凡當爲法王之輔佐也 師遂往佛迹巖參禮大寂 與百丈海禪師同爲入室 皆承印記.

건주 서당지장 선사는 건화虔化 사람으로 성은 요廖씨다. 8세에 스승을 따라 출가해서(從師) 25세에 구족계를 받았다(具戒).

어떤 관상가(相者)가 그의 남다른 모습(殊表)을 보고 말했다.

"스님의 기골(骨氣, 氣骨)이 범상치 않으니, 마땅히 법왕法王의 보좌輔佐가 될 것입니다."

선사가 마침내 불적암佛迹巖으로 가서 대적大寂을 참례하고, 백장회해 선사와 함께 입실入室해서 모두 인가를 받았다(印記).

❀

一日大寂遣師詣長安 奉書于忠國師. 國師問曰 "汝師說什麼法" 師從東過西而立 國師曰 "只遮箇更別有" 師却過東邊立 國師曰 "遮箇是馬師底 仁者作麼生" 師曰 "早箇呈似和尙了" 尋又送書 往徑山與國一禪師(語在國一章) 屬連帥路嗣恭 延請大寂居府 應期盛化. 師迴郡 得大寂付授納袈裟 令學者親近.

※延請(연청): 남을 청하여 맞음.

하루는 대적大寂이 선사를 보내, 장안長安으로 가서 충 국사에게 글을 올리게 했다.

국사가 물었다.

"그대의 스승은 어떤 법을 설하는가?"

선사가 동쪽에서 서쪽으로 가서 섰다.

국사가 말했다.

"단지 이것뿐인가, 또 다른 것이 있는가?"

선사가 다시 동쪽으로 가서 섰다.

국사가 말했다.

"그것은 마조의 것이다. 그대(仁者)의 것은 무엇인가?"

선사가 말했다.

"이미 화상께 드렸습니다."

얼마 되지 않아 또 경산徑山으로 가서 국일國一 선사에게 편지를 보내게 했다〔이 말은 국일國一 장章에도 나온다〕. 마침 연수(連帥, 대장군) 노사공路嗣恭이 대적大寂을 청해 맞이해서 부府에 거처하게 하고는 성대한 교화를 기약했다. 선사가 군郡으로 돌아오자, 대적이 납가사(納袈裟, 磨納袈裟)를 전수해 주면서 학인을 가까이하도록 했다.

❀

僧問馬祖 "請和尙離四句絶百非 直指某甲西來意" 祖云 "我今日無心情 汝去問取智藏" 其僧乃來問師 師云 "汝何不問和尙" 僧云 "和尙令某甲

來問上坐" 師以手摩頭云 "今日頭疼 汝去問海師兄" 其僧又去問海 (百丈和尙)海云 "我到遮裏却不會" 僧乃擧似馬祖 祖云 "藏頭白海頭黑"

어떤 스님이 마조에게 물었다.[51]

"청컨대, 화상께서는 사구와 백비를 떠나서(離四句絶百非), 저에게 조사가 서쪽에서 온 뜻을 바로 가리켜 주십시오."

마조가 말했다.

"내가 오늘 마음이 내키지 않으니, 너는 지장에게 가서 물어라."

그 스님이 지장에게 묻자, 지장이 말했다.

"그대는 어째서 화상께 묻지 않는가?"

스님이 말했다.

"화상께서 저더러 상좌에게 물으라고 하셨습니다."

지장이 손으로 머리를 문지르면서(摩頭) 말했다.

"오늘은 머리가 아프니, 너는 회해懷海 사형師兄에게 가서 물어라."

그 스님이 또 회해에게 가서 묻자, 회해가 말했다.

"나도 여기에 이르러서는 알지 못한다."

그 스님이 바로 마조에게 앞의 일을 전하자, 마조가 말했다.

"지장의 머리는 희고, 회해의 머리는 검다(藏頭白 海頭黑)."

❀

馬祖一日問師云 "子何不看經" 師云 "經豈異邪" 祖云 "然 雖如此 汝向後爲人也須得" 曰 "智藏病思自養 敢言爲人" 祖云 "子末年必興於世也"

---

51 감변 편, 9. 지장의 머리는 희고, 회해의 머리는 검다에 해당한다.

마조가 하루는 선사에게 물었다.[52]

"그대는 어째서 경經을 보지 않는가?"

선사가 말했다.

"경이라고 해서 어찌 다르겠습니까?"

마조가 말했다.

"그렇지. 비록 이와 같지만 그대가 뒷날 사람들을 위해서라도 모름지기 가져야 한다."

선사가 말했다.

"지장智藏의 병도 생각해 보면 스스로 기르고 있는 판인데, 감히 (다른) 사람을 위하라고 말씀하십니까?"

마조가 말했다.

"그대는 말년에 반드시 세상에 크게 일어날 것이다."

❀

馬祖滅後 師唐貞元七年衆請開堂 李尚書翺嘗問僧 馬大師有什麽言教 僧云"大師或說 卽心卽佛 或說非心非佛" 李云"總過遮邊" 李却問師"馬大師有什麽言教" 師呼李翺 翺應諾 師云"鼓角動也"

마조가 입멸한 후, 선사가 당唐 정원貞元 7년에 대중의 청으로 개당開堂을 했다.

이고李翺 상서尙書가 일찍이 어떤 스님에게 물었다.

"마 대사께는 무슨 말씀으로 가르치셨습니까?"

---

52 보유 편, 9. 그대는 어째서 경을 보지 않는가에 해당한다.

스님이 말했다.

"대사는 '마음이 곧 부처다(卽心卽佛)'라고도 하고, '마음도 아니고 부처도 아니다(非心非佛)'라고도 설하셨습니다."

이고가 말했다.

"모두 이쪽을 벗어났습니다(總過遮邊)."

(그리고는) 이고가 선사에게 물었다.

"마 대사께는 무슨 말씀으로 가르치셨습니까?"

선사가 이고를 부르자, 이고가 "예!" 하고 대답했다.

선사가 말했다.

"북과 나팔에서 소리가 나는구나!"

❀

制空禪師謂師曰 "日出太早生" 師曰 "正是時"

제공制空 선사가 선사에게 말했다.

"해가 너무 빨리 떠올랐습니다."

선사가 말했다.

"제때에 떠올랐다."

❀

師住西堂後 有一俗士問 "有天堂地獄否" 師曰 "有" 曰 "有佛法僧寶否" 師曰 "有" 更有多問盡答言有. 曰 "和尙恁麽道莫錯否" 師曰 "汝曾見尊宿來耶" 曰 "某甲曾參徑山和尙來" 師曰 "徑山向汝作麽生道" 曰 "他道一切總無" 師曰 "汝有妻否" 曰 "有" 師曰 "徑山和尙有妻否" 曰 "無"

師曰 “徑山和尙道無卽得” 俗士禮謝而去.

선사가 서당西堂에 주석한 뒤에 한 속인 선비(俗士)[53]가 물었다.

“천당과 지옥이 있습니까?”

선사가 말했다.

“있소.”

선비가 말했다.

“불·법·승 삼보가 있습니까?”

선사가 말했다.

“있소.”

또 여러 질문을 했지만, 모두 있다고 답을 했다.

선비가 말했다.

“화상께서 이렇게 말씀하시는 것은 틀린 것 아닙니까?”

선사가 말했다.

“그대는 존숙尊宿을 뵌 적이 있소?”

선비가 말했다.

“저는 일찍이 경산徑山 화상을 참례한 적이 있습니다.”

선사가 말했다.

“경산이 그대에게 무슨 말을 했소?”

선비가 말했다.

“그는 ‘일체가 모두 없다(一切總無)’고 말했습니다.”

---

53 여기서 한 속인 선비(俗士)는 장졸수재張拙秀才를 뜻한다.

선사가 말했다.

"그대는 아내가 있소?"

선비가 말했다.

"있습니다."

선사가 말했다.

"경산 화상에게도 아내가 있소?"

선비가 말했다.

"없습니다."

선사가 말했다.

"경산 화상이 없다고 말한 것이 맞구먼."

속인 선비가 감사의 절을 하고, 갔다.

❀

師元和九年四月八日歸寂. 壽八十臘五十五. 憲宗諡大宣教禪師. 塔曰元和證眞 至穆宗重諡大覺禪師.

선사는 원화 9년(814) 4월 8일 입적했다(歸寂). 세수 80세, 법랍 55세였다. 헌종憲宗이 대선교大宣教 선사禪師라는 시호를 내렸다. 탑의 이름은 원화증진元和證眞이라고 하였다. 목종穆宗 때 이르러 거듭 대각 선사大覺禪師라는 시호를 내렸다.

3-18. 경조부京兆府 장경사章敬寺 회운懷惲 선사禪師

京兆府 章敬寺 懷惲禪師 泉州同安人也 姓謝氏. 受大寂心印 初住定州

柏巖 次止中條山. 唐元和初 憲宗詔 居<u>上寺玄</u> 學者奔湊.

※밑줄 친 부분의 '上寺玄'는 전산입력상의 誤記로 보여 아래 해석에서는 '上玄寺'로 바로잡는다.

※奔湊(분주): 모여들다. 갈마들다. 뛰어다니며 끌어 모으다.

경조부 장경사 회운 선사는 천주 동안 사람으로 성은 사謝씨다. 대적大寂에게 심인心印을 받고 처음에 정주 백암柏巖에 머물다가, 다음에 중조산中條山에 머물렀다. 당 원화 초에 헌종憲宗의 조서(詔)로 상현사上玄寺에 살자, 학인들이 모여들었다.

❀

師上堂示徒曰 "至理忘言 時人不悉 彊習他事 以爲功能. 不知自性元非塵境 是箇微妙 大解脫門 所有鑒覺 不染不礙. 如是光明 未曾休廢 曩劫至今 固無變易 猶如日輪 遠近斯照 雖及衆色 不與一切和合. 靈燭妙明 非假鍛鍊 爲不了故 取於物象 但如捏目 妄起空華 徒自疲勞 枉經劫數. 若能返照 無第二人 擧措施爲 不虧實相"

※曩(접때 낭): 접때(오래지 아니한 과거의 어느 때). 앞서. 전에.

※擧措(거조): 행동거지.

선사가 상당上堂하여 대중에게 말했다.

"지극한 이치는 말을 잊었거늘, 요즘 사람들은 깨닫지 못하고 억지로 다른 일을 익히는 것으로 공능功能을 삼는다. 그래서 자성은 원래 티끌 같은 경계(塵境)가 아니고 미묘한 대해탈문大解脫門이며 (사람들이) 갖고 있는 거울 같은 깨달음(鑒覺)은 물들지도 않고 장애가 되지도 않는다는 것을 모르는 것이다.

이와 같은 (자성) 광명은 일찍이 쉬거나 없어진 적이 없고, 지난 겁부터 지금까지 진실로 바뀌어 변한 적이 없으니, 마치 해가 멀고 가까운 곳을 모두 비춰 아무리 여러 색(色, 물질 또는 사물)에 이르더라도 일체와 더불어 화합하지 않는 것과 같다.

신령스런 등불은 오묘하고 밝아서 단련鍛鍊을 빌리지 않지만, 깨닫지 못했기 때문에 사물의 형상을 취하는 것이니, (이는) 단지 눈을 비벼 허망하게 허공 꽃이 일어나는 것과 같아서 헛되이 애써 스스로를 피로하게 하면서 부질없이 여러 겁을 보낼 뿐이다. 그러므로 만약 능히 반조返照해서 두 번째 사람이 없으면 행동거지와 행위가 실상實相을 저버리지 않을 것이다."

❀

僧問 "心法雙亡 指歸何所" 師曰 "郢人無汚 徒勞運斤" 曰 "請師不返之言" 師曰 "卽無返句"(後人擧之於洞山 洞山云 "道卽甚易 罕遇作家")

어떤 스님이 물었다.

"마음과 법이 모두 없어지면(心法雙亡) 어디로 돌아가는지 가리켜 주십시오."

선사가 말했다.

"영인郢人[54]은 때가 없거늘, 쓸데없이 도끼를 휘두르는구나!"

스님이 말했다.

"청컨대, 선사께서 돌이키지 못하는 말(不返之言)을 해주십시오."

선사가 말했다.

"돌이키는 말은 없다(卽無返句)."

〔뒷사람이 동산洞山에게 이것을 거론하자, 동산이 말했다.

"말하는 것은 아주 쉽지만, 작가를 만나는 것은 드물다."〕

❀

百丈和尙 令一僧來 伺候師上堂次 展坐具禮拜了起來 拈師一隻靸鞋 以衫袖拂却塵了 倒覆向下. 師曰 "老僧罪過"

※伺候(사후): 웃어른의 명령을 기다림. 대후待候. 웃어른을 찾아뵙고 문안을 드림. 척후斥候.(한) / 시중 들다. 거들어주다. 돌보다. 오기를 기다리다.(중)

※靸鞋(삽혜): 궁중에서 신던 뒤축 울이 없는 가죽신.

백장百丈 화상이 한 스님을 오게 해서, 선사가 상당上堂하는 것을 기다렸다가 자리를 펴고 절을 하고 일어나서 선사의 신 한 짝을 들고 적삼 소매로 먼지를 털어 아래를 향해 뒤집어 놓게 했다.

선사가 말했다.

"나의 허물이로다(老僧罪過)."

---

54 영인郢人: 초楚나라 사람을 뜻한다. 영郢은 초나라 도성으로 지금의 호북성湖北省 강릉현江陵縣이다. 영인근郢人斤은 절묘한 재주를 비유한 말로, 영인은 옛날 흙을 잘 발랐는데, 한번은 자기 코끝에다가 백토白土 가루를 마치 파리 날개만큼 엷게 발라 놓고, 장석匠石을 시켜 그를 깎아내라고 하자, 장석이 휙휙 소리가 나도록 자귀를 휘둘러 그 흙을 깎아냈으나, 흙만 다 깎아지고 코는 상하지 않았다는 고사다.(장자莊子 외편外篇 서무기徐無鬼)

❀

或問 "祖師傳心地法門 爲是眞如心 妄想心 非眞非妄心 爲是三乘教外別立心" 師曰 "汝見目前虛空麽" 曰 "信知常在目前 人自不見" 師曰 "汝莫認影像" 曰 "和尙作麽生" 師以手撥空三下 曰 "作麽生卽是" 師曰 "汝向後會去在"

어떤 이가 물었다.

"조사가 전한 심지법문心地法門은 진여심眞如心입니까, 망상심妄想心입니까, 진여심도 아니고 망상심도 아닌 것(非眞非妄心)입니까, 3승교三乘教 밖에 따로 세운 마음(別立心)입니까?"

선사가 말했다.

"그대는 눈앞에 허공이 보이는가?"

말했다.

"항상 눈앞에 있다는 것을 확실히 알지만, 사람들은 스스로 보지를 못합니다."

선사가 말했다.

"그대는 그림자를 잘못 알지 말라."

말했다.

"화상께서는 어떻습니까?"

선사가 손으로 허공을 세 번 휘저었다.

말했다.

"어떻게 해야 되겠습니까?"

선사가 말했다.

"그대는 앞으로 알게 될 것이다."

❀

有一僧來 繞師三匝 振錫而立 師曰 "是是"(長慶代云 "和尚佛法身心何在")其僧又到南泉 亦繞南泉三匝振錫而立 南泉云 "不是不是 此是風力所轉 始終成壞" 僧云 "章敬道是 和尚爲什麽道不是" 南泉云 "章敬卽是是汝不是"(長慶代云 "和尚是什麽心行" 雲居錫云 "章敬未必道是南泉未必道不是" 又云 "遮僧當初但持錫出去恰好")

어떤 스님이 와서 선사를 세 번 돌고 석장을 떨치고 섰다.

선사가 말했다.

"그렇지, 그렇지(是是)!"

〔장경長慶이 대신 말했다.

"화상의 불법에는 몸과 마음이 어디에 있는 것인가?"〕

그 스님이 다시 남전南泉에 이르러 세 번 돌고 석장을 떨치자, 남전이 말했다.

"그렇지 않아, 그렇지 않아(不是不是)! 이것은 바람의 힘으로 구르는 것이니 처음부터 끝까지 이루어지고 파괴되는 것이 있게 된다."

스님이 말했다.

"장경章敬은 그렇다고 하는데, 화상께서는 어째서 그렇지 않다고 하는 것입니까?"

남전이 말했다.

"장경은 옳지만, 그대는 옳지 않다."

〔장경長慶이 대신 말했다.

"화상! 이 무슨 심보인가?"

운거 석雲居錫이 말했다.

"장경이 반드시 옳다고 말한 것도 아니고, 남전이 반드시 옳다고 말한 것도 아니다."

또 말했다.

"이 스님이 애초에 다만 석장을 들고 나가버렸으면 좋았을 것이다."〕

❀

師有小師行脚迴 師問曰 "汝離此間 多少年耶" 曰 "離和尙左右 將及八年" 師曰 "辦得箇什麼" 小師於地畫一圓相 師曰 "只遮箇更別有" 小師乃畫破圓相 後禮拜.

※辦得(판득): 변통하여 얻음.

선사에게 제자(小師)가 하나 있었는데, 행각을 하고 돌아오자 선사가 물었다.

"너는 이곳을 떠난 지 몇 년 되었지?"

스님이 말했다.

"화상 곁을 떠난 지 8년 되었습니다."

선사가 말했다.

"무엇을 얻었는가?"

(그러자) 제자가 땅에 원상圓相을 하나 그렸다.

선사가 말했다.

"단지 이것뿐인가, 또 다른 것이 있는가?"

(그러자) 어린 제자가 이에 그렸던 원상을 지워버리고, 절을 했다.

❀

僧問"四大五蘊身中 阿那箇是本來佛性" 師乃呼僧名 僧應諾 師良久曰"汝無佛性"

어떤 스님이 물었다.

"4대와 5온의 몸 가운데 어떤 것이 본래의 불성(本來佛性)입니까?"

선사가 이내 스님의 이름을 부르자, 스님이 "예!" 하고 대답했다.

선사가 양구良久하고, 말했다.

"너는 불성佛性이 없다."

❀

唐元和十三年 十二月二十二日 示滅. 建塔于灞水 勅謚大覺禪師大寶相之塔.

당 원화 13년 12월 22일 입멸했다(示滅). 파수灞水에 탑을 세웠고, 칙령으로 대각 선사大覺禪師라는 시호와 대보상大寶相이라는 탑호가 내려졌다.

3-19. 정주定州 백암柏巖 명철明哲 선사禪師

嘗見藥山和尙看經 因語之曰"和尙莫猱人好" 藥山置經云"日頭早晚也" 師云"正當午也" 藥山云"猶有文采在" 師云"某甲無亦無" 藥山云

"老兄好聰明" 師云 "某甲只恁麽和尙作麽生" 藥山云 "跛跛挈挈 百醜千拙 且恁麽過時"

※猱(원숭이 노): 원숭이. 희롱거리다. 농지거리하다.
※跛(절름발이 파): 절름발이. 절룩거리다.
※挈挈(계계): 허둥지둥하다. 다급하다. / 挈(손에 들 설, 새길 계).

선사가 일찍이 약산藥山 화상이 간경看經하는 것을 보고, 말했다.

"화상! 사람을 놀리지 마십시오."

약산이 경전을 내려놓고 말했다.

"해가 어디까지 왔는가?"

선사가 말했다.

"바로 정오입니다."

약산이 말했다.

"아직도 문채文采가 있구나."

선사가 말했다.

"저는 없는 것 또한 없습니다."

약산이 말했다.

"노형은 아주 총명하구먼."

선사가 말했다.

"저는 다만 이럴 뿐인데, 화상은 어떻습니까?"

약산이 말했다.

"절룩절룩 허둥지둥하면서 온갖 추하고 옹졸하게 단지 이렇게 세월을 보낼 뿐이다."

3-20. 신주信州 아호鵝湖 대의大義 선사禪師

信州鵝湖大義禪師者 衢州須江人也 姓徐氏.

신주 아호대의 선사는 구주 수강 사람으로 성은 서徐씨다.

❀

李翺嘗問師 "大悲用千手眼作麽" 師云 "今上用公作麽"

이고李翺가 일찍이 선사에게 물었다.

"대비(大悲, 관세음보살)는 천 개의 손과 눈(千手眼)을 써서 무엇을 합니까?"

선사가 말했다.

"금상(今上, 황제)은 공公을 무엇 때문에 쓰는 것입니까?"

❀

有一僧乞置塔 李尙書問云 "教中不許將屍塔下過 又作麽生" 無對 僧却來問師 師云 "他得大闡提"

※闡提(천제): 본디 해탈의 소인素因을 갖지 못하여 부처가 될 수 없는 이. 중생을 제도하기 위하여 일부러 열반의 깨달음에 들지 아니한 보살.

어떤 한 스님이 탑을 세울 것을 청하자, 이 상서李尙書가 물었다.

"경전(教)에서는 '시체를 가지고 탑 아래를 지나가는 것을 허락하지 않는다(不許將屍塔下過)'고 하는데, 어떻게 해야겠습니까?"

스님이 대답이 없었다.

스님이 다시 선사에게 와서 묻자, 선사가 말했다.

"그는 대천제大闡提야!"

❀

唐憲宗嘗詔入內 於麟德殿論議. 有一法師問 "如何是四諦" 師云 "聖上一帝三帝何在" 又問 "欲界無禪禪居色界 此土憑何而立禪" 師云 "法師只知欲界無禪 不知禪界無欲" 法師云 "如何是禪" 師以手點空 法師無對. 帝云 "法師講無窮經論 只遮一點尙不奈何" 師却問諸碩德曰 "行住坐臥 畢竟以何爲道" 有對曰 "知者是道" 師曰 "不可以智知 不可以識識 安得知者是道乎" 有對 "無分別是道" 師曰 "善能分別諸法相 於第一義而不動安得 無分別是道乎" 有對 "四禪八定是道" 師曰 "佛身無爲 不墮諸數 安在四禪八定耶" 衆皆杜口.

당 헌종憲宗이 일찍이 조서로 (선사를) 궁에 들어오게 해서(入內) 인덕전에서 논의論議를 했다.

어떤 법사가 물었다.

"어떤 것이 4제四諦입니까?"

선사가 말했다.

"성상聖上은 한 황제이거늘, 세 황제가 어디에 있다는 것인가?"

또 물었다.

"욕계欲界에는 선禪이 없고 선은 색계色界에 있거늘, 이 땅에서는 무엇을 의지해 선을 세워야 하는 것입니까?"

선사가 말했다.

"법사는 단지 욕계에 선이 없다는 것만 알 뿐, 선계에는 욕심이 없다는 것을 모른다."

법사가 말했다.

"어떤 것이 선禪입니까?"

선사가 손으로 허공에 점을 찍자, 법사가 대답이 없었다.

황제가 말했다.

"법사가 다함이 없이 경론을 강의했지만, 다만 이 한 점(一點)은 어쩌지 못하는구나."

선사가 여러 덕 높은 승려들(碩德)에게 물었다.

"행주좌와行住坐臥에는 필경 무엇으로 도道를 삼는가?"

어떤 스님이 말했다.

"아는 것(知)이 도입니다."

선사가 말했다.

"지혜로도 알 수 없고 식識으로도 알 수가 없는데(不可以智知 不可以識識), 어찌 아는 것이 도다(知者是道)라고 하는가?"

어떤 스님이 대답했다.

"무분별無分別이 도입니다."

선사가 말했다.

"모든 법상法相을 잘 분별할 수 있어도 제1의第一義에서는 움직이지도 않거늘, 어찌 무분별이 도다(無分別是道)고 할 수 있겠는가?"

어떤 스님이 대답했다.

"4선四禪과 8정八定이 도입니다."

선사가 말했다.

"불신佛身은 함이 없어(無爲) 온갖 수(諸數)에 떨어지지 않거늘, 어찌 4선과 8정이 있겠는가?

대중이 모두 말문이 막혔다.

❀

師又擧 "順宗問尸利禪師 '大地衆生如何得見性成佛' 尸利云 '佛性猶如水中月 可見不可取'" 因謂帝曰 "佛性非見心見 水中月如何攫取" 帝乃問 "何者是佛性" 師對曰 "不離陛下所問" 帝默契眞宗益加欽重. 師於元和十三年正月七日歸寂. 壽七十四 勅諡慧覺禪師見性之塔.

선사가 또 "순종順宗이 시리尸利 선사에게 '대지大地의 중생은 어떻게 해야 견성성불見性成佛할 수 있습니까?'라고 묻자, 시리가 말하기를 '불성佛性은 물속의 달(水中月)과 같아서 볼 수는 있어도 가질 수는 없다'"라고 한 것을 거론하고, 황제에게 말했다.

"불성은 보는 것이 아니고 마음이 보는 것인데, 물속의 달은 어떻게 잡겠습니까?"

황제가 이에 물었다.

"어떤 것이 불성입니까?"

선사가 대답했다.

"폐하陛下께서 물으신 것을 떠나지 않았습니다."

황제가 참된 종지(眞宗)에 말없이 계합하고(默契), 더욱 공경하고 소중히 했다.

선사는 원화 13년 정월 7일 입적했다(歸寂). 세수 74세이고, 칙령으로 혜각 선사慧覺禪師라는 시호와 견성見性이라는 탑호가 내려졌다.

3-21. 이궐伊闕 복우산伏牛山 자재自在 선사禪師

伊闕伏牛山自在禪師者 吳興人也 姓李氏. 初依徑山國一禪師受具 後於南康 見大寂發明心地. 因爲大寂送書於忠國師 國師問曰 "馬大師以何示徒" 對曰 "卽心卽佛" 國師曰 "是甚麽語話" 良久又問曰 "此外更有什麽言教" 師曰 "非心非佛 或云 不是心不是佛 不是物" 國師曰 "猶較些子" 師曰 "馬大師卽恁麽 未審和尙此間如何" 國師曰 "三點如流水曲似刈禾鎌"

이궐 복우산 자재 선사는 오흥吳興 사람으로 성은 이李씨다. 처음에 경산徑山 국일國一 선사를 의지해 구족계를 받고, 뒤에 남강南康에서 대적大寂을 뵙고, 마음을 밝혔다(發明心地).

대적大寂이 (선사 편에) 충 국사에게 편지를 보내게 했는데, 국사가 물었다.[55]

"마 대사가 (요즘) 무엇으로 대중에게 보이는가?"

선사가 대답했다.

"'마음이 곧 부처다(卽心卽佛)'라고 합니다."

---

55 보유 편, 20. 세 점은 마치 흐르는 물과 같고, 굽은 것은 흡사 벼 베는 낫과 같구나에 해당한다.

국사가 말했다.

"(아니) 이게 무슨 말이야?"

국사가 양구良久하고, 또 물었다.

"이 밖에 또 무슨 말로 가르치는가?"

선사가 말했다.

"'마음도 아니고 부처도 아니다(非心非佛)'라고 합니다. 또 혹은 '마음도 아니고 부처도 아니며 그 어떤 것도 아니다(不是心 不是佛 不是物)'고도 합니다."

국사가 말했다.

"조금은 봐줄 만하구나(猶較些子)!"

선사가 말했다.

"마 대사는 이렇지만, 화상의 이곳에서는 어떻게 하시는지 잘 모르겠습니다."

국사가 말했다.

"세 점은 흐르는 물과 같고, 굽은 것은 벼 베는 낫과 같다(三點如流水 曲似刈禾鎌)."

❀

師後隱于伏牛山 一日謂衆曰 "卽心卽佛 是無病求病句 非心非佛 是藥病對治句" 僧問 "如何是脫灑底句" 師曰 "伏牛山下古今傳"

선사가 후에 복우산伏牛山에 은둔했는데, 하루는 대중에게 말했다.

"마음이 부처다(卽心卽佛)고 하는 것은 병이 없는데 병을 구하는 말(無病求病句)이고, 마음도 아니고 부처도 아니다(非心非佛)고 하는 것은 약과 병이 서로 상대하여 다스리는 말(藥病對治句)이다."

어떤 스님이 물었다.

"어떤 것이 탈쇄저구(脫灑底句, 세속의 기풍을 벗어난 말쑥하고 깨끗한 말)입니까?"

선사가 말했다.

"복우산 아래 예나 지금이나 전하고 있다."

❀

師後於隨州開元寺 示滅. 壽八十一.

선사는 후에 수주隨州 개원사開元寺에서 입적했다. 세수 81세였다.

3-22. 유주幽州 반산盤山 보적寶積 선사禪師

僧問"如何是道" 師曰"出" 僧曰"學人未領旨在" 師曰"去"

어떤 스님이 물었다.

"어떤 것이 도입니까?"

선사가 말했다.

"나왔다(出)."

스님이 말했다.

"학인은 그 뜻을 잘 모르겠습니다."

선사가 말했다.

"갔다(去)!"

❀

師上堂示衆曰 "心若無事 萬象不生 意絶玄機 纖塵何立. 道本無體 因道而立名 道本無名 因名而得號. 若言卽心卽佛 今時未入玄微 若言 非心非佛 猶是指蹤之極則. 向上一路千聖不傳 學者勞形 如猿捉影. 夫大道無中 復誰先後. 長空絶際 何用稱量. 空旣如斯 道復何說. 夫心 月孤圓 光呑萬象 光非照境 境亦非存 光境俱亡 復是何物. 禪德 譬如 擲劍揮空 莫論及之不及. 斯乃空輪無迹 劍刃無虧. 若能如是 心心無 知 全心卽佛 全佛卽人 人佛無異 始爲道矣. 禪德 可中學道 似地擎山 不知山之孤峻 如石含玉 不知玉之無瑕 若如此者 是名出家. 故導師云 法本不相礙 三際亦復然 無爲無事人 猶是金鎖難. 所以 靈源獨耀 道絶 無生 大智非明 眞空無迹 眞如凡聖 皆是夢言 佛及涅槃 並爲增語. 禪德 且須自看 無人替代 三界無法 何處求心 四大本空 佛依何住 璿機 不動 寂爾無言 覿面相呈 更無餘事. 珍重"

선사가 상당上堂하여 대중에게 말했다.

"마음에 만약 일이 없으면 만 가지 모습이 나지 않을 것이고, 생각(意, 마음)이 현기玄機를 끊으면 가는 티끌(번뇌)이 어찌 서겠는가. 도는 본래 체가 없지만 도를 인하여 이름이 세워지는 것이고, 도는 본래 이름이 없지만 이름으로 인하여 호칭을 얻는 것이다. 만약 '마음이 곧 부처다(卽心卽佛)'고 말한다면 지금 현미(玄微, 도리의 미묘함)에 들지 못한 것이고, 만약 '마음도 아니고, 부처도 아니다(非心非佛)'고 말한다면 이는 다만 자취를 가리키는 극칙(指蹤之極則)일 뿐이다. 향상 일로는 일천 성인도 전하지 못하는데(向上一路 千聖不傳), 배우는 이들의 애쓰는 모양이 마치 원숭이가 그림자를 잡으려는 것 같구나(學者勞形 如猿捉影)! 무릇 대도大道는 중간이 없거늘, 다시 무슨 앞과 뒤가 있겠는가. 높고 먼 하늘은 변제를 끊었거늘, 어떻게 헤아리겠는가. 허공이 이와 같거늘 도를 다시 어떻게 설하겠는가.

무릇 마음 달이 홀로 원만하고(心月孤圓), 빛은 만상을 삼키니(光呑萬象) 빛은 경계를 비추지 않고(光非照境) 경계 또한 존재하지 않는다(境亦非存). 빛과 경계가 모두 없어지면(光境俱亡) 이것은 또 무슨 물건인가(復是何物)? 선덕들이여! 비유하면 칼을 던져 허공을 휘두르는 것과 같으니, 미치고 미치지 못함을 논하지 말라. 이는 공륜(空輪, 허공)에는 자취가 없고, 칼날에는 이지러짐이 없는 것이니, 만약 이와 같을 수 있다면 마음 마음에 아는 것이 없게 될 것이다.

온 마음이 바로 부처이며, 온 부처가 곧 사람이다. 사람과 부처가 다름이 없어야 비로소 도라고 할 수 있을 것이다(全心卽佛 全佛卽人 人佛無異 始爲道矣). 선덕들이여! 이 가운데서 도를 배우면 땅이 산을 떠받치되, 산의 높고 험함을 모르는 것과 같고, 마치 돌이 옥을 머금고 있지만 옥에 흠이 없음을 알지 못하는 것과 같으니, 만약 이와 같다면 이것을 출가出家라고 이름 할 수 있는 것이다. 그렇기 때문에 도사導師가 이르기를 '법은 본래 걸림이 없고 삼제(=삼세) 역시 그러하지만, 함도 없고 일도 없는 사람은 오히려 황금 쇠사슬의 재앙을 받게 된다(法本不相礙 三際亦復然 無爲無事人 猶是金鎖難)'고 하였던 것이다. 또한 그래서 신령스런 근원은 홀로 빛나는 것이고, 도는 남이 없음을 끊는 것이며, 큰 지혜는 밝음도 아니고, 참된 공은 자취도 없는 것이다.

진여와 범부와 성인이 모두 잠꼬대이고, 부처와 열반도 모두 군더더기 말이다. 선덕들이여! 모름지기 스스로 살펴라. 자신을 대신해 줄 어떤 사람도 없다. 삼계에 법이 없는데 어디서 마음을 구하며, 사대가 본래 공한데 부처가 무엇을 의지해 머물겠는가? 선기璿機는 움직이지 않고 적멸할 뿐 말없이 얼굴을 마주 대하니. 이밖에 결코 다른 일이 없다.

진중(珍重, 오래 서서 듣느라고 수고들 했다)!"

❀

師將順世 告衆曰 "有人貌得吾眞否" 衆皆將寫得眞呈師 師皆打之. 弟子普化出曰 "某甲貌得" 師曰 "何不呈似老僧" 普化乃打 筋斗而出 師曰 "遮漢向後 如風狂接人去在" 師旣奄化 勅諡凝寂大師 眞際之塔.

※筋斗(근두): 곤두의 원말. 몸을 번드쳐 갑자기 거꾸로 내리박히는 일.

선사가 세상을 떠나려 할 때 대중에게 말했다.

"내 진영을 그려줄 사람이 있는가?"

대중이 모두 진영을 그려 선사에게 드리자, 선사가 모두 후려갈겼다.

제자弟子 보화普化가 나와 말했다.

"제가 그리겠습니다."

선사가 말했다.

"어째서 노승에게 주지 않는가?"

보화가 후려갈기고는, 공중제비를 하며 나가버렸다.

선사가 말했다.

"이 놈은 앞으로 미친 듯이 사람들을 제접할 것이다."

선사가 천화하고 나서 칙령으로 응적 대사凝寂大師라는 시호와 진제眞際라는 탑호가 내려졌다.

3-23. 비릉毘陵 부용산芙蓉山 태육太毓 선사禪師

毘陵芙蓉山太毓禪師者 金陵人也 姓范氏. 年十二禮牛頭山第六世忠禪師落髮 二十三於京兆安國寺受具. 後遇大寂 密傳祖意. 唐元和十三年 止毘陵義興芙蓉山.

비릉 부용산 태육 선사는 금릉 사람으로 성은 범范씨다. 12세에 우두산牛頭山 제6세 충 선사忠禪師에게 절을 하고 머리를 깎았으며, 23세에 경조 안국사安國寺에서 구족계를 받았다. 뒤에 대적大寂을 만나 조사의 뜻을 은밀히 전해 받았다(密傳祖意). 당 원화 13년에 비릉毘陵의 의흥義興 부용산芙蓉山에 머물렀다.

❀

一日因行食與龐居士 居士接食次 師云 "生心受施淨名早訶 去此一機 居士還甘否" 居士云 "當時善現豈不作家" 師云 "非關他事" 居士云 "食到口邊 被他奪却" 師乃下食 居士云 "不消一句"

하루는 방 거사에게 음식을 차려냈는데, 거사가 받아서 먹으려 할 때 선사가 말했다.

"(어떤) 마음을 내어 보시 받는 것(生心受施)을 정명(淨名, 유마거사)이 일찍이 꾸짖었거늘, (내가 여기서) 이 일기一機를 떠난다면(=유마가 꾸짖어 훈계한 요점을 무시하고 거사에게 공양한다면), 거사는 달게

받겠소?"

거사가 말했다.

"당시에 선현善現이 어찌 작가作家가 아니었겠습니까?"

선사가 말했다.

"그 사람 일과는 관계가 없소."

거사가 말했다.

"입에까지 닿은 음식을 남에게 빼앗기는구나."

(그러자) 선사가 이내 음식을 내놓았다.

거사가 말했다.

"(말은) 한마디도 필요 없는 것이로구먼."

❀

居士又問師 "馬大師著實爲人處 還分付吾師否" 師云 "某甲尙未見他作麽知他著實處" 居士云 "只此見知也無討處" 師云 "居士也不得一向言說" 居士云 "一向言說 師又失宗 若作兩向三向 師還開得口否" 師云 "直似開口 不得 可謂實也" 居士撫掌而出.

거사가 또 선사에게 물었다.

"마 대사가 참으로 사람을 위한 곳(著實爲人處)을 우리 스님에게도 주셨습니까?"

선사가 말했다.

"나는 아직까지도 그를 보지 못했거늘, 어떻게 그 착실처著實處를 알 수 있겠습니까?"

거사가 말했다.

"다만 이와 같은 견지見知야말로 (어디서도) 찾을 곳이 없습니다."

선사가 말했다.

"거사야말로 한결같이 말만 하지 마시오."

거사가 말했다.

"내가 한결같이 말을 한다면 선사는 또 종지(宗)를 잃어버릴 터인데, 만약 내가 두 번 세 번 나아간다면 선사께서는 입을 열 수 있겠습니까?"

선사가 말했다.

"설사 입을 연다고 해도 입을 열 수 없다는 것, 그것이 가히 착실처라고 할 수 있습니다."

거사가 손뼉을 치며 나갔다.

❀

寶曆中歸齊雲入滅 壽八十 臘五十八 大和二年 追諡大寶禪師楞伽之塔.

보력(寶曆, 당 경종의 연호) 연간(825~827)에 제운齊雲으로 돌아가 입멸했다. 세수 80세이고, 법랍 58세였다. 대화 2년 대보 선사大寶禪師라는 시호와 능가楞伽라는 탑호가 내려졌다(追諡).

3-24. 포주蒲州 마곡산麻谷山 보철寶徹 선사禪師

一日隨馬祖行次 問 "如何是大涅槃" 祖云 "急" 師云 "急箇什麽" 祖云 "看水"

하루는 마조를 모시고 가다가 물었다.[56]

"어떤 것이 대열반大涅槃입니까?"

마조가 말했다.

"급하구나(急)."

보철이 말했다.

"급한 것이 무엇입니까?"

마조가 말했다.

"물을 보라(看水)!"

❀

師與丹霞遊山次 見水中魚 以手指之 丹霞云 "天然天然" 師至來日 又問丹霞 "昨日意作麽生" 丹霞乃放身作臥勢 師云 "蒼天"

선사가 단하丹霞와 함께 산놀이를 하다가 물속의 고기를 보고, 손으로 가리켰다.

단하가 말했다.

"천연스럽구나, 천연스러워!"

선사가 다음날 또 단하에게 물었다.

"어제는 뜻이 무엇이었습니까?"

단하가 이에 몸을 던져 누운 자세를 취하자, 선사가 말했다.

"아이고(蒼天)!"

---

56 감변 편, 10. 어떤 것이 대열반인가에 해당한다.

❀

又與丹霞 行至麻谷山 師云 "某甲向遮裏住也" 丹霞云 "住卽且從 還有那箇也無" 師云 "珍重"

또 단하와 함께 마곡산麻谷山에 이르자, 선사가 말했다.

"저는 이곳에 머물겠습니다."

단하가 말했다.

"머문다는 것은 곧 따르겠다는 것인데, 머물지 못할 곳이 어디에 있겠는가?"

선사가 말했다.

"안녕히 계십시오(珍重)."

❀

有僧問云 "十二分教某甲不疑 如何是祖師西來意" 師乃起立以杖 繞身一轉 翹一足云 "會麽" 僧無對 師打之.

어떤 스님이 물었다.

"12분교十二分教를 저는 의심치 않습니다만, 어떤 것이 조사가 서쪽에서 온 뜻입니까?"

선사가 일어나서 주장자를 잡고 몸을 한 바퀴 돌고, 한 발을 발돋움하고(翹一足) 말했다.

"알겠는가?"

스님이 대답이 없자, 선사가 후려갈겼다.

❀

僧問 "如何是佛法大意" 師默然(其僧又問石霜 "此意如何" 石霜云 "主人勤拳 帶累闍梨 拖泥涉水")

어떤 스님이 물었다.

"어떤 것이 불법의 대의입니까?"

선사가 말없이 가만히 있었다(默然).

〔그 스님이 또 석상石霜에게 물었다.

"이 뜻이 무엇입니까?"

석상이 말했다.

"주인이 부지런히 주먹질을 해서 스님에게 누를 끼치고, 진흙을 끌고 물을 건너게 했구나(拖泥涉水)."〕

❀

耽源問 "十二面觀音是凡是聖" 師云 "是聖" 耽源乃打師一摑 師云 "知汝不到遮箇境界"

탐원耽源이 물었다.

"12면관음十二面觀音은 범부입니까, 성인입니까?"

선사가 말했다.

"성인이다."

탐원이 이에 선사를 한 대 후려갈기자, 선사가 말했다.

"그대가 이 경계에 이르지 못한 것을 알겠다."

3-25. 항주杭州 염관鹽官 진국鎭國 해창원海昌院 제안齊安 선사禪師

杭州鹽官鎭國海昌院齊安禪師者 海門郡人也 姓李氏. 生時神光照室. 復有異僧謂之曰 "建無勝幢使佛日迴照者 豈非汝乎" 遂依本郡雲琮禪師落髮受具. 後聞大寂行化於龔公山 乃振錫而造焉. 師有奇相大寂一見 深器異之 乃命入室 密示正法.

항주 염관 진국 해창원 제안 선사는 해문군海門郡 사람으로 성은 이李씨다. 태어날 때 신령스런 광명(神光)이 방에 비췄다. 또 이역승(異僧)이 와서 말하기를 "무승번(無勝幢, 더할 나위 없는 뛰어난 깃발)을 세우고, 불일佛日을 돌이켜 비추게 할 사람이 어찌 그대가 아니겠는가!"라고 했다. 마침내 고향(本郡)의 운종雲琮 선사를 의지해 머리를 깎고 구족계를 받았다. 후에 대적大寂이 공공산於龔公山에서 교화한다는 소문을 듣고 가서 석장을 떨치며 이르렀다. 선사에게 기이한 모습(奇相)이 있어 대적이 한 번 보고는 뛰어난 그릇으로 기이하게 여기고, 곧 입실入室을 명하여 정법正法을 은밀히 전했다.

❀

僧問 "如何是本身盧舍那佛" 師云 "與我將那箇銅缾來" 僧卽取淨缾來 師云 "却送本處安置" 其僧送缾本處了 却來再徵前語 師云 "古佛也過去久矣"

어떤 스님이 물었다.

"어떤 것이 노사나불盧舍那佛의 본신本身입니까?"

선사가 말했다.

"내게 저 구리 병(銅缾)을 가져오라."

스님이 바로 정병淨缾을 가져오자, 선사가 말했다.

"다시 본래의 자리에 가져다 둬라."

그 스님이 병을 본래의 자리에 가져다 놓고 다시 와서 앞의 이야기를 거듭 추궁해 묻자, 선사가 말했다.

"옛 부처(古佛)가 지나간 지 오래되었다."

❀

有講僧來參 師問云 "坐主蘊何事業" 對云 "講華嚴經" 師云 "有幾種法界" 對云 "廣說則重重無盡 略說有四種法界" 師竪起拂子云 "遮箇是第幾種法界" 坐主沈吟 徐思其對 師云 "思而知慮而解 是鬼家活計 日下孤燈 果然失照"(保福聞云 "若禮拜卽喫和尙棒" 禾山代云 "某甲不煩和尙 莫怪" 法眼代撫掌三下)

※沈吟(침음): 속으로 깊이 생각함.(한) / (시구나 문장을) 읊조리다. (중얼거리며) 망설이다.(중)

어떤 강승(講僧, 坐主)이 참례하러 오자, 선사가 물었다.

"좌주는 어떤 일을 쌓았는가?"

좌주가 답했다.

"화엄경을 강의합니다."

선사가 말했다.

"몇 종류의 법계가 있는가?"

좌주가 답했다.

"널리(=자세히) 말하면 중중무진重重無盡이고, 간략히 말하면 네 가지 법계가 있습니다."

선사가 불자拂子를 세우고, 말했다.

"이것은 몇 번째 법계인가?"

좌주가 생각에 잠겨 천천히 그 답을 생각하자, 선사가 말했다.

"생각해서 알고 이리저리 헤아려서 이해하는 것은 귀신 집안에서 활발하게 계교 부리는 것이요, 태양 아래 외로운 등불이라! 과연 비추는 것을 잃었구나."

〔보복保福이 이를 듣고 말했다.

"만약 절을 한다면 화상에게 방망이를 맞을 것이다."

화산禾山이 대신 말했다.

"저는 화상을 번거롭게 한 것은 아니니, 괴이하게 여기지 마십시오."

법안法眼이 대신 손뼉을 세 번 쳤다.〕

❀

僧問大梅 "如何是西來意" 大梅云 "西來無意" 師聞乃云 "一箇棺材 兩箇死屍"(玄沙云 "鹽官是作家")

어떤 스님이 대매大梅에게 물었다.

"어떤 것이 (조사가) 서쪽에서 온 뜻입니까?"

대매가 말했다.

"(조사가) 서쪽에서 온 뜻은 없다."

선사가 듣고, 말했다.

"관은 하나인데, 시체가 둘이로다."

〔현사玄沙가 말했다.

"염관은 작가다(鹽官是作家)."〕

❀

師喚侍者云 "將犀牛扇子來" 侍者云 "破也" 師云 "扇子破 還我犀牛來" 侍者無對(投子代云 "不辭將出恐頭角不全" 資福代作圓相心中書牛字 石霜代云 "若還和尙卽無也" 保福云 "和尙年尊 別請人好")

선사가 시자를 불러 말했다.

"무소 부채(犀牛扇子, 물소 뿔로 만든 부채)를 가져오라."

시자가 말했다.

"부서졌습니다."

선사가 말했다.

"부채가 부서졌으면 내게 물소를 가져오라."

시자가 대답이 없었다.

〔투자投子가 대신 말했다.

"가지고 오는 것은 사양하지 않겠지만, 뿔(頭角)이 온전하지 못할까 걱정스럽습니다."

자복資福이 대신 원상圓相을 그리고 그 가운데에 우牛 자字를 썼다.

석상石霜이 대신 말했다.

"만약 화상께 드리려 하면 없습니다."

보복保福이 말했다.

"화상께선 연세가 높으시니, 따로 사람을 부르십시오."〕

❀

師一日謂衆曰 "虛空爲鼓須彌爲椎 什麽人打得" 衆無對(有人擧似南泉 南泉云 "王老師不打遮破鼓" 法眼別云 "王老師不打")

선사가 하루는 대중에게 말했다.

"허공으로 북을 삼고, 수미산으로 망치를 삼는다(虛空爲鼓 須彌爲椎). 누가 치겠는가?"

대중이 대답이 없었다.

〔어떤 사람이 남전南泉에게 이 이야기를 전하자, 남전이 말했다.

"왕 노사王老師는 이런 깨진 북은 치지 않는다."

법안法眼이 따로 말했다.

"왕 노사는 치지 않았다."〕

❀

有法空禪師到 請問經中諸義 師一一答了却云 "自禪師到來 貧道總未得作主人" 法空云 "請和尙更作主人" 師云 "今日夜也 且歸本位安置明日却來" 法空下去 至明旦 師令沙彌 屈法空禪師. 法空至 師顧沙彌曰 "咄 遮沙彌不了事 教屈法空禪師 却屈得箇守堂家人來" 法空無語.

법공法空이라는 선사가 와서 경전 가운데 여러 뜻을 묻자, 선사가 하나하나 답을 하고는 말했다.

"선사가 온 이래로 빈도(貧道, 나)는 전혀 주인이 되질 못했다."

법공이 말했다.

"청컨대, 화상께서는 다시 주인이 되십시오."

선사가 말했다.

"오늘은 밤이 깊었으니 본래 있던 자리(本位)로 돌아가 편히 있다가, 내일 다시 와라."

법공이 내려갔다.

다음날 아침이 되자, 선사가 사미沙彌에게 법공 선사를 굴복시키도록 했다.

법공이 이르자, 선사가 사미를 돌아보고 말했다.

"쯧쯧(咄), 이 사미가 일을 끝내지 못했구나! 법공 선사를 굴복시키도록 했거늘, 도리어 집이나 지키는 사람에게 굴복되었구나!"

법공이 말이 없었다.

❀

法昕院主來參 師問 "汝是誰" 對云 "法昕" 師云 "我不識汝" 昕無語.

법흔法昕 원주院主가 와서 참례하자, 선사가 물었다.

"너는 누구냐?"

대답했다.

"법흔입니다."

선사가 말했다.

"나는 너를 모른다."

법흔이 말이 없었다.

❀

師後不疾宴坐示滅 勅諡悟空禪師.

선사가 뒤에 병 없이 연좌宴坐하고 입적했다. 칙령으로 오공 선사悟空禪師라는 시호가 내려졌다.

3-26. 무주婺州 오설산五洩山 영묵靈默 선사禪師

婺州五洩山靈默禪師者 毘陵人也 姓宣氏. 初謁豫章馬大師 馬接之因披剃受具. 後謁石頭遷和尙 先自約曰 "若一言相契我卽住 不然便去" 石頭知是法器 卽垂開示 師不領其旨 告辭而去 至門 石頭呼之云 "闍梨" 師迴顧石頭云 "從生至老只是遮箇漢 更莫別求" 師言下大悟 乃踏折拄杖 棲止焉(洞山云 "當時若不是五洩先師 大難承當 然雖如此 猶涉在途" 長慶云 "險" 玄覺云 "那箇是涉在途處" 有僧云 "爲伊三寸途中薦得所以在途" 玄覺云 "爲復薦得自己 爲復薦得三寸 若是自己 爲什麽成三寸 若是三寸 爲什麽悟去 且道 洞山意旨 作麽生 莫亂說 子細好")

무주 오설산 영묵 선사는 비릉 사람으로 성은 선宣씨다. 처음 예장豫章의 마 대사를 뵈었는데, 마 대사가 받아들여 머리를 깎고 구족계를 받았다. 뒤에 석두희천(石頭遷) 화상을 뵙고, 먼저 스스로 다짐하기를 "만약 한마디에 계합하면 머무르겠지만, 그렇지 못하면 바로 갈 것이다"라고 했다. 석두가 법기法器임을 알고 바로 열어 보여주었는데, 선사가 그 뜻을 알지 못하고 하직 인사를 하고는 나가버렸다. 문에 이르자 석두가 부르면서 말했다.

"스님(闍梨)!"

선사가 돌아보자 석두가 말했다.

"나서 늙을 때까지 다만 이 사람(遮箇漢)일 뿐이니, 다시 달리 구하지 말라."

선사가 말끝에 크게 깨닫고는(言下大悟) 주장자를 발로 밟아 꺾어버리고 머물렀다.

〔동산洞山이 말했다.

"당시에 만약 오설 선사가 아니었더라면 알기가 대단히 어려웠을 것이다. 비록 이와 같지만 여전히 도중에 있다(猶涉在途)."

장경長慶이 말했다.

"위험하다(險)!"

현각玄覺이 말했다.

"어떤 것이 여전히 도중에 있는 것인가?"

어떤 스님이 말했다.

"그는 세 치에서(三寸途中)에서 알았다. 그래서 도중에 있는 것이다."

현각이 말했다.

"자기를 안 것인가, 아니면 세 치를 안 것인가? 만약 자기라면 어째서 세 치를 이루었으며, 만약 세 치라면 어째서 깨달았겠는가? 자, 말해 보라! 동산의 뜻이 무엇인가? 어지럽게 말하지 말고 자세히 말하라."〕

❀

唐貞元初 入天台山 住白沙道場 復居五洩. 僧問 "何物大於天地" 師云 "無人識得伊" 僧云 "還可雕琢也無" 師云 "汝試下手看"

당唐 정원(貞元, 덕종의 연호, 785~804) 초에 천태산天台山으로 들어가서 백사도량白沙道場에 머물다가, 다시 오설(五洩, 오설산)에 머물렀다.

어떤 스님이 물었다.

"어떤 것이 천지天地보다 큽니까?"

선사가 말했다.

"어떤 사람도 그것을 알 수 없다."

스님이 말했다.

"다듬어서 새길 수 있습니까?"

선사가 말했다.

"네가 시험 삼아 손을 써 봐라."

❀

僧問 "此箇門中 始終事如何" 師云 "汝道 目前底成來 得多少時也" 僧云 "學人不會" 師云 "我此間無汝問底" 僧云 "豈無和尙接人處" 師云 "待汝求接 我卽接" 僧云 "便請和尙接" 師云 "汝欠少箇什麽"

어떤 스님이 물었다.

"이 문중門中에서는 처음과 끝의 일(始終事)이 어떻습니까?"

선사가 말했다.

"너는 말해 봐라, 눈앞에서 이루어진 것이니 얼마나 시간이 걸렸겠느냐?"

스님이 말했다.

"학인은 모르겠습니다."

선사가 말했다.

"나의 이곳에는 너처럼 물은 사람이 없다."

스님이 말했다.

"어찌 화상께서 사람을 제접할 곳(接人處)이 없겠습니까?"

선사가 말했다.

"네가 제접해 주기를 바란다면, 내가 바로 제접해 주겠다."

스님이 말했다.

"바로 청합니다, 화상께서 제접해 주십시오."

선사가 말했다.

"너는 부족한 것이 뭔가?"

❀

問"如何得無心"師云"傾山覆海 晏然靜 地動安眠 豈采伊"

물었다.

"어떻게 해야 무심無心을 얻습니까?"

선사가 말했다.

"산이 기울고 바다가 덮어도 편안하고 고요하며, 땅이 흔들려도 편히 자거늘, 어째서 그것을 캐묻는가?"

師元和十三年 三月二十三日 沐浴焚香 端坐告衆云"法身圓寂 示有去來 千聖同源 萬靈歸一 吾今漚散胡假興哀. 無自勞神 須存正念. 若遵此命 眞報吾恩 儻固違言 非吾之子"時有僧問"和尙向什麽處去"師曰"無處去"曰"某甲何不見"師曰"非眼所覩"(洞山云"作家")言畢奄然順

化 壽七十有二 臘四十一.

※漚(담글 구, 갈매기 구): 담그다. 향기가 짙은 모양. 거품. 갈매기. 물새.

선사는 원화(元和, 당 헌종의 연호, 806~820) 13년 3월 23일, 목욕하고 향을 사루고 단정히 앉아, 대중에게 말했다.

"법신法身은 원만하고 고요하지만 오고감(去來)을 보이고, 일천 성인은 동일한 근원이니 만령萬靈이 하나로 돌아간다. 나는 이제 거품처럼 흩어질 것이니, 어찌 슬퍼하겠는가! 스스로 정신을 수고롭게 하지 말고 모름지기 정념正念을 지켜라. 만약 이 명命을 따른다면 진실로 나의 은혜를 갚는 것이고, 만약 참으로 말을 어기면 나의 제자가 아니다."

그때 어떤 스님이 물었다.

"화상께서는 어디로 가십니까?"

선사가 말했다.

"갈 곳이 없는 곳(無處)으로 간다."

스님이 말했다.

"저는 어째서 보지 못합니까?"

선사가 말했다.

"눈에 보이는 것이 아니다."

〔동산洞山이 말했다.

"작가다(作家)."〕

말을 마치고는 바로 입적했다(順化). 세수 72세, 법랍 41세였다.

3-27. 명주明州 대매산大梅山 법상法常 선사禪師

明州大梅山法常禪師者 襄陽人也 姓鄭氏. 幼歲從師 於荊州玉泉寺. 初參大寂 問“如何是佛” 大寂云“卽心是佛” 師卽大悟.

명주 대매산 법상 선사는 양양 사람으로 성은 정鄭씨다. 어려서 형주 옥천사玉泉寺 스님을 따랐다.

처음 대적大寂을 참례하고, 물었다.[57]

“어떤 것이 부처입니까?”

대적이 말했다.

“마음이 부처다(卽心是佛).”

선사가 바로 크게 깨달았다.

❀

唐貞元中 居於天台山 餘姚南七十里 梅子眞舊隱. 時鹽官會下一僧入山采拄杖 迷路至庵所 問曰“和尙在此山來多少時也” 師曰“只見四山青又黃” 又問“出山路向什麽處去” 師曰“隨流去” 僧歸說似鹽官 鹽官曰“我在江西時 曾見一僧 自後不知消息 莫是此僧否” 遂令僧去請出師 師有偈曰“摧殘枯木倚寒林 幾度逢春不變心 樵客遇之猶不顧 郢人那得苦追尋”

당 정원 연간에 천태산天台山의 여요餘姚 남쪽 70리에 있는 매자진梅子眞에서 오랫동안 운둔해 살았다. 그때 염관鹽官 회하會下에 한 스님이

---

57 감변 편, 11. 매실이 익었구나에 해당한다.

주장자로 쓸 나무를 찾아 산에 들어갔다가, 길을 잃고 암자에 이르렀다.

스님이 물었다.

"화상께서는 이 산에 계신 지 얼마나 되셨습니까?"

선사가 말했다.

"다만 사방의 산이 푸르렀다 누렇게 된 것을 보았을 뿐이다."

또 물었다.

"산에서 나가는 길은 어디로 가야 합니까?"

선사가 말했다.

"흐름을 따라 가라."

스님이 염관鹽官에게 앞의 이야기를 전하자, 염관이 말했다.

"내가 강서에 있을 때 한 스님을 본 적이 있었다. 그 뒤로 소식을 알지 못했는데, 이 스님이 아닐까?"

그리고는 마침내 스님을 보내 선사를 나오도록 청하자, 선사가 게송으로 말했다.

摧殘枯木倚寒林　꺾어진 고목이 차가운 숲에 기대 있는데
幾度逢春不變心　몇 번이나 봄을 만나도 마음이 변치 않았던가.
樵客遇之猶不顧　나무꾼이 만나도 오히려 돌아보지 않거늘
郢人那得苦追尋　영인郢人은 어째서 애써 찾고 있는 것인가.

❀

大寂聞師住山 乃令一僧到問云 "和尙見馬師得箇什麽便住此山" 師云 "馬師向我道卽心是佛 我便向遮裏住" 僧云 "馬師近日佛法又別" 師云

"作麽生別" 僧云 "近日又道非心非佛" 師云 "遮老漢惑亂人未有了日 任汝 非心非佛 我只管卽心卽佛" 其僧迴擧似馬祖 祖云 "大衆 梅子熟也"(僧問禾山 "大梅恁麽道 意作麽生" 禾山云 "眞師子兒") 自此學者漸臻 師道彌著.

대적大寂이 선사가 산에 머물고 있다는 소식을 듣고, 한 스님을 보내 (다음과 같이) 묻도록 했다.

"화상께서는 마 대사를 뵙고 무엇을 얻으셨기에, 바로 이 산에 머무는 것입니까?"

법상이 말했다.

"마 대사가 내게 이르기를 '마음이 부처다(卽心是佛)'라고 해서, 나는 바로 여기에 머물고 있네."

스님이 말했다.

"마 대사께서는 요즘 불법이 또 달라졌습니다."

법상이 말했다.

"어떻게 달라졌는가?"

스님이 말했다.

"요즘엔 '마음도 아니고 부처도 아니다(非心非佛)'고 하십니다."

법상이 말했다.

"이 노인네가 사람을 미혹하고 어지럽게 하는 것이 끝날 날이 없구나! 너는 마음대로 '마음도 아니고 부처도 아니다'고 해라. 나는 다만 마음이 바로 부처(卽心卽佛)일 뿐이다."

그 스님이 돌아가 마조에게 앞의 일을 전하자, 마조가 말했다.

"대중들이여, 매실이 익었구나!"

〔어떤 스님이 화산禾山에게 물었다.

"대매가 이렇게 말한 것은 뜻이 무엇입니까?"

화산이 말했다.

"진짜 사자로다(眞師子兒)."〕

이로부터 배우려는 이들이 점점 모여들어 선사의 도가 더욱 드러나게 되었다.

❀

師上堂示衆曰 "汝等諸人 各自迴心達本 莫逐其末 但得其本 其末自至 若欲識本 唯了自心 此心元是一切世間出世間法根本故 心生種種法生 心滅種種法滅 心且不附一切善惡 而生萬法本自如如" 僧問 "如何是佛法大意" 師云 "蒲華柳絮竹鍼麻線"

선사가 상당上堂하여 대중에게 말했다.

"그대들 모두는 각자 스스로 마음을 돌려 근본을 통달해야지, 그 지말枝末을 좇지 말라. 다만 그 근본을 얻으면 그 지말은 저절로 이르게 될 것이니, 만약 근본을 알고자 하면 오로지 자기의 마음을 깨달을 뿐이다. 이 마음은 원래 일체 세간과 출세간 법의 근본이기 때문에 마음이 생하면 갖가지 법이 생하고, 마음이 멸하면 갖가지 법이 멸하는 것이다. 마음은 또 일체의 선악에 의지하지 않고 만법을 생하면서도 본래 스스로 여여如如한 것이다."

어떤 스님이 물었다.

"어떤 것이 불법의 대의입니까?"

선사가 말했다.

"부들 꽃(蒲華)·버들개지(柳絮)·대바늘(竹鍼)·삼실(麻線)이다."

❀

夾山與定山 同行言話次 定山云 "生死中無佛 卽非生死" 夾山云 "生死中有佛 卽不迷生死" 二人上山參禮 夾山便擧問師 "未審 二人見處 那箇較親" 師云 "一親一疎" 夾山云 "那箇親" 師云 "且去 明日來" 夾山明日再上問師 師云 "親者不問 問者不親"(夾山住後自云 "當時失一隻眼")

협산夾山과 정산定山이 함께 길을 가면서 이야기하고 있는데, 정산이 말했다.

"생사 가운데 부처가 없으면 생사가 아니다."

협산이 말했다.

"생사 가운데 부처가 있으면 생사에 미혹하지 않는다."

두 사람이 산에 올라 참례하고는, 협산이 바로 선사에게 앞의 이야기를 전하면서 물었다.

"두 사람의 견처見處 가운데 어느 것이 더 가깝습니까?"

선사가 말했다.

"하나는 가깝고, 하나는 멀다(一親一疎)."

협산이 말했다.

"어느 것이 가깝습니까?"

선사가 말했다.

"일단 갔다가 내일 와라."

협산이 다음날 다시 올라 선사에게 묻자, 선사가 말했다.

"가까운 사람은 묻지 않고, 묻는 사람은 가깝지 않다(親者不問 問者不親)."

〔협산에 주석한 뒤에 스스로 말했다.

"당시에 일척안一隻眼을 잃었다."〕

❀

忽一日謂其徒曰"來莫可抑 往莫可追 從容間復聞鼯鼠聲" 師云"卽此物 非他物. 汝等諸人 善護持之 吾今逝矣" 言訖示滅. 壽八十八 臘六十有九.

※從容(종용): 침착하고 덤비지 않음. 조용의 원말.

※鼯鼠(오서): 날다람쥐.

홀연히 하루는 대중에게 말했다.

"오는 것을 막지 말고, 가는 것을 좇지 말라(來莫可抑 去莫可追)!"

(그리고는 잠시) 조용하다가, 다시 날다람쥐 소리가 들리자 스님이 말했다.

"바로 이것이지, 다른 것이 아니다(卽此物 非他物). 그대들은 잘 보호해 지녀라. 나는 이제 가겠다."

말을 마치고 입멸했다(言訖示滅). 세수 88세, 법랍 69세였다.

지각智覺 선사 연수延壽가 찬탄해서 말했다.

師初得道　선사께서 처음 득도할 때는
卽心是佛　바로 마음이 부처였는데
最後示徒　마지막에 대중에게 보인 것은
物非他物　이것이지 다른 것이 아니라고 하시네.

窮萬法源　만법의 근원을 궁구해서
徹千聖骨　일천 성인의 골수까지 꿰뚫고
眞化不移　참된 교화는 옮김이 없으니,
何妨出沒　어찌 나고 죽음에 방해가 되겠는가.

3-28. 경조京兆 흥선사興善寺 유관惟寬 선사禪師

京兆興善寺惟寬禪師者 衢州信安人也 姓祝氏. 年十三見殺生者 衋然不忍食. 乃求出家 初習毘尼修止觀. 後參大寂 乃得心要.

※衋(애통해할 혁): 애통해하다. 몹시 서러워하다. 마음을 아파하다.

경조 흥선사 유관 선사는 구주 신안 사람으로 성은 축祝씨다. 13세 때 살생하는 것을 보고는 마음이 아파 차마 밥을 먹지 못했다. 이에 결국 출가를 하게 되었는데, 처음에 계율(毘尼)을 익히고 지관止觀을 닦았다. 후에 대적大寂을 참례하고 이내 심요心要를 얻었다.

❀

唐貞元六年 始行化於吳越間 八年至鄱陽 山神求受八戒 十三年止嵩山少林寺. 僧問 "如何是道" 師云 "大好山" 僧云 "學人問道 師何言好山"

師云 "汝只識好山 何曾達道"

당 정원 6년에야 비로소 오월 지역에서 교화하기 시작해서 8년에 파양에 이르렀는데, 산신山神이 8계八戒[58]를 받기를 청했다. 또 13년에 숭산의 소림사少林寺에 머물렀다.

어떤 스님이 물었다.

"어떤 것이 도입니까?"

선사가 말했다.

"아주 좋은 산이다(大好山)."

스님이 말했다.

"학인은 도를 물었는데, 선사께서는 어째서 좋은 산을 말씀하십니까?"

선사가 말했다.

"너는 단지 좋은 산만 알 뿐이지, 언제 도를 통달한 적이 있었는가!"

❀

問 "狗子還有佛性否" 師云 "有" 僧云 "和尙還有否" 師云 "我無" 僧云 "一切衆生 皆有佛性 和尙因何獨無" 師云 "我非一切衆生" 僧云 "旣非衆生是佛否" 師云 "不是佛" 僧云 "究竟是何物" 師云 "亦不是物" 僧云

58 8계八戒: 우바새 및 우바이가 육재일六齋日에 그날 하루 낮밤 동안 지키는 여덟 계행戒行. 곧 불살생계不殺生戒, 불투도계不偸盜戒, 불사음계不邪淫戒, 불망어계不妄語戒, 불음주계不飮酒戒의 오계五戒에다 불좌고대광상계不坐高大廣牀戒, 불착화만영락계不着華瓔珞戒 및 불습가무희악계不習歌舞戲樂戒, 비시식계非時食戒의 삼계三戒를 더한 것.

"可見可思否" 師云 "思之不及 議之不得 故云 不可思議"

물었다.

"개에게도 불성이 있습니까?"

선사가 말했다.

"있다."

스님이 말했다.

"화상께도 있습니까?"

선사가 말했다.

"나는 없다."

스님이 말했다.

"일체중생에게는 모두 불성이 있거늘, 화상께서는 어째서 홀로 없다는 것입니까?"

선사가 말했다.

"나는 일체중생이 아니다."

스님이 말했다.

"중생이 아니면 부처입니까?"

선사가 말했다.

"부처도 아니다."

스님이 말했다.

"구경엔 어떤 것입니까?"

선사가 말했다.

"어떤 것도 아니다."

스님이 말했다.

"볼 수도 있고 생각할 수도 있습니까?"

선사가 말했다.

"생각으로도 미치지 못하고 헤아리는 것으로도 얻을 수가 없다. 그렇기 때문에 '불가사의不可思議'라고 하는 것이다."

❀

元和四年 憲宗詔至闕下 白居易嘗詣師問曰 "旣曰禪師 何以說法" 師曰 "無上菩提者 被於身爲律 說於口爲法 行於心爲禪 應用者三其致一也 譬如 江河淮漢 在處立名 名雖不一 水性無二 律卽是法 法不離禪云何於中 妄起分別" 又問 "旣無分別 何以修心" 師云 "心本無損傷云何要修理 無論垢與淨 一切勿起念" 又問 "垢卽不可念 淨無念可乎" 師曰 "如人眼睛上 一物不可住 金屑雖珍寶 在眼亦爲病" 又問 "無修無念又何異凡夫耶" 師曰 "凡夫無明二乘執著 離此二病是曰眞修 眞修者不得勤不得忘勤卽近執著 忘卽落無明 此爲心要云爾"

원화元和 4년(809) 헌종憲宗이 조서로 불러 궁궐(闕下)에 이르자, 백거이白居易가 시험 삼아 나아가서 선사에게 물었다.

"선사禪師라고 하던데, 무엇으로 법을 설하십니까?"

선사가 말했다.

"무상보리無上菩提라는 것은 몸에 걸치면 율律이 되고, 입으로 말하면 법法이 되며, 마음으로 행하면 선禪이 되니, 응용해서 쓰면 셋이지만 그것은 하나에 이르는 것입니다. 비유하면 강江과 하河, 회淮와 한漢은 곳에 따라 이름을 세운 것이니(在處立名), 이름은 비록 하나가 아니지만 물의 성품(水性)은 둘이 아닌 것처럼 율이 곧 법이고(律卽是法) 법은 선을 여의지 않습니다(法不離禪). 그런데 어째서 그 가운데서 허망하게 분별을 일으키는 것입니까?"

또 물었다.

"이미 분별이 없다면, 무엇으로 마음을 닦습니까?"

선사가 말했다.

"마음은 본래 손상되는 것이 없거늘, 어째서 고칠 필요가 있겠습니까? 더러움과 깨끗함을 논하지 말고 일체의 생각(念)을 일으키지 마시오."

또 물었다.

"더러움은 생각하지 않을 수 있지만, 깨끗함은 생각하지 않는 것이 가능하겠습니까?"

선사가 말했다.

"마치 사람의 눈동자에는 한 물건도 머물 수 없는 것처럼, 금가루가 비록 보배일지라도 눈에 넣으면 병이 되는 것과 같습니다."

또 물었다.

"닦음도 없고 생각함도 없으면 범부와 무엇이 다르겠습니까?"

선사가 말했다.

"범부凡夫는 무명無明이고 이승二乘은 집착執著이니, 이 두 병을 여의는 것을 '참된 수행(眞修)'이라고 합니다. 참된 수행이라는 것은 부지런히 힘쓰는 것도 안 되고 잊는 것도 안 되니, 힘쓰는 것은 집착에 가깝고 잊는 것은 무명에 떨어지는 것입니다. 이것을 심요心要라고 말하는 것입니다."

❀

有僧問 "道在何處" 師曰 "只在目前" 曰 "我何不見" 師曰 "汝有我故所以不見" 曰 "我有我故 卽不見和尙見否" 師曰 "有汝有我 展轉不見" 曰 "無我無汝 還見否" 師曰 "無汝無我 阿誰求見"

어떤 스님이 물었다.

"도는 어디에 있습니까?"

선사가 말했다.

"다만 눈앞(目前)에 있을 뿐이다."

스님이 말했다.

"저는 어째서 보지 못하는 것입니까?"

선사가 말했다.

"너는 아상(我, 我相)이 있기 때문에 보지 못하는 것이다."

스님이 말했다.

"제가 아상이 있기 때문에 보지 못한다면, 화상께선 보십니까?"

선사가 말했다.

"네가 있고 내가 있으면 보면 볼수록 보지 못한다."

스님이 말했다.

"나도 없고 너도 없으면, 볼 수 있습니까?"

선사가 말했다.

"네가 없고 나도 없는데, 누가 보는 것을 구하겠는가?"

❀

元和十二年 二月晦日 升堂說法訖 就化. 壽六十三 臘三十九. 歸葬於灞陵西原. 勅謚大徹禪師 元和正眞之塔.

원화 12년 2월 그믐(晦日)에 법당에 올라 설법을 마치고 입적했다(就化). 세수 63세, 법랍 39세였다. 고향 파릉의 서원(西原, 서쪽 언덕)에서 장례를 치렀다. 칙령으로 대철 선사大徹禪師라는 시호와 원화정진元和正眞이라는 탑호가 내려졌다.

3-29. 호남湖南 동사東寺 여회如會 선사禪師

湖南東寺如會禪師者 始興曲江人也. 初謁徑山 後參大寂. 學徒旣衆 僧堂內床榻 爲之陷折 時稱折床會也. 自大寂去世 師常患門徒 以卽心卽佛之譚 誦憶不已 且謂佛於何住 而曰卽心 心如畵師而云卽佛. 遂示衆曰 "心不是佛智不是道 劍去遠矣爾方刻舟.

호남 동사 여회 선사는 시흥 곡강 사람이다. 처음에 경산徑山을 뵙고 뒤에 대적大寂을 참례했다. 배우는 이들이 많아져 승당 안의 상탑(床榻, 평상)이 부러져 움푹 파이자, 그때 '절상회折床會'라고 칭하였다. 대적이 세상을 떠난 뒤로 선사는 문도門徒들이 '바로 마음이 곧 부처다(卽心卽佛)'는 말만 외우고 기억하며, 또 '부처는 어디에 머무는가?' 하고 말하면 '바로 마음이다(卽心)'고 하며, 마음은 화가와 같아서 '바로 부처다(卽佛)'고 말하는 것을 늘 걱정하였다. 그리하여 마침내 대중에게 말했다.

"마음은 부처가 아니고, 지혜는 도가 아니다(心不是佛 智不是道). 칼을 잃어버린 지 오래인데, 그대들은 바야흐로 뱃전에다 새기는구나(劍去遠矣 爾方刻舟)!"

❀

時號東寺 爲禪窟焉 相國崔公群出 爲湖南觀察使 見師問曰 "師以何得" 師曰 "見性得" 師方病眼 公譏曰 "旣云見性 其奈眼何" 師曰 "見性非眼 眼病何害" 公稽首謝之.(法眼別云 "是相公眼")

그때 동사東寺를 선굴禪窟이라 불렀는데, 상국相國 최 공崔公이 무리들 가운데 뛰어나 호남의 관찰사가 되었다.

선사를 뵙고, 말했다.

"선사께서는 어떻게 얻으셨습니까?"

선사가 말했다.

"성품을 보고 얻었습니다."

선사가 눈병을 앓고 있었는데, 공公이 나무라며 말했다.

"성품을 보았어도 그 눈은 어찌하지 못하시는군요."

선사가 말했다.

"성품을 보는 것은 눈이 아니니, 눈병이 무슨 방해가 되겠습니까?"

공公이 머리 숙여 사과했다.

〔법안法眼이 따로 말했다.

"이것이 상공相公의 눈이다."〕

❀

師問南泉 "近離什麽處來" 云 "江西" 師云 "將得馬師眞來否" 泉云 "只遮是" 師云 "背後底聻" 無對(長慶代云 "太似不知" 保福云 "幾不到和尙此間" 雲居錫云 "此二尊者盡扶背後 只如南泉休去 爲當扶面前扶背後")

※聻(부적 저, 가리키는 모양 이): 부적. 가리키는 모양. 어조사. 귀신이 죽어서 또다시 귀신으로 된 것.

선사가 남전南泉에게 물었다.

"어디서 오는가?"

남전이 말했다.

"강서에서 옵니다."

선사가 말했다.

"마 대사의 진영은 가지고 왔는가?"

남전이 말했다.

"다만 이것뿐입니다(只遮是)."

선사가 말했다.

"등 뒤의 것은 이(聻)!"

(남전이) 대답이 없었다.

〔장경長慶이 대신 말했다.

"모르는 것 같구나."

보복保福이 말했다.

"화상의 여기에 거의 오지 못할 뻔했다."

운거 석雲居錫이 말했다.

"이 두 존자가 모두 등 뒤를 잡았다. 그렇다면 남전이 쉰 것(休去)은 마땅히 눈앞에서 잡은 것인가, 등 뒤에서 잡은 것인가?"]

❀

崔相公入寺 見鳥雀於佛頭上放糞 乃問師曰 "鳥雀還有佛性也無" 師云 "有" 崔云 "爲什麽向佛頭上放糞" 師云 "是伊爲什麽 不向鷂子頭上放"

최 상공崔相公이 절에 들어와 참새(鳥雀)가 부처님 머리에 똥을 싸는 것을 보고, 선사에게 물었다.

"참새도 불성이 있습니까?"

선사가 말했다.

"있습니다."

최 상공이 말했다.

"그런데 어째서 부처님 머리에 똥을 싸는 것입니까?"

선사가 말했다.

"그대는 어째서 새매(鷂子) 머리에 똥을 싸지 못합니까?"

❀

仰山來參 師云 "已相見了 更不用上來" 仰山云 "恁麽相見 莫不當否" 師歸方丈閉却門 仰山歸 擧似潙山 潙山云 "寂子 是什麽心行" 仰山云 "若不恁麽 爭識得他"

앙산仰山이 참례하러 오자, 선사가 말했다.

"이미 서로 만나 보았거늘, 다시 올라올 필요가 없다."

앙산이 말했다.

"이렇게 서로 만나 보는 것도 이치에 맞지 않는 것이 아닙니까?"

(그러자) 선사가 방장실로 돌아가 문을 닫아버렸다.

앙산이 돌아가 위산潙山에게 앞의 일을 전하자, 위산이 말했다.

"혜적아, 이 무슨 심보인가?"

앙산이 말했다.

"만약 그렇게 하지 않으면 어찌 그를 알아보겠습니까!"

❀

復有人問師曰 "某甲擬請和尙 開堂得否" 師曰 "待將物裹石頭煖 卽得" 彼無語(藥山代云 "石頭煖也")

또 어떤 사람이 선사에게 물었다.

"제가 화상께 청하고자 합니다, 개당開堂해야 되는 것이 아닙니까?"

선사가 말했다.

"가져온 것으로 석두石頭를 따뜻하게 싸면 하겠다."

그가 말이 없었다.

〔약산藥山이 대신 말했다.

"석두는 따뜻했다."〕

❀

唐長慶癸卯歲八月十九日歸寂. 壽八十. 勅諡傳明大師 塔曰永際.

당 장경 계묘년 8월 19일 입적했다(歸寂). 세수 80세였다. 칙명으로 전명 대사傳明大師라는 시호가 내려졌고, 탑의 이름은 영제永際였다.

3-30. 악주鄂州 무등無等 선사禪師

鄂州無等禪師者 尉氏人也 姓李氏. 初出家於龔公山 參禮馬大師密受心要 後住隨州土門. 嘗謁州牧王常侍者 師退將出門 王後呼之云和尙 師迴顧王敲柱三下 師以手作圓相 復三撥之便行.

악주 무등 선사는 위씨尉氏 사람으로 성은 이李씨다. 처음에 공공산龔公山에서 출가하여 마 대사를 참례하고 심요心要를 은밀히 전해 받았다. 뒤에 수주隨州 토문土門에 머물렀다.

일찍이 주의 목사 왕 상시王常侍를 만난 적이 있었다. 선사가 (만나고) 물러나 문을 나서려는데, 왕 상시가 뒤에서 "화상!" 하고 불렀다. 선사가 고개를 돌려 돌아보자, 왕 상시가 기둥을 세 번 쳤다. (그러자) 선사가 손으로 원상圓相을 그리고는 다시 세 번 휘저어 없애버리고, 바로 가버렸다.

❀

師後住武昌大寂寺. 一日大衆晩參 師見人人上來 師前道不審 乃謂衆曰 "大衆 適來聲 向什麽處去也" 有一僧竪起指頭. 師云 "珍重" 其僧至來朝上參次 師乃轉身 面壁而臥 佯作呻吟聲云 "老僧三兩日來不多安樂 大德身邊 有什麽藥物 與老僧些少" 僧以手拍淨缾云 "遮箇淨缾 什麽處得來" 師云 "遮箇是老僧底 大德底 在什麽處" 僧云 "亦是和尙底 亦是某甲底"

선사가 뒤에 무창 대적사大寂寺에 머물렀다. 하루는 대중에게 만참(晩參, 저녁 법문)을 하려는데 선사가 사람들마다 올라와 선사 앞에서 "안녕하십니까(不審)?" 하는 것을 보고, 이내 대중에게 말했다.

"대중들이여, 좀 전에 소리는 어디로 갔는가?"

그러자 한 스님이 손가락을 세웠다.

선사가 말했다.

"진중(珍重, 안녕)!"

그 스님이 다음날 아침 올라와 참례하는데 선사가 몸을 돌려 벽을 향해 누워 거짓으로 신음 소리를 내며 말했다.

"노승이 이삼일 아주 (몸이) 편치 않은데, 대덕 주변에 무슨 약 같은 것이 있으면 노승에게 조금 주게나."

스님이 손으로 정병淨缾을 두드리며 말했다.

"이 정병은 어디서 얻으셨습니까?"

선사가 말했다.

"이것은 노승의 것이다. 대덕의 것은 어디에 있는가?"

스님이 말했다.

"화상의 것이기도 하고, 제 것이기도 합니다."

❀

唐大和四年十月示滅 壽八十二.

당 대화 4년 10월 입적했는데, 세수 82세였다.

3-31. 여산廬山 귀종사歸宗寺 지상智常 선사禪師

上堂云 "從上古德 不是無知解 他高尙之士 不同常流 今時不能 自成自立 虛度時光 諸子莫錯用心. 無人替汝 亦無汝用心處 莫就他覓. 從前只是依他解 發言皆滯 光不透脫 只爲目前有物" 僧問 "如何是玄旨" 師云 "無人能會" 僧云 "向者如何" 師云 "有向卽乖" 僧云 "不向者如何" 師云 "誰求玄旨" 又云 "去無汝用心處" 僧云 "豈無方便門 令學人得入" 師云 "觀音妙智力 能救世間苦" 僧云 "如何是觀音妙智力" 師敲鼎蓋三下云 "子還聞否" 僧云 "聞" 師云 "我何不聞" 僧無語 師以棒趁下.

※虛度(허도): 때를 헛되게 그저 보냄.

상당上堂해서 말했다.

"예로부터 고덕은 지해知解가 없지 않았고, 저 고상한 선비들은 상류(常流, 예사로운 부류)와 같지 않았는데, 요즘에는 스스로 이루지도 못하고 스스로 서지도 못하면서 시간만 헛되이 보내고 있으니, 여러분은 잘못 마음을 쓰지 말라! 누구도 그대를 대신할 사람이 없고, 어떠한 곳도 그대들이 마음 쓸 곳이 없으니, 다른 곳으로 나아가 찾지 말라! 이제까지는 단지 다른 것에 의지한 견해였을 뿐이니, 말을 하면 모두 막히게 된다. 빛이 꿰뚫어 벗어나지 못하는 것은 단지 눈앞에 어떤 것이 있다고 여기기 때문이다."

어떤 스님이 물었다.

"어떤 것이 현지(玄旨, 현묘한 종지)입니까?"

선사가 말했다.

"알 수 있는 사람이 아무도 없다."

스님이 말했다.

"향하면 어떻습니까?"

선사가 말했다.

"향하면 어긋난다."

스님이 말했다.

"향하지 않으면 어떻습니까?"

선사가 말했다.

"누가 현지를 구하겠는가?"

또 (선사가) 말했다.

"가라, 네가 마음 쓸 곳이 없다."

스님이 말했다.

"어찌 학인으로 하여금 깨달음에 들게 할 방편문이 없겠습니까?"

선사가 말했다.

"관음觀音의 묘지력妙智力으로 능히 세간의 고통을 구할 수 있다."

스님이 말했다.

"어떤 것이 관음의 묘지력입니까?"

선사가 솥뚜껑(鼎蓋)을 세 번 치고, 말했다.

"그대는 들었는가?"

스님이 말했다.

"들었습니다."

선사가 말했다.

"나는 어째서 듣지 못했지?"

스님이 말이 없자, 선사가 방망이로 쳐서 쫓아냈다.

❀

師嘗與南泉同行 後忽一日相別煎茶次 南泉問云"從前與師兄 商量語句 彼此已知 此後或有人 問畢竟事 作麽生" 師云"遮一床地 大好卓庵" 泉云"卓庵且置 畢竟事作麽生" 師乃打却茶便起 泉云"師兄喫茶了 普願未曾喫茶" 師云"作遮箇語話 滴水也銷不得"

선사는 일찍이 남전南泉과 동행한 적이 있었다. 후에 홀연히 하루는 헤어지게 되어 차를 다리고 있는데, 남전이 물었다.

"지금까지 사형과 상량商量했던 어구들은 서로 이미 알고 있지만, 이후에 혹 어떤 사람이 필경사畢竟事를 물으면 어떻게 하겠습니까?"

선사가 말했다.

"이 찻상이 암자를 세우기에 아주 좋다."

남전이 말했다.

"암자 짓는 것은 놔두고, 필경사는 어떻습니까?"

선사가 이내 차 냄비(茶銚)를 쳐서 엎어버리고 바로 일어났다.

남전이 말했다.

"사형은 차를 마셨지만, 보원普願은 아직 차를 마시지 못했습니다."

선사가 말했다.

"이런 말을 하면 한 방울의 물도 녹이지 못한다."

❀

僧問"此事久遠 如何用心" 師云"牛皮鞔露柱 露柱啾啾叫 凡耳聽不聞

說 聖呵呵笑"

※鞔(신울 만): 통에 가죽을 메우다. (신바닥에 신울을 대고) 신을 짓다. 신 운두에 천을 씌우다.

※啾啾(추추): 두런거리는 소리가 가늚. 새나 벌레들이 찍찍거리고 우는 소리. 슬피 우는 귀신의 곡성哭聲. 말의 우는 소리.(한) / 찍찍. 짹짹. 조잘조잘. 귀신이 곡하는 소리. 처연하고 처절한 소리.(중)

어떤 스님이 물었다.

"이 일은 아주 오래되었는데, 어떻게 마음을 써야 합니까?"

선사가 말했다.

"소가죽으로 노주露柱를 씌우니 노주가 슬피 운다. 범부는 말하는 것을 귀로 들어도 듣지 못하니 성인이 껄껄대며 웃는다."

❀

師因俗官來 乃拈起帽子兩帶云 "還會麽" 俗官云 "不會" 師云 "莫怪老僧頭風不卸帽子"

※頭風(두풍): 격렬한(심한) 두통(냉기가 두부 경락에 들어와 생기는 두통). 머리가 늘 아프고 또는 자꾸 부스럼이 나는 병. 백설풍白屑風.

선사는 속관俗官이 오자, 모자帽子의 양쪽 끈을 들어 올리면서 말했다.

"알겠소?"

속관이 말했다.

"모르겠습니다."

선사가 말했다.

"노승을 괴이하게 여기지 마시오. 두풍頭風이 있어 모자를 벗지 못하오."

❀

師入園取菜次 師畫圓相 圍却一株 語衆云 "輒不得動著遮箇" 衆不敢動 少頃師復來 見菜猶在 便以棒趁衆僧云 "遮一隊漢 無一箇有智慧底"

선사가 밭에 들어가 나물을 캐다가, 한 그루터기 주위를 빙 둘러 원상圓相을 그리고는 대중에게 말했다.

"오직 이것만은 건드리지 말라!"

대중이 감히 건드리지 못했다.

잠시 뒤에 선사가 다시 와서 나물이 아직 그대로 있는 것을 보고, 바로 방망이로 쳐서 대중을 내쫓으며 말했다.

"이 떼거리 놈들아, 지혜 있는 놈이 하나도 없구나!"

❀

師問新到僧 "什麼處來" 師云 "鳳翔來" 師云 "還將得那箇來否" 僧云 "將得來" 師云 "在什麼處" 僧以手從頂擎捧呈之 師卽擧手作接勢 抛向背後. 僧無語 師云 "遮野狐兒"

*밑줄 친 부분의 '師'는 '僧'의 誤字다.

선사가 새로 온 스님에게 물었다.

"어디서 왔는가?"

스님이 말했다.

"봉상鳳翔에서 왔습니다."

선사가 말했다.

"그것을 가지고 왔는가?"

스님이 말했다.

"가지고 왔습니다."

선사가 말했다.

"어디에 있는가?"

스님이 손으로 정수리를 들어 받치는 시늉을 하자, 선사가 바로 손으로 들어서 받는 자세를 취하고는 등 뒤로 던져버렸다.

스님이 말이 없자, 선사가 말했다.

"이 여우같은 놈아!"

❀

師剗草次有講僧來參 忽有一蛇過 師以鋤斷之 僧云"久響歸宗 元來是箇麤行沙門" 師云"坐主歸茶堂內喫茶去"

선사가 풀을 베고 있는데 어떤 강승講僧이 참례하러 왔다. 갑자기 뱀 한 마리가 지나가자 선사가 호미로 잘라버렸다.

스님이 말했다.

"오랫동안 귀종歸宗의 명성을 들어 왔었는데, 원래 추행사문(麤行沙門, 행동이 거친 사문)이셨군요."

선사가 말했다.

"좌주는 다실(茶堂)로 돌아가 차나 마셔라!"

❀

雲巖來參 師作挽弓勢 巖良久作拔劍勢 師云"來 太遲生"

운암雲巖이 참례하러 오자, 선사가 활을 당기는 자세를 취했다.

운암이 양구良久하다가 칼을 뽑는 자세를 취하자, 선사가 말했다.

"와라, 몹시 더딘 친구야!"

❀

有僧辭去 師喚近前來 "吾爲汝說佛法 "僧近前 師云 "汝諸人盡有事在 汝異時却來 遮裏無人識汝 時寒途中善爲去".

어떤 스님이 하직 인사를 하고 떠나려 하자, 선사가 가까이 오라고 불렀다.

"내가 그대를 위해 불법을 말해 주겠다."

스님이 가까이 오자, 선사가 말했다.

"그대들 모두는 다 일이 있을 것이니, 너는 다른 때 다시 와라. 그러면 여기에는 너를 알아볼 사람이 아무도 없을 것이다. 날이 추우니 도중途中에 잘 가거라(時寒途中善爲去)."[59]

---

59 아래와 같이 좀 더 구체적으로 번역을 해야 한다.

선사가 말했다.

"그대들 모두는 다 일이 있을 것이니, 너는 다른 때 다시 와라. 그러면 여기에는 너를 알아 볼 사람이 아무도 없을 것이다."

그래서 다음날 다시 갔더니, 선사가 말했다.

❀

師上堂云 "吾今欲說禪 諸子總近前" 大衆進前 師云 "汝聽觀音行善應諸方所" 僧問 "如何是觀音行" 師乃彈指云 "諸人還聞否" 僧曰 "聞" 師云 "一隊漢向遮裏覓什麽" 以棒趁出 大笑歸方丈.

선사가 상당上堂해서 말했다.

"나는 지금 선禪을 설하고자 하니, 여러분은 모두 가까이 오라!"

대중이 앞으로 오자, 선사가 말했다.

"너희들은 관음행觀音行이 모든 곳에서 잘 감응하는 것을 들어라."

어떤 스님이 물었다.

"어떤 것이 관음행입니까?"

선사가 손가락을 튕기고(彈指), 말했다.

"여러분은 들었는가?"

스님이 말했다.

"들었습니다."

선사가 말했다.

"이 한 떼거리 놈들아, 여기서 뭘 찾는가?"

그리고는 방망이로 쳐서 내쫓고, 크게 웃으면서 방장실로 돌아갔다.

❀

僧問 "初心如何得箇入處" 師敲鼎蓋三下云 "還聞否" 僧云 "聞" 師云 "我何不聞" 師又敲三下問 "還聞否" 僧云 "不聞" 師云 "我何以聞" 僧無語

"날이 추우니 도중에 잘 가거라."

師云 "觀音妙智力能救世間苦"

어떤 스님이 물었다.

"초심자(初心, 초발심자)는 어떻게 해야 (깨달음에) 들어갈 곳(入處)을 얻을 수 있습니까?"

선사가 솥뚜껑(鼎蓋)을 세 번 두드리고, 말했다.

"들었는가?"

스님이 말했다.

"들었습니다."

선사가 말했다.

"나는 어째서 듣지 못했지?"

선사가 또 세 번 두드리고는 말했다.

"들었는가?"

스님이 말했다.

"듣지 못했습니다."

선사가 말했다.

"나는 어째서 들었지?"

스님이 말이 없자, 선사가 말했다.

"관음의 묘지력은 능히 세간의 고통을 구제한다."

❀

江州刺史李渤問師曰 "教中所言須彌納芥子 渤卽不疑 芥子納須彌莫是妄譚否" 師曰 "人傳使君讀萬卷書籍還是否" 李曰 "然" 師曰 "摩頂至踵 如椰子大 萬卷書向何處著" 李俛首而已 李異日又問云 "大藏教明

得箇什麽邊事" 師擧拳示之云 "還會麽" 李云 "不會" 師云 "遮箇措大拳頭也不識" 李云 "請師指示" 師云 "遇人卽途中授與 不遇卽世諦流布"

※摩頂至踵(마정지종)=摩頂放踵: 정수리부터 갈아 닳아져서 발꿈치까지 이른다는 뜻으로, ① 자기를 돌보지 아니하고 남을 깊이 사랑함을 이르는 말. ② 온몸을 바쳐서 남을 위하여 희생함.

※措大(조대): 깨끗하고 가난한 선비를 이르는 말.

강주 자사 이발李渤이 선사에게 물었다.

"경전(敎)에서 말씀하신 '수미산이 겨자씨를 거두어들인다(須彌納芥子)'는 것은 이발이 의심치 않지만, '겨자씨가 수미산을 거두어들인다(芥子納須彌)'는 것은 허망하게 말한 것이 아닙니까?"

선사가 말했다.

"사람들이 전하기를, 사군(使君, 이발)께서는 만 권의 책을 읽었다는데, 맞습니까?"

이발이 말했다.

"그렇습니다."

선사가 말했다.

"정수리부터 발꿈치까지 다 해봐야 야자椰子만 한데, 만 권의 책은 어디에 두었습니까?"

이발이 머리를 숙였다.

이발이 다른 날 또 물었다.

"대장교(大藏敎, 팔만대장경의 가르침)는 어느 쪽 일을 밝힌 것입니까?"

선사가 주먹을 들어 보이며 말했다.

"알겠습니까?"

이발이 말했다.

"모르겠습니다."

선사가 말했다.

"이런! 청빈한 선비(措大)가 주먹도 모르다니."

이발이 말했다.

"청컨대, 선사께서 가리켜 주십시오."

선사가 말했다.

"(제대로 된) 사람을 만나면 도중途中에 주지만, 만나지 못하면 세제(世諦, 세속적인 진리)만 유포될 것입니다."

❀

師以目有重瞳 遂將藥手按摩 以致目眥俱赤 世號赤眼歸宗焉. 後示滅 勅謚至眞禪師.

선사는 눈이 겹눈동자(重瞳)였는데, 약 묻은 손으로 문질러서 눈초리(目眥)가 모두 붉어져 세상에서 적안귀종赤眼歸宗이라 불렀다. 입적한(示滅) 뒤에 칙령으로 지진 선사至眞禪師라는 시호가 내려졌다.

【전등록 권 제7 끝】

3-32. 분주汾州 무업無業 선사禪師

汾州無業禪師者 商州上洛人也 姓杜氏. 初母李氏 聞空中言 寄居得否 乃覺有娠. 誕生之夕 神光滿室. 俯及丱歲 行必直視 坐卽跏趺. 九歲依開元寺 志本禪師 受大乘經 五行俱下 諷誦無遺. 十二落髮二十受具戒. 於襄州幽律師 習四分律疏 才終便能敷演. 每爲衆僧講涅槃大部 冬夏無廢.

※丱(쌍상투 관, 쇳돌 광): 어린아이의 머리를 두 가닥으로 나누어 땋아서 머리의 양쪽에 뿔 모양으로 틀어 올린 것.

분주 무업 선사는 상주 상락 사람이며 성은 두杜씨다. 처음에 어머니 이李 씨가 허공에서 "기거득부(寄居得否, 잠시 얹혀 살아도 되겠습니까)?"라는 말을 듣고, 이내 태기가 있음을 느꼈다. 태어난 날 저녁에 신광神光이 방안에 가득했다. 머리를 두 가닥으로 묶을 즈음의 어린 나이에도(俯及丱歲) 걸을 때는 꼭 앞만 보고 걸었고(行必直視), 앉으면 꼭 가부좌를 했다(坐卽跏趺). 9세에 개원사開元寺 지본志本 선사에게 대승경전을 배웠는데, 다섯 줄을 함께 소리 내어 읽고는 남김없이 다 외웠다. 12세에 머리를 깎고, 20세에 양주 유幽 율사에게 구족계를 받았다. 『4분율소四分律疏』를 익히자마자 바로 강의(敷演)를 할 수 있었다. 늘 대중 스님들을 위해 『대반열반경(涅槃大部)』을 강의했는데, 여름이건 겨울이건 중단한 적이 없었다.

❀

後聞馬大師禪門鼎盛 特往瞻禮. 馬祖覩其 狀貌瓌偉 語音如鐘 乃曰. "巍巍佛堂 其中無佛" 師禮跪而問曰 "三乘文學麤窮其旨 常聞禪門卽心是佛 實未能了" 馬祖曰 "只未了底心卽是 更無別物" 師又問 "如何是祖師西來密傳心印" 祖曰 "大德正鬧在 且去別時來" 師才出 祖召曰 "大德" 師迴首 祖云 "是什麽" 師便領悟禮拜. 祖云 "遮鈍漢禮拜作麽" (雲居錫拈云 "什麽處是汾州正鬧")

뒤에 마 대사의 선문禪門이 번성하다는 소문을 듣고, 특별히 가서 뵙고 예를 올렸다.[60]

마조가 그의 용모가 훤칠하고 목소리가 마치 쇠북(鐘)과 같은 것을 보고, 말했다.

"외외불당인데, 그 안에 부처가 없구나(巍巍佛堂 其中無佛)!"

선사가 절을 하고, 무릎을 꿇고 물었다.

"삼승의 가르침(三乘文學)은 대강이나마 그 뜻을 궁구했습니다. 그러나 늘 듣자하니, 선문禪門에서는 전하는 '마음이 부처다(卽心是佛)'고 하는데, (이에 대해서는) 정말로 알지 못합니다."

마조가 말했다.

"다만 알지 못하는 그 마음이 바로 그것이지, 결코 그 외에 다른 것은 없다."

선사가 또 물었다.

---

60 감변 편, 12. 불당은 높고 당당한데, 부처가 없다에 해당한다.

"어떤 것이 조사가 서쪽에서 와서 은밀히 전한 심인心印입니까?"

마조가 말했다.

"대덕이 정말로 시끄럽게 하는구나! 갔다가 다른 날 오라!"

선사가 막 나가는데, 마조가 불렀다.

"대덕!"

선사가 고개를 돌리자(迴首), 마조가 말했다.

"이것이 무엇인가(是什麽)?"

선사가 깨닫고 절을 하자, 마조가 말했다.

"이 둔한 사람아, 절은 해서 뭐해!"

〔운거 석雲居錫이 염拈해서 말했다.

"어떤 곳이 분주汾州가 시끄럽게 군 곳이냐?"〕

自得旨尋 詣曹谿禮祖塔 及廬嶽天台遍尋聖迹. 自洛抵雍 憩西明寺 僧衆擧請充兩街大德 師曰"非吾本志也" 後至上黨 節度使李抱眞重師名 行旦夕瞻奉. 師常有倦色 謂人曰"吾本避上國浩穰 今復煩接君侯 豈吾心哉" 乃之縣上抱腹山. 未久又往淸涼金閣寺 重閱大藏周 八稔而畢. 復南下至于西河 刺史董叔纏請住開元精舍 師曰"吾緣在此矣" 繇是雨大法雨垂二十載(廣語具別錄) 幷汾緇白 無不嚮化. 凡學者致問 師多答之云"莫妄想"

※憩(쉴 게): 쉬다. 휴식하다.

※上黨(상당): 지금의 산서성山西省 장치시長治市에 해당함.

※穰(짚 양): 짚. 풍년. 넉넉하다. 풍성하다. 풍년이 들다.

※밑줄 친 부분의 '군사君俟'는 군후(君侯, 제후)의 誤字다.

스스로 종지를 얻고서 조계曹谿에 이르러 조사(6조)의 탑에 예를 올리고, 여악(廬嶽, 여산혜원, 334~416)과 천태(天台, 천태지의, 538~597)의 성스러운 자취를 두루 찾아다녔다. 낙양으로부터 옹주에 이르러 서명사西明寺에서 쉬는데, 스님들이 양가兩街의 대덕을 맡아 줄 것을 제시하고 청하자, 선사가 말했다.

"나의 본래 뜻이 아니오."

후에 상당上黨에 이르자, 절도사 이포진李抱眞이 선사의 명성을 중하게 여겨 아침저녁으로 우러러 받들었다.

선사가 늘 피곤한 기색(倦色)으로 사람들에게 말했다.

"나는 본래 상국(上國, 조정)의 성대한 환대도 피했거늘, 지금 다시 번거롭게 제후(君侯)에게 대접받으니, 이것이 어찌 나의 마음이겠습니까!"

그리고는 포복산抱腹山으로 갔다. 오래지 않아 다시 청량淸凉의 금각사金閣寺로 가서 거듭해서 대장경을 두루 열람하기를 8년(八稔)이나 해서 마쳤다. 다시 남쪽으로 내려가서 서하에 이르렀는데, 자사 동숙전董叔纏이 개원정사開元精舍에 주석해 줄 것을 청했다.

선사가 말했다.

"나의 인연이 여기에 있었구나(吾緣在此矣)!"

(그리고는) 대법비(大法雨) 내리기를 20년을 했는데(자세한 이야기는 별록에 실려 있다), 병주와 분주의 스님과 재가인(緇白)이 (그의 교화를) 흠모하면서 따르지 않은 이가 없었다.

무릇 배우는 이가 물으면, 선사는 흔히 "망상 떨지 말라(莫妄想)!"고 했다.

❀

唐憲宗屢遣使徵召 師皆辭疾不赴. 暨穆宗卽位 思一瞻禮. 乃命兩街僧錄靈阜等 賫詔迎請. 至彼作禮曰 "皇上此度恩旨 不同常時 願和尙且順天心 不可言疾也" 師微笑曰 "貧道何德 累煩世主 且請前行 吾從別道去矣" 乃沐身剃髮. 至中夜告 弟子惠憘等曰 "汝等見聞覺知之性與太虛同壽 不生不滅. 一切境界 本自空寂 無一法可得 迷者不了卽爲境惑 一爲境惑流轉不窮. 汝等當知 心性本自有之 非因造作 猶如金剛不可破壞. 一切諸法 如影如響 無有實者. 故經云 唯有一事實 餘二卽非眞. 常了一切空 無一物當情 是諸佛用心處 汝等勤而行之"

※屢(신 구): 신. 짚신. 가죽신. 신다. 자주. 여러 번.

※暨(미칠 기): 미치다(공간적 거리나 수준 따위가 일정한 선에 닿다), 닿다. 이르다.

※賫詔(재조): 임금의 명령을 받아지님.

당 헌종이 여러 번 사자를 보내 불렀으나 선사는 모두 병으로 사양하면서 나아가지 않았다. 목종穆宗이 즉위하자, 한 번 예를 갖춰 볼 것을 생각했다. 이에 (헌종이) 양가兩街 승록僧錄과 영부靈阜 등에게 임금의 명을 받아 맞이할 것을 명했다. (그러자) 그들이 이르러 예를 올리고 말했다.

"황상皇上의 이번 뜻(恩旨)이 평소와는 같지 않으십니다. 원컨대,

화상께서는 일단 천자의 마음(天心)을 따라주십시오. 병 때문이라고 말씀하셔서는 안 됩니다."

선사가 웃으면서 말했다.

"빈도貧道가 무슨 덕德이 있어 여러 번 세주(世主, 세상의 주인)께 번거롭게 누를 끼치겠습니까? 자, 일단 먼저 가십시오. 저는 다른 길을 따라 가겠소."

그리고는 목욕을 하고 머리를 깎았다. 한밤중이 되자, 제자 혜음惠愔 등에게 말했다.

"그대들의 견문각지見聞覺知의 성품은 허공(太虛)과 수명이 같아서 나지도 않고 멸하지도 않는다. 일체의 경계는 본래 스스로 공적空寂해서 한 법(一法, 어떤 법)도 얻을 것이 없지만, 미혹한 자가 알지 못하면 경계에 미혹하게 되고, 한 번 경계에 미혹하게 되면 끊임없이 유전流轉하게 되는 것이다. 그러므로 그대들은 마땅히 알아야 할 것이니, 마음의 성품(心性)은 본래 스스로 있는 것이지 조작造作으로 인한 것이 아니니 마치 금강金剛을 부수지 못하는 것과 같다.

일체제법은 그림자와 같고 메아리와 같아서 진실한 것이 없다. 그래서 경經에 이르기를 '오직 하나의 사실이 있을 뿐, 나머지 둘은 진실이 아니다(唯有一事實 餘二卽非眞)'고 하였던 것이다. '항상 일체법은 공하다는 것을 깨달아 한 물건도 마음 쓸 곳이 없다(常了一切空無一物當情)'는 이것이 제불의 마음 쓰는 곳(用心處)이니, 그대들은 부지런히 수행하라."

❀

言訖跏趺而逝. 荼毘日 祥雲五色異香四徹. 所獲舍利 瑩若玉珠 弟子等貯以金棺 當長慶三年 十二月二十一日 葬于石塔. 壽六十二 臘四十二. 勅謚大達國師 塔曰澄源.

말을 마치고, 가부좌를 한 채 세상을 떠났다. 다비일에 5색의 상서로운 구름이 일고 이상한 향기가 사방에 가득했다. 수습한 사리舍利에서 빛이 났는데 마치 옥구슬(玉珠) 같았다. 제자들이 금관金棺에 안치하고, 장경(長慶, 당 목종의 연호, 821~824) 3년 12월 21일 석탑石塔에 장례를 치렀다. 세수 62세, 법랍 42세였다. 칙령으로 대달 국사大達國師라는 시호와 징원澄源이라는 탑명이 내려졌다.

3-33. 예주澧州 대동大同 광징廣澄 선사禪師

僧問 "如何是六根滅" 師云 "輪劍擲空(舊本作雲) 無傷於物" 問 "如何是本來人" 師云 "共坐不相識" 僧云 "恁麽卽學人禮謝下去" 師云 "暗寫愁腸 寄與誰"

※愁腸(수장): 걱정·근심스러운 마음. 애수에 잠긴 마음.

어떤 스님이 물었다.

"어떤 것이 6근이 멸한 것입니까?"

선사가 말했다.

"검을 휘둘러 허공에 던져도〔舊本에서는 구름(雲)으로도 되어 있다〕 어떠한 것도 다치게 하지 않는다."

물었다.

"어떤 것이 본래인本來人입니까?"

선사가 말했다.

"함께 앉아 있어도 서로 알아보지 못한다."

스님이 말했다.

"그렇다면 학인은 감사의 절을 하고 내려가겠습니다."

선사가 말했다.

"걱정스런 마음(愁腸)을 남몰래 베껴서 누구에게 주려는 것인가?"

3-34. 지주池州 남전南泉 보원普願 선사禪師

池州南泉普願禪師者 鄭州新鄭人也 姓王氏. 唐至德二年 依大隗山大慧禪師受業 三十詣嵩嶽受戒. 初習相部舊章 究毘尼篇聚. 次遊諸講肆 歷聽楞伽華嚴 入中百門觀 精練玄義. 後扣大寂之室 頓然忘筌 得遊戲三昧.

지주 남전 보원 선사는 정주 신정 사람으로 성은 왕王씨다. 당 지덕(至德, 숙종의 연호) 2년(757)에 대외산大隗山의 대혜大慧 선사에게 출가해, 30세에 숭악으로 가서 (구족)계를 받았다. 처음에 상부相部의 구장舊章을 익히고 비니(毘尼, 계율)의 편취篇聚를 연구하였다. 다음에 여러 강원(講肆)을 다니며 『능가경』과 『화엄경』을 듣고, 『중론中論』·『백론百論』·『십이문론十二門論』의 관(觀, 관법)에 들어 현의玄義를 정밀하게 연마했다. 후에 대적大寂의 방을 두드려 단박에 통발을 잊고(頓然忘筌) 유희삼매遊戲三昧를 얻었다.

❀

一日爲僧行粥次 馬大師問"桶裏是什麽"師云"遮老漢合取口作恁麽語話"自餘同參之流無敢徵詰.

하루는 스님들을 위해 죽을 돌리고 있는데, 마 대사가 물었다.[61]

"통 안에 무엇이 있는가?"

선사가 말했다.

"이 노인네가 입도 다물고 이런 말씀을 하시네!"

이로부터 함께 참구하던 나머지 무리들(同參之流, 도반들)이 감히 (남전에게) 캐묻거나 따지는 사람이 없었다.

❀

貞元十一年 憩錫于池陽 自構禪齋 不下南泉 三十餘載. 大和初 宣城廉使陸公亘 嚮師道風 遂與監軍同請下山 伸弟子之禮. 大振玄綱 自此學徒 不下數百 言滿諸方 目爲郢匠.

※目爲(목위): 간주하다. 여기다.

정원 11년(796) 지양에 석장을 내려놓고, 스스로 선실(禪齋)을 짓고 남전(南泉, 남전산)을 30여 년 내려가지 않았다. 대화(大和, 당 문종의

61 감변 편, 2. 통 안에 무엇이 있는가?에 해당한다.

네 번째 연호, 827~835) 초에 선성宣城의 염사廉使 육 공陸公 긍亘(육긍대부)이 선사의 도풍道風을 듣고, 마침내 감군監軍과 함께 제자의 예를 올리며 산에서 내려올 것을 청하였다.

현묘한 강요(玄綱)를 크게 떨치자, 이로부터 배우려는 무리들이 수백 명 아래로 내려가지 않았고, 말씀이 제방에 가득해서 '영장郢匠'이라고 여겼다.

❀

一日師示衆云 "道箇如如 早是變也 今時師僧 須向異類中行" 歸宗云 "雖行畜生行 不得畜生報" 師云 "孟八郎又恁麽去也"

하루는 선사가 대중에게 말했다.

"여여如如하다고 해도 이미 변한 것이니, 지금 스님들은 모름지기 이류異類에서 행해야 한다."

귀종歸宗이 말했다.

"비록 축생의 행을 하더라도 축생의 과보를 받지 않는다."

선사가 말했다.

"(이) 맹팔랑孟八郎 같은 놈이 또 이러는군."

❀

師有時云 "文殊普賢 昨夜三更 每人與二十棒 趁出院也" 趙州云 "和尙棒敎誰喫" 師云 "且道 王老師過在什麽處" 趙州禮拜而出(玄覺云 "且道 趙州休去 是肯南泉不肯南泉")

선사가 어느 때 말했다.

"문수文殊와 보현普賢을 어젯밤 삼경에 각자 20방씩을 쳐서 절에서 내쫓아버렸다."

조주趙州가 말했다.

"화상은 누구를 시켜 방망이를 맞으시렵니까?"

선사가 말했다.

"자, 말해 보라! 왕 노사王老師의 허물이 어디에 있는가?"

조주가 절을 하고는 나가버렸다.

〔현각玄覺이 말했다.

"조주가 쉰 것(趙州休去)이 남전을 긍정한 것인가, 남전을 긍정하지 않은 것인가?"〕

❀

師擬取明日遊莊舍 其夜土地神先報莊主 莊主乃預爲備. 師到問莊主 "爭知老僧來 排辦如此" 莊主云 "昨夜土地報道 和尙今日來" 師云 "王老師修行無力 被鬼神覷見" 有僧便問 "和尙旣是善知識 爲什麽被鬼神覷見" 師云 "土地前更下一分飯"(玄覺云 "什麽處是土地前更下一分飯" 雲居錫云 "是賞伊罰伊. 只如 土地前見是南泉 不是南泉")

선사가 다음날 장사莊舍에 가려는데 그날 밤 토지신土地神이 먼저 장주莊主에게 알려줘, 장주가 이에 미리 준비를 했다. 선사가 도착해서 장주에게 물었다.

"어찌 노승이 올 줄 알고 이같이 준비를 했소?"

장주가 말했다.

"어젯밤에 토지신이 화상께서 오늘 오실 것이라고 알려줬습니다."

선사가 말했다.

"왕 노사가 수행에 힘이 없어 귀신에게 엿보였구먼."

(그러자) 어떤 스님이 바로 물었다.

"화상께서는 선지식이거늘, 어째서 귀신에게 엿보였습니까?"

선사가 말했다.

"토지신 앞에 밥 한 술 놓아라."

〔현각玄覺이 말했다.

"어디가 토지신 앞에 밥 한 술 놓는 것인가?"

운거 석雲居錫이 말했다.

"그에게 상을 준 것인가, 벌을 준 것인가? 그건 그렇고, 토지신이 본 것이 남전인가, 남전이 아닌가?"〕

❀

師有時云"江西馬祖說 卽心卽佛 王老師不恁麼道. 不是心不是佛不是物 恁麼道 還有過麼" 趙州禮拜而出. 時有一僧 隨問趙州云"上座禮拜了便出 意作麼生" 趙州云"汝却問取和尚" 僧上問曰"適來諗上座意作麼生" 師云"他却領得老僧意旨"

선사가 어느 때 말했다.

"강서의 마조는 말하기를 '마음이 곧 부처(卽心卽佛)다'고 했는데, 왕 노사王老師는 그렇게 말하지 않겠다. '마음도 아니고, 부처도 아니며, 어떤 것도 아니다(不是心 不是佛 不是物)', 이렇게 말하면 허물이 있는가?"

조주가 절을 하고 나갔다(禮拜而出).

그때 어떤 스님이 조주를 따라 나와, 물었다.

"상좌께서 절을 하고 나온 뜻이 무엇입니까?"

"그대는 화상께 물어라."

그 스님이 올라가서 물었다.

"좀 전에 종심 상좌(諗上座)의 뜻이 무엇입니까?"

선사가 말했다.

"그는 노승의 뜻을 알았다."

❀

師一日捧鉢上堂 黃檗和尙居第一座 見師不起 師問云"長老什麼年中行道" 黃檗云"空王佛時" 師云"猶是王老師孫在 下去"

선사가 하루는 발우를 들고 당堂에 올랐는데, 황벽黃檗 화상이 제1좌第一座에 앉아 있으면서 선사를 보고도 일어나지 않았다.

선사가 물었다.

"장로長老는 몇 년이나 도를 행했는가?"

황벽이 말했다.

"공왕불空王佛 때부터입니다."

선사가 말했다.

"그래도 다만 왕 노사의 자손일 뿐이다. 내려가라."

❀

師一日問黃檗“黃金爲世界 白銀爲壁落 此是什麽人居處”黃檗云“是聖人居處”師云“更有一人 居何國土”黃檗乃叉手立. 師云“道不得何不問王老師”黃檗却問“更有一人 居何國土”師云“可惜許”

선사가 하루는 황벽에게 물었다.

“황금黃金으로 세계를 만들고 백은白銀으로 벽을 둘렀는데, 이것은 어떤 사람이 사는 곳인가?”

황벽이 말했다.

“성인이 사는 곳입니다.”

선사가 말했다.

“또 한 사람이 있는데, 어느 국토에 사는가?”

황벽이 이내 차수叉手하고 섰다.

선사가 말했다.

“말도 하지 못하면서, 어째서 왕 노사에게 묻지 않는 것인가?”

황벽이 도리어 물었다.

“또 한 사람이 있는데, 어느 국토에 삽니까?”

선사가 말했다.

“애석하구나!”

❀

師又別時問黃檗“定慧等學 此理如何”黃檗云“十二時中 不依倚一物”師云“莫是長老見處麽”黃檗云“不敢”師云“漿水價且置 草鞋錢教阿誰還”

※漿水(장수): 미음米飮.

선사가 또 다른 때 황벽에게 물었다.

"정과 혜를 같이 배운다(定慧等學)고 하는데, 이 이치는 어떠한가?"

황벽이 말했다.

"하루 종일 한 물건(一物, 어떤 것)도 의지하거나 기대지 않습니다."

선사가 말했다.

"(그것은) 장로(長老, 황벽)의 견처見處가 아닌가?"

황벽이 말했다.

"황송합니다."

선사가 말했다.

"미음(漿水) 값은 놔두고, 짚신 값은 누구에게 돌려줘야 하는가?"

❀

師見僧斫木 師乃擊木三下 僧放下斧子歸僧堂. 師歸法堂良久 却入僧堂 見前僧在衣鉢下坐. 師云"賺殺人" 僧問"師歸丈室 將何指南" 師云"昨夜三更失却牛 天明失却火"

선사가 어떤 스님이 나무 베는 것을 보고 나무를 세 번 치자, 스님이 도끼를 내려놓고 승당僧堂으로 돌아갔다. (그러자) 선사도 법당으로 돌아가 양구良久하다가 다시 승당으로 들어갔는데, 앞에 스님이 의발을 놓은 선반 아래에 앉아 있는 것을 보았다.

선사가 말했다.

"사람을 몹시 속이는구먼."

스님이 말했다.

"선사께선 방장실로 돌아가 어떤 가르침(指南)을 가져오셨습니까?"

선사가 말했다.

"어젯밤 삼경에 소를 잃어버렸고, 날이 밝자 불도 잃어버렸다."

❀

師因 東西兩堂 各爭猫兒 師遇之白衆曰 "道得卽救取猫兒 道不得卽斬却也" 衆無對 師便斬之. 趙州自外歸 師擧前語示之. 趙州乃脫履 安頭上而出 師曰 "汝適來若在 卽救得猫兒也"

동서東西 양당兩堂에서 각기 고양이를 두고 다투자, 선사가 보고 대중에게 말했다.

"(제대로) 말하면 고양이를 살려주겠지만, 말하지 못하면 베어버릴 것이다."

대중이 대답이 없자, 선사가 베어버렸다.

조주가 밖에서 돌아오자, 선사가 앞의 일을 거론했다.

(그러자) 조주가 이내 신을 벗어 머리에 이고 나가버렸다.

선사가 말했다.

"그대가 아까 있었더라면 고양이를 살렸을 텐데."

❀

師在方丈與杉山向火次 師云 "不用指東指西 直下本分事道來" 杉山插火著叉手立. 師云 "雖然如是 猶較王老師一線道"

선사가 방장실에서 삼산杉山과 함께 화롯가에서 불을 쬐고 있다가 말했다.

"동쪽을 가리키고 서쪽을 가리킬 필요가 없다. 곧바로 본분사本分事를 말해 보라."

삼산이 부젓가락을 꽂고, 차수叉手하고 섰다.

선사가 말했다.

"비록 이와 같지만, 아직은 왕 노사에게 조금 부족하다."

❀

有僧問訊 叉手而立 師云"太俗生" 其僧便合掌 師云"太僧生" 僧無對.

어떤 스님이 문안을 하고, 차수하고 섰다.

선사가 말했다.

"아주 속인답구먼!"

(그러자) 그 스님이 바로 합장을 했다.

선사가 말했다.

"아주 스님답구먼!"

스님이 대답이 없었다.

❀

一僧洗鉢次 師乃奪却鉢. 其僧卽空手而立. 師云"鉢在我手裏 汝口喃喃 作麽" 僧無對.

※喃喃(남남): 혀를 재게 놀리어 무슨 말인지 알아들을 수 없게 재잘거리는 소리를 이르는 말.

한 스님이 발우를 씻고 있는데, 선사가 이내 발우를 뺐어버렸다.

(그러자) 그 스님이 곧 빈손(空手)으로 섰다.

선사가 말했다.

"발우가 내 손에 있거늘, 너는 입으로 재잘거려 뭘 하려는 것이냐?"

스님이 대답이 없었다.

❀

師因入菜園見一僧 師乃將瓦子打之. 其僧迴顧 師乃翹足 僧無語. 師便歸方丈 僧隨後入 問訊云 "和尚適來擲瓦子打某甲 豈不是警覺某甲" 師云 "翹足又作麼生" 僧無對(後有僧問石霜云 "南泉翹足意作麼生" 石霜擧手云 "還恁麼無")

선사가 채소밭(菜園)에 들어가 한 스님을 보고, 바로 기와를 던져 쳤다. 그 스님이 돌아보자, 선사가 바로 발돋움을 했다(翹足). 스님이 말이 없자 선사가 곧장 방장실로 돌아갔는데, 스님이 뒤따라 들어와서 물었다.

"화상께서 좀 전에 기와 조각을 던져 저를 치셨는데, 이것이 어찌 저를 경계시킨 것이 아니겠습니까?"

선사가 말했다.

"발돋움한 것은 어떤가?"

스님이 대답이 없었다.

〔뒤에 어떤 스님이 석상石霜에게 물었다.

"남전이 발돋움한 뜻이 무엇입니까?"

석상이 손을 들고 말했다.

"이런 거 아냐(還恁麽無)?"]

❀

師示衆云 "王老師要賣身 阿誰要買" 一僧出云 "某甲買" 師云 "他不作貴價 不作賤價 汝作麽生買" 僧無對(臥龍代云 "屬某去也" 禾山代云 "是何道理" 趙州代云 "明年來 與和尙縫箇布衫")

선사가 대중에게 말했다.

"왕 노사가 몸을 팔려 하는데, 누가 사겠는가?"

한 스님이 나와 말했다.

"제가 사겠습니다."

선사가 말했다.

"그것은 비싸지도 않고 싸지도 않은데, 너는 어떻게 사겠는가?"

스님이 대답이 없었다.

[와룡臥龍이 대신 말했다.

"제 것입니다(屬某去也)."

말산禾山이 대신 말했다.

"이것이 무슨 도리입니까(是何道理)?"

조주趙州가 대신 말했다.

"내년에 화상께 베적삼 한 벌을 기워드리겠습니다."]

❀

師與歸宗麻谷同去 參禮南陽國師 師先於路上畫一圓相云 "道得卽去" 歸宗便於圓相中坐 麻谷作女人拜 師云 "恁麽卽不去也" 歸宗云 "是什

麼心行" 師乃相喚迴 不去禮國師(玄覺云 "只如 南泉恁麼道 是肯底語 不肯語" 雲居錫云 "比來去禮拜國師 南泉爲什麼却相喚迴 且道古人意 作麼生")

※喚迴(환회): 불러들이다. 소환하다. (기억 따위를) 불러 돌이키다.

선사가 귀종歸宗과 마곡麻谷과 함께 남양南陽 국사를 참례하러 가다가, 선사가 먼저 길에다가 원상 하나를 그리고, 말했다.

"(제대로) 말하면 가겠다."

귀종은 곧장 원상 가운데 앉고, 마곡은 여인배女人拜를 했다.

선사가 말했다.

"그렇다면 가지 않겠다."

귀종이 말했다.

"이게 무슨 심보(心行)야?

(그러자) 선사가 불러들여 국사에게 참례하러 가지 않았다.

〔현각玄覺이 말했다.

"남전이 이렇게 말한 것이 긍정한 말인가, 긍정하지 않은 말인가?"

운거 석雲居錫이 말했다.

"아까는 국사에게 참례하러 갔는데, 남전은 어째서 불러들인 것인가? 자, 말해 보라! 고인古人의 뜻이 무엇인가?"〕

❀

師問神山 "作什麼" 對云 "打羅" 師云 "手打脚打" 神山云 "請和尙道" 師云 "分明記取 擧似作家"(洞山別云 "無脚手者 始解打羅")

선사가 신산神山에게 물었다.

"뭘 하는가?"

대답했다.

"그물을 치고 있습니다(打羅)."

선사가 말했다.

"손으로 치는가, 발로 치는가?"

신산이 말했다.

"청컨대, 화상께서 말씀해 주십시오."

선사가 말했다.

"분명하게 기억했다가 작가作家에게 앞의 이야기를 전하라."

〔동산洞山이 따로 말했다.

"손발이 없는 사람이어야 비로소 그물을 칠 줄 안다."〕

❀

有一坐主辭師 師問"什麽處去" 對云"山下去" 師云"第一不得謗王老師" 對云"爭敢謗和尙" 師乃噴水云"多少" 坐主便出去(先雲居云"非師木意" 先曹山云"賴也" 石霜云"不爲人斟酌" 長慶云"請領語" 雲居錫云"坐主當時出去 是會不會")

※밑줄 친 부분의 '木'은 '本'의 誤字다.

어떤 좌주가 선사께 하직 인사를 하자, 선사가 물었다.

"어디로 가는가?"

대답했다.

"산 아래로 갑니다."

선사가 말했다.

"무엇보다 왕 노사를 비방하지 말라."

대답했다.

"어찌 감히 화상을 비방하겠습니까?"

선사가 이내 물을 뿜어내고(噴水), 말했다.

"얼마지?"

좌주가 바로 나가버렸다.

〔선先 운거雲居가 말했다.

"선사의 본래 뜻이 아니다."

선先 조산曹山이 말했다.

"다행이다(賴也)."

석상石霜이 말했다.

"남의 의중을 어림잡아 헤아리지 말라."

장경長慶이 말했다.

"청컨대, 말을 알아차려라."

운거 석雲居錫이 말했다.

"좌주가 당시에 나가버린 것이 안 것인가, 모른 것인가?"〕

❀

師一日掩方丈門 將灰圍却門外云"若有人道得卽開 " 或有祇對多 未愜師意. 趙州云"蒼天" 師便開門.

※愜(쾌할 협): 쾌하다(마음이 유쾌하다). 만족하다. 맞다. 마땅하다. 합당하다. 두려워하다. 무서워하다. 따르다.

선사가 하루는 방장실 문을 닫고 재를 문 밖에 에워싸서 뿌리고, 말했다.

"만약 누군가 (제대로) 말을 한다면 바로 열겠다."

대답하는 사람들이 많긴 했지만, 선사의 뜻에 맞지 않았다.

조주가 말했다.

"아이고(蒼天)!"

선사가 바로 문을 열었다.

❀

師因翫月次 有僧便問 "幾時得似遮箇去" 師云 "王老師 二十年前 亦恁麽來" 僧云 "即今作麽生" 師便歸方丈.

선사가 달구경을 하고 있는데, 어떤 스님이 물었다.

"언제나 이와 같을 수 있겠습니까?"

선사가 말했다.

"왕 노사도 20년 전에는 역시 이랬다."

스님이 말했다.

"지금은 어떻습니까?"

선사가 바로 방장실로 돌아갔다.

❀

陸亘大夫問云 "弟子從六合來 彼中還更有身否" 師云 "分明記取 擧似作家" 陸又謂師曰 "和尙大不可思議 到處世界皆成就" 師云 "適來總是大夫分上事"

육긍 대부陸亘大夫가 물었다.

"제자가 육합六合에서 왔는데, 거기에도 몸이 있습니까?"

선사가 말했다.

"분명히 기억해 두었다가 작가에게 앞의 일을 전하라."

육긍이 또 선사에게 말했다.

"화상께서는 대단히 불가사의하셔서 가는 곳마다 세계를 이루시는군요."

선사가 말했다.

"좀 전에 일은 모두 대부大夫 분상分上의 일이었다네."

❀

陸異日又謂師曰 "弟子亦薄會佛法" 師便問 "大夫十二時中作麼生" 陸云 "寸絲不掛" 師云 "猶是階下漢" 師又云 "不見道 有道君王 不納有智之臣"

육긍이 다른 날 또 선사에게 말했다.

"제자도 조금이나마 불법을 압니다."

선사가 바로 물었다.

"대부는 하루 종일 어떤가?"

육긍이 말했다.

"한 치의 실오라기도 걸치지 않습니다(寸絲不掛)."

선사가 말했다.

"오히려 계단 아래 있는 사람(階下漢)이군."

(그리고는) 선사가 또 말했다.

"보지 못했는가, '도가 있는 군왕은 지혜 있는 신하를 용납하지 않는다(有道君王 不納有智之臣)'고 한 것을!"

❀

師上堂次 陸大夫云 "請和尙爲衆說法" 師云 "敎老僧作麽生說" 陸云 "和尙豈無方便" 師云 "道他欠少什麽" 陸云 "爲什麽有六道四生" 師云 "老僧不敎他"

선사가 상당上堂하는데, 육긍 대부가 말했다.

"청컨대, 화상께서는 대중을 위해 법을 설해 주십시오."

선사가 말했다.

"노승더러 뭘 설하라는 것인가?"

육긍이 말했다.

"화상께서 어찌 방편이 없겠습니까?"

선사가 말했다.

"말해 보라, 그들에게 부족한 것이 무엇인지?"

육긍이 말했다.

"어째서 6도4생六道四生이 있는 것입니까?"

선사가 말했다.

"노승은 그들을 가르치지 않는다."

❀

陸大夫與師 見人雙陸 拈起骰子云 "恁麼不恁麼 只恁麼信彩去時 如何" 師拈起骰子云 "臭骨頭十八"

※骰(주사위 투): 주사위(놀이 도구의 하나). 허벅다리.

육긍 대부가 선사와 함께 사람들이 쌍륙(雙陸, 주사위 놀이)을 하는 것을 보고, 주사위(骰子)를 들고 말했다.

"이렇게 하거나 이렇게 하지 않거나 간에, 다만 이렇게 문채(彩)에 맡길 때는 어떻습니까?"

선사가 주사위를 들고 말했다.

"냄새나는 뼈(=주사위의 눈금)가 열여덟이군."

❀

又問云 "弟子家中 有一片石 或時坐或時臥 如今擬鐫作佛還得否" 師云 "得" 大夫云 "莫不得否" 師云 "不得不得"(雲巖云 "坐卽佛 不坐卽非佛" 洞山云 "不坐卽佛 坐卽非佛")

※鐫(새길 전, 솥 휴): 기다. 조각하다. 깎다. 파다, 뚫다. 베다. 타이르다. 강등시키다. 내치다, 폄출하다(남의 인망을 깎아내려 배척하다). 송곳. 끌.

또 물었다.

"제자의 집안에 한 조각의 돌이 있어 앉기도 하고 눕기도 합니다. (그 돌을) 지금 조각을 해서 부처를 만들려고 하는데, 되겠습니까?"

선사가 말했다.

"된다(得)."

대부가 말했다.

"안 되는 것 아닙니까(莫不得否)?"

선사가 말했다.

"안 된다, 안 돼(不得不得)!"

〔운암雲巖이 말했다.

"앉으면 부처고, 앉지 않으면 부처가 아니다."

동산洞山이 말했다.

"앉지 않으면 부처고, 앉으면 부처가 아니다."〕

❀

趙州問"道非物外 物外非道 如何是物外道" 師便打 趙州捉住棒云"已後莫錯打人去" 師云"龍蛇易辨 衲子難謾"

조주가 물었다.

"도는 경계 밖에 따로 있는 것이 아니고, 경계를 떠나 도가 있는 것도 아니라면(道非物外 物外非道), 어떤 것이 경계 밖의(=경계를 떠난) 도입니까?"

선사가 바로 치자, 조주가 방망이를 잡고 말했다.

"이후로는 사람들을 잘못 치지 마십시오."

선사가 말했다.

"용과 뱀은 가려내기 쉬워도 납자는 속이기 어렵구나."

❀

師喚院主 院主應諾. 師云"佛九十日 在忉利天 爲母說法 時優塡王思佛請目連. 運神通三轉 攝匠人往彼雕佛像 只雕得三十一相. 爲什麼梵音相雕不得" 院主問"如何是梵音相" 師云"賺殺人"

선사가 원주院主를 부르자, 원주가 "예!" 하고 대답했다.

선사가 말했다.

"부처님께서 90일을 도리천忉利天에서 어머니를 위해 법을 설했는데, 그때 우전왕優塡王이 부처님을 사모하여 목련目連에게 청했다. (그리하여 목련이) 신통력을 세 번 써서 장인匠人을 데리고 가서 불상을 조각했는데, 다만 31상만 조각했다. 어째서 범음상梵音相은 조각하지 못한 것인가?"

원주가 물었다.

"어떤 것이 범음상입니까?"

선사가 말했다.

"사람을 몹시 속이고 있구나."

❀

師問維耶"今日普請作什麽" 對云"拽磨" 師云"磨從爾拽 不得動著磨中心樹子" 維那無語(保福代云"比來拽磨如今却不成" 法眼代云"恁麽卽

不拽也")

※밑줄 친 부분의 '維耶'는 '維那'의 誤字다.

선사가 유나維那에게 물었다.

"오늘은 대중울력(普請)으로 무엇을 할 것인가?"

대답했다.

"연자방아를 돌릴 것입니다(拽磨)."

선사가 말했다.

"연자방아는 그대 마음대로 돌려도, 연자방아의 중심 수자中心樹子는 움직여서는 안 된다."

유나가 말이 없었다.

〔보복保福이 대신 말했다.

"아까 돌리던 연자방아를 지금은 도리어 돌리지 못하는구나."

법안法眼이 대신 말했다.

"그렇다면 돌리지 않겠습니다."〕

❀

一日有大德 問師曰 "卽心是佛又不得 非心非佛又不得 師意如何" 師云 "大德 且信卽心是佛便了 更說什麽得與不得 只如 大德喫飯了 從東廊上西廊下 不可總問人得與不得也"

하루는 어떤 대덕이 선사에게 물었다.

"'마음이 부처다(卽心是佛)'고 해도 안 되고, '마음도 아니고 부처도 아니다(非心非佛)'고 해도 안 된다면, 선사의 뜻은 무엇입니까?"

선사가 말했다.

"대덕! 먼저 마음이 부처라는 것을 믿으면 바로 알게 될 것인데, 다시 무슨 되니 안 되니를 말하는 것인가? 예를 들어, 대덕이 밥을 먹고 동쪽 복도에 올라가 서쪽 복도로 내려오면서 사람들에게 되니 안 되니 묻는 것은 모두 옳지 않은 것과 같다."

❀

師住庵時 有一僧到庵. 師向其僧道 "某甲上山 待到齋時 做飯自喫了 送一分來山上" 少時 其僧自喫了 却一時打破家事 就床臥. 師待不見來 便歸庵. 見僧臥 師亦去一邊而臥. 僧便起去. 師住後云 "我往前住庵時 有箇靈利道者 直至如今不見"

※밑줄 친 부분의 '주후住後'는 '왕후(往後, 후에, 뒷날)'의 誤字다.

선사가 암자에 있을 때 한 스님이 암자에 왔다.

선사가 그 스님에게 말했다.

"내가 산에 올라가니, 공양 때가 되면 직접 밥을 지어 먹고 반(一分)은 산 위로 가져다주시오."

조금 있다가 그 스님이 직접 밥을 지어 먹고는, 도리어 한꺼번에 집안일을 제쳐놓고 평상에 누워버렸다.

선사가 기다렸지만 오는 것을 보지 못하자, 바로 암자로 돌아왔다.

스님이 누워 있는 것을 보고, 선사도 역시 한쪽으로 가서 누워버렸다.

(그러자) 스님이 바로 일어나 가버렸다.

선사가 훗날 말했다.

"내가 전에 암자에 머물 때 영리한 스님(道者)이 하나 있었는데, 지금까지도 (그런 스님을) 보지 못했다."

❀

師拈起毬子 問僧云 "那箇何似遮箇" 對云 "不似" 師云 "什麽處見那箇便道不似" 僧云 "若問某甲見處 和尙放下手中物" 師云 "許爾具一隻眼"

선사가 공(毬子)을 들고 어떤 스님에게 물었다.

"저것은 이것과 비교해서 어떤가?"

대답했다.

"비슷하지 않습니다."

선사가 말했다.

"어디서 저것을 보았기에 비슷하지 않다고 말하는 것인가?"

스님이 말했다.

"만약 저의 견처見處를 물으신다면, 화상께서는 손에 있는 것(手中物)을 내려놓으십시오."

선사가 말했다.

"그대가 일척안一隻眼을 갖춘 것을 인정한다."

❀

陸亘大夫向師道 "肇法師甚奇怪 道萬物同根是非一體" 師指庭前牡丹華云 "大夫時人見此一株華如夢相似" 陸罔測陸又問 "天王居何地位" 師云 "若是天王卽非地位" 陸云 "弟子聞說天王是居初地" 師云 "應以天

王身得度者 卽現天王身而爲說法" 陸辭歸宣城治所 師問 "大夫去彼將何治民" 陸云 "以智慧治民" 師云 "恁麽卽彼處生靈 盡遭塗炭去也"

육긍 대부가 선사에게 말했다.

"조 법사肇法師는 매우 기괴奇怪합니다. '만물은 같은 뿌리요, 옳고 그름은 한몸이다(萬物同根 是非一體)'고 하니 말입니다."

선사가 뜰 앞의 모란꽃(牡丹華)을 가리키며 말했다.

"대부여, 요즘 사람들은 이 한 떨기 꽃을 마치 꿈처럼 본다네."

육긍이 헤아리지 못하고 또 물었다.

"천왕天王은 어느 지위地位에 있습니까?"

선사가 말했다.

"만약 천왕이라면 지위가 없다."

육긍이 말했다.

"제자는 천왕이 초지初地에 있다고 말하는 것을 들었습니다."

선사가 말했다.

"마땅히 천왕의 몸으로 제도될 사람(得度者)은 바로 천왕의 몸을 드러내어 설법한다네."

육긍이 하직 인사를 하고 선성宣城의 관아(治所)로 가려고 하자, 선사가 물었다.

"대부, 거기로 가면 무엇으로 백성을 다스릴 것인가?"

육긍이 말했다.

"지혜로 백성을 다스릴 것입니다."

선사가 말했다.

"그렇다면 그곳의 중생(生靈)들은 모두 도탄에 빠지게 되겠구먼."

❀

師入宣州 陸大夫出迎接 指城門云 "人人盡喚作甕門 未審和尙喚作什麽門" 師云 "老僧若道 恐辱大夫風化" 陸云 "忽然賊來時作麽生" 師云 "王老師罪過" 陸又問 "大悲菩薩用如許多手眼作什麽" 師云 "只如國家又用大夫作什麽"

선사가 선주에 들어가자, 육긍 대부가 나와 영접하면서 성문을 가리키며 말했다.

"사람들마다 모두 옹문甕門이라 하는데, 화상께서는 무슨 문이라고 하실지 잘 모르겠습니다."

선사가 말했다.

"노승이 만약 말한다면 대부의 풍화(風化, 풍속 교화)에 욕이 될까 걱정스럽다."

육긍이 말했다.

"홀연히 도적이 오면 어떻게 해야 합니까?"

선사가 말했다.

"왕 노사의 허물이다."

육긍이 또 물었다.

"대비보살이 그렇게 수많은 손과 발을 써서 뭘 하려는 것입니까?"

선사가 말했다.

"그렇다면, 국가는 대부를 써서 뭘 하려는 것인가?"

❀

師爲馬大師設齋 問衆云 "馬大師來否" 衆無對 洞山云 "待有伴卽來" 師云 "子雖後生甚堪雕琢" 洞山云 "和尙莫壓良爲賤"

선사가 마 대사를 위해 재齋를 차리면서 대중에게 물었다.

"마 대사께서 오시겠는가?"

대중이 대답이 없자, 동산洞山이 말했다.

"도반(伴)이 있으면 오실 것입니다."

선사가 말했다.

"그대는 비록 후생(後生, 나이가 적음)이지만, 매우 다듬을 만하다."

동산이 말했다.

"화상께서는 양민을 억압해 천민으로 만들지 마십시오."

❀

師洗衣次 有僧問 "和尙猶有遮箇在" 師拈起衣云 "爭奈遮箇何"(玄覺云 "且道 是一箇 是兩箇")

선사가 옷을 씻고 있는데, 어떤 스님이 물었다.

"화상께서는 아직도 이런 것이 있습니까?"

선사가 옷을 들고 말했다.

이것을 어찌하겠는가?"

〔현각玄覺이 말했다.

"자, 말해 보라! 하나인가, 둘인가?"〕

❀

師問僧良欽 "空劫中還有佛否" 對云 "有" 師云 "是阿誰" 對云 "良欽" 師云 "居何國土" 無語.

선사가 승려 양흠良欽에게 물었다.

"공겁空劫에도 부처가 있는가?"

대답했다.

"있습니다."

선사가 말했다.

"누군가?"

대답했다.

"양흠입니다."

선사가 말했다.

"어떤 국토에 사는가?"

말이 없었다.

❀

僧問 "祖祖相傳 合傳何事" 師云 "一二三四五" 問 "如何是古人底" 師云 "待有卽道"

어떤 스님이 물었다.

"조사와 조사가 서로 전한 것은 어떤 일을 전한 것입니까?"

선사가 말했다.

"1·2·3·4·5"

물었다.

"어떤 것이 고인의 것(古人底)입니까?"

선사가 말했다.

"있으면 바로 말해 주겠네."

❀

僧云"和尙爲什麼妄語" 師云"我不妄語 盧行者却妄語" 問"十二時中以何爲境" 師云"何不問王老師" 僧云"問了也" 師云"還曾與汝爲境麼"

어떤 스님이 말했다.

"화상께서는 어째서 거짓말을 하십니까?"

선사가 말했다.

"나는 거짓말 하지 않았다. 노 행자(盧行者, 육조혜능)가 오히려 거짓말을 했지."

물었다.

"하루 종일 무엇으로 경계를 삼습니까?"

선사가 말했다.

"어째서 왕 노사에게 묻지 않는가?"

스님이 말했다.

"이미 물었습니다."

선사가 말했다.

"일찍이 그대에게 경계가 된 적이 있었는가?"

❀

僧問 "青蓮不隨風火散時是什麽" 師云 "無風火不隨是什麽" 僧無對 師却問 "不思善不思惡 思總不生時 還我本來面目來" 僧云 "無容止可露"(洞山云 "還曾將示人麽")

※容止(용지): 몸가짐이나 태도.

어떤 스님이 물었다.

"청련靑蓮이 바람과 불을 따라 흩어지지 않을 때는 무엇입니까(=어떻습니까)?"

선사가 말했다.

"바람도 불도 없는데, 따르지 않는 것은 무엇인가?"

스님이 대답이 없자, 선사가 도리어 물었다.

"선도 생각하지 말고, 악도 생각하지 말라. 생각이 도무지 일어나지 않을 때, 내게 본래면목本來面目을 말해 보라."

스님이 말했다.

"몸 둘 바가 없습니다."

〔동산洞山이 말했다.

"일찍이 사람들에게 보인 것이 있었는가?"〕

❀

師問坐主云 "爾與我講經得麽" 對云 "某甲與和尙講經 和尙須與某甲說禪始得" 師云 "不可將金彈子博銀彈子去" 座主云 "某甲不會" 師云

"汝道 空中一片雲 爲復釘釘住 爲復藤纜著"

※纜(닻줄 람): 배를 매는 닻줄(닻을 매다는 줄).

선사가 좌주에게 물었다.

"너는 내게 경經을 강의해 주겠는가?"

대답했다.

"제가 화상께 경을 강의해 드리면, 화상께서는 모름지기 제게 선禪을 말씀해 주셔야 합니다."

선사가 말했다.

"금탄자金彈子를 은탄자銀彈子로 바꿔서는 안 된다."

좌주가 말했다.

"저는 모르겠습니다."

선사가 말했다.

"그대는 말해 보라, 허공에 한 조각구름이 못을 박은 듯이 있는가, 등나무에 얽힌 듯이 있는가?"

❀

問 "空中有一珠 如何取得" 師云 "斫竹布梯空中取" 僧云 "空中如何布梯" 師云 "汝擬作麽生取"

물었다.

"허공에 구슬이 하나 있는데, 어떻게 해야 얻을 수 있습니까?"

선사가 말했다.

“대나무를 베서 사다리를 만들어 허공에서 얻는다.”

스님이 말했다.

“허공에 어떻게 사다리를 놓습니까?”

선사가 말했다.

“너는 어떻게 얻으려고 하는가?”

❀

僧辭問云 “學人到諸方 有人問和尙近日作麽生 未審如何祇對” 師云 “但向道 近日解相撲” 僧云 “作麽生” 師云 “一拍雙泯”

어떤 스님이 하직 인사를 하며 말했다.

“학인이 제방에 이르러 어떤 사람이 ‘(남전) 화상은 요즘 어떻습니까?’라고 물으면, 어떻게 대답해야 할지 잘 모르겠습니다.”

선사가 말했다.

“다만 말하기를 ‘요즘 씨름(相撲)할 줄 안다’고만 하라.”

스님이 말했다.

“무슨 뜻입니까?”

선사가 말했다.

“한 번 치면 쌍으로 없어진다(一拍雙泯).”

❀

問 “父母未生時鼻孔在什麽處” 師云 “父母已生了鼻孔在什麽處”

물었다.

"부모에게 낳기 전, 콧구멍은 어디에 있습니까?"

선사가 말했다.

"부모에게 낳은 뒤, 콧구멍은 어디에 있는가?"

❀

師將順世 第一座問"和尙百年後向什麽處去" 師云"山下作一頭水牯牛去" 僧云"某甲隨和尙去還得也無" 師云"汝若隨我 卽須啣取一莖草來" 師乃示疾.

선사가 세상을 떠나려 할 때, 제1좌第一座가 물었다.

"화상께서는 100년 후(죽은 뒤)에 어디로 가시겠습니까?"

선사가 말했다.

"산 아래 한 마리 물소(水牯牛)가 될 것이다."

스님이 말했다.

"제가 화상을 따라가도 되겠습니까?"

선사가 말했다.

"네가 나를 따른다면 모름지기 한 줄기 풀을 입에 물고 와야 한다."

(그리고는) 선사가 이내 병든 모습을 보였다.

❀

大和八年甲寅十二月二十五日 凌晨告門人曰"星翳燈幻亦久矣 勿謂吾有去來也" 言訖而謝 壽八十七 臘五十八 明年春入塔.

대화(大和, 당 문종의 연호, 827~835) 8년 갑인甲寅 12월 25일 이른

새벽에 문인들門人에게 말했다.

"일산 같은 별, 환 같은 등불이 오래되었다. 내가 (왔다) 갔다고 말하지 말라."

말을 마치고 죽었다. 세수 87세, 법랍 58세였다. 다음해 봄에 탑에 안치했다.

3-35. 오대산五臺山 은봉隱峯 선사禪師

五臺山隱峯禪師者 福建邵武人也 姓鄧氏(時稱鄧隱峯). 幻若不慧 父母聽其出家 初遊馬祖之門 而未能覩奧 復來往石頭. 雖兩番不捷(語見馬祖章). 而後於馬大師言下契會.

※밑줄 친 부분의 '幻'은 '幼(어릴 유)'의 誤字다.

오대산 은봉 선사는 복건 소무 사람으로 성은 등鄧씨다(그 당시에는 등은봉이라 불렀다). 어릴 때는 지혜롭지 못한 것 같았지만, 부모가 출가를 허락했다. 처음에 마조의 문하에서 공부했는데, 심오함(奧)을 보지 못하고 다시 석두石頭에게 갔다. (이렇게 왕래하기를) 두 번 했으나, 이르지 못했다〔이 말은 마조장에 보인다〕. 그러나 뒤에 마대사의 말끝에 계합해 깨달았다.

❀

師在石頭時 問云 "如何得合道去" 石頭云 "我亦不合道" 師云 "畢竟如何" 石頭云 "汝被遮箇得 多少時耶"

선사가 석두에 있을 때, 물었다.

"어떻게 해야 도에 합하겠습니까?"

석두가 말했다.

"나 역시 도에 합하지 못한다."

선사가 말했다.

"필경 어떻습니까?"

석두가 말했다.

"네가 이것을 얻게 된 것이 얼마나 되는가?"

❀

一日石頭和尙剗草次 師在左側叉手而立 石頭飛剗子向師面前剗一株草 師云"和尙只剗得遮箇不剗得那箇" 石頭提起剗子 師接得剗子乃作剗勢 石頭云"汝只剗得那箇不解剗得遮箇" 師無對(洞山代云"還有堆阜麽")

하루는 석두 화상이 풀을 베고 있는데, 선사가 왼쪽에서 차수叉手하고 섰다.

석두가 낫(剗子)을 휘둘러 선사의 면전에서 풀 한 포기를 베었다.

선사가 말했다.

"화상은 다만 이것을 베었을 뿐, 저것은 베지 못했습니다."

석두가 낫을 들자, 선사가 낫을 잡고 베는 자세를 취했다.

석두가 말했다.

"너는 단지 저것을 베었을 뿐, 이것은 베지 못했다."

선사가 대답이 없었다.

〔동산洞山이 대신 말했다.
"높이 쌓아 놓은 것이 있는가?"〕

❀

師 一日推土車次 馬大師展脚在路上坐. 師云 "請師收足" 大師云 "已展不收" 師云 "已進不退" 乃推車碾過 大師脚損. 歸法堂 執斧子云 "適來碾損老僧脚底出來" 師便出 於大師前引頸 大師乃置斧.

선사가 하루는 흙을 실은 수레(土車)를 밀고 가는데, 마 대사가 다리를 펴고 길에 앉아 있었다.[62]

선사가 말했다.
"청컨대, 스님께서 발을 좀 거두시지요."
대사가 말했다.
"이미 펴서 거둘 수가 없네."
선사가 말했다.
"(저도) 이미 앞으로 나아가고 있기 때문에 뒤로 물러설 수가 없습니다(已進不退)."
그리고는 수레를 밀어 대사의 다리를 다치게 했다.
대사가 법당으로 돌아와, 도끼를 쥐고 말했다.
"좀 전에 바퀴를 굴려 내 다리를 다치게 한 놈은 나와라!"
선사가 바로 앞으로 나와 마조 앞에서 목을 쭉 내밀자, 대사가 도끼를 내려놓았다.

---

62 감변 편, '마조가 도끼를 내려놓다'에 해당한다.

❀

師到南泉 覩衆僧參次 南泉指淨缾云 "銅缾是境. 缾中有水 不得動著境 與老僧將水來" 師便拈淨缾向南泉面前瀉. 南泉便休.

선사가 남전南泉에 이르러 대중(衆僧)이 참례하는 것을 보고 있는데, 남전이 정병淨缾을 가리키며 말했다.

"구리 병(銅缾)은 경계다. 병 속에 물이 있는데 경계를 흔들지 말고 노승老僧에게 물을 가져오라."

선사가 바로 정병을 들어 남전의 앞에다 쏟아버렸다.

(그러자) 남전이 바로 쉬었다(便休).

❀

師後到潙山 於上座頭 解放衣鉢. 潙山聞師叔到 先具威儀下堂內. 師見來 便倒作睡勢 潙山便歸方丈. 師乃發去. 少間潙山問侍者 "師叔在否" 對云 "已去也" 潙山云 "去時有什麽言語" 對云 "無言語" 潙山云 "莫道無言語其聲如雷"

선사가 뒤에 위산潙山에 이르러 윗자리(上座)에 의발을 풀어놓았다. 위산이 사숙(師叔, 등은봉)이 도착했다는 것을 듣고, 먼저 위의를 갖추고 당堂에서 내려와 안으로 들어갔다.

선사가 (위산이) 오는 것을 보고 바로 쓰러져 자는 자세를 취하자(倒作睡勢), 위산이 바로 방장실로 돌아갔다. (그러자) 선사가 일어나 가버렸다.

잠시 뒤 위산이 시자侍者에게 물었다.

"사숙은 계시냐?"

대답했다.

"벌써 가셨습니다."

위산이 말했다.

"갈 때 무슨 말씀이 있었는가?"

대답했다.

"말씀이 없으셨습니다."

위산이 말했다.

"말씀이 없었다고 말하지 말라, 그 소리가 우레와 같다."

❀

師以冬居衡嶽 夏止淸涼. 唐元和中 荐登五臺. 路出淮西 屬吳元濟阻兵違拒王命 官軍與賊交鋒未決勝負. 師曰"吾當去解其患" 乃擲錫空中 飛身而過. 兩軍將士仰觀 事符預夢 鬪心頓息. 師旣顯神異 慮成惑衆 遂入五臺.

※荐(천거할 천, 꽂을 진): 천거하다. 드리다, 올리다. 늘어놓다, 진술하다. 깔다. 우거지다. 견뎌 내다, 이겨 내다. 줄곧, 계속. 거듭. 자리, 깔개.

선사는 겨울에는 형악에 있었고, 여름에는 청량에 머물렀다. 당 원화(元和, 헌종의 연호, 806~820) 때 거듭 오대산에 올랐다. 가는 길에 회서를 지나는데, 마침 오원제吳元濟가 병사를 일으켜 왕명王命을 거스르고 관군과 적이 서로 교전하면서 승부를 결정치 못하고 있었다.

선사가 말했다.

"내가 마땅히 가서 환란을 해결하겠다."

그리고는 석장을 허공에 던지고 몸을 날려 지나갔다.

양쪽 군대의 장수가 쳐다보고, '일이 예전의 꿈에 들어맞다'고 하며 싸울 마음을 단박에 쉬었다. 선사가 신이神異를 드러냈지만, 대중을 미혹하게 할까 걱정이 되어 마침내 오대산으로 들어갔다.

❀

於金剛窟前將示滅 先問衆云 "諸方遷化 坐去臥去 吾嘗見之 還有立化也無" 衆云 "有也" 師云 "還有倒立者否" 衆云 "未嘗見有" 師乃倒立而化 亭亭然其衣順體. 時衆議舁就茶毘 屹然不動 遠近瞻視驚歎無已 師有妹爲尼 時在彼乃俯近而咄曰 "老兄疇昔不循法律 死更熒惑於人" 於是以手推之 僨然而踣遂就闍維 收舍利入塔.

※亭亭(정정): 우뚝하게 높이 솟은 모양.

※屹然(흘연): 우뚝 솟은 모양.

※熒惑(형혹): 미혹하다. 현혹하다.

금강굴金剛窟 앞에서 입멸을 보이려 하면서, 먼저 대중에게 물었다.

"제방에서 (스님들이) 천화遷化할 때, 앉아서도 가고 누워서도 가는 것(坐去臥去)을 내가 일찍이 본 적이 있었는데, 서서 천화한 일(立化)도 있었는가?"

대중이 말했다.

"있었습니다."

선사가 말했다.

"물구나무서서 간 사람(倒立者)도 있었는가?"

대중이 말했다.

"본 적이 없습니다."

그러자 선사가 이내 물구나무서서 천화했는데, 산이 솟은 것처럼 우뚝하였고 그의 옷도 몸을 따랐다(其衣順體, 옷자락이 아래로 처지거나 뒤집어지지 않았다).

그때 대중이 마주 들기로 의논하고 다비하러 나아가려는데, 우뚝 솟은 채 움직이질 않았다. (그래서) 원근의 사람들이 쳐다보며 경탄하지 않은 사람이 없었다. 선사에게 비구니가 된 누이가 있었는데, 그때 고개를 숙이고 가까이 와서 꾸짖으며 말했다.

"노형老兄은 이전에도 법률을 따르지 않더니만, 죽어서도 사람들을 현혹하는군요."

그리고는 이에 손으로 밀자, 넘어졌다. 마침내 다비(闍維)를 하고 사리舍利를 수습해 탑에 안치했다.

3-36. 온주溫州 불오佛嶴 화상和尙

溫州佛嶴和尙 尋常見人來 以拄杖卓地云 "前佛也恁麽 後佛也恁麽" 僧問 "正恁麽時作麽生" 師畫一圓相 僧作女人拜 師乃打之.

온주 불오 화상은 늘 사람이 오는 것을 보면, 주장자를 땅에 세우고 말했다.

"앞의 부처도 이렇고, 뒤의 부처도 이렇다."

어떤 스님이 물었다.

바로 이럴 때는 어떻습니까?"

선사가 원상 하나를 그렸다.

스님이 여인배女人拜를 하자, 선사가 이내 쳤다.

❀

僧問 "如何是佛法大意" 師云 "賊也賊也"

어떤 스님이 물었다.

"어떤 것이 불법의 대의입니까?"

선사가 말했다.

"이 도적놈아, 이 도적놈아!"

❀

僧問 "如何是異類" 師敲椀云 "花奴花奴 喫飯來"

※花奴(화노): 무궁화無窮花 나무.

어떤 스님이 물었다.

"어떤 것이 이류異類입니까?"

선사가 주발(椀)을 두드리며 말했다.

"화노야, 화노야(花奴花奴)! 밥 먹어라."

3-37. 오구烏臼 화상和尙

有玄紹二上座 從江西來參師 師乃問云 "二禪伯發足什麽處" 僧云 "江西" 師以拄杖打之 玄云 "久知和尙有此機要" 師云 "爾旣不會 後面箇僧祇對看" 後面僧擬近前 師便打云 "信知同窠無異土 參堂去"

현玄과 소紹 두 상좌上座가 강서로부터 오구 화상을 참례하러 오자, 선사가 물었다.

"두 선백禪伯은 어디서 오셨소?"

스님이 말했다.

"강서에서 왔습니다."

오구가 바로 쳤다.

현 상좌가 말했다.

"오래전부터 화상께 이런 기요機要가 있다는 것을 알고 있었습니다."

오구가 말했다.

"그대는 알지 못하니, 뒤에 있는 스님이 대답해 보라."

스님이 머뭇거리자, 오구가 또 쳤다.(그리고는) 말했다.

"같은 구덩이에는 다른 흙이 없다는 것을 분명히 알라. 승당으로 가라!"

3-38. 담주潭州 석상石霜(용龍이라고도 한다) 대선大善 화상和尙

僧問 "如何是佛法大意" 師云 "春日鷄鳴" 僧云 "學人不會" 師云 "中秋犬吠"

어떤 스님이 물었다.

"어떤 것이 불법의 대의입니까?"

선사가 말했다.

"봄날에 닭이 운다(春日鷄鳴)."

스님이 말했다.

"학인은 잘 모르겠습니다."

선사가 말했다.

"한가위에 개가 짖는다(中秋犬吠)."

❀

師上堂云 "大衆 出來出來 老漢有箇法要 百年後不累爾" 衆云 "便請和尙說" 師云 "不消一堆火"

선사가 상당上堂해서 말했다.

"대중들아, 나와라 나와! 이 늙은이에게 법요法要가 있는데, 백년 뒤에 그대들에게 누累가 되지 않으리라."

대중이 말했다.

"청컨대, 화상께서 말씀해 주십시오."

선사가 말했다.

"한 무더기 불도 필요 없다."

❀

洞山問 "几前一童子 甚是了事 如今不見 向甚處去也" 師云 "火焰上泊不得 却歸淸涼世界去也"

동산洞山이 물었다.

"책상 앞에 한 동자童子가 참으로 이 일을 깨쳤는데 지금은 보이질 않으니, 어디로 간 것입니까?"

선사가 말했다.

"불꽃 위에 머물지 않고 도리어 청량세계淸涼世界로 돌아갔다."

3-39. 석구石臼 화상和尙

石臼和尙初參馬祖 問 "什麽處來" 師云 "烏臼來" 祖云 "烏臼近日有何言句" 師云 "幾人於此茫然在" 祖云 "茫然且置 悄然一句作麽生" 師乃近前三步 祖云 "我有七棒 寄打烏臼 爾還甘否" 師云 "和尙先喫某甲後甘" 却迴烏臼.

석구石臼 화상이 처음 마조를 참례하자, 마조가 물었다.[63]

"어디서 왔는가?"

석구가 말했다.

"오구烏臼에서 왔습니다."

마조가 말했다.

"오구가 요즘 어떤 말을 하던가?"

석구가 말했다.

"'몇 사람이나 이것에 망연(茫然, 아득)했던가?'라고 합니다."

마조가 말했다.

63 감변 편, 15. 초연일구悄然一句에 해당한다.

"망연은 그만두고, 초연일구悄然一句는 어떤가?"

석구가 이내 세 걸음 앞으로 다가가자, 마조가 말했다.

"내가 일곱 방망이를 쳐야 하지만, 오구에게 치는 것을 맡길 터이니, 너는 감당할 수 있겠는가?"

석구가 말했다.

"화상께서 먼저 맞으시면 제가 뒤를 감당하겠습니다."

그리고는 오구로 돌아갔다.

3-40. 본계本谿 화상和尙

龐居士問云 "丹霞打侍者 意在何所" 師云 "大老翁見人長短在" 居士云 "爲我與師同參了 方敢借問" 師云 "若恁麽 從頭擧來. 共爾商量" 居士云 "大老翁不可共爾說人是非" 師云 "念翁老年" 居士云 "罪過罪過"

방 거사龐居士가 물었다.

"단하(丹霞, 단하천연)가 시자를 친 뜻이 어디에 있습니까?"

선사가 말했다.

"대노옹大老翁쯤이나 되는 분이 남의 장단점이나 보다니요?"

거사가 말했다.

"나와 선사는 동참同參하였기에 그저 시험 삼아 물어보는 것입니다."

선사가 말했다.

"만약 그렇다면 처음부터 거론해 보시오. 함께 따져(商量)봅시다."

거사가 말했다.

"대노옹 쯤이나 되는 사람이 그대와 함께 남의 시비를 말해서는 안 됩니다."

선사가 말했다.

"(그렇죠) 연세를 생각하셔야죠."

거사가 말했다.

"잘못했소, 잘못했소."

3-41. 석림石林 화상和尙

一日龐居士來 師乃竪起拂子云 "不落丹霞機試道一句" 居士奪却拂子了 却自竪起拳. 師云 "正是丹霞機" 居士云 "與我不落看" 師云 "丹霞患啞 龐翁患聾" 居士云 "恰是也恰是也" 師無語 居士云 "向道偶爾恁" 師亦無語.

하루는 방 거사龐居士가 오자, 선사가 불자拂子를 세우고 말했다.

"단하기(丹霞機, 단하식 수법)에 떨어지지 말고, 시험 삼아 일구一句를 말해 보시오."

거사가 불자를 빼앗고, 도리어 스스로 주먹을 세웠다.

선사가 말했다.

"바로 단하의 수법이로구먼."

거사가 말했다.

"내게 (단하의 수법에) 떨어지지 않는 것을 보여주시오."

(그러자) 선사가 말했다.

"단하는 벙어리고, 방 옹은 귀머거리군요."

거사가 말했다.

"맞습니다, 맞아요."

선사가 말이 없자, 거사가 말했다.

"좀 전에 말한 것은 무심히 한번 해본 거요."

선사가 또 말이 없었다.

❀

又一日師 問居士云 "某甲有箇借問 居士莫惜言句" 居士云 "便請擧來" 師云 "元來惜言句" 居士云 "遮箇問訊不覺落他便宜" 師乃掩耳而已 居士云 "作家作家"

또 하루는 선사가 거사에게 물었다.

"내게 물을 것이 있으니, 거사는 말을 아끼지 마시오."

거사가 말했다.

"청컨대, 거론해 보시요."

선사가 말했다.

"원래 말을 아끼시는군요."

거사가 말했다.

"이 질문에서는 나도 모르게 그대에게 말려들었구먼(=그대의 노림수에 걸려들었구먼)."

(그러자) 선사가 이내 두 손으로 귀를 막았다.

거사가 말했다.

"(과연) 작가다, 작가야!"

3-42. 양亮 주主(홍주洪州 서산西山)[64]

本蜀人也 頗講經論. 因參馬祖 祖問曰 "見說座主大講得經論是否" 亮云 "不敢" 祖云 "將什麽講" 亮云 "將心講" 祖云 "心如工伎兒 意如和伎者 爭解講得經" 亮抗聲云 "心旣講不得 虛空莫講得麽" 祖云 "却是虛空講得" 亮不肯便出將下階 祖召云 "座主" 亮迴首 豁然大悟禮拜 祖云 "遮鈍根阿師禮拜作麽" 亮歸寺告聽衆云 "某甲所講經論 謂無人及得 今日被馬大師一問 平生功夫氷釋而已" 乃隱西山 更無消息.

양 좌주亮座主는 본래 촉 사람으로 경론經論을 잘 강의했다.[65]

마조를 참례하자, 마조가 말했다.

"듣자하니 좌주가 경론을 아주 잘 강의한다고 하던데, 그런가?"

양 좌주가 말했다.

"부끄럽습니다."

마조가 말했다.

"무엇을 가지고 강의하는가?"

양 좌주가 말했다.

"마음으로 강의합니다."

마조가 말했다.

"마음(心)은 공기(工伎, 주연배우)와 같고 의식(意)은 화기(和伎, 조연배우)와 같은데, 어떻게 경을 강의한단 말인가?"

---

64 양 좌주亮主를 뜻한다.

65 본서 감변 편, 16. 허공이 강의한다에 해당한다.

양 좌주가 대드는 소리로 말했다.

“마음이 강의하지 못한다면, 허공이 강의할 수 있다는 말입니까?”

마조가 말했다.

“도리어 허공은 강의할 수 있지.”

양 좌주가 수긍하지 않고 나가서 막 계단을 내려가는데, 마조가 “좌주!” 하고 불렀다.

좌주가 고개를 돌리자, 활연히 깨닫고는(豁然大悟) 바로 절을 했다.

마조가 말했다.

“이 둔한 스님아(這鈍根阿師), 절은 해서 뭐해!”

양 좌주가 절로 돌아가 대중들에게 말했다.

“나의 경론에 대한 강의는 그 어느 누구도 따라오지 못한다고 생각했는데, 오늘 마 대사의 질문을 하나 받고는 평생 공부한 것이 얼음 녹듯 기왓장 깨지듯 했다.”

그리고는 곧바로 서산西山으로 들어가 다시는 소식이 없었다.

3-43. 흑안黑眼 화상和尙

僧問 “如何是不出世師” 師云 “善財拄杖子” 問 “如何是佛法大意” 師云 “十年賣炭漢 不知秤畔星”

어떤 스님이 물었다.

“어떤 것이 세상에 나오지 않은 스승입니까?”

선사가 말했다.

“선재善財의 주장자다.”

물었다.

"어떤 것이 불법의 대의입니까?"

선사가 말했다.

"10년이나 숯을 팔던 놈이 저울 눈금도 모르는구나."

3-44. 미령米嶺 화상和尙

僧問"如何是衲衣下事" 師云 "醜陋任君嫌 不掛雲霞色"

어떤 스님이 물었다.

"어떤 것이 납의 아래의 일(衲衣下事)입니까?"

선사가 말했다.

"추하고 더러운 것은 그대 마음대로 싫어해도, 구름과 안개 옷은 걸치지 말라."

❀

師將示滅 乃遺一偈云 "祖祖不思議 不許常住世 大衆審思惟 畢竟只遮是"

선사가 입멸을 보이려 하면서, 이내 게송 하나를 남겼다.

祖祖不思議　조사들은 모두 부사의해서
不許常住世　세간에 상주하는 것을 허락하지 않나니
大衆審思惟　대중은 자세히 사유하라.
畢竟只遮是　필경 다만 이것일 뿐이로다.

3-45. 제봉齊峯 화상和尙

一日龐居士入院 師云 "俗人頻頻入僧院 討箇什麽" 居士迴顧兩邊云 "誰恁道 誰恁道" 師乃咄之 居士云 "在遮裏" 師云 "莫是當陽道麽" 居士云 "背後底" 師迴首云 "看看" 居士云 "草賊敗草賊敗" 師無語.

하루는 방 거사가 절에 들어서자, 선사가 말했다.

"속인이 번번이 절에 들어와 뭘 찾는 것이오?"

거사가 양쪽을 돌아보고, 말했다.

"누가 이렇게 말하는 거예요, 누가 이렇게 말하는 거예요?"

선사가 이내 꾸짖자, 거사가 말했다.

"여기 있잖아요."

선사가 말했다.

"정면으로 말대꾸하는 것이오?"

거사가 말했다.

"등 뒤에 있는 것은?"

선사가 고개를 돌리면서 말했다.

"자, 보라구, 봐!"

거사가 말했다.

"초적이 졌어요, 초적이 졌어요."

선사가 말이 없었다.

❀

居士又問 "此去峯頂有幾里" 師云 "什麽處去來" 居士云 "可畏峻硬 不得問著" 師云 "是多少" 居士云 "一二三" 師云 "四五六" 居士云 "何不道七"

師云 "纔道七便有八" 居士云 "得也得也" 師云 "一任添取" 居士乃咄之而去 師隨後咄之.

거사가 또 물었다.

"여기서 봉우리 정상(峯頂)까지는 몇 리里나 됩니까?"

선사가 말했다.

"어디 갔다 왔소?"

거사가 말했다.

"무섭도록 험악하시니, 뭐라고 물어볼 수도 없네요."

선사가 말했다.

"얼마나 되오?"

거사가 말했다.

"1·2·3."

선사가 말했다.

"4·5·6."

거사가 말했다.

"어째서 7은 말하지 않습니까?"

선사가 말했다.

"7을 말하면 바로 8이지 않습니까!"

거사가 말했다.

"됐어요, 됐어(그만, 그만)!"

선사가 말했다.

"마음대로 보태보시지."

거사가 이에 꾸짖고는 가버리자, 선사도 뒤를 따라가며 꾸짖었다.

3-46. 대양大陽 화상和尙

伊禪師參次 師云"伊禪 近日一般禪師 向目前指教人了 取目前事作遮箇爲人 還會文彩未兆時也無" 伊云"擬向遮裏致一問 問和尙不知可否" 師云"答汝已了莫道可否" 伊云"還識得目前也未" 師云"是目前作麼生識" 伊云"要且遭人點檢" 師云"誰" 伊云"某甲" 師便咄之 伊退步而立 師云"汝只解瞻前 不解顧後" 伊云"雪上更加霜" 師云"彼此無便宜"

이伊 선사가 참례하자, 대양 화상이 말했다.

"이 선사여, 요즘 일반 선사들은 눈앞(=눈앞의 일)을 가리켜 사람들이 깨닫도록 하고, 눈앞의 일을 취해서 이렇게 사람을 위하는데, 문채文彩의 조짐이 아직 없을 때도 알 수 있는가?"

이 선사가 말했다.

"여기에 대해 하나 물으려는데, 화상께 물어도 될지 모르겠습니다."

화상이 말했다.

"그대에게 이미 답을 해 마쳤으니, 가부를 말하지 말라."

이 선사가 말했다.

"눈앞(=눈앞의 일)을 알았습니까?"

화상이 말했다.

"이 눈앞(=눈앞의 일)을 어떻게 알겠는가?"

이 선사가 말했다.

"무엇보다도 다른 사람의 점검을 받아야 합니다."

화상이 말했다.

"누구한테?"

이 선사가 말했다.

"제게요."

화상이 바로 꾸짖자, 이 선사가 뒤로 한 걸음 물러나 섰다.

화상이 말했다.

"그대는 단지 앞을 볼 줄만 알았지, 뒤를 돌아볼 줄 모르는군."

이 선사가 말했다.

"눈 위에다 또 서리를 더하시는군요."

화상이 말했다.

"피차 이익(便宜)이 없구나."

3-47. 홍라紅螺 화상和尙

在幽州有頌示門人曰"紅螺山子近邊夷 度得之流半是奚 共語問酬全不會 可憐只解那斯祁"

유주幽州에 있을 때 게송으로 문인門人에게 말했다.

紅螺山子近邊夷	홍라산 자락 근처에는 오랑캐가 있어
度得之流半是奚	스님들(度得之流) 절반이 해(奚, 동호족東胡族; 몽골족 유목민)로구나.
共語問酬全不會	함께 말하고 물어도 전혀 알지 못하니
可憐只解那斯祁	가련하게도 다만 나사기만 알고 있구나.

3-48. 천주泉州 구양산龜洋山 무료無了 선사禪師

泉州龜洋山無了禪師者 莆田縣壺公橫塘人也 姓沈氏 年七歲父携入白重院 視之如家因而捨愛 至十八剃度受具靈巖寺 後參大寂禪師了達祖乘 卽還本院.

천주 구양산 무료 선사는 포전현 호공 횡당 사람으로 성은 심沈씨다. 7세에 아버지에 이끌려 백중원白重院에 들어갔는데, 자기 집처럼 아늑하게 보여서 인정을 버렸다(=출가를 했다). 18세에 머리를 깎고 영암사靈巖寺에서 구족계를 받았다. 후에 대적 선사를 참례하여 조승(祖乘, 조사선, 선종)을 요달하고, 바로 본원(本院, 백중원)으로 돌아왔다.

❀

院之北 樵采路絶 師一日策杖披榛而行 遇六眸巨龜 斯須而失. 乃庵于此峯. 因號龜洋和尙. 一日有虎逐鹿入庵 師以杖格虎遂存鹿命. 洎將示化乃述偈曰 "八十年來辨西東 如今不要白頭翁 非長非短非大小 還與諸人性相同 無來無去兼無住 了却本來自性空"

절 북쪽에 땔나무하러 다니던 길이 끊어지자, 하루는 선사가 지팡이로 덤불을 헤치며 가다가 눈동자가 여섯 개인 큰 거북을 만났는데 순식간에 놓쳤다. 그리고는 이내 이 봉우리에 암자를 세웠다. 이로 인해 구양 화상龜洋和尙이라 부르게 되었다.

하루는 호랑이가 사슴을 쫓아 암자에 들어오자, 선사가 주장자로 호랑이를 쳐서 사슴의 목숨을 구했다.

천화를 보이려 하면서 게송을 지어 말했다.

八十年來辨西東	80년을 동과 서를 가렸거늘
如今不要白頭翁	지금은 백발의 노인도 필요치 않구나.
非長非短非大小	길지도 짧지도 않으며 크지도 작지도 않지만
還與諸人性相同	돌아보니 모두의 성상과 같네.
無來無去兼無住	옴도 없고 감도 없으며 머묾도 없으면
了却本來自性空	본래 자성이 공함을 요달하게 되네.

❀

偈畢儼然告寂. 瘞于正堂 垂二十載 爲山泉淹沒 門人發塔 見全身水中而浮. 閩王聞之 遣使舁入府庭供養 忽臭氣遠聞. 王焚香祝之曰 "可遷龜洋舊址建塔" 言訖異香普熏傾城瞻禮. 本道奏諡眞寂大師 塔曰靈覺. 後弟子慧忠遇澄汰 終於白衣 就塔之東二百步而葬 謂之東塔. 今龜洋二眞身士民依怙 若僧伽之遺化焉. 慧忠得法於草庵和尙 如本章述之.

※瘞(묻을 예): 묻다. 희미하다. 제터, 제사 지내는 곳. 무덤.

게偈를 마치고 엄숙하게 입적을 알렸다. 정당正堂에 묻고 20년을 지냈는데, 산의 샘이 무너져서 문인들이 탑을 열어보니 전신이 물속에 떠 있었다. 민왕閩王이 듣고 사신을 보내 관청의 뜰로 모셔 와 공양을 하니, 홀연히 비위를 상하게 하는 좋지 못한 냄새가 멀리까지 났다. 왕이 분향을 하고 축원하기를 "구양龜洋의 옛터(舊址)로 옮겨 탑을 세워 드리리다"라고 했다. 말을 마치자마자 기이한 향기가 널리 퍼져 온 성안 사람들이 우러러 보았다. 본도本道에 주청해서 진적 대사眞寂大師라는 시호가 내려졌고, 탑의 이름은 영각靈覺이라 하였다.

후에 제자 혜충慧忠이 징태(澄汰, 법란)를 만나 백의白衣로 생을 마치자, 탑의 동쪽 200보에 이르러 장례를 치르고 동탑東塔이라고 하였다. 지금도 구양龜洋의 두 진신眞身은 선비와 백성들이 의지하는 것이어서 마치 승가의 유화(僧伽之遺化, 승가에서 스님이 죽은 뒤까지 남긴 인덕)와 같았다. 혜충이 초암 화상草庵和尙에게 법을 얻은 것은 본장本章에 서술한 것과 같다.

3-49. 이산利山 화상和尙

僧問"衆色歸空 空歸何所" 師云"舌頭不出口" 僧云"爲什麽不出口" 師云"內外一如故"

어떤 스님이 물었다.

"온갖 색은 허공으로 돌아가는데, 허공은 어디로 돌아갑니까?"

선사가 말했다.

"혀끝이 입 밖으로 나오지 않는다."

스님이 말했다.

"어째서 입 밖으로 나오지 않습니까?"

선사가 말했다.

"안과 밖이 한결같기 때문이다."

❀

僧問 "不歷僧祇獲法身請師直指" 師云 "子承父業" 僧云 "如何領會" 師云 "貶剝不施" 僧云 "恁麼卽大衆有賴去" 師云 "大衆且置 作麼生是法身" 僧無對 師云 "汝問我向爾道" 僧却問 "如何是法身" 師云 "空華陽焰"

어떤 스님이 물었다.

"승기(僧祇, 아승기)를 거치지 않고도 법신을 얻는다고 하는데, 선사께서 바로 가리켜 주십시오."

선사가 말했다.

"아들이 아비의 업을 잇는다(子承父業)."

스님이 말했다.

"어떻게 해야 알 수 있습니까?"

선사가 말했다.

"(아들을) 깎아내리고 벗겨버려 베풀어 주지 않는다."

스님이 말했다.

"그렇다면 대중도 의지가 되겠군요."

선사가 말했다.

"대중은 놔두고 어떤 것이 법신인가?"

스님이 대답이 없자, 선사가 말했다.

"네가 물어라! 내가 너에게 말해 주리라."

스님이 도리어 물었다.

"어떤 것이 법신입니까?"

선사가 말했다.

"허공 꽃(空華)과 아지랑이(陽焰)다."

❀

僧問 "如何是西來意" 師云 "不見如何" 僧云 "爲什麽如此" 師云 "只爲如此"

어떤 스님이 물었다.

"어떤 것이 (조사가) 서쪽에서 온 뜻입니까?"

선사가 말했다.

"어떤 것인지를 보지 못했다."

스님이 말했다.

"어째서 그렇습니까?"

선사가 말했다.

"다만 그러할 뿐이다."

3-50. 소주韶州 부원乳源 화상和尙

上堂云 "西來的的意 不妨難道 大衆 莫有道得者 出來試道看" 有一僧出纔禮拜. 師便打云 "是什麽時節出頭來"(後人擧似長慶 長慶云 "不妨不妨" 資福代云 "爲和尙不惜身命")

상당해서 말했다.

"서쪽에서 온 분명하고 분명한 뜻은 말하는 것이 어렵지 않다. 대중들이여, 말할 수 있는 자가 있는가? 나와서 시험 삼아 말해 보라."

(그러자) 한 스님이 나와 바로 절을 했다.

선사가 바로 치고, 말했다.

"이것이 무슨 시절인데 머리를 쳐들고 나오는 것인가?"

〔뒷사람이 앞의 일을 장경長慶에게 전하자, 장경이 말했다.

"괜찮다, 괜찮아!"

자복資福이 대신 말했다.

"화상을 위해 신명을 아끼지 않았습니다."〕

❀

師見仰山作沙彌時念經 師咄云 "遮沙彌 念經恰似哭聲" 仰山云 "慧寂念經似哭 未審和尙如何" 師乃顧視而已.

선사가 앙산仰山이 사미沙彌였을 때, (앙산이) 독경하는 것을 보고 꾸짖으며 말했다.

"이 사미가 독경하는 것이 마치 곡哭하는 소리와 같구나."

앙산이 말했다.

"혜적慧寂의 독경이 곡소리와 같다면, 화상은 어떠하신지 잘 모르겠습니다."

선사가 이내 돌아볼 뿐이었다.

3-51. 송산松山 화상和尙

一日命龐居士喫茶 居士擧起托子云 "人人盡有分 因什麽道不得" 師云 "只爲人人盡有 所以道不得" 居士云 "阿兄爲什麽却道得" 師云 "不可無

言也" 居士云 "灼然灼然" 師便喫茶 居士云 "阿兄喫茶何不揖客" 師云 "誰" 居士云 "龐翁" 師云 "何須更揖" 後丹霞聞擧乃云 "若不是松山幾被箇老翁作亂一上" 居士聞之 乃令人傳語丹霞云 "何不會取擧起托子時"

하루는 방 거사를 불러 차를 마시는데, 거사가 차받침(托子)을 들어 올리며 말했다.

"사람마다 모두 그 몫이 있는데, 어째서 말하지 못하는 것입니까?"

선사가 말했다.

"다만 사람마다 모두 그 몫이 있기 때문에 말하지 못하는 것입니다."

거사가 말했다.

"사형은 어째서 말하는 것입니까?"

선사가 말했다.

"(그렇다고) 말이 없으면 안 되지요."

거사가 말했다.

"그렇지요, 그래요."

선사가 바로 차를 마시자, 거사가 말했다.

"사형은 차를 마시면서, 어째서 손님에게 읍하지(=공경의 뜻을 표하지) 않는 것입니까?"

선사가 말했다.

"누구에게요?"

거사가 말했다.

"이 방 옹龐翁에게요."

선사가 말했다.

“뭐 읍할 필요가 있겠소?”

뒤에 단하가 이 말을 듣고, 거론해서 말했다.

“만약 송산松山이 아니었더라면 이 노인네에게 한바탕 당할 뻔했다.”

거사가 이 말을 듣고 이내 사람을 시켜 단하에게 말을 전하게 했다.

“어째서 차받침을 집어 들어 올릴 때를 몰랐는가?”

3-52. 칙천則川 화상和尙

龐居士看師 師云 “還記得初見石頭時道理否” 居士云 “猶得阿師重擧在” 師云 “情知久參事慢” 居士云 “阿師老耄不啻龐翁” 師云 “二彼同時又爭幾許” 居士云 “龐翁鮮健 且勝阿師” 師云 “不是勝我 只是欠爾一箇幞頭” 居士云 “恰與師相似” 師大笑而已.

※老耄(노모): 80세 이상의 노인. 노망하다. 망령 들다.

※不啻(불시): 다만 …뿐만 아니다. …와 같다.

※啻(뿐 시): 뿐. 다만.

방 거사가 선사를 보자, 선사가 말했다.

“처음 석두石頭를 친견했을 때의 도리를 기억하시오?”

거사가 말했다.

“오히려 우리 스님께서 또 이런 말을 거론하시는군요.”

선사가 말했다.

“참선을 오래 하다 보니 만사가 흐리멍덩해지고 느슨해지는 것을 분명히 알겠구먼.”

거사가 말했다.

"우리 스님의 늙은이 타령이 방 옹과 같군요."

선사가 말했다.

"둘 다 같은 세대이면서, 또 뭘 다투려는 것이오?"

거사가 말했다.

"이 방 옹의 건강이 스님보다 나을 걸요."

선사가 말했다.

"나보다 나은 것이 아니라, 다만 복두幞頭가 내겐 없다는 것뿐이오."

(복두를 벗어버리고) 거사가 말했다.

"자, 스님과 똑같아졌습니다."

선사가 껄껄 웃고 말았다.

❀

師入茶園內摘茶次 龐居士云 "法界不容身 師還見我否" 師云 "不是老師 怕答公話" 居士云 "有問有答蓋是尋常" 師乃摘茶不聽 居士云 "莫怪適來容易借問" 師亦不顧 居士喝云 "遮無禮儀老漢 待我一一擧向明眼人在" 師乃抛却茶籃子 便入方丈.

선사가 차밭에 들어가 차를 따고 있는데, 방 거사가 말했다.

"법계는 몸을 용납하지 않는데, 스님은 저를 보십니까?"

선사가 말했다.

"내가 아니었더라면 당신의 말에 답하는 것을 두려워했을 것이오."

거사가 말했다.

"물어보면 대답을 하는 것이 통례이지요."

그러나 선사는 차만 딸 뿐, 들은 체도 하지 않았다.

거사가 말했다.

"좀 전에 별 생각 없이 아무렇게나 물은 것을 괴이하게 여기지 마십시오."

그러나 선사가 또 쳐다보지도 않자, 거사가 "할喝!" 하고 말했다.

"이런 예의도 없는 늙은이 같은 이라구! 내가 하나하나 들어서 눈 밝은 이와 따져볼 것이야."

이에 선사가 차 바구니를 내동댕이치고, 바로 방장실로 들어가 버렸다.

3-53. 남악南嶽 서원西園 난야蘭若 담장曇藏 선사禪師

南嶽西園蘭若曇藏禪師者 本受心印於大寂禪師. 後謁石頭遷和尙瑩然明徹. 唐貞元二年遁衡嶽之絶頂 人罕參訪 尋以脚疾移止西園 禪侶繁盛.

남악 서원 난야 담장 선사는 본래 대적 선사에게 심인心印을 받았는데, 뒤에 석두희천 화상을 뵙고 밝고 분명하게 깨쳤다(瑩然明徹). 당 정원 2년에 형악의 산꼭대기에 은둔해, 찾아오는 이들이 드물었다. 그런데 갑자기 다리에 병이 나서 서원으로 옮기자, 참선하는 스님들(禪侶)이 모여들어 번성했다.

❀

師一日自開浴次 僧問 "何不使沙彌" 師乃拊掌三下(洞山云 "一種是時節因緣 就中西園精妙" 僧問曹山 "古人拊掌 豈不明沙彌邊事" 曹山云 "如何是向上事" 僧無對 曹山云 "遮沙彌")

선사가 하루는 손수 목욕물을 준비하고 있는데, 어떤 스님이 물었다.

"어째서 사미를 시키지 않으십니까?

선사가 이내 손뼉을 세 번 쳤다.

〔동산洞山이 말했다.

"똑같은 시절인연인데, 그 가운데서 서원이 가장 정묘精妙하다."

어떤 스님이 조산曹山에게 물었다.

"고인이 손뼉을 친 것이 어찌 사미 쪽의 일을 밝힌 것이 아니겠습니까?"

조산이 말했다.

"어떤 것이 향상사向上事인가?"

스님이 대답이 없었다.

조산이 말했다.

"이 사미야!"〕

❀

師養一靈犬. 嘗夜經行次 其犬銜師衣 師卽歸房. 又於門側伏守而吠頻奮身作猛噬之勢. 詰旦東廚有一大蟒長數丈 張口呀氣毒焰熾然 侍者請避之 師曰 "死可逃乎 彼以毒來我以慈受 毒無實性激發則彊 慈苟

無緣冤親一揆" 言訖其蟒按首徐行倏然不見 復一夕有群盜 犬亦銜師衣 師語盜曰 "茅舍有可意物 一任取去 終無所悋" 盜感其言皆稽首而散.

선사는 영특한 개 한 마리를 길렀다. 이전에 밤에 경행經行을 하고 있는데 그 개가 선사의 옷자락을 물자, 선사가 바로 방으로 돌아간 적이 있었다. 또 문 곁을 지키면서 엎드려 짓기도 하고, 종종 몸을 떨쳐 사납게 물어뜯는 자세를 취하기도 하였다.

어느 날 새벽 동주(東廚, 동쪽 공양간)에 아주 큰 구렁이(大蟒) 한 마리가 있었는데, 길이가 여러 장이나 되었고 입을 딱 벌리고 치성하게 독기를 내뿜고 있었다.

시자가 피하기를 청하자, 선사가 말했다.

"죽음을 피할 수 있겠는가? 그가 독으로 오면 나는 자비로 받는다(彼以毒來 我以慈受). 독에는 실성實性이 없지만 심하게 일어나면 굳세게 되고, 자비가 진실로 반연하는 것이 없으면 원수와 친한 이가 하나의 도리가 된다."

말을 마치자, 그 구렁이가 머리를 내리누르고 서서히 가더니, 문득 보이질 않았다.

또 어느 날 저녁에 도적 떼가 왔는데, 개가 또 선사의 옷자락을 물자, 선사가 도적 떼에게 말했다.

"내 집(茅舍, 띠 집)에 마음에 드는 것이 있으면 마음대로 가지고 가라, 아까운 것이 하나도 없다."

도적 떼가 그 말에 감동을 해서 모두 머리를 숙이고 흩어졌다.

3-54. 백령百靈 화상和尙

一日與龐居士路次相逢 師問云 “昔日居士南嶽得意句 還曾擧向人未” 居士云 “曾擧來” 師云 “擧向什麽人” 居士以手自指云 “龐翁” 師云 “直是妙德空生也歎居士不及” 居士却問 “師得力句是誰知” 師便戴笠子而去 居士云 “善爲道路” 師一去更不迴首.

하루는 방 거사를 길에서 만났는데, 선사가 물었다.

“지난날 거사는 남악南嶽에서 얻은 득의구(得意句=得力句, 남악으로부터 종지를 얻은 언구)를 다른 사람에게 거론한 적이 있습니까?”

거사가 말했다.

“거론한 적이 있습니다.”

선사가 말했다.

“어떤 사람에게 거론했습니까?”

거사가 손으로 자신을 가리키며 말했다.

“이 방 옹龐翁에게요.”

선사가 말했다.

“설사 묘덕(妙德, 문수)이나 공생(空生, 수보리)이 거사를 찬탄하더라도 미치지 못할 것이오.”

거사가 도리어 물었다.

“스님의 득력구得力句는 누가 알고 있나요?”

(그러자) 선사가 바로 삿갓을 쓰고 가버렸다.

거사가 말했다.

“부디, 길 조심하시오.”

선사가 바로 고개도 돌리지 않고 가버렸다.

3-55. 진주鎭州 금우金牛 화상和尙

師自作飯 供養衆僧 每至齋時 舁飯桶到堂前 作舞曰 "菩薩子喫飯來" 乃撫掌大笑 日日如是(僧問長慶 "古人撫掌喚僧喫飯 意旨云何" 長慶云 "大似因齋慶讚" 僧問大光 "未審慶讚箇什麽" 大光是作舞 僧乃禮拜 大光云 "遮野狐精" 東禪齊云 "古人自出手作飯 舞了喚人來喫意作麽生 還會麽 只如長慶與大光 是明古人意 別爲他分析 今問 上座 每日持盂掌鉢時 迎來送去時 爲當與古人一般 別有道理 若道別且作麽生得別來 若一般恰到他舞 又被喚作野狐精 有會處麽 若未會行脚眼在什麽處" 僧問曹山 "古人恁麽是奴兒婢子否" 曹山云 "是" 僧云 "向上事請師道" 曹山咄云 "遮奴兒婢子")

화상이 스스로 밥을 지어 여러 스님들에게 공양을 했는데, 매번 공양 때가 되면 밥통을 들고 법당 앞에서 춤을 추며 말했다.

"보살들아, 밥 먹어라!"

그리고는 손뼉을 치며 크게 웃었다.

날마다 이와 같았다.

〔어떤 스님이 장경長慶에게 물었다.

"고인이 손뼉을 치며 스님들을 불러 '밥 먹으라'고 했는데, 그 뜻이 무엇입니까?"

장경이 말했다.

"마치 공양할 때 경찬하는 것 같다(大似因齋慶讚)."

어떤 스님이 대광大光에게 물었다.

"경찬慶讚하는 것이 무엇인지, 잘 모르겠습니다."

대광이 춤을 추자, 그 스님이 곧 절을 했다.

대광이 말했다.

"이런 여우같은 놈!"

동선 제東禪齊가 말했다.

"고인이 스스로 직접 밥을 짓고 춤을 추면서 사람들을 불러 밥 먹으라고 한 뜻은 무엇인가, 알겠는가? 그렇다면 장경과 대광은 고인의 뜻을 밝힌 것인가? 별도로 그것을 분석한 것인가?

지금 묻노니, 상좌들이여! 매일 발우를 들 때와 배웅하고 맞이할 때 바로 고인과 같은가? 다른 도리가 있는가? 만약 다르다고 한다면 어떻게 다른 것인가? 같다면 그가 춤을 춘 것과 같아야 한다. 그런데 왜 여우같은 놈이라고 불렀는가, 알겠는가? 만약 모른다면 행각의 안목은 어디에 있는 것인가?"

어떤 스님이 조산曹山에게 물었다.

"고인이 이렇게 한 것은 종들이나 하는 짓이 아니겠습니까?"

조산이 말했다.

"그렇다."

스님이 말했다.

"향상사向上事를 스님께서 말씀해 주십시오."

조산이 쯧쯧! 하고, 말했다.

"이런 종놈아!"〕

3-56. 동안洞安 화상和尙

有僧辭師 師云"什麽處去"僧云"本無所去"師云"善爲闍梨"僧云"不敢不敢"師云"到諸方分明擧"

어떤 스님이 선사에게 하직 인사를 하자, 선사가 말했다.

"어디로 가는가?"

스님이 말했다.

"본래 갈 곳이 없습니다."

선사가 말했다.

"훌륭한 스님이구먼."

스님이 말했다.

"외람됩니다, 외람됩니다."

선사가 말했다.

"제방에 이르면 분명하게 거론하라."

❀

僧侍立次 師問"今日是幾"僧云"不知"師云"我却記得"僧云"今日是幾"師云"今日昏晦"

어떤 스님이 모시고 서 있는데, 선사가 물었다.

"오늘이 며칠인가?"

스님이 말했다.

"모르겠습니다."

선사가 말했다.

"나는 기억하고 있는데."

스님이 말했다.

"오늘이 며칠입니까?"

선사가 말했다.

"오늘은 컴컴한 그믐이다."

3-57. 흔주忻州 타지打地 화상和尙

自江西領旨 自晦其名. 凡學者致問 惟以棒打地而示之 時謂之打地和尙. 一日被僧 藏却棒然後問 師但張其口. 僧問門人曰 "只如 和尙每有人問 便打地 意旨如何" 門人卽於竈底取柴一片擲在釜中.

강서에서 종지를 깨치고, 스스로 그 이름을 감추었다. 무릇 배우는 이들이 와서 물으면 오직 방망이로 땅을 쳐서 보였는데, 그때 사람들이 '타지 화상打地和尙'이라고 불렀다.

하루는 어떤 스님이 방망이를 숨긴 다음에 묻자, 화상은 다만 입을 벌릴 뿐이었다(但張其口).

그 스님이 문인(門人, 타지 스님의 문도)에게 물었다.

"그건 그렇고, 화상께서는 매번 어떤 사람이 묻기만 하면 바로 땅을 치는데, 뜻이 무엇입니까?"

문인이 바로 부엌 바닥에 있던 땔나무 하나를 솥에다 던져버렸다.

3-58. 담주潭州 수계秀谿 화상和尙

一日谷山問 "聲色純眞如何是道" 師云 "亂道作麽" 谷山却從東邊過西邊立 師云 "若不恁麽卽禍事也" 谷山却過東邊 師乃下禪床方行兩步被谷山捉住云 "聲色純眞事作麽生" 師便掌谷山谷山云 "十年後要箇人下茶也無在" 師云 "要谷山老漢作麽" 谷山呵呵大笑三聲.

하루는 곡산谷山이 물었다.

"소리와 색이 순일하고 참된데, 어떤 것이 도입니까?"

선사가 말했다.

"어지럽게 말해 뭘 하려는 것인가?"

(그러자) 곡산이 동쪽에서 서쪽으로 가서 섰다.

선사가 말했다.

"만약 그렇게 하지 않았다면 재앙이 되었을 것이다."

곡산이 다시 동쪽으로 가자, 선사가 이내 선상禪床에서 내려와 두 걸음을 걸었다.

곡산에게 멱살을 잡히자, 말했다.

"소리와 색이 순일하고 참된데, 어떤 것이 도인가?"

그리고는 선사가 바로 곡산을 손바닥으로 후려갈겼다.

곡산이 말했다.

"10년 뒤에 차 한 잔 내놓고자 해도 한 사람도 없을 것이다."

선사가 말했다.

"곡산 노인네가 뭘 하려는 것인가?"

곡산이 세 번 가가대소呵呵大笑했다.

3-59. 자주磁州 마두봉馬頭峯 신장神藏 선사禪師

上堂謂衆云 "知而無知 不是無知而說無知"(南泉云 "恁麽依師道 始道得一半" 黃檗云 "不是南泉駿 他要圓前話")

상당해서 대중에게 말했다.

"알되 아는 것이 없는 것(知而無知)은 아는 것이 없어서 아는 것이 없다고 말하는 것(無知而說無知)이 아니다."

〔남전南泉이 말했다.

"이렇게 스승을 의지해서 말해야 비로소 절반을 얻었다고 말할 수 있을 것이다."

황벽黃檗이 말했다.

"뛰어난 남전이 아니었더라면 그는 앞의 말을 원만하게 매듭지었어야 했을 것이다."〕

3-60. 담주潭州 화림華林 선각善覺 선사禪師

常持錫夜出林麓間 七步一振錫一稱觀音名號 夾山善會造庵問曰 "遠聞和尙念觀音是否" 師曰 "然" 夾山曰 "騎却頭如何" 師曰 "出頭從汝騎 不出頭騎什麽"

(선사는) 늘 석장을 쥐고 밤에 나가서 한적한 산기슭에서 일곱 걸음을 걷고 석장을 한 번 떨치고는, 관음觀音의 명호를 한 번 불렀다.

협산선회夾山善會가 암자로 가서 물었다.

"멀리서 듣자 하니 화상께서 관음을 염한다고 하던데, 맞습니까?"

선사가 말했다,

"그렇다."

협산이 말했다.

"머리에 올라타면 어떻습니까?"

선사가 말했다.

"머리를 내밀면 네 마음대로 타지만, 머리를 내밀지 않으면 어떻게 타겠는가?"

❀

僧參方展坐具 師曰 "緩緩" 僧曰 "和尙見什麽" 師曰 "可惜許磕破鐘樓" 其僧從此悟入.

어떤 스님이 참례하러 와서 좌구를 펴려고 하자, 선사가 말했다.

"천천히 하라, 천천히."

스님이 말했다.

"화상께서는 무엇을 보셨습니까?"

선사가 말했다.

"애석하구나, 종루鐘樓가 부셔졌다."

그 스님이 이로부터 깨달음에 들어갔다(悟入).

❀

一日觀察使裴休訪之問曰 "師還有侍者否" 師曰 "有一兩箇" 裴曰 "在什麽處" 師乃喚大空小空. 時二虎自庵後而出 裴覩之驚悸 師語二虎曰

"有客且去" 二虎哮吼而去 裴問曰 "師作何行業感得如斯" 師乃良久曰 "會麽" 曰 "不會" 師曰 "山僧常念觀音"

하루는 관찰사 배휴裴休가 방문해서 물었다.

"선사께서도 시자侍者가 있습니까?"

선사가 말했다.

"하나둘 있습니다."

배휴가 말했다.

"어디에 있습니까?"

선사가 이내 "대공大空아!", "소공小空아!" 하고 불렀다.

그때 호랑이 두 마리가 암자 뒤에서 나왔는데, 배휴가 보고 놀라워했다. 선사가 두 호랑이에게 말했다.

"손님이 계시니, 가거라."

두 호랑이가 으르렁거리고는 가버렸다.

배휴가 말했다.

"선사께서는 무슨 행업行業을 지셨기에 이처럼 감응하는 것입니까?"

선사가 양구良久하고, 말했다.

"알겠습니까?"

배휴가 말했다.

"모르겠습니다."

선사가 말했다.

"산승은 늘 관음을 염합니다."

3-61. 정주汀州 수당水塘 화상和尙

師勘歸宗 "甚麼處人" 歸宗云 "陳州人" 師云 "多少年紀" 歸宗云 "二十二" 師云 "闍梨未生時老僧去來" 歸宗云 "和尙幾時生" 師竪起拂子 歸宗云 "遮箇豈有生邪" 師云 "會得卽無生" 歸宗云 "未會在" 師無語.

선사가 귀종을 감변했다.

"어디 사람인가?"

귀종이 말했다.

"진주陳州 사람입니다."

선사가 말했다.

"나이가 몇인가?"

귀종이 말했다.

"스물 둘입니다."

선사가 말했다.

"스님이 태어나지 않았을 때, 노승은 갔다 왔다."

귀종이 말했다.

"화상께서는 언제 태어나셨습니까?"

선사가 불자拂子를 세우자, 귀종이 말했다.

"이것이 어찌 남(生)이 있겠습니까?"

선사가 말했다.

"알면 남이 없다(會得卽無生)."

귀종이 말했다.

"아직 모르겠습니다."

선사가 말이 없었다.

3-62. 고사古寺 화상和尙

丹霞參師 經宿至明. 且煮粥熟 行者只盛一鉢與師 又盛一碗自喫 殊不顧丹霞 丹霞卽自盛粥喫行者云 "五更侵早起 更有夜行人" 丹霞問師 "何不教訓行者 得恁麼無禮" 師云 "淨地上不要點汚人家男女" 丹霞云 "幾不問過遮老漢"

단하丹霞가 선사를 밤이 지나고 날이 밝아질 때까지 참례했다. 새벽에 죽을 끓여 다 되었는데, 행자行者가 단지 한 그릇만 담아 선사에게 드리고, 또 한 그릇은 담아 자신이 먹으면서 조금도 단하를 돌아보지 않았다.

단하가 곧장 스스로 죽을 담아 먹자, 행자가 말했다.

"5경五更 이른 아침에 일어났는데, 또 도적(夜行人)이 있었구먼."

단하가 선사에게 물었다.

"어째서 행자를 가르치고 타이르지 않아 이렇게 무례합니까?"

선사가 말했다.

"깨끗한 땅에서는 세상의 남녀를 더럽힐 필요가 없네."

단하가 말했다.

"하마터면 이 노인네에게 허물을 묻지 않을 뻔했구먼,"

3-63. 강서江西 비수椑樹 화상和尙

因臥次 道吾近前牽被覆之 師云 "作麽" 道吾云 "蓋覆" 師云 "臥底是坐底是" 道吾云 "不在遮兩處" 師云 "爭奈蓋覆何" 道吾云 "莫亂道"

선사가 누워 있는데 도오道吾가 가까이 와서 이불을 끌어다가 덮어주었다.

선사가 말했다.

"뭐하는 건가?"

도오가 말했다.

"(이불을) 덮어드리고 있습니다."

선사가 말했다.

"누운 것이 맞는가, 앉은 것이 맞는가?"

도오가 말했다.

"이 두 곳에는 없습니다."

선사가 말했다.

"덮은 것을 어찌하겠는가?"

도오가 말했다.

"어지럽게 말하지 마십시오."

❀

師向火次 道吾問 "作什麽" 師云 "和合" 道吾云 "恁麽卽當頭脫去也" 師云 "隔闊來多少時耶" 道吾便拂袖而去.

선사가 화롯가에서 불을 쬐고 있는데(向火), 도오가 물었다.

"뭐하십니까?"

선사가 말했다.

"화합和合한다."

도오가 말했다.

"그렇다면 당장 이 자리에서 돌아가시는 것입니까?"

선사가 말했다.

"멀리 떨어져 있는 것이 몇 시간이나 되었는가?"

도오가 곧장 소매를 떨치고 가버렸다.

❀

道吾一日從外歸 師問 "什麽處去來" 道吾云 "親近來" 師云 "用簸遮兩片皮作什麽" 道吾云 "借" 師云 "他有從汝借無作麽生" 道吾云 "只爲有所以借"

도오가 하루는 밖에서 돌아오자, 선사가 물었다.

"어딜 갔다 오는가?"

도오가 말했다.

"친한 이에게 갔다 옵니다."

선사가 말했다.

"그 두 입술을 까불러서 뭘 하려는 것이냐?"

도오가 말했다.

"빌렸습니다."

선사가 말했다.

"그것이 있어 네 마음대로 빌렸지만, 없으면 어떻게 할 것인가?"

도오가 말했다.

"단지 있기 때문에 빌렸을 뿐입니다."

3-64. 경조京兆 초당草堂 화상和尙

自罷參大寂 遊至海昌 海昌和尙問 "什麽處來" 師云 "道場來" 昌云 "遮裏什麽處" 師云 "賊不打貧人家" 問 "未有一法時 此身在什麽處" 師乃作一圓相於中書身字.

대적大寂을 참례하는 것을 마치고, 해창海昌에게 갔다.

해창 화상이 물었다.

"어디서 왔는가?"

선사가 말했다.

"도량道場에서 왔습니다."

해창이 말했다.

"여기는 어떤가?"

선사가 말했다.

"도적은 가난한 사람의 집을 털지 않습니다."

물었다.

"한 법도 없을 때, 이 몸은 어디에 있는가?"

선사가 이내 원상 하나를 그리고, 그 안에 '신身' 자를 썼다.

3-65. 원주袁州 양기산陽岐山 견숙甄叔 선사禪師

上堂示衆曰"群靈一源假名爲佛 體竭形消而不滅 金流朴散而常存 性海無風金波自涌 心靈絶兆萬象齊昭 體斯理者 不言而遍歷沙界 不用而功益玄化 如何背覺反合塵勞 於陰界中妄自囚執"

상당해서 대중에게 말했다.

"군령(群靈, 뭇 중생)의 한 근원을 빌려 부처(佛)라고 하는데, 몸이 다하고 형상이 다해도 멸하지 않고 금빛이 퍼지고 껍질이 흩어져도 항상 존재한다. 성품의 바다는 바람이 없어도 황금물결이 저절로 용솟음치고, 마음속 영혼은 조짐을 끊어도 만상萬象을 가지런히 비춘다. 이런 이치를 체득한 사람은 말하지 않아도 항하와 같은 수많은 세계(沙界)를 두루 다니고, 쓰지 않고도 공功이 현묘한 교화를 더하게 되는데, 어떻게 깨달음을 등지고 거꾸로 진로(塵勞, 번뇌)에 합하여 음계(陰界, 5온 18계) 속에서 허망하게 스스로를 가두고 집착하는 것인가?"

❀

師始登此山宴處 以至成院 聚徒演法四十餘年 唐元和十五年正月十三日歸寂 荼毘獲舍利七百粒 於東峯下建塔.

선사가 처음 이 산에 올라 자리를 잡고 절(院)을 이루고 무리를 모아 40여 년을 법을 폈다. 당 원화(元和, 헌종의 연호, 806~820) 15년 정월 13일에 입적(歸寂)했다. 다비를 해서 사리 700과를 얻었다. 동쪽 봉우리 아래 탑을 세웠다.

3-66. 몽계濛谿 화상和尙

僧問 "一念不生時如何" 師良久 僧便禮拜 師云 "汝且作麽生會" 僧云 "某甲終不無慚愧" 師云 "汝却信得及" 問 "本分事如何體悉" 師云 "爾何不問" 僧云 "請師答話" 師云 "爾却問得好" 其僧大笑而出 師云 "只有遮師僧靈利"

어떤 스님이 물었다.

"한 생각도 일어나지 않을 때는 어떻습니까?"

선사가 양구良久하자, 스님이 바로 절을 했다.

선사가 말했다.

"너는 또 어떻게 알고 있는가?"

스님이 말했다.

"저는 결코 부끄러울 것(慚愧)이 없습니다."

선사가 말했다.

"너는 도리어 믿음도 있구나."

물었다.

"본분사本分事는 어떻게 체득할 수 있습니까?"

선사가 말했다.

"너는 어째서 묻지 않는가?"

스님이 말했다.

"청컨대, 선사께서 답해 주십시오."

선사가 말했다.

"도리어 네가 물어라."

그 스님이 크게 웃으며 나가버렸다.

선사가 말했다.

"단지 이 스님은 영리할 뿐이다."

❀

有僧從外來 師便喝 僧云 "好箇來由" 師云 "猶要棒在" 僧云 "珍重" 便出師云 "得能自在"

어떤 스님이 밖에서 오자, 선사가 바로 "할喝!" 했다.

스님이 말했다.

"온 까닭이 있습니다(好箇來由)."

선사가 말했다.

"오히려 방망이가 필요하다."

스님이 말했다.

"안녕히 계십시오."

그리고는 바로 나가버리자, 선사가 말했다

"능히 자재함을 얻었구나."

3-67. 낙경洛京 흑간黑澗 화상和尙

僧問 "如何是密室" 師云 "截耳臥街" 僧云 "如何是密室中人" 師乃換手搥胸.

어떤 스님이 물었다.

"어떤 것이 밀실密室입니까?"

선사가 말했다.

"귀를 자르고 길에 눕는다(截耳臥街)."

스님이 말했다.

"어떤 것이 밀실 안의 사람입니까?"

선사가 이내 손을 바꿔가며 가슴을 쳤다.

3-68. 경조京兆 흥평興平 화상和尙

洞山來禮拜 師云 "莫禮老朽" 洞山云 "禮非老朽" 師云 "非老朽者不受禮" 洞山云 "他亦不止"

동산洞山이 와서 절을 하자, 선사가 말했다.

"늙고 썩은 몸에 절하지 말라."

동산이 말했다.

"늙지도 썩지도 않은 것에 절합니다."

선사가 말했다.

"늙지도 썩지도 않은 것은 절을 받지 않는다."

동산이 말했다.

"그 또한 막지도 않습니다."

❀

洞山問 "如何是古佛心" 師云 "卽汝心是" 洞山云 "雖然如此 猶是某甲疑

處" 師云 "若恁麼卽 問取木人去" 洞山云 "某甲有一句子不借諸聖口" 師云 "汝試道看" 洞山云 "不是某甲"

동산이 물었다.

"어떤 것이 고불의 마음(古佛心)입니까?"

선사가 말했다.

"바로 네 마음이다."

동산이 말했다.

"비록 이와 같지만, 이것이 오히려 제가 의심하는 곳입니다."

선사가 말했다.

"만약 그렇다면 목인木人에게 물어라."

동산이 말했다.

"저에게 언구 하나(一句子)가 있는데, 모든 성인의 입을 빌리지 않습니다."

선사가 말했다.

"네가 시험 삼아 말해 보라."

동산이 말했다.

"저는 아닙니다."

❀

洞山辭 師云 "什麼處去" 洞山云 "沿流無定止" 師云 "法身沿流報身沿流" 洞山云 "總不作此解" 師乃撫掌(保福云 "洞山自是一家" 乃別云 "覓得幾人")

동산이 하직 인사를 하자, 선사가 말했다.

"어디로 가는가?"

동산이 말했다.

"물 흐르는 대로 머물거나 멈춤 없이 가렵니다."

선사가 말했다.

"법신이 물 흐르는 대로 가는가, 보신이 물 흐르는 대로 가는가?"

동산이 말했다.

"이런 견해를 전혀 짓지 않습니다."

선사가 이내 손뼉을 쳤다.

〔보복保福이 말했다.

"동산이 스스로 일가一家를 이루었다."

그리고는 따로 말했다.

"몇 사람이나 찾아볼 수 있겠는가?"〕

3-69. 소요逍遙 화상和尙

一日師在禪床上坐 有僧鹿西問云 "念念攀緣 心心永寂" 師云 "昨日晚間也 有人恁麼道" 西云 "道箇什麼" 師云 "不知" 西云 "請師說" 師以拂子驀口打 西便出 師告大衆云 "頂門上著一隻眼"

하루는 선사가 선상禪床에 앉아 있는데, 녹서鹿西라는 스님이 물었다.

"생각 생각이 반연하고, 마음 마음이 영원히 고요합니다."

선사가 말했다.

"어제 저녁에도 이렇게 말하는 사람이 있었다."

녹서가 말했다.

"뭐라고 말했습니까?"

선사가 말했다.

"모른다."

녹서가 말했다.

"청컨대, 선사께서 말씀해 주십시오."

선사가 맥연히 불자로 주둥이를 후려치자, 녹서가 바로 나가버렸다.

선사가 대중에게 말했다.

"정수리에 일척안一隻眼을 갖춘 사람이다."

3-70. 복계福谿 화상和尙

僧問 "古鏡無瑕時如何" 師良久 僧云 "師意如何" 師云 "山僧耳背" 僧又擧前問 師云 "猶較些子"

어떤 스님이 물었다.

"고경古鏡에 티가 없을 때는 어떻습니까?"

선사가 양구良久하자, 스님이 말했다.

"선사의 뜻이 무엇입니까?"

선사가 말했다.

"산승은 귀가 먹었다."

스님이 또 앞의 일을 거론하고 묻자, 선사가 말했다.

"그래도 조금은 낫구먼."

❀

僧問 "如何是自己" 師云 "爾問什麽" 僧云 "豈無方便去也" 師云 "爾適來問什麽" 僧云 "得恁麽顚倒" 師云 "今日合喫山僧手裏棒"

어떤 스님이 물었다.

"어떤 것이 자기입니까?"

선사가 말했다.

"너는 무엇을 묻는 것이냐?"

스님이 말했다.

"어찌 방편이 없겠습니까?"

선사가 말했다.

"네가 좀 전에 뭘 물었었지?"

스님이 말했다.

"이렇게 전도되셨습니까?"

선사가 말했다.

"오늘은 마땅히 산승의 손 안에 있는 방망이를 맞아야 한다."

❀

僧問 "緣散歸空 空歸何所" 師云 "某甲" 僧云 "喏" 師云 "空在何處" 僧云 "却請師道" 師云 "波斯喫胡椒"

※波斯(파사): 페르시아, 옛 이란의 이름.

어떤 스님이 물었다.

"인연이 흩어져 공으로 돌아가면, 공은 어디로 돌아갑니까?"

선사가 말했다.

"아무개야!"

스님이 말했다.

"예!"

선사가 말했다.

"공空은 어디에 있는가?"

스님이 말했다.

"청컨대, 선사께서 말씀해 주십시오."

선사가 말했다.

"파사波斯에서는 후추胡椒를 먹는다."

3-71. 홍주洪州 수로水老 화상和尙

洪州水老和尙初參祖問"如何是西來的的意"祖云"禮拜著"老纔禮拜祖便與一蹋. 老大悟 起來撫掌 呵呵大笑 云"也大奇 也大奇 百千三昧無量妙義 只向一毛頭上 便識得根源去"便禮拜而退. 後告衆云"自從一喫馬師蹋 直至如今笑不休"

홍주 수로 화상이 처음 마조를 참례하고, 물었다.[66]

"어떤 것이 (조사가) 서쪽에서 온 분명한 뜻입니까?"

---

66 감변 편, '마조에게 한 번 밟히다'에 해당한다.

마조가 말했다.

"절을 하라!"

수로가 절을 하자, 마조가 곧바로 발로 한 번 밟아버렸다.

(그러자) 수로가 크게 깨닫고 일어나 손뼉을 치며 가가대소하고 말했다.

"대단히 기이하고 대단히 기이하구나!
백천삼매百千三昧의 무량묘의無量妙義를
단지 한 털끝에서
바로 그 근원을 알아버렸네."

그리고는 바로 절을 하고 물러갔다.

후에 대중들에게 말했다.

"마조에게 한 번 밟히고 나서부터는 지금까지도 웃음이 그치질 않는구나."

❀

有僧作一圓相 以手撮向師身上. 師乃三撥 亦作一圓相 却指其僧. 僧便禮拜 師打云"遮虛頭漢"

어떤 스님이 원상 하나를 그리고, 손으로 선사의 몸을 잡았다. (그러자) 선사가 이내 세 번 뿌리치고, 역시 원상 하나를 그리고는 도리어 그 스님에게 가리켰다.

스님이 바로 절을 하자, 선사가 후려갈기고 말했다.

"이 허풍쟁이 같은 놈!"

❀

問 "如何是沙門行" 師云 "動則影現 覺則氷生"

물었다.

"어떤 것이 사문행沙門行입니까?"

선사가 말했다.

"움직이면 그림자가 드러나고, 깨달으면 얼음이 생긴다."

❀

問 "如何是佛法大意" 師乃拊掌呵呵大笑 凡接機大約如此.

물었다.

"어떤 것이 불법의 대의입니까?"

선사가 이내 손뼉을 치며 가가대소했다.

(선사는) 무릇 대중을 제접할(接機) 때, 대략 이와 같았다.

3-72. 부배浮盃 화상和尙

有凌行婆來禮拜師 師與坐喫茶 行婆乃問云 "盡力道不得底句 還分付阿誰" 師云 "浮杯無剩語" 婆云 "某甲不恁麽道" 師遂擧前語問婆 婆斂手哭云 "蒼天中間更有冤苦" 師無語 婆云 "語不知偏正 理不識倒邪 爲人卽禍生也" 後有僧擧似南泉 南泉云 "苦哉浮盃 被老婆摧折" 婆後聞南

泉恁道 笑云 "王老師猶少機關在"

능행凌行이라는 노파가 와서 선사에게 절을 하고, 선사와 마주앉아 차를 마시는데, 능행 노파가 물었다.

"있는 힘을 다해도 말하지 못하는 언구를 누구에게 전했습니까?"

선사가 말했다.

"부배浮杯에게는 군말(剩語)이 없습니다."

능행 노파가 말했다.

"저는 그렇게 말하지 않겠습니다."

선사가 앞의 말을 거론해서 노파에게 묻자, 노파가 손을 마주잡고 공손히 서서(斂手) 곡哭을 하며 말했다.

"아이고(蒼天)! 하는 사이에 다시 원통한 일이 생겼습니다."

선사가 말이 없자, 노파가 말했다.

"말(語)은 편偏과 정正을 모르고 이치(理)는 전도됨(倒)과 삿됨(邪)을 모르면서 사람을 위하면 화禍가 생깁니다."

뒤에 어떤 스님이 남전에게 앞의 이야기를 전하자, 남전이 말했다.

"괴롭구나, 부배여! 노파에게 꺾였구나."

노파가 후에 남전이 이렇게 말한 것을 듣고, 웃으면서 말했다.

"왕 노사에게 오히려 기관機關이 없구나."

❀

有幽州澄一禪客 逢見行婆乃問云 "怎生南泉恁道猶少機關在" 婆乃哭云 "可悲可痛" 禪客罔措 婆乃問云 "會麽" 禪客合掌而退 婆云 "倚死禪

和如麻似粟" 後澄一禪客擧似趙州 趙州云 "我若見遮臭老婆 問教口啞却" 澄一問趙州云 "未審和尚怎生問他" 趙州以棒打云 "似遮箇徛死漢不打待幾時" 連打數棒 婆又聞趙州恁道云 "趙州自合喫婆手裏棒" 後僧擧似趙州 趙州哭云 "可悲可痛" 婆聞趙州此語 合掌歎云 "趙州眼放光明照破四天下也" 後趙州教僧去問婆云 "怎生是趙州眼" 婆乃竪起拳頭 趙州聞乃作一頌 送凌行婆云 "當機直面提 直面當機疾 報爾凌行婆 哭聲何得失" 婆以頌答趙州云 "哭聲師已曉 已曉復誰知 當時摩竭國 幾喪目前機"

※徛(징검다리 기): 징검다리. 일어서다.

유주의 징일澄一이라는 선객이 능행 노파를 만나, 물었다.

"어째서 왕 노사에게 오히려 기관機關이 없다고 말했습니까?"

노파가 곡을 하면서 말했다.

"가히 슬프고, 가히 애통하구나!"

선객이 어리둥절해(罔措)하자, 노파가 물었다.

"알겠습니까?"

선객이 합장하고 뒤로 물러나자, 노파가 말했다.

"징검다리에서 죽은 선객이 삼대처럼 많고 좁쌀처럼 많습니다."

후에 징일 선객이 조주에게 앞의 이야기를 거론하자, 조주가 말했다.

"내가 만약 이 구린내 나는 노파를 보았더라면, 한 번 물어 주둥이를 벙어리로 만들었을 것이다."

징일이 조주에게 물었다.

"화상께서 그에게 어떻게 물을지 잘 모르겠습니다."

조주가 방망이로 후려치면서 말했다.

"이런 징검다리에서 죽은 놈을 치지 않고, 언제 때를 기다리겠는가?"

그리고는 연속해서 수차례 방망이를 쳤다.

노파가 또 조주가 이렇게 말한 것을 듣고, 말했다.

"조주 자신이 노파의 손안에 있는 방망이를 맞아야 한다."

뒤에 어떤 스님이 조주에게 앞의 이야기를 거론하자, 조주가 곡哭을 하고 말했다.

"가히 슬프고, 가히 애통하구나!"

노파가 조주가 이렇게 말한 것을 듣고, 합장하고 찬탄하며 말했다.

"조주가 눈에서 광명을 놓아 사천하四天下를 비추는구나."

뒤에 조주가 어떤 스님을 시켜 노파에게 물었다.

"어떤 것이 조주의 눈(趙州眼)입니까?"

노파가 이내 주먹을 세웠다.

조주가 듣고, 송頌을 하나 지어서 능행 노파에게 보냈다.

當機直面提　상대의 근기에 따라 직접 대면해서 제기하고
直面當機疾　직접 대면해서 상대의 근기에 따르는 것이
빠르기도 하구나.
報爾凌行婆　그대, 능행 노파에게 알리노니
哭聲何得失　곡소리는 어떻게 얻고 잃는가?

노파가 송으로 답해 조주에게 말했다.

哭聲師已曉　곡소리는 선사가 이미 알았으니
已曉復誰知　이미 안 것을 다시 누가 알리오.
當時摩竭國　당시에 마갈타국에서는
幾喪目前機　목전기를 얼마나 잃었겠소?

3-73. 담주潭州 용산龍山 화상和尙(또 은산隱山이라고도 한다)

問僧 "什麽處來" 僧云 "老宿處來" 師云 "老宿有何言句" 僧云 "說卽千句萬句 不說卽一字也無" 師云 "恁麽卽蠅子放卵" 其僧禮拜 師便打之.

어떤 스님에게 물었다.

"어디서 오는가?"

스님이 말했다.

"노숙老宿의 처소에서 옵니다."

선사가 말했다.

"노숙께서는 무슨 말씀이 있으시던가?"

"말을 하자면 천 구절 만 구절이요, 말하지 않으면 한 글자도 없습니다."

선사가 말했다.

"그렇다면 파리(蠅子)가 알을 낳는 것이겠구나."

그 스님이 바로 절을 하자, 선사가 바로 쳤다.

❀

洞山价和尙行脚時 迷路到山因參禮次 師問 "此山無路闍梨向什麽處來" 洞山云 "無路且置 和尙從何而入" 師云 "我不曾雲水" 洞山云 "和尙住此山多少時邪" 師云 "春秋不涉" 洞山云 "此山先住和尙先住" 師云 "不知" 洞山云 "爲什麽不知" 師云 "我不爲人天來" 洞山却問"如何是賓中主" 師云 "長年不出戶" 洞山云 "如何是主中賓" 師云 "靑天覆白雲" 洞山云 "賓主相去幾何" 師云 "長江水上波" 洞山云 "賓主相見有何言說" 師云 "淸風拂白月" 洞山又問 "和尙見箇什麽道理便住此山" 師云 "我見兩箇泥牛鬪入海直至如今無消息" 師因有頌云 "三間茅屋從來住 一道神光萬境閑 莫作是非來辨我 浮生穿鑿不相關"

동산양개 화상이 행각 할 때, 길을 잃고 용산에 이르러 참례하자, 선사가 물었다.

"이 산에는 길이 없는데, 스님은 어디서 왔는가?"

동산이 말했다.

"길 없는 것은 놔두고, 화상께선 어디로 들어오셨습니까?"

선사가 말했다.

"나는 운수행각한 적이 없다."

동산이 말했다.

"화상께서 이 산에 머문 지 얼마나 되십니까?"

선사가 말했다.

"세월에 관계치 않는다."

동산이 말했다.

"이 산이 먼저 머물었습니까, 화상이 먼저 머무셨습니까?"

선사가 말했다.

"모르겠다."

동산이 말했다.

"어째서 모르십니까?"

선사가 말했다.

"나는 사람과 하늘을 위해 오지 않았다."

동산이 도리어 물었다.

"어떤 것이 손님 가운데 주인(賓中主)입니까?"

선사가 말했다.

"늙은이는 집을 나가지 않는다."

동산이 말했다.

"어떤 것이 주인 가운데 손님(主中賓)입니까?"

선사가 말했다.

"푸른 하늘을 흰 구름이 덮는다."

동산이 말했다.

"손님과 주인의 거리는 얼마나 됩니까?"

선사가 말했다.

"장강의 물에 물결이다(長江水上波)."

동산이 말했다.

"손님과 주인이 만나면 무슨 말이 있습니까?"

선사가 말했다.

"맑은 바람이 흰 달을 닦는다(淸風拂白月)."

동산이 또 물었다.

"화상께서는 무슨 도리를 보셨기에 이 산에 머무시는 것입니까?"

선사가 말했다.

"내가 두 마리 진흙 소(泥牛)가 싸우면서 바다로 들어가는 것을 보았는데, 지금까지도 소식이 없다."

그리고는 선사가 송을 지었다.

三間茅屋從來住　세 칸 띠 집에 예부터 머무니
一道神光萬境閑　한 줄기 신령스런 광명 온갖 경계에 한가하다
莫作是非來辨我　옳고 그름으로 나를 가려내려 하지 말라.
浮生穿鑿不相關　덧없는 인생, 꿰뚫어도 상관하지 않나니.

3-74. 양주襄州 거사居士 방온龐蘊

襄州居士龐蘊者 衡州衡陽縣人也 字道玄. 世以儒爲業 而居士少悟塵勞志求眞諦. 唐貞元初 謁石頭和尙 忘言會旨 復與丹霞禪師爲友.

양주 거사 방온은 형주 형양현 사람으로 자字는 도현道玄이다. 집안 대대로 유학을 업으로 삼았는데, 거사는 젊어서 번뇌(塵勞)에 눈을 뜨고 진제眞諦를 구하는 데 뜻을 두었다. 당 정원 초에 석두 화상石頭을 뵙고, 말을 잊은 채 뜻을 알았다(忘言會旨). 또 단하 선사丹霞禪師와 친구로 지냈다.

❀

一日石頭問曰 "子自見老僧已來 日用事作麼生" 對曰 "若問日用事卽無開口處" 復呈一偈云 "日用事無別 唯吾自偶諧 頭頭非取捨 處處勿張乖 朱紫誰爲號 丘山絶點埃 神通幷妙用 運水及般柴"

하루는 석두가 물었다.

"그대는 노승을 본 이래로 날마다 하는 일(日用事)이 어떤가?"

대답했다.

"날마다 하는 일을 묻는다면 입을 열 곳(開口處)이 없습니다."

그리고는 다시 게송 하나를 지어 바쳤다.

日用事無別　일용사日用事에 별다른 것 없어
唯吾自偶諧　오직 나 스스로 잘 지낼 뿐,
頭頭非取捨　낱낱이 취하거나 버리지 않으니
處處勿張乖　곳곳에 어긋나는 것도 없다.

朱紫誰爲號　붉은색과 자주색으로 무엇을 부르려 하는가?
丘山絶點埃　이 산에는 한 점 티끌도 없다
神通幷妙用　신통과 묘용이여!
運水及般柴　물 긷고 나무하는 것이로다.

❀

石頭然之曰 "子以緇耶素耶" 居士曰 "願從所慕" 遂不剃染.

석두가 수긍하면서 말했다.

"그대는 스님으로 살 것인가, 거사로 살 것인가?"

거사가 말했다.

"원컨대 사모하는 바를 따를 뿐입니다."

그리고는 머리를 깎지도 않고 물들인 옷도 입지(剃染, 剃髮染衣) 않았다.

❀

後之江西參問馬祖云 "不與萬法爲侶者 是什麼人" 祖云 "待汝一口吸盡西江水 卽向汝道" 居士言下頓領玄要 乃留駐參承經涉二載 有偈曰 "有男不婚 有女不嫁 大家團欒頭 共說無生話" 自爾機辯迅捷諸方嚮之.

후에 강서로 가서 마조를 뵙고, 물었다.

"만법과 짝하지 않는 자는 어떤 사람입니까?"

"그대가 한 입에 서강 물을 다 마시면, 바로 그대에게 말해 주겠네."

거사가 그 말끝에 단박에 현묘한 요체(玄要)를 깨달았다.

그리고는 곁에 머물면서 섬기고 참례하며 2년을 지냈다.

게송으로 말했다.

有男不婚　아들은 있지만 장가들지 않고
有女不嫁　딸도 있지만 시집가지 않았다.
大家團欒頭　온 가족이 단란하게 모여서
共說無生話　함께 무생화를 말하네.

이로부터 기지와 변재가 신속하고 민첩한 것이 제방에 알려졌다.

❀

嘗遊講肆 隨喜金剛經 至無我無人處 致問曰 "座主旣無我無人 是誰講誰聽" 座主無對 居士曰 "某甲雖是俗人麤知信向" 座主曰 "只如居士意作麼生" 居士乃示一偈云 "無我復無人 作麼有疎親 勸君休歷坐 不似直求眞 金剛般若性 外絶一纖塵 我聞幷信受 總是假名陳" 座主聞偈欣然仰歎.

언젠가 강의장(講肆)에 들러서 금강경을 강의하는 것을 듣고 따라서 기뻐했는데, 나도 없고 남도 없다(無我無人)고 한 곳에 이르자, (좌주에게) 물었다.

"좌주여, 나도 없고 남도 없다면, 누가 강의하고 누가 듣습니까?"

좌주가 대답을 하지 못했다.

거사가 말했다.

"제가 비록 속인이지만, 그 소식(信向)을 대략 압니다."

좌주가 말했다.

"그렇다면 거사의 뜻은 무엇입니까?"

거사가 이네 게송(偈) 하나를 일러주었다.

無我復無人　나도 없고 또 남도 없는데
作麼有疎親　어떻게 멀고 가까움이 있으리오.
勸君休歷坐　그대에게 권하노니, 강의하는 것을 그만두라.

不似直求眞　곧장 참됨을 구하는 것만 못하다네.

金剛般若性　금강반야의 성품은
外絶一纖塵　밖으로 털끝만큼의 티끌도 끊었으니
我聞幷信受　여시아문(我聞)에서 신수봉행(信受)까지
總是假名陳　모두가 가명으로 늘어놓은 것이네.

좌주가 게송을 듣고 기뻐하면서 찬탄했다.

❀

居士所至之處老宿多往復問酬 皆隨機應響 非格量軌轍之可拘也 元和中 北遊襄漢 隨處而居 或鳳嶺鹿門 或鄽肆閭巷 初住東巖 後居郭西小舍 一女名靈照 常隨製竹漉籬令鬻之以供朝夕 有偈曰 "心如境亦如 無實亦無虛 有亦不管 無亦不居 不是賢聖 了事凡夫 易復易 卽此五蘊有眞智 十方世界一乘同 無相法身豈有二 若捨煩惱入菩提 不知何方有佛地"

거사는 가는 곳마다 노숙老宿들과 자주 문답을 했는데, 모두 근기에 따라 답할 뿐(隨機應響), 격식(格量)과 규칙(軌轍)에 구애되지 않았다. 원화 때, 북쪽 양한 지역을 다니면서 마음 내키는 대로 여러 곳에서 살았는데, 혹은 봉령鳳嶺이나 녹문鹿門, 또는 가게나 마을에서 살았다. 처음에 동암東巖에서 살다가 뒤에 곽서郭西의 작은 집에 살았다. 딸이 하나 있었는데, 이름이 영조靈照였다. 늘 따라다니면서 대나무로 조리를 만들어 팔면서 조석으로 공양을 했다. 게송으로 다음과 같은 것이 있다.

心如境亦如　마음이 여여하고 경계 또한 여여하니
無實亦無虛　실實도 없고 허虛도 없네.
有亦不管　있음에도 관계하지 않고
無亦不居　없음에도 머물지 않으니
不是賢聖　현인이나 성인이 아니라
了事凡夫　일을 마친 범부라네.

易復易　쉽고 또 쉽구나.
卽此五蘊有眞智　바로 이 5온이 참된 지혜이고
十方世界一乘同　시방세계는 일승으로 같으니
無相法身豈有二　무상법신에 어찌 둘이 있으리오.
若捨煩惱入菩提　만약 번뇌를 버리고 보리에 들어간다면
不知何方有佛地　어디에 부처가 있는지를 모르는 것이네.

❀

居士將入滅 令女靈照出視日早晚及午以報 女遽報曰 "日已中矣 而有蝕也" 居士出戶觀次 靈照卽登父座合掌坐亡. 居士笑曰 "我女鋒捷矣" 於是更延七日. 州牧于公問疾次 居士謂曰 "但願空諸所有 愼勿實諸所無 好住世間皆如影響" 言訖枕公膝而化. 遺命焚棄江湖. 緇白傷悼謂禪門龐居士卽毘耶淨名矣. 有詩偈三百餘篇傳於世.

거사가 입멸入滅하려 할 때, 딸 영조더러 해가 이른지 늦은지를 보다가 정오가 되면 알리도록 했는데, 딸이 급히 알렸다.

"해가 이미 중천인데, 일식(蝕) 중입니다."

거사가 방 밖으로 나가 보고 있는데, 영조가 바로 아버지 자리에 올라 합장하고 앉아 죽었다.

거사가 웃으면서 말했다.

"내 딸이 칼끝처럼 민첩하구나."

이에 (자신의 죽음을) 다시 7일 동안 연기했다.

주의 목사 우공于公이 문병을 오자, 거사가 말했다.

"다만 존재하는 모든 것을 공空으로 보기 바랍니다.

그렇다고 삼가 존재하지 않는 모든 것을 실實로 여기지도 마십시오.

행복하게 지내시길! 모든 것은 그림자나 메아리와 같은 것입니다."

말을 마치자, 우공의 무릎을 베고 숨을 거두었다. 유언에 따라 화장을 하고 강에 버렸다. 승속이 모두 슬퍼하면서 "선문의 방 거사가 바로 비야리성의 유마 거사다"라고 하였다.

시게詩偈 300여 편이 세상에 전한다.

【전등록 권 제8 끝】

4. 사가어록四家語錄 서序·인引·발跋

4-1. 사가어록 서序

達摩大師西來 不立文字 直指人心 見性成佛 心心相印 以迨六祖. 六祖以下 分爲南嶽青原 而南嶽最盛.南嶽又分爲臨濟潙仰 而臨濟最盛. 正所傳四家語錄者 乃南嶽以下 馬祖百丈 黃檗臨濟 四尊宿 應機接人語也 多者萬言 少者亦不下數千言. 果文字乎 非文字乎 西來之意 果不出此乎.

달마 대사가 서쪽에서 와서 문자를 세우지 않고(不立文字) 바로 사람의 마음을 가리켜(直指人心) 성품을 보고 부처를 이루게 하고(見性成佛) 마음과 마음으로 전하여(心心相印) 6조에 이르렀다. 6조 아래로는 남악(南嶽, 남악회양)과 청원(青原, 청원행사)으로 나뉘어졌는데, 남악이 가장 번성하였다. 남악은 또 임제(臨濟, 임제의현, 임제종)와 위앙(潙仰, 위산영우와 앙산혜적, 위앙종)으로 나뉘어졌는데, 임제가 가장 번성했다.

본서 사가어록四家語錄은 바로 남악 아래 마조·백장·황벽·임제 네 존숙(四尊宿)이 근기에 따라 학인을 제접한(應機接人) 말씀으로 많다면 만 마디 말이지만 적다 해도 수천 마디를 내려가지 않는다. (본서는) 과연 문자이면서 문자가 아니니, (조사가) 서쪽에서 온 뜻(西來之意)도 과연 이것을 벗어나지는 않을 것이다.

❀

嗟夫 指月示迷 迷者覩指遺月 以盤喩日 盲者自盤之鍾 種種差別 胡可勝言. 諸尊宿其能忘言邪. 夫豈不欲直指人心 令其頓悟. 譬之寫照以形求形. 僅肖十一 惟此妙明 非可形求 非可意度 況可言顯. 卽令可言 顧從門而入 恐非家珍 因言而明 不離道聽. 諸尊宿 其忍直言邪不忍. 直言不容易言 又不能忘言.

아(嗟)! 무릇 달을 가리켰는데 미혹을 보이는 것(指月示迷)은 어리석은 사람(迷者)이 손가락은 보면서 달은 잊어버린 것이니(覩指遺月), (이는) 쟁반으로 해를 비유하자 맹인이 쟁반을 종鍾으로 여기는 것과 같은 것이다.[67] (이와 같은) 갖가지 차별을 어찌 수승한 말이라고

67 『소동파 산문선蘇東坡散文選』에 다음과 같이 기술하고 있다.

잡으려 뛰어가면 홀연히 사라지는 것, 세상사람 숫자만큼이나 다양한 모습으로 나타났다 사라지는 것, 목숨을 걸고라도 얻으려 하지만 손에 쥘 수도 없이 가벼운 것, 그래서 잡을 수 없는 것이 도라고 한다. 그래도 그것이 필요하다면 방법이 없는 것은 아니다. 열심히 일한 대장장이가 불꽃과 쇠의 도를 터득하듯이 마음자리 비워 놓으면 그것이 제 발로 와 앉게 된다고 한다.

나면서부터 눈먼 사람이 해가 어떻게 생겼는지 몰라서 눈 있는 사람에게 물었다. 어떤 사람이 "해의 형상은 구리 쟁반과 같소"라고 하자 쟁반을 두드려 그 소리를 들었다. 뒷날 종소리를 듣고는 그것을 해라고 생각했다. 또 어떤 사람이 "해의 빛은 초와 같소"라고 하자 초를 더듬어서 그 형상을 가늠했다. 뒷날 피리를

할 수 있겠는가! 모든 존숙尊宿이 말을 잊었겠는가! 이것이 어찌 사람의 마음을 바로 가리켜 단박에 깨닫도록(頓悟) 한 것이 아니겠는가! 비유하면 초상화를 그리는 것(寫照)과 같아서, 형태로 (새로운) 형태를 구하는 것(以形求形)은 겨우 열에 하나를 닮을 뿐이다. 다만 이 묘명妙明한 것은 형태로써 구할 수 있는 것도 아니고, 생각으로 헤아릴 수 있는 것도 아닌데, 하물며 말로써 드러낼 수 있겠는가! 말을 하도록 한 것은 문으로 들어온 것을 돌아보고 집안의 보배가 아닌지 염려한 것이니, 말로 밝히는 것은 길거리에서 얻어들은 수준을 떠나지 않는다. 모든 존숙이 숨기지 않고 솔직히 말하는 것(直言)을 참았겠는가, 참지

만져보고는 그것을 해라고 생각했다. 해는 역시 종이나 피리와는 거리가 멀지만 눈먼 사람이 그 차이를 모르는 것은 그가 직접 본 적 없이 다른 사람에게 물어서 알려고 했기 때문이다. 도는 해보다 더 파악하기 어려우므로 사람들이 잘 알지 못하는 것이 눈이 먼 것과 다를 리가 없다. 잘 아는 사람이 비록 절묘한 비유로 친절하게 일러 준다고 할지라도 해를 쟁반이나 초에 비유해 설명해 주는 것보다 나을 수가 없다. 쟁반에서 종으로, 초에서 피리로, 이렇게 돌려가면서 형용한다면 어찌 끝이 있겠는가? 그렇기 때문에 세상에서 도를 논하는 사람 중에는 자신이 본 것에 근거해 말하는 사람도 있고 보지도 않고 억측해 말하는 사람도 있는데, 모두 도를 추구하는 잘못된 방법이다. 그렇다면 도는 끝내 추구할 수 없는 것인가? 소자蘇子는 말한다. "도는 저절로 다가오게 할 수는 있어도 억지로 좇아갈 수는 없다"고. 저절로 다가오게 하는 것이란 무엇을 말하는가? 손무孫武는 말하기를 "싸움을 잘하는 사람은 적이 스스로 다가오게 하지 자기가 적에게 끌려가지 않는다"라고 했고, 자하子夏는 말하기를 "온갖 기술자들은 자기 작업장에서 열심히 일함으로써 자기 일을 성취하고, 군자는 몸으로 익힘으로써 도가 자신에게 다가오게 한다"라고 했거니와, 좇아가지 않는데도 스스로 다가온다면 이것이 다가오게 하는 것이리라.(소식 지음, 류종목 옮김, 소동파 산문선, pp.63~65, 2013, 지식을 만드는 지식)

않았겠는가! 숨기지 않고 솔직히 말하면서도 선불리 말하는 것을 용납하지 않았지만, 그렇다고 또 말을 잊지도 않았다.

❀

諸尊宿之心 其若之何. 或謂 人具此心 自有鑑覺 何煩諸尊宿之喋喋. 不知情欲萌生 知識竝出. 前塵分別 悞謂妙明 趨妄背眞 愈求愈遠. 儻執定相 輒墮黑山鬼窟. 聽其納草 且至犯人禾稼 參承旣遠. 餘緖茫茫 不有格言 胡尋正脉. 一心傅公 深入三昧 妙脫言詮 於諸尊宿 有深契焉 謂入道者 非此無階 謂法施者 非梓莫廣.

모든 존숙의 마음은 어떠했을까? 혹자는 말하기를 '사람들은 모두가 이 마음을 갖추고 있고, 스스로 깨달음의 거울(鑑覺)이 있는데 어찌하여 여러 존숙은 수다스럽게 말이 많은가? (마음속에서) 정욕情欲이 움터 지식知識이 모두 표출된 것임을 모르고 있는 것이다'고 한다. (하지만 이는) 전진(前塵, 눈앞의 티끌 같은 경계)을 분별해서 묘명妙明이라 그릇되게 말하고 허망한 것을 뒤좇아 참됨을 등지는 것이니, 구하면 구할수록 멀어지게 된다. 만약 정해진 상(定相)에 집착하면 문득 흑산 아래 귀신 굴(黑山鬼窟)에 떨어지게 될 것이다. 또한 남의 밭에 들어가는 것을 허용하고, 나아가 남의 곡식에 손을 대는 것에 이르면, 참구하여 깨닫는 것은 이미 멀어진 것이다. 또한 그 나머지들도 모두 망망茫茫해져서 말에 격식도 없이 제멋대로 정맥正脉이랍시고 찾을 것이다. (하지만) 일심一心 스님께서(傅公)는 삼매에 깊이 들어 말(言)과 통발(詮=筌)을 오묘하게 벗어나 여러 존숙에 깊이 계합하였으니, 말하자면 도에 들어가는 것(入道)은 이것(이 책)이 아니면 단계가 없고, 법을 베푼다(法施)는 것도 (이 책을) 간행하지 않으면 넓히지 못할 것이다.

❀

會東安解君靜山寧 宿植靈根 深培善力 相與捐貲 竟爲繕刻 心公猶恐觀者滯于文字. 屬余序其意於首 余不能深知 諸尊宿之心. 嘗聞聖人之訓矣 曰 予欲無言 然今之希聖者舍聖言 又奚識焉. 要知善會者 侈然無間 總是一嘿 不善會者 離言絶句 轉隔萬塵. 四尊宿之語 其爲文字邪非文字邪 直指邪 非直指邪 必有能辨之者.

동안東安의 정산靜山 거사 해녕解寧을 만났는데, 숙세에 신령스런 근기(靈根)를 심고 선력善力을 깊이 배양하였기에 함께 재물을 출연해 마침내 엮어서 판각하게 되었다. (하지만) 심공(心公, 일심스님)께서는 여전히 보는 이가 문자에 막힐까 걱정이시다.

마침 내가 첫머리에 그 뜻을 서술했지만, 여러 존숙의 마음을 깊이 알 수는 없다. 그러나 일찍이 성인의 가르침을 들었는데, (공자는) 말하기를 '나는 말하지 않으려 한다(予欲無言)'[68]고 했다. 그렇다면 지금 성인을 바라는 자(希聖者)가 성인의 말씀을 버린다면, 또 어찌 알겠는가? 잘 아는 이(善會者)를 알고자 하면 과분할 정도로 틈이 없어야 모두가 한결같이 고요할 것이고, 잘 모르는 사람(不善會者)은 언구를 끊고 벗어나야 온갖 티끌로부터 점점 멀어지게 될 것이다.

네 존숙의 말씀이 문자인가, 문자가 아닌가? 바로 가리킨 것인가,

---

68 논어論語 양화陽貨 편에 나오는 말이다.

바로 가리 킨 것이 아닌가? 반드시 가려낼 수 있는 사람이 있을 것이다.

비릉毗陵 당학징唐鶴徵[69] 씀.

4-2. 사가어록 읽기를 추천함(讀四家語錄引)

解君 刻是錄畢. 有客扣予曰 "但形文字 卽屬言教 烏得謂之 教外別傳邪" 予曰 "非也. 有言固教 而無言亦教也. 乃至 非有言 非無言 非非有言 非非無言 皆教也. 所謂 離四句絶百非" 客又曰 "靈龜曳尾 而其迹彌彰. 四尊宿之語 不亦曳尾乎哉" 予曰 "非也. 言四尊宿 有意泯迹 非教外也. 無意泯迹 亦非教外也. 乃至 非有意 非無意 非非有意 非非無意 具非教外也" 客曰 "然則 孰謂爲別傳哉" 予曰 "待覰破下文 試與汝道" 萬曆丁未 秋八一日 荊溪釋正傳書.

해군(解君, 동안東安의 정산靜山 거사 해녕解寧)! 이 어록을 판각해서 마쳤습니다.

---

69 당학징(唐鶴徵, 1538~1619): 명나라 상주부常州府 무진武進 사람. 자는 원경元卿이고, 호는 응암凝菴이며, 당순지唐順之의 아들이다. 융경隆慶 5년(1571) 진사進士가 되었다. 예부주사禮部主事와 공부랑工部郎, 태상시소경太常寺少卿을 지냈는데, 어떤 사건으로 파직당해 귀향했다. 나중에 다시 기용되어 남경南京 태상경太常卿에 올랐다. 환관 구속승毆屬丞을 탄핵하여 엄중한 문책을 당하게 해 사람들이 더욱 꺼리자 병을 이유로 사직하고 돌아왔다. 같은 고을의 공도립龔道立, 고헌성顧憲成 등과 동림서원東林書院에서 강학講學했는데, 박학으로 명성이 높았다. 저서에 『주역상의周易象義』와 『황명보세편皇明輔世編』, 『헌세편憲世編』 등이 있다.(중국역대인명사전, 2010, 이회문화사)

어떤 손님(客)이 내게 물었습니다.

"단지 문자를 드러내는 것은 언교(言教, 말로 가르치는 것)에 속할 뿐인데, 어찌 이른바 교외별전教外別傳이라 하겠습니까?"

제가 말했습니다.

"아니오. 말이 있는 것도 분명 가르침이요, 말 없는 것 역시 가르침입니다. 나아가 말이 있는 것도 아니고(非有言) 말이 없는 것도 아니며(非無言), 말이 있는 것이 아닌 것도 아니고(非非有言), 말이 없는 것이 아닌 것도 아닌 것(非非無言)에 이르기까지 모두가 가르침이니, 이른바 사구와 백비를 떠난 것입니다."

손님이 또 물었습니다.

"신령스런 거북이 꼬리를 끌지만, 그 자취는 더욱 드러납니다(靈龜曳尾 其迹彌彰). 그러니 네 존숙의 말씀도 역시 꼬리를 끄는 것이 아니겠습니까?"

제가 말했습니다.

"아니오. 네 존숙의 말씀은 뜻은 있어도 자취는 없으니, 가르침 밖(教外)이 아닙니다. 또한 뜻도 없고 자취도 없는 것 역시 가르침 밖이 아닙니다. 나아가 뜻이 있음도 아니고(非有意) 뜻이 없음도 아니며(非無意), 뜻이 없는 것이 아닌 것도 아니고(非非有意) 뜻이 없는 것이 아닌 것도 아닌 것(非非無意)에 이르기까지 모두가 가르침 밖이 아닙니다."

손님이 말했습니다.

"그렇다면 누가 따로 전했다(別傳)고 하는 것입니까?"

제가 말했습니다.

"아래 글(下文, 사가어록)을 엿보면, 시험 삼아 그대에게 말해 주겠습니다."

만력萬曆 정미丁未년(1607) 가을 8월 1일
형계荊溪 석 정전釋正傳[70] 씀.

4-3. 사가어록 판각에 발문함(刻四家語錄跋)

客有以四家語錄示者 予終日持誦 不能去手. 因出與一心師共讀之. 師請壽諸梓. 予曰 "諸方語錄 流布不少 柰何復侈玆擧" 師曰 "不然 大約我祖家說話 端的要人妙悟 不容擬議商量. 教伊立地得徹去 當下便了去. 詎圖陳露布 益葛藤乎. 藉風颺塵 而眯人目乎. 且夫 奮大機顯大用 何似馬祖黃檗老婆心最切 其承稟則 奚如百丈臨濟賣弄處. 偏奇吾何忍置此等事 不一提撕. 以痛快千古邪" 予曰 "師更欲搊人鼻孔 令其知痛邪 又將施棒於衆 欲我還拳邪" 師笑而無語. 予於是 邀諸明公

---

70 정전(正傳, 1549~1619): 처음에 일심一心이라 불렸고, 율양溧陽 여呂씨다(이李씨라고도 한다). 소암덕보(笑巖德, 1512~1581) 선사의 법을 이었다. 대감(大鑑, 육조혜능)의 제33세다. 형계荊溪의 정락원靜樂院 낙암樂庵에서 머리를 깎고, 후에 덕보를 뵙고 법을 얻었다. 만력萬曆 12년(1584)에 청량산淸涼山 비마암사祕魔巖寺에 들어가 13년을 머물렀다. 후에 의흥宜興 용지산龍池山 우문사禹門寺에서 법을 열고(開法, 주지가 됨), 연산燕山 보조사普昭寺로 옮겼다. 『용지환유선사어록龍池幻有禪師語錄』이 있고, 법제자(法嗣)로 밀운원오密雲圓悟, 천은원수天隱圓修, 정명 연淨名蓮 등이 있다.〔初號一心 溧陽呂氏(一作李氏) 笑巖德寶(1512~1581)禪師法嗣 大鑑下第三十三世 依荊溪靜樂院樂庵薙染 後謁德寶得法 萬曆十二年(1584) 入淸涼山祕魔巖寺居十三載 後開法宜興龍池山禹門寺 遷燕山普昭寺有≪龍池幻有禪師語錄≫ 法嗣有密雲圓悟 天隱圓修 淨名蓮等.〕(인명규범검색人名規範檢索)

發心捐俸梓行. 庶留心斯道者 得此馳求頓歇 默爾知歸. 相與四尊宿可謂千載一遇者也. 吾師勉是刻 豈小補哉. 時 萬曆己丑臘八日 東安靜山居士 解寧 識.

어떤 손님이 사가어록四家語錄을 보이기에 내가 종일토록 지송持誦하면서 차마 손을 뗄 수가 없었다. 그래서 일심一心 스님과 함께 읽게 되었다. 또한 스님이 이것을 판각해(梓) 오래도록 보존할 것(壽)[71]을 청했다. (그래서) 내가 말했다.

"제방諸方에 어록語錄이 유포된 것이 적지 않거늘, 어째서 또 과분하게 이런 일을 제기하는 것입니까?

스님이 말했다.

"그렇지 않습니다. 대략 우리 조사 집안에서 말한 것들(祖家說話)은 단적으로 사람들이 오묘하게 깨닫기를 바라지, 헤아리거나(擬議) 따지는 것(商量)을 용납하지 않습니다. 그들로 하여금 서 있는 그 자리에서 철저하게 얻어 바로 그 자리에서 요달하도록 할 뿐입니다. 그런데 어찌 주의 주장(露布)을 펴는 것을 도모하겠습니까? (주의주장을 펴는 것은) 갈등(葛藤, 언어문자)만 더할 뿐이고, 바람을 핑계 삼아 티끌을 날려 사람의 눈에 티가 들어가게 하는 것입니다.

저 대기大機를 떨치고 대용大用을 드러낸다 하더라도 어떻게 마조와 황벽의 가장 절절한 노파심과 같을 수 있겠으며, 그들의 법도를 삼가 이어 받는다 하더라도 어찌 백장과 임제가 자신만만하게 여긴 곳(賣弄

---

71 壽(목숨 수)에 (돈이나 나무 따위에 조각하여) 오랫동안 보존하다의 뜻이 있다.

處)과 같겠습니까? (만약 그렇게 자처하는 사람이 있다면) 한쪽으로 치우치거나 괴상한 이 같은 일을 내가 어찌 참고 내버려두겠으며, 하나라도 일깨워주지 않겠습니까! 이것이야말로 천고千古에 통쾌한 일이 아니겠습니까!"

내가 말했다.

"스님께서는 사람의 콧구멍을 쳐서 그것을 통렬하게 알도록 하려는 것입니까? (아니면 또) 대중에게는 방망이를 주고, 제게는 주먹질을 하려는 것입니까?"

(그러자) 스님께서는 웃으면서 말씀이 없으셨다.

이에 내가 여러 명공(明公, 높은 벼슬아치)에게 요청을 해서 봉록을 출연하고 판각하는 데 마음을 내도록 하였다.

바라건대, 이 도에 마음을 두고 있는 사람이라면 이 치달려 구하는 마음을 단박에 쉬고 묵묵히 돌아가야 할 곳을 알아야 한다. 네 존숙과 함께하는 것은 가위 천 년에 한 번 만나는 기회라 할 것이니, 우리 스님께서 힘써 판각하시는데, 어찌 작은 보탬이겠는가!"

만력 기축(1587)년 납월 8일

동안東安 정산靜山 거사居士 해녕解寧이 쓰다

역자 후기

2018년 봄 『원오심요 역주』를 출간하면서 '선어록총서'라는 이름으로 선종의 주요 어록들을 번역·출간하기로 도서출판 운주사 김시열 사장과 약속을 했었다. 그리하여 한여름 연일 40도를 웃도는 전례 없는 폭염과 한겨울 하루가 멀다 하고 찾아오는 미세먼지를 거쳐, 봄의 따스함 속에서 선어록총서 두 번째 권 『마조어록 역주馬祖語錄 譯註』 원고를 마칠 수 있었다.

본서는 사실 역자가 원오심요를 번역하면서 주註를 달기 위해 직접 번역하고 정리해 두었던 여러 어록들 가운데 하나인데, 이번에 전등록과 조당집, 그리고 선문염송집 등과 한 자 한 자 대조하여 번역 출간하게 된 것이다. 또한 전등록에 담겨 있는, 마조 선사의 법을 이은 74인의 기연어구를 모두 번역 소개함으로써 중국 선종의 황금기에 그의 공功이 얼마나 대단하였으며, 향후 선禪을 통해 깨달음에 이르려는 이들에게 진정 어떻게 공부해야 하는가에 대한 올바른 방향을 제시하고픈 뜻을 본 번역에 함께 담았다.

번역은 쉬운 일이 아니다. 특히 선어록의 번역은 더더욱 그렇다. 그래서 좌절 또한 많았다. 어떨 땐 한 구절이 번역되지 않아 며칠씩 손을 뗀 적도 여러 번 있었다. 선어록은 선사의 행록行錄과 시중(示衆, 上堂法語)을 제외하면 거의 모두가 공안(公案, 話頭)으로 이루어져 있음은 주지의 사실이다. 특히 공안이라는 것은 스승이 근기에 따라 학인을 제접해 바로 그 자리에서 도를 터득케 하는 것으로, 털끝만큼의 오차도 없는 간단명료한 말 한마디에 활연대오豁然大悟하는 장엄함이 담겨져 있는 것이기에 더더욱 읽어 내려가는 것부터 번역에 이르기까지 신중에 신중을 기울이지 않을 수 없다. 왜냐하면 무엇보다도 이 세계에는 일도양단의 반야검이 놓여 있기 때문이다. 올바른 비유가 될지 모르겠지만, 연극이나 영화의 대본臺本에는 지문地文이라는 것이 있어 배우의 동작과 감정, 그리고 표정과 분위기 등을 표현하게 한다. 하지만 선어록에는 이 같은 지문이라는 것이 없다. 그래서 읽어내려가는 것부터가 쉽지 않을 뿐만 아니라, 간결한 대화 속에 담겨 있는 스승과 제자 사이의 팽팽한 긴장감, 제자의 간절함과 스승의 친절함 등을 마치 대본의 지문처럼 생동감 있게 드러낸다는 것은 더더욱 어려운 것이다.

선어록에는 깨달음에 대한 학인의 간절함, 가리켜 보이고픈 스승의 친절함, 그리고 둘 사이에 오고가는 전광석화와 같은 신속함과 한 치의 오차도 없는 도에 대한 정확함이 분명 있는데, 이것을 읽을 줄 알고 볼 줄 아는 것이 선어록을 공부하는 의미 가운데 하나일 것이다. 나아가 선어록은 여타의 일반서적과는 달리, 답을 가르쳐 주거나 적시하는 것이 아니라 스스로 볼 수 있도록 가리켜 보이는 것이기에 더더욱 사구死句가 아닌 활구活句를 참구하는 공안서公案書라는 것을 잊지 말아야 할 것이다. 원오극근圜悟克勤은 임제의현의 말에 살을 붙여 이르기를 "활구를 참구해야지, 사구를 참구해서는 안 된다. 활구에서 깨닫게 되면 영겁토록 잊어버리지 않지만, 사구에서 깨치면 스스로도 구제하지 못하게 되니, 부처와 조사의 스승이 되고자 한다면 모름지기 활구를 밝혀야 한다(他參活句 不參死句 活句下薦得 永劫不忘 死句下薦得 自救不了 若要與祖佛爲師 須明取活句, 拙譯, 원오심요 1. 화장 명 수좌에게 편)"고 하였다. 이 말씀은 분명 선어록을 공부하는 모든 이들의 필수 지침이 되어야 한다. 이 공부는 앵무새가 되거나 원숭이가 되고자 하는 것이 아니다. 분명코 사자가 되는 것이 이 공부의 목적임을 명심 또 명심해야 할 것이다.

역자는 번역하면서 항상 다짐하는 것이 있는데, 그것은 다름이 아니라 '번역은 하되 해석하지는 말자'는 것이다. 왜냐하면 올바른 번역이 바로 정확한 해석이라는 생각 때문이다. 바르지 못한 번역에 해석까지 따른다면 그 과오를 어찌 감당할 수 있겠는가! 혼자 길을 잘못 가는 것이야 본인의 자유라 하더라도, 그 뒤를 따르는 여러 사람의 한탄과 실망은 차후 무엇으로 보상할 수 있겠는가!

또한 마조어록을 읽고 번역하면서 새삼 느낀 것이 하나 있는데, 그것은 다름 아니라 대선사가 가리켜 보인 것 역시 부처님의 말씀에서 한 치도 벗어나지 않는다는 것이다. 그래서 번역하면서 막힐 때는 경전으로 돌아갔고, 그 다음에 다시 선어록을 보았다. 그리하여 다시 볼 때마다 문장들을 한 번 더 수정 보완하였다.

그러니 아마도 또 한 번 다시 보면 분명 또 다시 수정해야 할 문장들이 나올 것이고, 무심히 스쳐 지나갔던 경전의 말씀들이 또 다시 주註로 소개되어야 할 것이다. 하지만 이후는 눈 밝은 공부하는 이들의 지적과 함께, 보다 더 깊은 공부로 향후 개정판으로 답할 것을 이 자리를 빌려 다짐하며, 세상에 내놓는다.

늘 함께 공부하며 이번 번역에도 아낌없는 관심과 도움을 준 귀원 류내우 법사님과 매주 일요일 얼굴을 맞대어 공부하고 있는 원광 김태석 거사님, 청암 김광선 거사님, 이명희 거사님, 서정기 박사님, 정수행 김치자 보살님, 서광구 보살님께도 감사의 말씀을 드린다(유마경 강독을 마치고 최근에 화엄경을 읽고 있다. 또한 금강삼매경론과 선림승보전을 함께 읽고 있다). 또한 매주 공부할 수 있는 공간과 물심양면으로 지원해 준 한국불교연구원 곽영순 이사장께도 이 자리를 빌려 감사의 말씀을 전한다. 무엇보다, 늘 옆에서 지켜보며 말없이 고개를 끄덕여주는 아내 보경궁 손혜원에게 고마움을 전한다.

올해 1월 1일부터 원오극근 선사의 『격절록擊節錄』을 여러 인연의 추천과 도움으로 현대불교신문에 매주 연재하게 되었는데, 이 자리를 빌려 연재를 허락해 주신 박종수 대표이사님과 김주일 편집국장님, 그리고 역자의 원고를 담당하고 있는 박재완 기자님께 감사의 말씀을 드린다.

끝으로 '선어록총서'라는 이름 아래 본서의 출간을 흔쾌히 받아준 친구, 도서출판 운주사 김시열 사장에게 다시 한 번 감사의 말과 함께, 계속해서 문서 포교의 등불이 되어주길 간절히 기원한다.

삼각산 아래에서 덕우 강승욱 합장

찾아보기

대적·도일·마조·마 대사는 색인 목록에서 생략한다.

【ㅅ】

【ㅇ】

덕우 강승욱德雨 康勝旭

남산정일南山正日 선사禪師를 은사로 불법에 귀의하였다.
동국대학교 불교학과를 졸업하고, 동 대학 인도철학과 대학원을 수료하였다.
육군종합행정학교 교관, 5사단 군종참모를 역임하였고, 육군대학, 육군사관학교 등에서 불법을 홍포하였다.
2010년 수도방위사령부에서 전역 후, 지인들과 경전 및 선어록 강독을 하고 있다.
저서로 『원요심요 역주』가 있으며, 2019년부터 현대불교신문에 원오극근선사의 『격절록擊節錄』을 번역, 연재하고 있다.

마조어록 역주

초판 1쇄 인쇄 2019년 6월 12일 | 초판 1쇄 발행 2019년 6월 20일
지은이 마조도일 | 역주 덕우 강승욱 | 펴낸이 김시열
펴낸곳 도서출판 운주사
(02832) 서울 성북구 동소문로 67-1 성심빌딩 3층
전화 (02) 926-8361 | 팩스 0505-115-8361
ISBN 978-89-5746-551-6 94220
ISBN 978-89-5746-508-0 (세트) 값 28,000원
http://cafe.daum.net/unjubooks 〈다음카페: 도서출판 운주사〉